Ernst Heer, Bernd Scholl, Rolf Signer (Hrsg.)

Aspekte der Raumplanung in Europa

Ernst Heer, Bernd Scholl, Rolf Signer (Hrsg.)

Aspekte der Raumplanung in Europa

ORL-Schriftenreihe
42/1990

Festschrift für
Jakob Maurer

Verlag der Fachvereine

Schriftenreihe des
Institutes für Orts-, Regional-
und Landesplanung
ETH-Hönggerberg

Institutsleitung:
Prof. B. Huber
Prof. Dr. J. Maurer
Prof. Dr. W. A. Schmid

Titelfoto:
Luftfoto Swissair Photo +
Vermessungen AG,
Bildnummer 71-6356;
Zürich Innenstadt

1990
© Verlag der Fachvereine
an den schweizerischen
Hochschulen und Techniken
Zürich

ISBN 3 7281 1744 7

Der Verlag dankt dem
Schweizerischen Bankverein
für die Unterstützung zur
Verwirklichung seiner
Verlagsziele

Inhaltsverzeichnis

Zu dieser Festschrift	7

Erinnerungen eines Statistikers	11
János Dobszay – Eine nicht angenommene Wette wird Wirklichkeit – oder wie Dr. J. Maurer Professor wurde	12

Grundlagen	25
Gerd Albers – Zur Vermittlung von Theorie und Praxis der Stadtplanung im Studium	26
Kurt Freisitzer – Empirische und theoretische Grundlagen komplexer Entscheidungsprozesse: Ein sozialwissenschaftlicher Beitrag	38
Peter Gresch – Raumplanerisches Denken	54
Charles Lambert – L'Aménagement du Territoire dans tous ses états	65
Martin Lendi – Freiheit und Gebundenheit in der Planung	84
Stig Nordqvist – On the Responsibility of Ideas	105
Willy A. Schmid – Erfahrungen mit dem Einsatz von Geographischen Informationssystemen in Forschung und Unterricht	120
Rolf Signer – Gedanken zum Begriff «Information»	137

Praxis	151
Fritz Hofmann – Jakob Maurer, das «Wiener Modell» und die Europäische Stadt	152
Benedikt Huber – Der Städtebau im Volksentscheid. Auswirkungen der direkten Demokratie auf raumplanerische Entscheidungen	165
Arnold Klotz – Die Eisenbahn als Entwicklungsträger von Raum- und Siedlungsstrukturen: Dargestellt am Beispiel der Stadt Innsbruck	181
Friedrich Moser – Stadterneuerung, aktuelle Aufgabe der Stadtgestaltung	198
Friedrich Schmid und Sepp Snizek – Die Verkehrspolitik der Stadt Wien und der Handlungsbedarf aufgrund der Empfehlungen der Gürtelkommission	210
Bernd Scholl – Neuere Erfahrungen mit dem «Wiener Modell» am Beispiel der Rahmenplanung Olympische Spiele Frankfurt am Main	231
Albert Speer – Frankfurts städtebauliche Entwicklung: Probleme und Lösungsansätze zu mehr Lebensqualität	252
Martin Steiger – Glattal wohin? Wachstum im Norden Zürichs - Probleme, Ziele und ein Beispiel	266

Kommende Probleme 287

Marius Baschung – Der Raumplanungsauftrag und sein Vollzug:
Eine Standortbestimmung zu Beginn der neunziger Jahre 288
Carl Fingerhuth – Städtebau und Postmoderne 303
Ernst Heer – Was hat der EG-Binnenmarkt mit der schweizerischen Raumplanung zu tun? 330
Hellmut Ringli – Auf dem Weg zu Grundzügen für die räumliche Entwicklung der Schweiz 350
Karl Otto Schmid – Zürich zwischen Planungszielen und Realität 366
Thomas Sieverts – Stadtregion Rhein-Main:
Eine Städtelandschaft an der Schwelle zur Metropole 376
Max van den Berg – Cities Without Bounds 392
Heinz Weyl – Aufgabenverluste und Aufgabenveränderungen der Raumplanung in der Bundesrepublik Deutschland in den neunziger Jahren 411

Anhang 425

Veröffentlichungen ab 1960 426
Liste der Autoren 432

Zu dieser Festschrift

Jakob Maurer ist 60. Ein Zwischenhalt. Wie manche seiner Kollegen faszinieren ihn die ständig neuen Anforderungen aus dem Spannungsfeld von Wissenschaft, Praxis und Lehre viel zu sehr, um sich zurückzulehnen, auszuruhen.

Jakob Maurer hat an vielen Orten in Europa Spuren seines praktischen Wirkens hinterlassen. Seine Begeisterungsfähigkeit für die europäischen Städte und das Interesse für ihre Probleme sind bekannt. In der Schrift «Mut zur Stadt» und in der «Wiener Charta über die europäischen Städte» trotzt er dem sich da und dort einschleichenden Pessimismus und der Mutlosigkeit vor schwierigen Aufgaben. Als Lehrer der Methodik der Raumplanung weiss er um die Gefährlichkeit von Patentrezepten und modischen Erscheinungen in der Art der Problemlösung. Selten stellen sich in der Raumplanung vernünftige Lösungen zu schwierigen Aufgaben auf einen Schlag ein. In seiner praktischen Arbeit hat deshalb die Suche nach geeigneten Lösungswegen einen hohen Stellenwert. Seine tatkräftige Mitwirkung an der Gestaltung unserer Umwelt ist für ihn stets ein neuer Anlass, alles Wissen in Frage zu stellen und neu zu überdenken. Er sagt, wenn Deine Vorschläge ernst genommen würden, begännen die durchwachten Nächte. Solche Projekte müssen diejenigen in Wien gewesen sein. Das Werden der «Neuen Donau», das er als Vorsitzender der Jury massgeblich mitbeeinflusste, ist nahezu abgeschlossen und gilt als ein herausragendes Beispiel für die Gestaltung urbanen Raumes. Die materiellen und methodischen Erfahrungen aus diesem Projekt sind in dem Buch «Das Wiener Modell» niedergelegt. Verfahrensgrundsätze des Wiener Modells standen und stehen Pate bei zahlreichen Versuchen, durch innovative Vorgehensweisen Lösungen für komplexe Aufgaben der Raumplanung zu finden; so bei der komplizierten Aufgabe der Erneuerung des Gürtels, der Süd- und Westeinfahrt in Wien und bei den umfangreichen Planungen Frankfurts für die Bewerbung um Olympische Spiele.

Es ist beeindruckend, Jakob Maurer bei der praktischen Arbeit zu begleiten. Sein Engagement ist ansteckend, und wenn er einmal eine Aufgabe angenommen hat, gibt es kein Wenn und Aber. Verlässlichkeit und Belastbarkeit sind für ihn selbstverständliche Eigenschaften eines Beraters. Vielleicht ist dies einer der Gründe, warum er rasch das Vertrauen fremder Menschen gewinnt. Was die vor

Ort Tätigen an seiner Ausstrahlung als engagiertem Raumplaner besonders einnimmt, ist die rasche Einfühlung in neue und komplizierte Problemsituationen. Er versteht es, in wichtigen Sitzungen die Probleme knapp zusammengefasst auf den Punkt zu bringen und immer Wege und Auswege auch aus verworrenen Situationen aufzuzeigen. Mit viel diplomatischem Geschick bezieht er dabei alle Anwesenden in die Diskussionen ein. Argumente misst er nicht nach Rang und Namen der Diskutanten, sondern nach der Stichhaltigkeit. Seinen Ideen, seinen strategischen und taktischen Überlegungen, die nach aussen manchmal wie Kabinettstücke wirken mögen, gehen lange innere Auseinandersetzungen und fachliche Abwägungen voraus. In diesen Prozess schliesst er seine Mitarbeiter ein. Jakob Maurer fordert und fördert den Widerspruch zu seinen Meinungen. Was er nicht duldet, ist Einfallslosigkeit.

Das Zusammenspiel dieser reichen praktischen, in- und ausländischen Erfahrungen mit seiner wissenschaftlichen Basis und einer unwahrscheinlichen Belesenheit erklären Jakob Maurers Stärken als Lehrer. Sie zeigen sich im engagierten Vermitteln praxiserprobter Erkenntnisse und Vorgehensweisen. Essentielles verpackt er gekonnt und fordert damit zum ständigen Mitdenken auf. Wer die Chance hat, nach Abschluss des Nachdiplomstudiums erste praktische Erfahrungen am ORL-Institut zu gewinnen, erlebt Jakob Maurers aktive und beispielhafte Nachwuchsförderung. Es gelingt ihm immer wieder, junge Leute in schwierigen Aufgaben der Raumplanung zu führen und ihnen Missionen entsprechend ihren Neigungen und Fähigkeiten aufzutragen. Die eindrücklichsten Momente entstehen dabei vielleicht durch die Mitwirkung vor Ort. Die Raumplanung kann sich keiner Forschungslabors bedienen, es sind vielmehr die praktischen Aufgaben, aus denen Erfahrungen gewonnen und an denen neue Elemente erprobt werden können. Deshalb folgt er Berufungen zu schwierigen Aufgaben nur dann, wenn Lehre und Forschung in der Raumplanung davon befruchtet werden. Wie aus einer Unzahl von Informationen, Gerüchten und Meinungen die Entscheidung zu einem schwierigen Gegenstand der Raumplanung reift, lässt sich für den Nachwuchs kaum besser begreiflich machen als durch die Möglichkeit der teilnehmenden Beobachtung. Jakob Maurer folgt damit einer Grundüberzeugung: Wer

Pläne macht, der soll sie auch ausführen lernen.

Raumplanung ist ein Geschäft mit der Ungewissheit. Das weiss, wer im Bereich der Forschung mit Jakob Maurer zu tun hat. Nicht das Erzielen einer grösstmöglichen Sicherheit in der planerischen Argumentation ist es, worauf es ihm in der Forschungsarbeit ankommt, sondern vielmehr der systematische Umgang mit der Ungewissheit. Entsprechend richtet er seine Aumerksamkeit darauf, Scheinsicherheit zu entlarven, sich für Unmissverständlichkeit einzusetzen, und im Klärungsprozess Klarheit vor Genauigkeit zu setzen. So zieht sich denn die Frage, welche Informationen zur Klärung eines Problems wie genau gebraucht würden, wie ein roter Faden durch Diskussionen und Gespräche. Es ist eine pragmatische – auf Wirkung bedachte – Haltung, deren zentrale theoretische Grundsätze entscheidungslogischer Art sind.

Als Fachbereichsleiter und Institutsvorsteher im Turnus verbindet Jakob Maurer taktisches Geschick mit reger Anteilnahme und weitgehender Delegation. Sein Stil ist die Auftragsführung, die individuellen Freiheiten grossen Raum lässt und den persönlichen Einsatz motivierend anspornt. Energisch und bestimmt wenn nötig, aber immer grosszügig wenn möglich, nimmt Jakob Maurer die Interessen des Instituts, seines Bereichs und des ihm anvertrauten Nachdiplomstudiums in Raumplanung wahr. Seinem unermüdlichen Einsatz verdanken das Institut und die schweizerische Raumplanung viel: die Orts- und Regionalplanerkurse für Berufstätige und das Richtlinienwerk der sechziger Jahre, das Nachdiplomstudium in Raumplanung, Fortbildungskurse, Klärungen zur Richtplanung bis hin zur frühen Einführung des Arbeitsplatzrechners.

Raumplaner sind hauptsächlich Benützer, seltener Entwickler von Werkzeugen. In den letzten Jahren haben sich Grösse und Zusammensetzung der Palette der für die planerische Argumentation verwendbaren Werkzeuge in bisher einmaliger Weise verändert. Es ist ein Verdienst Jakob Maurers, die Entwicklung in diesem Sektor nicht nur von Beginn an aufmerksam verfolgt zu haben, sondern die Werkzeuge selber laufend zu testen, am Fall einzusetzen, seine Mitarbeiterinnen und Mitarbeiter dafür zu interessieren, ja zu begeistern und, last but not least, die erforderlichen Mittel dafür bereitzustellen. Die Raumplanung Schweiz profitiert von diesen Arbeiten, profitiert davon, dass diese universellen Hüllen mit raumplanerischem Gehalt gefüllt worden sind.

Jakob Maurer sieht seine Aufgabe längst nicht als erfüllt. Er hält weitere Bemühungen im Vermitteln raumplanerischer Denk- und Handlungsweisen heute für wichtiger denn je. Die zunehmende Nachfrage nach raumplanerischen Leistungen trifft auf gleichbleibende Ressourcen, das heisst, dass mehr und komplexere Aufgaben durch immer weniger Fachleute zu bewältigen sind. Das hat Rückwirkungen auf die Aus- und Fortbildung, deren sich Jakob Maurer voll bewusst ist und für die er den neuen Abschnitt seines Wirkens als Hochschullehrer einsetzen will.

Diese Erfahrungen aus einem jahrelangen Miteinanderwirken erschienen den Herausgebern Grund genug, mit der Festschrift nicht bis zu Jakob Maurers Emeritierung zu warten, sondern sie als Dank und Anerkennung sozusagen an den Beginn einer weiteren Schaffensperiode zu stellen. Persönlichkeiten aus seinem in- und ausländischen Wirkungsbereich und einige langjährige, teils ehemalige Mitarbeiter sind unserer Anfrage gefolgt, zur Festschrift mit Aspekten aus ihrem persönlichen Blickwinkel der Raumplanung beizutragen. Die Herausgeber danken allen Autoren herzlich. Sie danken auch den Mitarbeitern und Mitarbeiterinnen innerhalb und ausserhalb des ORL-Instituts, die sich administrativ, graphisch und textlich um das Gelingen des Vorhabens bemühten, ganz besonders Michael Koch, Richard Eisler, Uz Hochstrasser, Oswald Roth, Edith Lehmann, Eva Umschaden, Margrit Gsell und Kerstin Gellusch. Ein besonderer Dank gilt dem Vorsteher des ORL-Instituts zur Zeit des Entscheids für die Festschrift, Prof. Benedikt Huber, für seine Zustimmung, das Werk als Publikation des ORL-Instituts erscheinen zu lassen und schliesslich möchten wir auch den Vertretern des vdf unseren Dank bezeugen für die kompetente und speditive Erledigung eines anspruchsvollen Auftrags.

Die Herausgeber: Ernst Heer
Bernd Scholl
Rolf Signer

Erinnerungen eines Statistikers

János Dobszay

Eine nicht angenommene Wette wird Wirklichkeit – oder wie Dr. J. Maurer Professor wurde

Ein sehr persönlicher, mit Statistiken geschmückter Beitrag

Zürich plant und baut

Die Erkenntnis, dass die Stadt Zürich ein Stadtplanungsamt braucht, war schon Ende der 50er Jahre nicht nur in Fach-, sondern auch in politischen Gremien fest verankert. So wurde als erster Schritt innerhalb des Hochbauamtes ein Embryo mit dem Namen GVP, d.h. Büro für Generalverkehrsplan, gezeugt. Hier muss ich in Erinnerung rufen, dass man damals Zürich noch als eine verkehrsgerechte Stadt bauen wollte! Würden Stadtplaner-Historiker die damaligen Gutachten von Leibbrand/Kremer und Pirath/Feuchtinger über den Generalverkehrsplan der Stadt Zürich lesen, so würden sie bald feststellen, dass damals die Verkehrsbehinderungsplanung noch kein Bestandteil der Verkehrsplanung war.

Nun wurde in dieser lokalhistorischen Atmosphäre 1960 der erste Chef des GVP, Fritz Peter, als Stadtplaner nach Basel gewählt. Wir, die fünf bis sechs

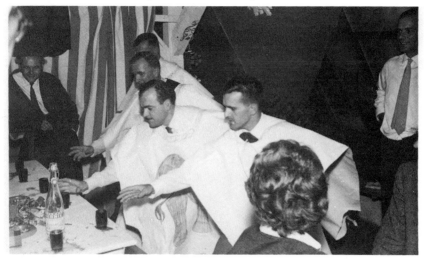

Einstandsfest mit 4 Täuflingen im Hochbauamt der Stadt Zürich 1960: J. Maurer (1. von rechts) wurde Chef vom GVP

Mitarbeiter des GVP-Büros warteten auf den neuen Chef. Es ging nicht lange, bis er vorgestellt wurde. Noch heute erinnere ich mich: Die Tür ging plötzlich und so heftig auf, dass ich das Gefühl hatte, ein Gewitter breche aus. Ein dynamischer junger Mann ging darauf von Mitarbeiter zu Mitarbeiter und stellte sich als Jakob Maurer vor. Und zwar so zackig und militärisch, dass ich in seiner Person einen General vermutete. Die Arbeitssitzungen verliefen ähnlich: Präzis formulierte Anweisungen, die oft in einem einzigen Atemzug gesprochen wurden.

Wie ein fleissiges Bienenvolk sammelten wir alle notwendigen und greifbaren Angaben für Zürich und seine Umgebung, die wir oft mit eigenen Erhebungen ergänzten, und erstellten aus ihnen schöne Pläne, Tabellen und Grafiken. Und Herr Maurer verfasste einen Bericht nach dem anderen, Berichte, die sich nicht nur auf die Analyse des Ist-Zustandes beschränkten, sondern sich vielmehr mit der künftigen Entwicklung Zürichs befassten. Vor allem auf sein Betreiben hin wurde im Oktober/November 1961 im Helmhaus eine Ausstellung mit dem Titel «Zürich plant und baut» durchgeführt, welche die geplante Tiefbahn im Mittelpunkt hatte. Apropos Tiefbahn! Herr Maurer war ein Tiefbahn-Fan; er referierte an zahlreichen Veranstaltungen darüber. Als «Kofferträger» begleitete ich ihn manchmal und war sehr stolz darauf, wie sachlich und zukunftsorientiert mein Chef argumentierte. Schade, dass die Tiefbahn in der Volksabstimmung (und zwölf Jahre später auch die U-Bahn) abgelehnt wurde.

Zukunftsorientiert waren auch die vielen Arbeiten von Herrn Maurer. Er betrieb weniger physisch-raumgestalterische Tätigkeiten, d.h. Stadtplanung, als vielmehr Entwicklungsstudien für Zürich, hauptsächlich in bevölkerungsmässiger, baulicher und wirtschaftlicher Hinsicht. Seine Überlegungen beruhten auf der vorhandenen Baulandkapazität der Stadt Zürich. Auch dann, wenn die absoluten Höhen der damals prognostizierten Einwohner- und Arbeitsplatzzahlen – aus bekannten Gründen – nicht mehr stimmen, war Herr Maurer einer der ersten, wenn nicht überhaupt der erste, der voraussagte, dass unter gewissen Umständen die Bevölkerungszahl Zürichs nicht nur abnehmen, sondern auch noch von der Arbeitsplatzzahl übertroffen werden könnte. Nota bene: Damals hatte Zürich auf 100 Einwohner 61 Arbeitsplätze und heute bereits 95! Als dann 1962

János Dobszay

RZU-Fest 1964: J. Maurer wurde ein Doktorhut vom Personal aufgesetzt. Neben ihm seine Frau Gemahlin

für Zürich das Stadtplanungsamt gegründet wurde, gingen Gerüchte um, dass dessen Chef J. Maurer hätte heissen sollen. Es kam aber anders. So war es kein Wunder, dass er 1963 zum technischen Leiter der ebenfalls neugegründeten Planungsstelle Regionalplanung Zürich und Umgebung, RZU, gewählt wurde.

Die RZU-Zeit, wo meine nicht angenommene Wette Wirklichkeit wurde

Mit zwei anderen Kollegen zusammen hatte ich auch bei der RZU die grosse Ehre, ein enger Mitarbeiter von Herrn Maurer zu sein. Ich war sein sogenannter Zahlenmeister und musste also Zahlen, die als Planungsgrundlagen dienten, beschaffen und aufbereiten. Nebenbei war ich noch Bibliothekar der RZU. Diese Aufgabe bestand darin, Fachliteratur für Planung zu kaufen oder aus Bibliotheken auszuleihen. Der Leserkreis war zwar nicht gross, aber sehr anspruchsvoll und konsumierte sehr viele Bücher: Er bestand aus einer einzigen Person, nämlich

Herrn Maurer. Er hat sein erworbenes Wissen stets gerne weitergegeben. So wurden viele Kaffee-Pausen zu wissenschaftlichen Vorträgen umfunktioniert. Oft sagte ich mir, dass es nicht möglich sei, so viele Bücher in so kurzer Zeit zu lesen und deren Inhalt auch noch im Kopf zu behalten. Heimlich notierte ich mir Zahlen und überprüfte sie danach in den Büchern. Und siehe da, sie waren alle richtig!

Meine persönliche Bewunderung für Herrn Maurer war so gross, dass sie nicht mehr gesteigert hätte werden können. So kam einmal der Gedanke, dass ein Mann mit diesem grossen Wissen unbedingt ETH-Professor werden müsste. Zu Beginn noch schüchtern, später mit grosser Überzeugung, bot ich 1964 meinen Kolleginnen und Kollegen eine Wette an, wonach Herr Maurer innert fünf Jahren zum ETH-Professor gewählt würde. Auf meine Wette ging jedoch niemand ein. Als Herr Maurer mit seiner Promotionsarbeit «Zur Stadtplanung und Stadtforschung» die Würde eines Doktors der Technischen Wissenschaften erlangte, war aber der Grundstein dafür gelegt. Kurze Zeit danach, im Jahre 1966 – also zwei Jahre nach meinem Wettangebot – kam die erfreuliche Nachricht, dass Herr Maurer zum Professor an der ETH ernannt worden war.

Ohne schriftliche Spuren vergingen auch die RZU-Jahre nicht. Unter der Leitung von Herrn Prof. Maurer wurde innert kürzester Zeit über die Region Zürich zusammen mit 68 Gemeinden eine gründliche planerische Bestandesaufnahme durchgeführt und eine intensive entwicklungsplanerische Tätigkeit begonnen. Aus unseren ständigen Flächenerhebungen ging hervor, dass sich hauptsächlich im Wohnbereich eine ständig im Steigen begriffene Flächenbeanspruchung anbahnte. Deren Auswirkungen auf die Siedlungsplanung wurden von Herrn Prof. Maurer erkannt, und er wies in zahlreichen Schriften darauf hin. Seine diesbezüglichen damaligen Prognosen wurden aber sogar in Fachkreisen verhöhnt. Und siehe da, diese Werte sind heute bereits etwas überschritten!

Es war wiederum mein Glück, dass ich Herrn Prof. Maurer auf seine Einladung hin von der RZU zum ORL folgen durfte. So konnte ich seine wissenschaftliche Tätigkeit vier Jahre lang aus nächster Nähe miterleben. Nachher ging ich in die Stadtverwaltung zurück, um das Gelernte in der Praxis anzuwenden. Ich bezeichnete mich oft als einen Schüler von Herrn Prof. Maurer und masste mir

János Dobszay

an, für meine statistische Tätigkeit bei ihm den offiziell nicht existierenden Titel eines Planungsstatistikers zu führen. Dies und eine Empfehlung von Herrn Prof. Maurer brachten mir 1973 den Lehrauftrag für Planungsstatistik am Technikum Rapperswil ein. So sah ich mich wiederum veranlasst, die wissenschaftliche Tätigkeit von Herrn Prof. Maurer weiterzuverfolgen.

Die Schweizer Statistik ist von Siedlungsplanern stark geprägt

Wenn ich an die langen Wunschlisten der Schweizer Siedlungsplaner vor 30 Jahren zurückdenke, stelle ich fest, dass sie damals kaum oder nur mit grosser Mühe in jahrelanger Arbeit und erst noch mangelhaft erfüllt werden konnten. Dass heute ungleich viel mehr vorhanden ist, kann nicht allein der elektronischen Revolution in der Datenverarbeitung zugeschrieben werden, sondern hauptsächlich den Siedlungsplanern. Sie haben mit ihren Datenbedürfnissen den Statistikern nicht nur Mehrarbeit verursacht, sondern die Statistik auch stark mitgestaltet und bereichert. Ein Vergleich zwischen dem Fragebogen der Volkszählung 1960 und jenem für 1990 illustriert dies deutlich. Aber auch in anderen Bereichen kann man gewaltige Veränderungen bzw. Verbesserungen feststellen.

Als Folge dieser Entwicklung dürfte die Entstehung einer neuen Disziplin, nämlich die Planungsstatistik, gewertet werden. Dass sie dann 1973 an der Abteilung für Siedlungsplanung einer HTL (Interkantonales Technikum Rapperswil) noch zu einem ordentlichen Unterrichtsfach erhoben wurde, ist der Beweis dafür, dass die Statistik für die Siedlungsplanung eine unentbehrliche Grundlage darstellt. Nachfolgend zeige ich kurz einige Beispiele aus meinem Fachgebiet, der Statistik der Flächennutzung, die heute den wichtigsten Teil der Planungsstatistik und einen festen Bestandteil der allgemeinen Statistik bildet.

Für meinen Unterricht verwende ich noch heute gerne Zitate aus der von Herrn Prof. Maurer 1973 verfassten Schrift «Grundzüge einer Methodik der Raumplanung I». Sätze daraus, wie zum Beispiel «Daten nützen dann und nur dann etwas, wenn sie durch Relationen verbunden sind», oder «Planung produziert Informationen, keine Gegenstände» usw. erleichtern es, den Rahmen der Planungsstatistik abzugrenzen und ihr einen theoretischen Inhalt zu geben.

Einige planungsstatistische Beispiele für Zürich

Flächennutzung nach Zonenarten

Seinerzeit hat Herr Prof. Maurer seine These oft wiederholt, wonach in Siedlungsgebieten, in welchen eine höhere Ausnützung (höhere Geschosszahl, höhere Ausnützungsziffer) zulässig ist, auch für die Erschliessung (Strassen, öffentliche Anlagen) höhere Flächenanteile benötigt werden. Er hat diese Anteile je nach Gebiet grosso modo mit einem Schwankungsbereich zwischen 15 und 30 Prozent beziffert. Als ich 1971 im Statistischen Amt der Stadt Zürich meine Arbeit begann, war es meine erste Aufgabe, für Zürich eine solche Statistik aufzubauen, mit welcher sich diese These in der Praxis überprüfen lässt.

Zürcher Stadtgebiet[1] nach Zonen- und (Erschliessungs-)Nutzungsarten 1987, Prozentanteile

Erschliessungsnutzungsarten	Kernzone	Wohnzone					
		A	B	C	D	E	Mittel
Strassen, Plätze	30,6	28,6	23,2	18,2	13,6	11,2	16,9
Bahngebiet	6,5	4,8	0,7	1,4	0,3	0,5	1,0
Öffentliche Anlagen[2]	1,2	2,3	4,3	5,5	4,7	2,7	4,7
Öffentliche Erschliessung	38,3	35,7	28,2	25,1	18,6	14,4	22,6
Gebäudegrundfläche	36,0	31,9	29,7	20,7	16,4	13,0	20,0
Anzahl Geschosse	6	5	4	3	2–3	2	–

[1] Gesamtes Stadtgebiet, einschliesslich Gewässer
[2] Park-, Sport-, Spiel-, Bade- und Friedhofanlagen

Die Zahlen in der Texttabelle 1 zeigen einerseits deutlich, dass die nach Zonenarten ausgewiesene Höhe der Strassenflächenquoten im grossen und

János Dobszay

ganzen sowohl mit der Geschosszahl wie auch den Gebäudegrundflächen-Anteilen parallel verläuft. Dass die Quoten des Bahngebietes und der öffentlichen Anlagen ein anderes Bild zeigen, versteht sich von selbst. Anderseits kann man feststellen, dass die von Herrn Prof. Maurer vertretene These in der Grössenordnung ebenfalls stimmt. Dass sie in Zürich in der Kernzone und in der Wohnzone A mehr als 30 Prozent ausmachen, lässt sich mit der starken wirtschaftlichen Konzentration und den hohen Bodenpreisen in diesen Gebieten begründen.

Landverbrauch als Folge der Bautätigkeit

Die fortschreitende Überbauung eines Gebietes als Zeichen der Verstädterung lässt sich am besten anhand der Veränderung der Nutzungsarten beurteilen. Die Zunahme der Einwohner- und Arbeitsplatzzahl sowie die gestiegenen Bedürfnisse (je Einwohner und Arbeitsplatz gestiegene Wohn- und Arbeitsflächen, der weitere Ausbau der infrastrukturellen Einrichtungen wie Schulen, Spitäler, Sportanlagen, Einkaufsstätten, Strassen usw.) bewirken, dass immer grössere Arealflächen überbaut werden.

Gliederung der Zürcher Landfläche nach Nutzungsarten 1936 und 1986

Nutzungsarten	Prozentanteile		Index
	1936	1986	1936 = 100
Gebäudegrundfläche	6,6	12,2	184
Höfe, Gärten	15,0	22,7	152
Öffentliche Anlagen[1]	2,5	6,4	259
Verkehrsfläche[2]	10,1	14,4	142
Wiesen, Äcker	41,0	19,0	46
Wald	24,8	25,3	102
Im ganzen, Prozente	100,0	100,0	–
Hektaren	8 631,1	8 640,4	–

[1] Park-, Spiel, Sport-, Bade- und Friedhofanlagen
[2] Strassen, Plätze, Bahnareal

Nutzung der Zürcher Landfläche 1936 und 1986

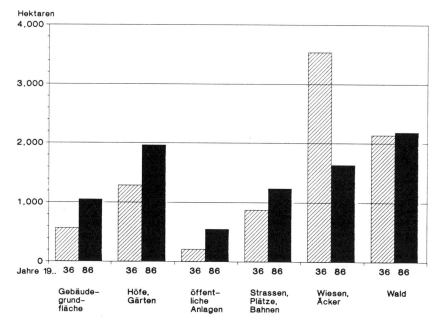

Die Angaben in der Texttabelle 2 geben Auskunft über die Veränderungen an der Zürcher Landfläche zwischen 1936 und 1986. Man könnte auch sagen, dass sie die Folgen planerischer Massnahmen verdeutlichen. Während die Quoten der Gebäudegrundfläche, der Höfe und Gärten, der öffentlichen Anlagen und der Verkehrsfläche zum Teil enorme anteilmässige Erhöhungen aufwiesen, ging einzig der Anteil der Wiesen- und Ackerflächen zurück, und zwar von 41 auf 19 Prozent, wobei der Waldbestand praktisch unverändert blieb. Die Beurteilung, ob diese Veränderungen erwünscht oder unerwünscht sind, ist nicht Aufgabe eines Statistikers; ein Planer indessen, im Besitz solcher Angaben, kann die Auswirkungen planerischer Massnahmen besser abschätzen.

Die tatsächliche Nutzung einer Stadt

Obwohl das generelle Nutzungsbild einer Stadt sich schon an der bereits gezeigten Arealnutzung feststellen lässt, gibt es auch noch bessere Statistiken, die die Nutzungsstruktur der gebauten Umwelt präziser aufzeigen. Gemeint sind die Nutzungsflächen in Gebäuden, die in der Regel Bruttogeschossfläche genannt werden. Sie wird in Zürich seit 1970 in Vollerhebung jährlich ermittelt.

Gesamte Bruttogeschossfläche[1] in der Stadt Zürich nach Nutzungsarten 1970 und 1986

	Wohnen	Verkauf	Produktion	Lagerung	Parkieren	Büros	Übriges[2]	Total
	Grundzahlen in Mio m²							
1970	16,051	1,633	2,349	10,558	1,071	3,721	1,601	36,984
1986	18,151	1,914	2,500	12,006	2,859	6,820	2,308	46,558
	Prozentanteile							
1970	43,4	4,4	6,4	28,5	2,9	10,1	4,3	100,0
1986	39,0	4,1	5,4	25,8	6,1	14,6	5,0	100,0
	Indexziffern 1970 = 100							
1986	113	117	106	114	267	183	144	126

[1] Einschliesslich Flächen ausserhalb des sog. Ausnützungszifferbereiches
[2] Schulen, Spitäler, Kirchen, Kultur-, und Sportbauten u.ä.

Gemäss Texttabelle 3 gab es in Zürich 1986 insgesamt 46 558 Mio m² Bruttogeschossfläche, d.h. 26 Prozent mehr als 1970. Die höchsten Zunahmen verzeichneten dabei die Nutzungsarten für Parkieren und Büros, und zwar um 167 bzw. 83 Prozent, während sich die niedrigste Zuwachsrate um 6 Prozent für die Produktionsflächen ergab. Überraschend sind diese Ergebnisse insofern nicht, als aus anderen Statistiken feststellbar ist, dass sich der Motorfahrzeugbestand im gleichen Zeitraum um 18,4 Prozent vergrösserte, und die Zahl der erwerbstätigen Zupendler zwischen 1970 und 1980 um 41,5 Prozent zunahm, wobei sich der Anteil der Benützer von privaten Verkehrsmitteln von 49 auf 58 Prozent erhöhte. Diese Entwicklung verstärkte die Nachfrage nach mehr Parkierungsflächen.

Auch die Ursachen für die überdurchschnittliche Zunahme der Büro-Bruttogeschossfläche und die geringe Zunahme der Produktions-Bruttogeschossfläche sind bekannt: Ging die Zahl der Arbeitsplätze im Industriesektor zwischen 1965 und 1985 um rund 40 Prozent zurück, so nahm jene des Dienstleistungssektors im gleichen Zeitraum um 58 Prozent zu. Hinzu kommt noch, dass sich dabei die je Arbeitsplatz benützte Bruttogeschossfläche ebenfalls erhöhte. Somit ist auch die geringe Zunahme der Produktions-Bruttogeschossfläche verständlich. Zu erwähnen ist, dass sie bereits in den letzten Jahren stagniert hat, während in der Zukunft eher mit ihrer Reduktion zu rechnen ist.

Die Entwicklung der Wohn-Bruttogeschossfläche bedarf einer näheren Erläuterung: Obwohl die Wohn-Bruttogeschossfläche zwischen 1970 und 1986 um 13 Prozent und der Wohnungsbestand um 12 Prozent zunahmen, reduzierte sich die Einwohnerzahl in der gleichen Zeit um 15,1 Prozent. Die Ursache dieser gegensätzlichen Entwicklung ist der je Einwohner ständig steigende Wohnflächenanspruch, der 1970 noch 38 m^2 betrug und sich 1986 bereits auf 50,6 m^2 erhöhte. Dies entspricht einem Anstieg um 33,2 Prozent. Der Wohnkomfort eines Zürchers stieg also in 16 Jahren durchschnittlich um ein Drittel. Dass bei dieser Entwicklung, was noch durch ein Rekordtief im Wohnungsbau verstärkt wird, der Wohnungsmarkt nicht funktionieren kann, versteht sich von selbst. Ob man aber diese Situation als Wohnungsnot bezeichnen darf, ist sicher eine eminente politische Frage. Statistisch gesehen, könnte man in Zürich noch rund 50 000 Wohnungen bauen. Wie das aber erfolgen sollte, ist keine statistische, sondern ebenfalls eine politische Frage.

Eigentumsverhältnisse

Ohne über die Bedeutung der Eigentumsverhältnisse lange zu philosophieren, kann man festhalten, dass Kenntnisse darüber nicht nur für die Gesellschaftspolitik, sondern auch für die Siedlungsplanung enorm wichtig sind. Der Siedlungsplaner muss nämlich nicht nur für die Einhaltung der Bau- und Planungsgesetze sorgen, sondern auch darauf achten, dass die Eigentumsgarantie, die Marktfreiheit und die Sozialpflichtigkeit des Bodens in Einklang gebracht bzw. gewährleistet werden.

Eigentumsquoten in der Stadt Zürich an Landfläche, Gebäude- und Wohnungsbestand 1936 und 1986, Prozente

Eigentümerarten	Landfläche		Gebäudebestand		Wohnungsbestand	
	1936	1986	1936	1986	1936	1986
Natürliche Personen	44,8	23,5	70,8	51,2	69,9	49,3
Gesellschaften[1]	6,5	10,3	7,6	15,7	5,6	16,2
Vereine, private Stiftungen	5,5	4,4	1,1	5,1	0,4	7,9
Baugenossenschaften	3,4	4,1	11,8	15,6	19,8	18,8
Stadt Zürich[2]	28,4	45,1	5,9	8,7	3,6	6,8
Kanton Zürich	7,4	5,6	0,9	1,6	0,3	0,5
Bund und übrige öffentliche	3,5	6,3	1,2	1,2	0,1	0,2
Religionsgemeinschaften	0,5	0,7	0,7	0,9	0,3	0,3
Im ganzen	100,0	100,0	100,0	100,0	100,0	100,0
Hektaren, Gebäude, Wohnungen	8 645,0[3]	8 640,4	31 308	49 647	90 207	175 858

[1] Aktien- und übrige private Gesellschaften
[2] Einschliesslich städtischer Stiftungen
[3] Einschliesslich 13,9 Hektaren kleinerer Gewässer

Die Eigentumsverhältnisse haben sich in der Stadt Zürich in 50 Jahren enorm verschoben, und zwar sowohl in bezug auf die Landfläche wie auch den Gebäude- und Wohnungsbestand, wie dies der Tabelle 4 zu entnehmen ist. Die eindeutigen Verlierer sind die natürlichen Personen. Die Gewinner sind die Aktien- und übrigen privaten Gesellschaften, die Vereine und privaten Stiftungen (einschliesslich Pensionskassen) und die öffentliche Hand. Und wenn man dabei bedenkt, dass diese Verschiebungen fast ausschliesslich durch Freihandkauf eingetreten sind, dann sollten sich nicht nur politische Behörden, sondern auch Siedlungsplaner überlegen, ob planerische Massnahmen nur Gutes bewirken.

Eigentumsverhältnisse in der Stadt Zürich 1936 und 1986 – Prozente

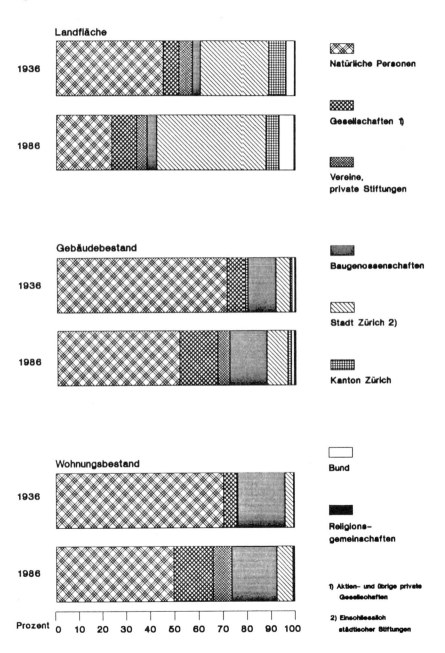

János Dobszay

Zum Schluss: Glückwünsche und ad multos annos

Pioniere sind im übertragenen Sinne Bahnbrecher. Die Ideen und Werke von Herrn Prof. Maurer sind sowohl für die Wissenschaft wie auch die Praxis der Siedlungsplanung bahnbrechend; so ist Herr Prof. Maurer ein Pionier der schweizerischen, ja sogar der europäischen Siedlungs- und Raumplanung. Es übersteigt mein Wissen, über das langjährige, reiche wissenschaftliche Wirken von Herrn Prof. Maurer auch nur ansatzweise eine Würdigung zu schreiben. Dazu sind andere, kompetentere Leute berufen. Als sein langjähriger Mitarbeiter und eifriger Leser seiner wissenschaftlichen Schriften stellte ich mir aber oft die Frage, ob er wohl eher ein Theoretiker oder ein Praktiker sei. Am Anfang war ich der Meinung, er sei ein sehr erfahrener Praktiker mit grossem theoretischem Wissen. Später kehrte ich die Proportionen um und behauptete, Herr Prof. Maurer sei ein sehr begabter und exzellenter Wissenschafter mit reicher, praktischer in- und ausländischer Erfahrung.

Zu seinem 60. Geburtstag entbiete ich Herrn Prof. Maurer die herzlichsten Glückwünsche persönlich und im Namen aller seiner VorORL-Mitarbeiterinnen und -Mitarbeiter und ad multos annos!

PS: Als Bürger der Stadt Zürich wünsche ich Herrn Prof. Maurer noch von Herzen, dass in Stadtentwicklungsfragen sowohl die politischen Behörden Zürichs als auch die Stadtbürgerinnen und Stadtbürger auf seine Empfehlungen hören mögen.

Grundlagen

Zur Vermittlung von Theorie und Praxis der Stadtplanung im Studium

1. Studium zwischen Theorie und Handlungsbezug

Das Hochschulstudium soll, so meint man im allgemeinen wohl auch heute noch, kein reines «Brotstudium» sein. Es soll der Persönlichkeitsbildung ebenso dienen wie der Vorbereitung auf berufliche Aufgaben. In seiner Rede zum Rektoratsantritt in Frankfurt hat Walter Rüegg 1965 das Ziel des Studiums als die Heranbildung gesellschaftlicher Funktionsträger definiert, die «Entscheidungen von öffentlichem Interesse unter Unsicherheit rational fällen sollen»[1]. Das ist deutlich eine «nichtfachliche» Definition – und doch trifft sie gerade auf ein Fachgebiet der Hochschullandschaft mit besonderer Schärfe zu: auf das der räumlichen Planung, dessen Erörterung im folgenden – aus dem pragmatischen Grund notwendiger Begrenzung – auf die Stadtplanung eingeengt werden soll.

Denn tatsächlich ist der Kern dieser beruflichen Tätigkeit wenn auch nicht so sehr das Fällen als vielmehr das rationale Vorbereiten von Entscheidungen über den Raum, in dem wir leben, und damit von hohem öffentlichen Interesse. Auf Ähnliches sind – mit Ausnahme der Juristen – andere Disziplinen kaum eingerichtet, allenfalls noch die Nationalökonomen, soweit sie sich der Wirtschaftspolitik annehmen. In der Sozialwissenschaft wird zumindest bezweifelt, ob man noch Wissenschaft betreibe, wenn man Planungsempfehlungen erteilt; hier wie in den weiteren Geistes- und Naturwissenschaften ist Erkenntnis das Ziel, Analyse der Weg, Handeln nicht im Blickfeld.

Der Ingenieur hingegen ist zwar handlungsorientiert, aber in einem technisch-pragmatischen Sinne, in dem politische Wertungen zunächst keine Rolle spielen. Indessen ist es gerade das politische Element, das mit den «Entscheidungen von öffentlichem Interesse» untrennbar verbunden ist – und mit ihm ein Element der Wertung, ein ethischer Bezug, welcher nicht unmittelbar zum Bezugssystem der Ingenieurtätigkeit gehört.

Handeln ist – dem griechischen Wortsinn entsprechend – «Praxis». Wenn die Praxis sich nicht im Reagieren auf jeweils dringlich erscheinende Ansprüche erschöpfen, sondern sich an Werten orientieren soll, so stellt sich die Frage, inwieweit eine solche Orientierung und die darauf gegründeten Entscheidungen einer theoretischen Durchdringung oder Absicherung zugänglich sind. Wie kann unter diesen Umständen eine Theorie der räumlichen Planung, der Stadtplanung im besonderen, aussehen? Kann es eine inhaltliche Theorie der räumlichen Planung geben, die dem Handeln die Richtung weist – oder beschränkt sich das Feld theoretischer Sicherheiten letztlich nur auf das Planungsverfahren, auf das prozesshafte Vorgehen zur Erarbeitung von Planungsentscheidungen[2]? Oder ist auch das noch zu anspruchsvoll – kann Planungstheorie heute im Grunde nur zum Gegenstand haben, das Wesen der Raumplanung als eine kontinuierliche Abfolge von Entscheidungsvorgängen unter faktischen und ethischen Bindungen verständlich zu machen?[3]

Sucht man nach einer Antwort auf diese Fragen, so wird man zunächst klären müssen, wie weit oder wie eng man den Theoriebegriff fassen will. Eine Theorie als «wissenschaftlich zusammenfassende Lehre zur einheitlichen Erklärung eines Phänomenkomplexes mit dem systematischen Ziel einer geregelten Ordnung zusammengehöriger Gegenstände» (Brockhaus-Enzyklopädie 1973) wird man für die Stadtplanung kaum erwarten können. Der «Phänomenkomplex» müsste ja nicht nur die Stadt als analysierend zu erfassenden «Gegenstand», sondern auch die Möglichkeiten und Mittel ihrer planvollen Veränderung einbegreifen, ja sogar auf Aussagen über eine den menschlichen Bedürfnissen angemessene Umwelt ausgedehnt werden. Das ist offenbar nicht zu leisten, wenn man den zitierten Theoriebegriff zugrundelegt. Andererseits sind aber auch die handlungsbezogenen Bereiche der Planung einer rationalen Auseinandersetzung zugänglich. Gesammelte und geordnete Erfahrungen haben hier zu einem Bestand an Regeln und Grundsätzen geführt, zu einer systematisierten Empirie, die sich bei weiter Auslegung des Begriffs auch als «Theorie» interpretieren lässt.

Ein weiterer Theoriebereich ist der des methodischen Vorgehens bei der Planung, für das man sich bis über die Jahrhundertmitte hinaus mit der simplen Abfolge Bestandsaufnahme – Planung – Durchführung zu begnügen pflegte, wobei man diesen Schritten die Schwerpunkte Wissenschaft – Kunst – Politik zuordnete[4]. Mit Beginn der sechziger Jahre fand die theoretische Durchleuchtung des Planungsprozesses besondere Aufmerksamkeit; man erwartete von seiner

Perfektion bessere Entscheidungen. Inzwischen gibt es eine Fülle von Systematisierungsversuchen, die sich in der Postulierung einer Abfolge von Analyse, Zielsetzung (manchmal auch in umgekehrter Reihenfolge), Abgrenzung des Handlungsspielraums, Entwurf von Alternativen zu seiner Auslotung, Bewertung solcher Alternativen, Entscheidung und Implementierung weitgehend ähneln.

2. Theorie und Praxis, Handwerk und Kunst

Es liegt nahe, diese Planungsschritte auf ihren Gehalt an theoretischen und praktischen Elementen zu prüfen, um so Anhaltspunkte für ihre Vermittlung im Studium zu gewinnen. Indessen stellt sich zugleich die Frage, ob denn die Realität der Stadtplanung mit diesen beiden Begriffen ausreichend erfasst ist. Von der zuvor genannten Begriffsdreiheit könnte man die Wissenschaft der Theorie, die Politik der Praxis zuordnen – aber wie steht es dann mit der Kunst? Trifft der Begriff noch die Wirklichkeit des Planens – oder ist die Kunst durch die Verfahrenslogik der Planungstheorie ersetzt worden? Manche Stimmen aus den sechziger Jahren deuteten in diese Richtung, aber in der gleichen Zeit wurde in einem der Planungstheorie gewidmeten Heft einer amerikanischen Fachzeitschrift Planung definiert als «eine Kunst, die danach strebt, durch Einsatz wissenschaftlicher Methoden das Handwerk zu verbessern»[5].

Der Begriff des «Handwerks» (craft) ist tatsächlich gut geeignet, einen Teil der Planungstätigkeit zu umreissen; für sein Verhältnis zur Kunst mag der Hinweis Theodor Fischers erhellend sein, er könne nur das Handwerk lehren, nicht die Kunst – sie komme als Gnade oder bleibe aus[6]. Gleichwohl gibt es sicher fliessende Übergänge zwischen der souveränen Beherrschung des Handwerks und einer Art von Kunst, die sich von «Können» ableitet und nicht mit dem überhöhten Anspruch befrachtet ist, wie er sich im späten 19. Jahrhundert herausgebildet hat. Darauf kommt es hier nicht an; wichtig ist vielmehr die Einsicht, dass wir es dabei mit einem Bereich eigener Art zu tun haben, der in gewissem Sinne zwischen Theorie und Praxis steht.

Wenden wir jetzt diese Kategorien auf die oben angeführten Schritte des Planungsverfahrens an, so gehört die Situationsanalyse, die Erfassung und Interpretation der Ausgangslage für die Planung, vollständig dem Bereich der Theorie an. Sinnvolles Handeln in der Stadt, in der «alles mit allem zusammenhängt»[7], ist auf die wissenschaftliche Erforschung der Systemzusammenhänge in der Stadt angewiesen. Allerdings zeigt sich, dass die Theorien aus den verschiedenen Bereichen analytischer Wissenschaften jeweils darauf gerichtet sind, die Stadt und das Geschehen in ihr unter bestimmten Blickwinkeln zu erklären, etwa unter dem der Sozialstruktur oder dem des Wirtschaftsgefüges. Sie sind also sektoral orientiert und geben meist wenig Aufschluss über Wechselwirkungen zwischen den verschiedenen Bereichen und über qualitative Aspekte, über «Intangibles». Gleichwohl ist es wichtig, dass der Planer sich in ihnen einigermassen auskennt – schon um in der Diskussion mit den Analytikern die richtigen Fragen zu stellen. Aber hier liegt nicht sein eigenstes Betätigungsfeld; für eine Forschung in diesen Bereichen sind Angehörige anderer Disziplinen in der Regel besser gerüstet als der Planer.

Indessen ist zu bedenken, dass eine Theorie, welche die schlüssige Erklärung von Kausalzusammenhängen leistet, damit zugleich eine Wirkungsprognose planerischer Massnahmen erlaubt und auf diese Weise auch die Ableitung eines Handlungsmodells ermöglicht – sofern klare Vorstellungen über das anzustrebende Ergebnis bestehen. Damit kommt das Ziel der Planung ins Blickfeld, und mit ihm die Schwierigkeit seiner Präzisierung. Denn wenn der Planer die Aufgabe, übergeordnete gesellschaftspolitische Ziele in eine räumliche Konzeption umzusetzen, rational bewältigen will, muss er von Vorstellungen über die Wirkung geplanter Massnahmen ausgehen – und solche Vorstellungen können sich nicht immer auf gesicherte Kenntnisse stützen.

Von solchen Überlegungen führt ein gerader Weg zur «Leitbilddiskussion» der letzten Jahrzehnte. In den fünfziger Jahren gab es einen breiten Konsens über eine solche Leitvorstellung, die der «gegliederten und aufgelockerten Stadt»[8] mit einer klar ablesbaren Zentrenhierarchie, eingebunden in ein streng organisiertes Verkehrssystem, mit deutlich getrennten Hauptnutzungen und einer bestimmten Bandbreite als vertretbar geltender Bau- und Wohndichten. Die britischen «New Towns» der ersten Phase («Mark 1») stellen Schulbeispiele für dieses «Leitbild» dar. Insbesondere den Quantifizierungen für die Tragfähigkeit öffentlicher Einrichtungen, für Schulsprengel wie für Einzugsbereiche und Flächenansprüche von Einzelhandelszentren mass man grosses Gewicht bei, und erst allmählich wurde deutlich, wie sehr solche Berechnungen von bestimmten Annahmen und Wertungen abhingen, die dem Wandel unterworfen waren. Dies schliesst zwar die Gültigkeit eines solchen «Modells» für eine begrenzte Zeit nicht aus, aber es relativiert alle Ansprüche, die an die Dauerhaftigkeit einer darauf gegründeten «Theorie» gestellt werden können.

Das planerische Ziel ist also nicht «wissenschaftlich» bestimmbar, sondern entspringt einer Wertsetzung – oder im Regelfall zutreffender: einem mehr oder weniger deutlich artikulierten Kompromiss zwischen verschiedenen Wertsetzungen. Dass die Umsetzung dieses Ziels in ein räumliches Konzept nicht nur zu einem einzigen «richtigen» Resultat führt, sondern auf verschiedenen «alternativen» Wegen möglich ist, gehört seit den fünfziger Jahren zum festen Bestand der Planungstheorie. Solche Alternativen sind also unterschiedliche Entwürfe künftiger räumlicher Ordnung, künftiger Strategien und Massnahmenbündel zur Erreichung des gleichen Zieles – und hier werden zunächst neben der Beherrschung des «Handwerks» vor allem Kreativität und Kombinationsgabe im Entwurf gefordert, wenn es gelingen soll, das Feld der Handlungsmöglichkeiten einigermassen auszuloten. Zugleich aber muss die Konstruktion solcher Alternativen mit einer nüchternen Einschätzung ihrer Realisierungsmöglichkeiten und ihrer zu erwartenden Auswirkungen einhergehen – eine Einschätzung, die auch für die vergleichende Bewertung der Alternativen und damit für die Entscheidung zwischen ihnen unerlässlich ist. Hier besteht ein enger Bezug zu jener theoretisch abgesicherten Wirkungsforschung, die weiter oben erwähnt wurde. Ist die Entscheidung getroffen, so schliessen sich die Erarbeitung und der Vollzug aller zur Verwirklichung nötigen Massnahmen an, die man unter dem Begriff der «Implementierung» zusammenfasst. Es sind jene rechtlichen, administrativen, finanziellen und sonstigen Massnahmen – bis hin zur Meinungsbildung –, die das

Tagesgeschäft der städtebaulichen Praxis bilden. Und bei alledem muss man im Auge behalten, dass die hier zugrundegelegte lineare Abfolge des Planungsprozesses natürlich eine starke Vereinfachung der planerischen Wirklichkeit ist, die mit ihren zahlreichen Rückkoppelungen und Kurskorrekturen weitaus komplexer zu sein pflegt.

3. Was kann das Studium im Theoriebereich vermitteln?

Was folgt aus diesen Überlegungen für die Vermittlung der jeweils geforderten Fähigkeiten und Fertigkeiten an der Hochschule? Die Notwendigkeit, komplexe Sachverhalte analytisch zu erfassen, verlangt wissenschaftliches Denken und Methodenkenntnis; die Erarbeitung von Handlungskonzepten als Antwort auf die erkannten Probleme erfordert jene schöpferische Kombinatorik, von der gerade gesprochen wurde, und die Auswahl zwischen ihnen setzen einsichtsvolle Abwägung und klare Wertmassstäbe als Grundlage für eine verantwortungsvolle Entscheidung voraus.

Was die Analyse betrifft, so kann es offenbar nicht darum gehen, die Vielfalt der sozialwissenschaftlichen oder wirtschaftswissenschaftlichen Hypothesen und Theorien über die Stadt zu vermitteln; der Schwerpunkt muss vielmehr bei einer Einführung in die Denk- und Arbeitsweise dieser und anderer analytisch tätiger Disziplinen liegen, die zwar auch inhaltliche Kenntnisse exemplarisch vermittelt, aber in erster Linie zum kritisch-informativen Gespräch mit den Vertretern dieser Disziplinen befähigen muss. Dabei gilt es eine mittlere Linie einzuhalten zwischen den Extremen einer gern geübten Geringschätzung wissenschaftlicher Erkenntnisse — als in der Praxis kaum anwendbar — und einer unkritischen Wissenschaftsgläubigkeit, die etwa von der Soziologie eine stellvertretende Übernahme der Bauherrenrolle für die Planung erwartet.

Den «handwerklichen» Aspekt vermag die Hochschule leichter zu vermitteln; die Elemente, die gleichsam als Bausteine in die städtebauliche Konzeption eingehen, und die «Kompositionsregeln» für die Bemessung, die Standortwahl und die gegenseitige Zuordnung solcher Elemente lassen sich im Rahmen von Entwurfsübungen relativ leicht darstellen und anwenden. Nicht minder wichtig allerdings – und weniger leicht systematisierbar – sind die Einflüsse, die aus den örtlichen Besonderheiten in Landschaft, Geschichte und Stadtgestalt erwachsen. Sie prägen jene Individualität des Ortes, die heute wieder hoch im Kurse steht, und es ist sicher kein Zufall, dass seit den frühen sechziger Jahren abstrakte Modellkonzeptionen für die Stadtstrukturplanung – wie sie vorher in der Fachdiskussion eine bedeutende Rolle spielten – nicht mehr veröffentlicht worden sind. Ganz allgemein gilt es dem Studenten bewusst zu machen, welche Prämissen solchen «Handwerksregeln» zugrundeliegen. Er muss die Abhängigkeit seiner Entwurfselemente und Kompositionsregeln von gewissen sachlichen Voraussetzungen oder von bestimmten Wertsetzungen erkennen lernen und deren Gültigkeit immer wieder kritisch prüfen.

Der Entwurf selbst – als Handlungsrahmen wie als Gestaltkonzept – ist zwar nur bedingt aus Theorien herleitbar, wohl aber weitgehend an ihnen überprüfbar. Hier liegt eine wichtige Funktion jener wissenschaftlichen Rationalität, die dem Planer in der Auseinandersetzung mit den analytischen Disziplinen nahegebracht werden muss: er darf Kenntnisse und Informationen, die seiner Planungskonzeption entgegenstehen, nicht ignorieren, sondern er muss sich mit ihnen auseinandersetzen und sie in seiner Planung berücksichtigen. Das klingt selbstverständlich, ist es aber nicht, wenn man weiss, wie sehr der schöpferische Entwerfer an seiner einmal entwickelten Konzeption zu hängen pflegt – bis hin zur Verdrängung aller Gegenargumente. Theodor Fischer hat dieses Wissen schon vor sieben Jahrzehnten in die Forderung umgesetzt, der Stadtplaner dürfe «kein Ideologe» sein, er dürfe nicht «einer Laune, einer Mode, einer Kunstidee zuliebe dem Ganzen Gewalt antun».[9]

Offenbar hat es mit dieser Neigung zum Festhalten an der einmal erarbeiteten Konzeption zu tun, dass es auf der Hochschule immer wieder schwerfällt, den Studierenden – jedenfalls soweit sie von der Architektur her kommen – das nüchterne Abstecken des Handlungsspielraums durch die Entwicklung deutlich unterschiedener Alternativen nahezubringen. Häufig gewinnt man den Eindruck, der Verfasser wolle nach Erarbeitung seines ersten Konzeptes dieses gar nicht mehr ernsthaft in Frage gestellt wissen und betrachte daher die Entwicklung alternativer Konzepte als eher lästige Pflichtübung mit dem Hauptzweck, die Überlegenheit der erstrebten Lösung zu demonstrieren. Diese Erscheinung ist bei Gestaltungsaufgaben noch ausgeprägter als bei rein funktionalen Erwägungen – und so bevorzugt die Praxis ja auch in der Regel den Wettbewerb mehrerer Entwerfer, wenn es um die Gewinnung städtebaulicher Alternativen geht.

Neben die Anleitung zur Entwicklung, zur «Konstruktion» von Alternativen tritt die Auseinandersetzung mit ihrer vergleichenden Bewertung. Hier stellt sich das Problem einer Rationalität des Urteils «unter Unsicherheit» auf besonders eindringliche Weise, denn zu der Unsicherheit, ob die erwarteten Folgen der Planungsmassnahmen auch wirklich eintreten werden, kommt die Frage nach der Eignung der Bewertungskriterien, dem Grad ihrer objektiven oder zumindest intersubjektiven Gültigkeit. Auch hier ist wieder vor den Extremen zu warnen: vor der Überschätzung perfektionierter Methoden nach Art der Nutzwertanalyse, die allenfalls eine Offenlegung komplexer Argumente, nicht aber eine «Objektivierung» der Entscheidung zu leisten vermögen, und vor einer Neigung zu oberflächlichem Urteil auf der Grundlage leicht erkennbarer Merkmale, wie sie sich allerdings in der Realität – vor allem in der politischen Auseinandersetzung über Planungsfragen – häufig findet. Nicht zufällig schwingt im Begriff der «politischen» Entscheidung bei Planungsmassnahmen eine unausgesprochene Antithese zur «sachgerechten» Entscheidung mit. Aber das ist schon eine Erfahrung aus jener Praxis, der der folgende Abschnitt gewidmet ist.

4. Was kann das Studium im Praxisbereich vermitteln?

Die Praxis der Stadtplanung – das ist gegenüber der «Modellsituation» an der Hochschule nun einerseits der Umgang mit dem Bauherrn, andererseits der Bereich der Verwirklichung oder zumindest der Umsetzung in ein Massnahmenprogramm. Während der idealtypische «Bauherr» des Architekten zugleich

Auftraggeber, Geldgeber und Nutzer ist, fallen diese Funktionen für den Planer auseinander – in den funktional-formalen Auftrag durch die politische Körperschaft und den «moralischen» Auftrag durch die von der Planung Betroffenen. Dieses Spannungsverhältnis wurde zwar in den sechziger Jahren mit besonderem Nachdruck betont, hat aber die Städtebauer schon viel früher bewegt[10]. Die Hochschulausbildung kann dieses Kernproblem jeder Planung zwar im Grundsatz darstellen und an Beispielen verdeutlichen, aber nur in Sonderfällen den Studenten eigene Erfahrungen machen lassen – etwa bei der Auseinandersetzung mit einer realen gemeindlichen Planung als Übungsaufgabe. Selbst hier bleibt das Problem, dass im Hochschulentwurf selten alle Phasen des konkreten Planungsprozesses realistisch «durchgespielt» werden können, vor allem weil der Zeitaufwand in keinem angemessenen Verhältnis zum Lerneffekt stehen würde.

Die andere Seite der Praxis – die «Implementierung» – sieht der Architekt in Werkplänen, Ausschreibungen, Vergabe und Baustellenbetrieb; für den Planer geht es um die Beherrschung des Rechtsinstrumentariums von Bebauungsplan, Gestaltungssatzung, Veränderungssperre, Instandsetzungsgebot und was der jeweilige gesetzliche Werkzeugkasten sonst noch alles zu bieten vermag. Aber das öffentlich-rechtliche Instrumentarium ist nicht für alle Aufgaben ausreichend oder überhaupt geeignet: die Praxis kennt zahlreiche informelle Lenkungsmittel – von Zuschüssen und Steuervergünstigungen bis hin zum ausgeprägten Verhandlungsgeschick –, mit denen Planungskonzepte der Verwirklichung nähergebracht werden können.

Alles das ist aber nicht nur eine Frage des Umgangs mit Grundeigentümern, Betriebsinhabern, Bewohnern und Investoren, sondern auch der Abstimmung mit anderen Behörden und Institutionen, für die sich das «öffentliche Wohl», dem man ja gemeinsam verpflichtet ist, ganz anders darstellen kann als für die Raumplanung. Und selbst bei weitgehender sachlicher Übereinstimmung mag man es immer noch mit einem gewissen Typ unbeweglicher Gesprächspartner zu tun haben, für den man in der Bundesrepublik Deutschland die bildhafte Bezeichnung des «Bundesbedenkenträgers» gefunden hat.

Beide Aspekte – Rechtsinstrumentarium und informelle Durchsetzungsmethodik – sind auf der Hochschule nicht leicht zu vermitteln. Es gibt relativ wenig Planungsstudenten – von den Architekturstudenten ganz zu schweigen –, die sich für Rechtsfragen interessieren und zugleich bereit sind, in die dem «Entwerfen», dem konzeptionell Denkenden zunächst fremde, meist auch suspekt erscheinende juristische Denkweise einzusteigen – auch wenn man als Lehrer immer wieder die Bedeutung dieses Bereiches für die Verwirklichung betont und darauf hinweist, dass der Planer die Verwaltungsregeln souverän genug beherrschen müsse, um notfalls den administrativen Apparat mit seinen eigenen Waffen schlagen zu können. Allenfalls hat man später die Genugtuung, dass ein Absolvent nach ein paar Jahren bekundet, nunmehr leuchte ihm die Bedeutung dessen ein, was er damals zu diesem Thema gehört habe.

Eines der Hilfsmittel, das Kenntnisse vermittelt und zugleich Interesse zu wecken vermag, ist das Planspiel – vor allem, wenn es gut vorbereitet ist und ein Element des Rollenspiels in sich trägt. Das Angebot der Identifikation mit den unterschiedlichen Standpunkten der Beteiligten wird meist gern angenommen und kann ein besseres Verständnis für die schwierige Aufgabe wecken, bei der Planungsentscheidung «öffentliche und private Belange gegeneinander und untereinander gerecht abzuwägen», wie es das «Baugesetzbuch» der Bundesrepublik fordert.

Auch die «taktischen», die «diplomatischen» Aspekte der Durchsetzung von Planungen lassen sich auf diese Weise jedenfalls in Ansätzen verdeutlichen. Eugen Kogon stellte einmal in einem Referat über den Ingenieur und die Politik fest, «für jenen sei nun einmal die kürzeste Verbindung zwischen zwei Punkten die Gerade – und dies stimme in der Politik eben nicht». Man kann wohl vermuten, hier liege zumindest ein Grund für das – in der Bundesrepublik offenbar zunehmende – Einrücken von Juristen in die Dezernentenstellen für Stadtplanung. Juristen gelten den Politikern als flexibler; sie sind nicht durch das Sachengagement des Fachmannes daran gehindert, jeweils der politischen Mehrheitsauffassung zu folgen. Der Jurist lernt – gleichsam inhaltsneutral –, wie zu entscheiden ist; dem Planer liegt meist sehr am Herzen, was er entscheidet.

Gewiss – die zunehmende Spezialisierung der Teilbereiche und die wachsende Komplexität der Planungsmaterie zwingen auch den Planungsfachmann dazu, sich in vielen Fällen auf den Sachverstand seiner Mitarbeiter abzustützen und insofern das «Wie» des Entscheidens zu beherrschen, und ebenso gewiss wird der Planer im politischen Geschäft mit seiner nahezu unvermeidlichen Unbeliebtheit haushalten müssen, wenn er sich nicht ins Abseits manövrieren will. Aber eine Heranführung an die «Praxis» sollte sicher nicht darin münden, dem Planer das Engagement in der Sache abzugewöhnen und ihn auf die Rolle eines unkritischen Erfüllungsgehilfen der jeweiligen lokalpolitischen Mehrheitsmeinung vorzubereiten. Dagegen ist es wichtig, ihm seine Aufgabe als Meinungsbildner im politischen Prozess zu verdeutlichen und ihm die hierzu geeigneten Mittel nahezubringen.

5. Schlussbemerkung

Nach alledem stösst die Vermittlung von Theorie und Praxis, von Handwerk und Kunst der Stadtplanung im Studium auf mancherlei Grenzen. Alles Wissen und Können vermag nur Ansatzpunkte für die Bewährung im Beruf zu bieten, und in einer begrenzten Studienzeit wird es immer wieder Diskussionen um die angemessenen Anteile der einzelnen Aspekte geben: universitas semper reformanda.

Von zentraler Bedeutung ist aber, dass durch alle Vermittlung von Kenntnissen und Fertigkeiten hindurch dem Studenten das Wesen seiner künftigen Tätigkeit, die mit ihr verbundene Verantwortung und die daraus sich ergebenden Anforderungen an eine geistige Haltung bewusst gemacht werden, die sein berufliches Wirken prägen muss. Zu dieser Haltung gehört auch das Verständnis des eigenen Werkes im Sinne einer Dienstleistung für die Allgemeinheit und damit der Verzicht auf «Selbstverwirklichung» in einer spektakulären Besonderheit, wie sie in der Architektur immer wieder – wenn auch meist schnell vergessene – Schlagzeilen macht. Das bedeutet keineswegs den Verzicht auf schöpferische Gestaltung, wohl aber die Anerkenntnis einer Bindung an die Kontinuität der

Stadtentwicklung. Es geht also um ein Selbstverständnis, das sich gleich weit entfernt hält von einem überheblichen Anspruch auf Weltverbesserung und von der resignierenden Anpassung an die Verhältnisse — um eine Haltung, die sich auf klare Wertmassstäbe stützt und in der sich Grundsatzfestigkeit mit der durch das Ausmass der Aufgabe geforderten Bescheidenheit vereint. Wenn es der Hochschule gelingt, eine solche Haltung — nicht so sehr im Sinne eines «ideologischen Überbaus» als vielmehr durch den konkreten Umgang mit dem Lehrstoff — zu vermitteln, hat sie eine ihrer wichtigsten Aufgaben erfüllt.

Anmerkungen

[1] Rüegg, W.; Hochschule und Öffentlichkeit. Frankfurt 1965, S. 13
[2] vgl. Faludi, A.; Planungstheorie oder Theorie des Planens? Stadtbauwelt Nr. 23, September 1969
[3] vgl. Lendi, M.; Grundriss einer Theorie der Raumplanung. Zürich 1988
[4] Adams, Th.; Outline of Town and Country Planning. New York 1935, S. 21
[5] Dyckman, J.W.; The Practical Uses of Planning Theory. Journal of the American Institute of Planners XXXV, 1969, S. 300
[6] Fischer, Th.; Sechs Vorträge über Stadtbaukunst. München und Berlin 1922, S. 5
[7] Lowry, I.S.; A Short Course in Model Design. Journal of the American Institute of Planners XXXI, 1965, S. 15
[8] vgl. Göderitz, J.; Rainer, R.; Hoffmann, H.; Die gegliederte und aufgelockerte Stadt. Tübingen 1957. Ein analoges Beispiel aus der Schweiz ist Egli, E., u.a., Die neue Stadt. Eine Studie für das Furttal, Zürich o.J.
[9] Fischer, Th.; a.a.O., S. 8
[10] vgl. Schumacher, F.; Vom Städtebau zur Landesplanung. Tübingen 1951

Kurt Freisitzer

Empirische und theoretische Grundlagen komplexer Entscheidungsprozesse: Ein sozialwissenschaftlicher Beitrag

Vorbemerkungen

In mehreren Publikationen erläuterten Jakob Maurer und ich die Notwendigkeit sowie die Art der Durchführung und die ermutigenden Ergebnisse einer von uns und von Kollegen entwickelten Verfahrensinnovation, die komplexe Entscheidungsprozesse empirisch nachweisbar verbessert hat.[1]

Anlässe für diese Bemühungen waren städtebaulich bedeutsame Grossprojekte im Zusammenhang mit der Suche nach besseren Verfahren in der Stadtentwicklungspolitik.[2]

Die treibende Kraft hinter diesen Bemühungen war die gemeinsame Überzeugung, dass trotz enormen Erkenntnisfortschrittes in den Einzelwissenschaften nur das konsequente Zusammenführen von Menschen und Ideen der verschiedenen Fachgebiete ausgewogene Lösungen angesichts komplexer Entscheidungsprobleme am ehesten sicherstellen können.

Als international viel gefragter Experte der Raumordnung, der Regional- und Stadtentwicklungspolitik war Jakob Maurer immer wieder mit Sozialwissenschaftern konfrontiert und ich selbst als Sozialwissenschafter in der Landes- und Ortsplanung wiederum mit Bauingenieuren und Architekten.

Bauingenieure und Architekten berufen sich gerne auf naturwissenschaftliche Gesetze oder auf die Legitimität (Autonomie) künstlerischer Entscheidungen. Maurer hält dem die Ungewissheiten, die es auch in den Naturwissenschaften gibt, entgegen und plädiert in vielen seiner Publikationen dafür, dass wir nicht krampfhaft «Gewissheiten» dort verteidigen sollen, wo es keine gibt, sondern endlich lernen müssen, mit bestehenden Ungewissheiten umzugehen. Er befindet sich damit in guter Gesellschaft mit den besten Vertretern der Wissenschaftstheorie.

Eine ähnliche Form der Auseinandersetzung mit ihren Forschungsobjekten gilt natürlich auch für die Sozialforschung. René König sieht die Soziologie als eine

Wissenschaft *von der* sozialen Wirklichkeit *für die* soziale Wirklichkeit[3]. Dies fordert ein Aussagesystem, das sich auf die Wirklichkeit bezieht. Die Aussagen haben sich daher in der Wirklichkeit zu bewähren, zumindest im Sinne einer vorläufigen Bestätigung.

Dies gilt für alle empirischen Wissenschaften, die nach dem Prinzip «trial and error» vorgehen. Graduelle Unterschiede bestehen allerdings hinsichtlich der Vorerfahrungen und dem damit verbundenen Vorwissen. Beispiel: Das Rad muss nicht immer wieder neu erfunden und erprobt werden! Das gilt aber auch für die Kernsätze der Lerntheorie.

In allen Fällen muss jedoch die Bereitschaft und die Fähigkeit bestehen, aus vergangenen Fehlern zu lernen und zu verallgemeinernden neuen Aussagen zu kommen. Dafür bietet aus sozialwissenschaftlicher Sicht u.a. die Publikation «Stadt und Lebensqualität»[4] Gutwilligen eine Chance der Einsicht. Denn dort wird das Vorurteil widerlegt, dass Sozialwissenschafter lediglich im nachhinein alles besser wüssten und unfähig seien, verallgemeinernde Konsequenzen aus empirisch gewonnenen Befunden im Sinne konstruktiver Empfehlungen für die Praxis zu ziehen.

Sozialwissenschafter sind nach einer längeren Periode von Längsschnittuntersuchungen sehr wohl in der Lage, Handlungsanweisungen im Sinne von Programmen zum Beispiel für eine zielführende und somit bessere Wohnbau- oder Stadtentwicklungspolitik zu erstellen.

Für die Überwindung der bestehenden Schwierigkeiten und für das Gelingen der Vorbereitung politischer Entscheidungen in fachlich heterogen zusammengesetzten Expertengruppen gibt es inzwischen recht überzeugende Beispiele. Das Bedürfnis nach neuen und effizienteren Wegen der Politikberatung wächst daher. Typisch hierfür ist zum Beispiel die 1988 in Köln abgehaltene Plenarsitzung der Westdeutschen Rektorenkonferenz mit dem Thema «Wissenschaft und Politik – Erkennen und Entscheiden in gegenseitiger Verantwortung». Es nahmen daran (aktiv und mit Referaten) nicht nur Experten der Politikberatung aus den Wissenschaften teil, sondern auch Spitzenpolitiker der Bundesrepublik Deutschland.[5]

Im folgenden geht es um den Versuch, an sich bekannte und empirisch gut abgestützte Theorieelemente im Hinblick auf ihren Nutzen für die Entscheidungsfindung in fachlich heterogen zusammengesetzten Expertengruppen im einzelnen zu erläutern und ihre Bedeutung und die Art ihrer Verknüpfung für zukunftsweisende Lösungen komplexer Entscheidungsprobleme plausibel zu machen.

Die Besprechung der erwähnten, empirisch abgestützten Theorieelemente der Individual- und Sozialpsychologie sowie ihre verhaltenswissenschaftlichen und soziologischen Perspektiven bedarf für das Verständnis einiger Zusatzinformationen. Die Überlegungen beziehen sich auf fachlich heterogen zusammengesetzte Expertengruppen, die mehrmals jährlich rund eine Woche in Klausur tagen. Die Erfahrung lehrt, dass sich auf diese Weise der Problemlösung dienende gruppendynamische Effekte eher einstellen. Diese Effekte bleiben zum Beispiel bei einem anderen viel geübten Typus «Anhörung von Fachleuten verschiedener Disziplinen» (Enquete) in der Regel meist aus.[6]

1. Zum Leistungsvorteil von Gruppen

Peter R. Hofstätter unterscheidet in seiner Arbeit «Gruppendynamik»[7], die von ihm nicht zuletzt als eine Kritik an den Kulturpessimisten LeBon, Ortega y Gasset und David Riesman gedacht war, drei Leistungstypen und erklärt daraus, warum Gruppenleistungen gegenüber den Leistungen von Individuen im Vorteil sein können. Der einfachste Leistungstypus kann hier vernachlässigt werden; es handelt sich um die simple Tatsache, dass durch die Addition oder Summation von Kräften zehn Männer einen schweren Gegenstand vergleichsweise eher zu bewegen imstande sind als ein einzelner. Wichtiger für unsere Überlegungen sind die zwei weiteren Unterscheidungen, die Hofstätter als Leistungen vom «Typus des Bestimmens» und als Leistungen vom «Typus des Suchens» bezeichnet. Die etwas willkürliche und nicht auf den ersten Blick einsichtige Wortwahl bedarf der näheren Erläuterung.

1.1 Unter *Leistungen vom Typus des Bestimmens* versteht Hofstätter gemeinschaftliche Bemühungen zur Lösung von Problemen, für die es keine objektiven

Massstäbe gibt, sondern bestenfalls Einschätzungen über die Zweckmässigkeit bestimmter Festlegungen. Ein klassischer Fall hierfür sind etwa Rechtsnormen, die bekanntlich nicht nach den Massstäben «richtig» oder «falsch» zu messen sind, sondern eher vor dem Hintergrund bestimmter Werthaltungen oder vermuteter Zweck-Mittel-Relationen. Frage: Wie werden sich angesichts neuer Rechtsnormen die Mitbürger verhalten? Im Sinne der Absichten des Gesetzgebers oder gar ungünstiger als bisher? Die Ausschöpfung der Möglichkeiten des Sozialrechts ist hierfür exemplarisch.

Ein weiteres Beispiel, das in unserem Zusammenhang vielleicht noch einsichtiger sein dürfte, ist der Umgang mit Ungewissheiten, die etwa in Planungsprozessen zwar nicht die Regel sein müssen, aber sehr häufig vorkommen.

Hofstätter u. a. versuchten nun mit einiger Plausibilität und anhand empirischer Befunde nachzuweisen, dass in diesen Fällen die genannten Leistungen vom Typus des Bestimmens in der Gruppe zu besseren Ergebnissen führen als in einer Situation, wo Individuen isoliert voneinander solche Leistungen zu erbringen versuchen. Das heisst, dass zum Beispiel Schätzungen als Gruppenleistungen im Endergebnis offensichtlich deshalb besser sind, weil Extreme in der Argumentation (Rede und Gegenrede) ausgeschieden werden. Man kennt dieses Konvergenzstreben in Gruppen, das in allen bekannten Gruppenexperimenten das Ergebnis von Bestimmungsleistungen verbessert.

1.2 Leistungen vom Typus des Suchens sind für Hofstätter solche, die an objektiven Kriterien gemessen werden können. In der Sprache der Wissenschaftstheorie sind die Ergebnisse zum Beispiel empirisch überprüfbare Sätze und Systeme von Sätzen, also Theorien.

Man kann hierfür eine dem gebildeten Laien vielleicht besser zugängliche Illustration liefern. Sie ist bei Hofstätter erwähnt. Ein auf einer Wiese verlorengegangener Gegenstand wird erfahrungsgemäss von einer Einzelperson in der Regel entweder überhaupt nicht oder erst nach sehr langer Zeit gefunden. Eine grössere Gruppe von Menschen, die sich entsprechend organisiert (z. B. Aufteilung des Suchareals in Planquadrate), hat eine viel bessere Chance, den verlorenen Gegenstand zu finden, und dies auch noch viel schneller.

Im Planungsprozess gibt es sowohl Bestimmungs- als auch Suchleistungen. Bessere als die gemäss den bisherigen Verfahren erzielten Problemlösungen sind in beiden Fällen möglich, wenn klausurähnliche Bedingungen gruppendynamische Effekte der beschriebenen Art auslösen.

Natürlich bedarf es dabei einer Gruppengrösse, die Arbeitsfähigkeit im Sinne der erforderlichen Kommunikationsdichte (Rede und Gegenrede aller Beteiligten) noch zulässt, womit die Bedingungen der face to face-group, d. h. Interaktion von Angesicht zu Angesicht, erfüllbar sind. Denn nur in einer solchen Situation ist es den Vertretern sehr unterschiedlicher Fachsprachen möglich, zu einer gemeinsamen Sprache zu finden und damit die erforderliche Verständnisfähigkeit der Teilnehmer herzustellen.

2. Zu den Kernsätzen der Lerntheorie

Unter den im Punkt 1 beschriebenen Voraussetzungen sind selbst angesehene Experten verschiedenster Disziplinen über ihre eigene Fachdisziplin hinaus erstaunlich lernfähig. Der berüchtigte «trichterförmig verengte eigene Fachhorizont» weitet sich, weil man den Beitrag des eigenen Faches zur Problemlösung relativiert sieht und unter sozialem Druck relativieren muss, woraus sich eine völlig neue Qualität der Betrachtung eines komplexen Entscheidungsproblems entwickelt.

Grundlage hierfür sind die bekannten Kernsätze der Lerntheorie, die besagen, dass wiederholte negative Reaktionen auf die eigenen Einstellungen, Meinungen, Äusserungen oder Verhaltensweisen im Regelfall zum Zurücknehmen oder Relativieren derselben führen. Es gilt natürlich auch das Gegenteil, wonach eigene Problemlösungsvorschläge, die überwiegend positive Reaktionen erhalten, in ihrer Chance der Durchsetzbarkeit begünstigt sind.

Exkurs: Auch die Wissenschaften und der Wissenschaftsbetrieb sind nicht frei von Modeströmungen. Als Folge davon werden zum Beispiel derzeit (und wenn, dann erfahrungsgemäss massiv!) quantitative Methoden trotz ihrer jahrzehntelangen Bewährung abgelehnt, weil etwa qualitative (anekdotische oder narrative) Methoden «in» sind. Wer sich in Wissenschaft, Politik und Wirtschaft an Regelmässigkeiten und Gesetzmässigkeiten menschlichen Verhaltens orientieren muss, wird sich am bisherigen Erkenntnisfortschritt und nicht an den jeweils herrschenden Modeströmungen orientieren müssen.

3. Empirische Befunde der Interaktionsanalyse

Soziale Interaktion kann man aus guten Gründen als gegenseitige Beeinflussung von Personen und Gruppen durch Kommunikation definieren. Für aufgabenorientierte (problem solving) Gruppen hat dies Robert F. Bales[8] überzeugend dargestellt. Der Wert seines Beitrages liegt in der Kategorisierung von Interaktionstypen zum Zwecke der systematischen Beobachtung von Interaktionsvorgängen in aufgabenorientierten Gruppen.

Wer sich von dem meines Erachtens überzogenen Begriffsbildungsaufwand Bales nicht irritieren lässt, erkennt eine durchgedachte Systematik, die Gruppenprozesse ebenso umfassend wie differenziert beschreibt. Denn man muss Bales folgen, wenn er feststellt, dass aufgabenorientierte Gruppen Akte in Richtung von Vorschlägen zur Problemlösung produzieren müssen, dabei Informationsbedürfnisse entstehen und befriedigt werden müssen, was schliesslich hinsichtlich der vorgeschlagenen Problemlösung, sozialemotionale Akte der Zustimmung (Solidarität) oder der Ablehnung (Feindseligkeit) hervorruft.

Kurt Freisitzer

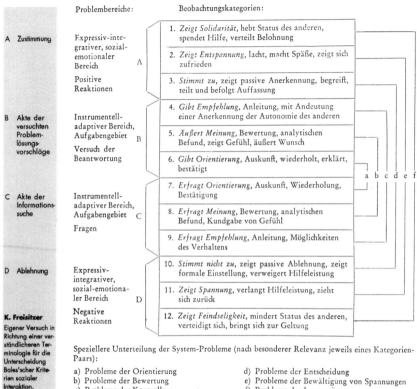

Eine vereinfachte und für gebildete Laien eher verständliche Darstellung der Erfassung von Interaktionsprozessen soll die folgende Übersicht samt quantitativen Angaben (vgl. Tab. 2) vermitteln. Sie fasst jeweils drei der insgesamt zwölf Kategorien zusammen.

	relativer Anteil von Interaktionen in den betr. Bereichen in %
A sozialemotionaler Bereich, positive Reaktionen	25
B Aufgabenbereich, Lösungsvorschläge	57
C Informationsbereich, Fragen	7
D sozialemotionaler Bereich, negative Reaktionen	11
	100

Die Darstellung zeigt die Verteilung der relativen Häufigkeit bezogen auf die vier dargestellten Interaktionsblöcke. Grundlage hierfür ist die Zuordnung der einzelnen Interaktionen, wobei alle Interaktionen in der konkreten empirischen Beobachtungssituation die Basis bilden. So würde etwa ein N = 1780 (Summe der einzelnen Interaktionen) die 100 % eines in sich abgeschlossenen Gruppenprozesses (von möglicherweise mehreren Sitzungen) ergeben.

Im Durchschnitt aller von Bales untersuchten Gruppen folgt daraus, dass nur etwas mehr als die Hälfte aller Interaktionen auf die Problemlösung bezogen ist. Freilich braucht man auch Information – also zu den rund 57 % + 7 % = 64 %. Damit wären allerdings nur rund zwei Drittel der Interaktionen auf die Aufgabenlösung bezogen. Fragen wir also weiter.

Welche Bedeutung haben die rund 25 % der sozialemotional positiven Interaktionen? Sie dienen sicher dem Gruppenklima, ohne das – wenn es gut ist – kein soziales System gute Leistungen erzielen kann. Kann man damit aber auch die sozialemotional negativen Interaktionen von immerhin 11 % erklären?

Die hier vorgeführte dialektische Methode – sie ist nicht im Sinne einer bestimmten Ideologie gemeint oder gedacht – führt uns zurück zu den unter Punkt 2 angeführten verhaltenswissenschaftlich-lerntheoretischen Einsichten.

Bales hat meines Wissens nicht explizit eine Verknüpfung seiner Interaktionsanalyse mit den Grundsätzen der Lerntheorie hergestellt. Tut man dies, so folgt daraus, dass die sozialemotionalen Akte positiver und negativer Art den Problemlösungsvorgang steuern. Denn sozialemotional positive Reaktionen bewirken gemäss der empirisch abgestützten Lerntheorie, dass der vorgeschlagene Problemlösungsweg (Verstärkung) fortgesetzt bzw. weiterverfolgt wird. Sozialemotional negative Reaktionen mindern die Chance der Fortsetzung des eingeschlagenen Weges.

Es gibt daher einen sehr engen Zusammenhang zwischen den empirischen Befunden der Interaktionsanalyse und der Lerntheorie: Das Tun von Menschen orientiert sich in der Regel an den Reaktionen der sozialen Umwelt. Als Ergebnis dieser Überlegungen darf man mit hinreichender Gewissheit annehmen, dass sowohl lerntheoretische als auch interaktionsanalytische Befunde der Lösung komplexer Entscheidungsprobleme dann dienlich sein können, wenn jene Gruppensituation hergestellt wird, in der die erwähnten Mechanismen wirksam werden können (siehe weiter oben!).

4. Zum Problem der Kommunikation und Manipulation

Interaktion ist – wie bereits erwähnt – gegenseitige Beeinflussung von Personen und Gruppen durch Kommunikation. Die oft bemühte Anklage, dass «wir alle» Opfer der Manipulation durch Kommunikation seien, kann daher nicht überzeugen. Natürlich gibt es gezielte Absichten in Richtung einseitig profitabler Einstellungs- und Verhaltensänderungen von Personen und Gruppen. Man sollte sich aber bewusst sein, dass Beeinflussungsabsicht und Überzeugung des anderen in der sozialen Interaktion nicht an und für sich verwerflich sind.

Manipulation in dem häufig verwendeten abwertenden, das heisst negativen Sinn würde ich nur dann sehen, wenn die eingesetzten Methoden zur Einstellungs- und Verhaltensänderung im Sinne der gesellschaftlichen Normen (der informellen und der positivrechtlichen) unsere moralischen bzw. gesetzlichen Vorstellungen oder Bestimmungen verletzen.

Überdies zeigt die Kommunikationswissenschaft die extreme Resistenz von Personen und Gruppen gegenüber Informationen, die ihren eigenen Vorstellungen, Meinungen und Einstellungen entgegenstehen. Die hier aus Platzmangel nicht weiter erörterbare Theorie der kognitiven Dissonanzen und die damit zusammenhängende selektive Wahrnehmung («zu manipulierender») Adressaten sollte die überängstlichen und sozialwissenschaftlich weniger geschulten Mitbürger eher erleichtern.

Aus empirischen Untersuchungen ist bekannt, dass weitaus überwiegend Beeinflussungsversuche durch die sogenannten Prädispositionen[10] stark eingeschränkt sind. Erziehung, Familienhintergrund, Gruppenzugehörigkeiten sowie das aus allen möglichen Erfahrungen entwickelte Weltbild sind starke Hürden, die erst überwunden werden müssen. Selbst dort, wo Personen und Gruppen entscheiden oder mitentscheiden müssen, obwohl sie die entsprechende Fachkompetenz hierfür nicht haben, finden sie einen Ausweg darin, dass sie sich primär an der Quelle der Information orientieren, d.h. sich an die gemäss dem allgemeinen Urteil Vertrauenswürdigsten halten. Das kann eine Person ebenso sein wie ein angesehenes Print- oder elektronisches Medium, auch eine politische Gruppierung.

5. Zur Gleichgewichtstheorie in sozialen Systemen

Robert F. Bales vermittelt über seine empirischen Befunde hinaus einen überzeugenden Ansatz für die Gleichgewichtstheorie sozialer Systeme.[11]

Die folgende Gegenüberstellung der relativen Häufigkeiten von Interaktionen im Durchschnitt aller Beobachtungen bezogen auf zufriedene und unzufriedene Gruppen zeigt, dass die sozialemotionalen Akte positiver und negativer Art («unter dem Strich») sich im Extremfall jedenfalls, und zwar recht exakt (vgl. die Prozentwerte bis in die Zehntelprozente hinein) die Waage halten müssen, um das Auseinanderfallen des sozialen Systems zu verhindern (positive zu negativen sozialemotionalen Akten: 17,2 % zu 17,2 %).

	relativer Anteil von Interaktionen in den betreffenden Bereichen in %		
	im Durchschnitt	zufriedene	unzufriedene
A sozialemotionaler Bereich, positive Reaktionen	25	34	17,2
B Aufgabenbereich, Lösungsvorschläge	57	57	56,0
C Informationsbereich, Fragen	7	4	9,5
D sozialemotionaler Bereich, negative Reaktionen	11	5	17,2
	100	100	99,9

Damit bestätigt sich eine auch dem Laien bekannte Einsicht über das Scheitern sozialer Beziehungen, wenn zum Beispiel die sozialemotionalen positiven Akte von den negativen in der Endsumme über eine gewisse Zeitdauer hinaus übertroffen werden. Hausverstandsbegabte Mitbürger wissen, dass davon Partnerschaften ebenso wie soziale Systeme (Gruppen) betroffen sind: Sie zerbrechen unter den angegebenen Bedingungen des dauerhaften Überwiegens «sozialemotional negativer» Akte (also der Ablehnung).

6. Reduktion der Informationsfülle

Es gehört zu den schlechten Gewohnheiten des modernen Wissenschafter- und Expertenverhaltens, die Ansprechpartner mit einer Überfülle von Material (Texte, Pläne, Statistiken) «zu erschlagen».

Die im Wiener Modell entwickelte Verfahrenstechnik bestand darin, Personen und Gruppen (Experten, Planungsteams) auf einen der Sache besser dienenden Kommunikationsstil einzustimmen. Es ging um die Reduktion der nicht unbedingt erforderlichen und für die anstehenden Entscheidungen daher entbehrlichen Details.

Die Reduktion notwendiger Informationen für anstehende Entscheidungen wird vielfach als Mangel der Entscheidungsträger oder der Entscheidungsvorbereiter angesehen. Das Gegenteil ist richtig: Niemand kann sinnvoll entscheiden, wenn nicht zuvor in einem geeigneten Selektionsvorgang die wichtige Information von der weniger wichtigen unterschieden wird, d.h. dass letztere ausgeschieden wird.

Guten Experten muss zugemutet werden können, *den harten Kern* ihrer Vorschläge und Argumente in 15 bis 20 Minuten vorzubringen, um damit die so wichtige Rede und Gegenrede in Gang zu setzen.

Dadurch entsteht eine Reduktion jener Informationsfülle, die sinnvolle Entscheidungen erfahrungsgemäss meist behindert. Wer ist schon in der Lage, Berge von Papier angesichts seiner drängenden Tagesgeschäfte zu verarbeiten? Dies gilt für Politiker ebenso wie für gefragte (und daher ebenso überbeanspruchte) Fachexperten und Wissenschafter.

Solche Verfahren der notwendigen Reduktion von zu grosser Informationsfülle stossen verständlicherweise nicht immer auf das Verständnis aller beteiligten

Experten. Immerhin gaben und geben sie sich viel Mühe. Nur: Sind sie nicht auch im eigenen Bereich gegenüber ihren Mitarbeitern zu ähnlichen Methoden gezwungen?

7. Erkenntnisprobleme: Eine Gegenüberstellung Naturwissenschaften – Sozialwissenschaften

Sowohl die Naturwissenschaften als auch die Sozialwissenschaften beziehen sich auf die Wirklichkeit. Sie befassen sich also unter anderem mit Realbeziehungen und nicht – wie zum Beispiel die Formalwissenschaften (z.B. Mathematik) – mit Idealbeziehungen. Insofern gibt es Gemeinsamkeiten der Naturwissenschaften, vor allem der angewandten (z.B. Technik) mit den Sozialwissenschaften, und hier wiederum mit den angewandten (social engineering).

Primär geht es in beiden Bereichen um das Erkennen, Analysieren und um das systematische Klassifizieren von Objekten der Wirklichkeit, um das Erfassen struktureller Zusammenhänge und um das Erfassen der Dynamik all dieser Phänomene; also um das Erfassen von Prozessen.

Grundsätzlich haben zwar die Naturwissenschaften methodische Möglichkeiten der Erforschung ihrer Objekte, die über die der Sozialwissenschaften hinausgehen. Ein Beispiel hierfür ist, dass ein den Naturwissenschafter interessierendes Objekt zugunsten eines beabsichtigten Erkenntniszuwachses auch zerstört werden kann, was zum Beispiel aus ethischen Gründen dem Sozialwissenschafter im Hinblick auf den Menschen versagt sein muss. Insofern müssen wir eine nachteilige Position der Sozialwissenschaften gegenüber den Naturwissenschaften im Hinblick auf Methodeneinsatz und die damit verbundene Chance auf Erkenntniszuwachs einbekennen.

Kompensiert wird der vermeintliche Nachteil des Sozialwissenschafters allerdings dadurch, dass der zentrale Gegenstand seiner Betrachtungen der Mensch ist. Da dieser das höchstentwickelte Ergebnis der Evolution ist, und mit dem relativ höchsten Verstand, so zum Beispiel mit der höchstentwickelten Sprache, ausgestattet ist, eröffnen sich methodische Möglichkeiten, die über die der Naturwissenschafter hinausgehen.

Nicht unmittelbar beobachtbare Sachverhalte wie etwa Einstellungen, Meinungen, Absichten von Menschen, können mittels der Sprache «sichtbar gemacht werden». Eine Reihe von sehr bewährten Methoden der empirischen Sozialwissenschaften bedienen sich dieser Möglichkeiten neben der Befragungstechnik auch im Zusammenhang mit den subtileren Methoden in Experimenten und in rückschliessenden Einstellungsmessungen durch direkte (teilnehmende und nicht teilnehmende) Beobachtung.

Grundsätzlich muss dennoch gesagt werden, dass sowohl die angewandten Naturwissenschaften (z.B. Planung) als auch die angewandte Sozialforschung (social engineering) sehr stark vom Umgang mit Ungewissheiten betroffen sind. Dies hängt damit zusammen, dass Empfehlungen zu erarbeiten sind, die im Regelfall in politische Massnahmen umgesetzt werden sollen. Empfehlungen dieser Art müssen auf Prognosen aufbauen und hier zeigt sich ein zumindest zweiseitiges Dilemma, das mit zwei Feststellungen zu umschreiben ist.

1. Naturwissenschaftliche Aussagen im Sinne von Prognosen über nicht vernunftbegabte Objekte der Natur mögen richtig oder falsch sein. Auch sie haben natürlich in ihrem Ansatz und in ihrer Entwicklung mit Ungewissheiten zu tun und man weiss längst, dass sich nicht alle Erklärungen mit den so beliebten, weil einfachen Kausalgesetzen begründen lassen. Im Prinzip gilt aber, dass die Objekte, auf die sich Prognosen beziehen, unabhängig von diesen Prognosen existieren oder sich entwickeln. Anders ist dies in den Sozialwissenschaften.

2. Prognosen der Sozialwissenschaften beziehen sich auf vernunftbegabte Personen und Gruppen, denen aber diese Prognosen erwünscht oder unerwünscht sein können.

– Erwünschte Prognosen, z.B. Vorhersagen über die in der Zukunft zu erwartenden Verhaltensweisen lösen in der Regel eher einen Verstärkereffekt aus. Dies bedeutet, dass die Bestätigung der Prognose sehr wahrscheinlich ist und möglicherweise schon früher als erwartet eintrifft (self-fulfilling prophecy).

– Unerwünschte Prognosen, z.B. Vorhersagen über die in der Zukunft zu erwartenden Verhaltensweisen lösen in der Regel eher einen Ablehnungseffekt aus. Dies bedeutet, dass die Bestätigung solcher Prognosen unwahrscheinlich ist, ja sogar ins Gegenteil verkehrt werden kann (self-defeating [destroying] prophecy).

Dieses Phänomen der sich selbst bestätigenden und der sich selbst aufhebenden Prognosen[12] ist derzeit noch unzureichend erforscht. Das heisst, man kann nicht hinreichend jene Bedingungen angeben, die Wahrscheinlichkeiten für die Reaktion der Betroffenen entweder in die eine oder andere Richtung zu prognostizieren ermöglichen.

Aus all den im Abschnitt 7 angeführten Gründen wird man sich der methodologischen Vor- und Nachteile und der unterschiedlichen Möglichkeiten des Erkenntniszuwachses in den Einzelwissenschaften auch im Umgang mit den immer bestehenden Ungewissheiten stärker als bisher bewusst werden müssen, um nutzenstiftende Interdisziplinarität auch im konkreten Umgang der Wissenschafter miteinander in fachlich heterogen zusammengesetzten Projektteams besser als bisher gezielt einzusetzen.

Schlussbemerkungen

Der Verfasser dieser Zeilen versteht sich in Abwägung der Notwendigkeiten wissenschaftlichen Erkenntnisfortschrittes als Empiriker und Theoretiker zugleich. Im Zweifelsfall orientiert er jedoch seine Erkenntnisse an der Wirklichkeit und betrachtet theoretische Konstrukte als Hilfen zur Einordnung realer Phänomene in jene notwendige Zusammenschau, die die Erfassung und Erklärung empirischer Sachverhalte (Zustände und Prozesse) erleichtern können.

Daraus ergeben sich Konsequenzen für die Optimierung der Gestaltung unserer physischen und psychischen Umwelt, die sich in überprüfbaren und daher auch widerlegbaren Sätzen manifestieren.

Solche Hypothesen und Feststellungen sind:

1. Trotz des unbestrittenen Fortschrittes der Einzelwissenschaften ergibt sich nicht gleichsam automatisch die Verbesserung von Entscheidungsgrundlagen für die Gestaltung unserer physischen und psychischen Umwelt.
2. Gefragt sind daher Verfahrensweisen und Verfahrenstechniken, die den Einsatz des zur Verfügung stehenden intellektuellen Potentials aus den verschiedensten Wissensgebieten optimieren.
3. Dies ist möglich und empirisch auch erprobt und nachgewiesen, wenn sich Experten verschiedener Fachrichtungen in klausurähnlichen Veranstaltungen der Relativierung ihrer eigenen Fachkompetenz ausgesetzt sehen.
4. Die dringend erforderlichen neuen Wege in der Politikberatung würden solcherart zu ausgereifteren Empfehlungen führen, die das Ergebnis eines demokratischen Entscheidungsvorganges auf der Expertenebene sind.
5. Die Voraussetzung hierfür ist die Beteiligung der am besten erreichbaren Experten und deren Verpflichtung in fachlich heterogen zusammengesetzten Gruppen zu Problemlösungsvorschlägen an die Adresse der Politiker beizutragen.
6. Verfahren dieser Art stellen sicher, dass eine Abstimmung der Expertenmeinungen im Sinne der Relativierung von Einzelbeiträgen stattfindet und dass in diesen Verfahren von sozialwissenschaftlicher Seite sichergestellt ist, dass die von Massnahmen betroffene Bevölkerung hinsichtlich ihrer Wünsche und Bedürfnisse entsprechende Berücksichtigung findet.
7. Es ist nicht auszuschliessen, dass eine solche Vorgehensweise von kurzsichtigen Politikern unterlaufen wird, weil fachlich und gesellschaftspolitisch wenig angreifbare Problemlösungen den Spielraum opportunistischer Tagespolitik einzuschränken drohen.

Im Grunde geht es um die Förderung jener sozialen Innovationen, die den technischen und ökonomischen Innovationen bedauerlicherweise fast immer nachhinken. Vielleicht gelingt es in der Zukunft besser als bisher, die entscheidungsbefugten Politiker darauf aufmerksam zu machen.

Anmerkungen:

[1] Freisitzer, K. Maurer, J., Hrsg.; Das Wiener Modell, Erfahrungen mit innovativer Stadtplanung, Empirische Befunde aus einem Grossprojekt, Wien 1985.

[2] Freisitzer, K.; Das Wiener Modell, Verfahrensinnovation in der Politikberatung, in: Hofmann, F., Maurer, J., Hrsg.; Mut zur Stadt, Erfahrungen mit Wien, Wien 1988, S. 81ff.

[3] König, René; Einleitung, König, René, Hrsg.; in: Handbuch der empirischen Sozialforschung, Stuttgart 1967, S. 3ff.

[4] Freisitzer, K.; Die soziologischen Befunde, in: Eibl-Eibesfeldt, I. mit Hass, H; K. Freisitzer u.a.; Stadt und Lebensqualität, Neue Konzepte im Wohnbau auf dem Prüfstand der Humanethologie und der Bewohnerurteile, Stuttgart-Wien 1985, S. 15ff.

[5] Freisitzer, K.; Das Wiener Modell, Verfahrensinnovation in der Politikberatung...a.a.O. S. 90.

[6] Vgl. Freisitzer, K.; Konkrete Soziologie – Erfahrungen mit menschlichem Verhalten in Entscheidungssituationen, in: Freisitzer, K., Maurer, J., Hrsg.; Das Wiener Modell... a.a.O. S. 136ff.

[7] Hofstätter, Peter R.; Gruppendynamik, Hamburg 1957.

[8] Bales, Robert F.; Interaction Process Analysis, A Method for the Study of Small Groups, Cambridge, Mass. 1952.

[9)] Bales, Robert F.; Das Problem des Gleichgewichts in kleinen Gruppen, in: Hartmann, H., Hrsg.; Moderne amerikanische Soziologie, Stuttgart 1967, S. 312.

[10] Berelson, B., u. Steiner, G.A.; Human Behavior, An Inventory of Scientific Findings, New York – Chicago – Burlingame 1964, S. 527ff.

[11] Vgl. Homans, George, C.; Soziales Verhalten als Austausch; und Bales, Robert, F.; Das Problem des Gleichgewichts in kleinen Gruppen; beide in: Hartmann, H., Hrsg.; Moderne amerikanische Soziologie...a.a.O. S. 173ff und S. 315.

[12] Merton, R.F.; Social Theory and Social Structure, New York, 2. Aufl. 1968.

Peter Gresch

Raumplanerisches Denken

Vorwort

Diese Festschrift bietet mir Gelegenheit, Herrn Prof. Dr. J. Maurer dafür zu danken, was er mir als Raumplaner in den wissenschaftlichen und praktischen Alltag mitgegeben hat. Ich hatte die Gelegenheit, während mehrerer Jahre eng mit ihm zusammenzuarbeiten, ihn bei seiner Arbeit beobachten zu können und Einblick zu bekommen in das raumplanerische Denken eines Meisters in der Bewältigung komplexer raumplanerischer Aufgaben. Es ist für mich in der Erinnerung nicht mehr möglich, deutlich auseinander zu halten, welche seine und welche meine Ideen waren bzw. sind[1]. So wie ich Herrn Prof. Maurer kenne, ist dies für ihn auch nicht von Bedeutung; für ihn als Lehrer mag es Befriedigung bringen, wenn sein Denken weitergetragen wird und Wirkung zeigt. Für ihn zählen nicht Glimmer und Schein, sondern er will dienend an der Verbesserung der Qualität unseres Lebensraumes arbeiten.

1. Einleitung

Bei meiner praktischen Arbeit als Raumplaner habe ich immer wieder festgestellt, dass wir Aufgaben meist so angehen, als würden sie uns zum ersten Mal begegnen. Vielleicht tun wir so, weil wir wissen, dass Situationen und Handlungen (in Raum und Zeit) einmalig sind. Ich habe mich jedoch mit der Zeit zu fragen begonnen, ob es denn so sein muss, dass wir bei jeder raumplanerischen Aufgabe uns das Vorgehen immer aus dem Nichts heraus neu überlegen. Ich stellte mir die Frage: Gibt es nicht ein Grundmuster, eine Systematik, mit der wir raumplanerische Aufgaben (trotz ihrer Verschiedenheit) angehen könnten? Ich hatte im militärischen Bereich Gelegenheit[2], Einblick zu bekommen in die Art und Weise, wie Lagen beurteilt und Entschlüsse gefasst werden. Hier fand ich ein Grundmuster vor, welches mir in der Raumplanung fehlte. Als Privatdozent an der ETH habe ich nicht nur die Pflicht zu lesen, sondern auch das Recht, das zu lesen, was meiner Meinung nach Bedeutung hat. Diese Freiheit war für mich eine Chance, im Zusammenhang mit meinen Vorlesungen Zeit einzusetzen, um nach einem Grundmuster raumplanerischen Denkens zu suchen. Ich meine heute die wesentlichsten Grundzüge zu erkennen und versuche im Rahmen dieses Artikels, den gegenwärtigen Stand meiner Erkenntnisse schriftlich festzuhalten. Künftige Erfahrungen bei der Anwendung werden helfen, die Systematik zu verbessern.

2. Aufgaben des Raumplaners

In der Zeit, bevor das Bundesgesetz über die Raumplanung in Kraft trat, waren Raumplaner vor allem damit beschäftigt, in den Gemeinden die Voraussetzungen für das Bauen auf der «grünen Wiese» zu schaffen. Das Arbeiten orientierte sich am Bedarf nach greifbaren Resultaten. Es ging darum, Zonenpläne und Baureglemente zu erarbeiten. In dieser Phase galt es, die Zersiedelung zu stoppen. Ich meine, dass der damalige Auftrag – mit Unterstützung der Gewässerschutzgesetzgebung – als erfolgreich abgeschlossen betrachtet werden darf. Im Zusammenhang mit der Erarbeitung des Bundesgesetzes über die Raumplanung – auf die Prof. Maurer einen nachhaltigen Einfluss hatte – wurde erkannt, dass sich nach dieser Phase eine andere Art von Aufgaben stellen wird. Die räumliche Enge der Schweiz rückte zunehmend ins Bewusstsein. Der für die Besiedlung verfügbare Raum wurde als endlich erkannt. Die Grenzen der Siedlungsgebiete sind weitgehend festgelegt. Die Nutzungsansprüche nehmen weiterhin zu. Sie können jedoch nicht mehr auf der «grünen Wiese» abgedeckt werden. Die neuen Vorhaben und Nutzungen sind in das bestehende Siedlungsgefüge einzubinden: neue Dienstleistungszentren an den Bahnhöfen (HB Südwest in Zürich, Masterplan in Basel), neue Bahnlinien mit dichteren Zugsfolgen (im Zusammenhang mit der Bahn 2000 und den S-Bahn-Vorhaben in der Schweiz), neue öffentliche Bauten (wie Schulen, Altersheime, Spitäler), neue Infrastrukturanlagen (Kanalisationen und Fernwärmenetze), neue Freizeit- und Sportzentren, usw.

Die Arbeit des Raumplaners wandelt sich mit der Veränderung der Aufgabenstellung: Anstelle des produkteorientierten Schaffens der Voraussetzungen für die bauliche Entwicklung in Neubaugebieten geht es zunehmend darum, in unserer gebauten Umwelt mit Nutzungen umzugehen. Es handelt sich darum, zu erkennen, wo welche Vorhaben und Absichten für räumliche Veränderungen bestehen, zu analysieren, welche Probleme und Konflikte vorhanden sind, zu entwerfen, welches anzustrebende räumliche Entwicklungen sein könnten, zu untersuchen, welche räumlichen Wirkungen Handlungen hervorrufen. Mit dem Handlungsentscheid ist das Engagement des Raumplaners nicht zu Ende, gilt es doch zu beobachten, wie sich die Verhältnisse tatsächlich entwickeln und inwiefern die erwünschten Wirkungen sich einstellen.

Veränderungen erfolgen in einem immer schnelleren Rhythmus: produkteorientiertes Denken wird zunehmend durch das prozessorientierte Denken ergänzt, bzw. abgelöst werden müssen, wenn uns die Verhältnisse nicht über den Kopf wachsen sollen.

Hier nehme ich die eingangs gestellte Frage nach einem Grundmuster raumplanerischen Denkens wieder auf. Natürlich hat jedes Vorhaben seine spezifischen Besonderheiten und ist einmalig in Raum und Zeit. Ich würde es aber vorziehen, wenn die bisherige pragmatische (bisweilen chaotische) Behandlung raumplanerischer Aufgaben durch eine systematische Vorgehensweise abgelöst werden könnte.

3. Charakterisierung des Umfeldes

Bevor wir mit dem Entwerfen eines Grundmusters raumplanerischen Denkens beginnen können, ist es notwendig, sich noch einmal Rechenschaft zu geben über die Charakteristiken, bzw. Eigenheiten des Umfeldes raumplanerischen Arbeitens[3]. Es würde indessen zu weit führen, hier eine umfassende Auslegeordnung vorzunehmen. Vielmehr soll das für die Fortführung der Überlegungen notwendige Bewusstsein für diese Eigenheiten geweckt werden.

- Die Tatsache, dass sich der Raumplaner mit Künftigem befasst, führt dazu, dass letztlich immer Ungewissheit besteht.
- Die übliche Vielzahl der Beteiligten verunmöglicht ferner die Konzentration

auf nur ein Ziel. Es bestehen verschiedene und wechselnde Zielvorstellungen, die zudem oft gar nicht ausformuliert sind.

- Die gegenseitige Abhängigkeit verbietet die isolierte Betrachtung einer einzelnen Handlung. Sie ist immer im Kontext des Bestehenden und anderer künftiger Handlungen zu sehen, um nicht grobe Fehler zu machen.
- Aufgrund des raschen Wandels räumlicher Situationen ist einmal Beschriebenes und Beurteiltes rasch überholt und bedarf einer ständigen Überprüfung. Was heute und in einem bestimmten Falle gilt, ist morgen vielleicht bereits veraltet.
- Aus der Sache heraus und aufgrund des üblichen Zeitdruckes für die Formulierung von Handlungsanträgen ist es zudem nicht möglich, jemals vollständige Informationen zu haben.

Diese skizzenhafte Charakterisierung des Umfeldes raumplanerischen Arbeitens sollte genügen, um die Auflistung der Konsequenzen für das Arbeiten nachvollziehen zu können.

4. Konsequenzen für die Arbeitsweise

In Kenntnis der eben aufgeführten Charakteristiken stosse ich mich oft daran, wie versucht wird, die Komplexität zu reduzieren, indem eine Isolierung der einzelnen Vorhaben vorgenommen und auch die Beschreibung der zu erwartenden Wirkungen eines Vorhabens bezogen auf isolierte Raum- und Umweltelemente geschieht. Zum Teil mag das auch darin begründet sein, dass es für isolierte Teilaspekte Techniken für die Beschreibung und Beurteilung gibt und der Nachweis der Seriosität einer Arbeit mit dem Einsatz mathematischer Formeln erbracht werden möchte. Meiner Meinung nach sollten jedoch nicht die angebotenen Techniken bestimmen, was beschrieben und beurteilt wird, bzw. welche Problemstellungen bearbeitet werden. Ausgangspunkt für die raumplanerische Arbeit muss die sich stellende Problemsituation, bzw. der erteilte Auftrag sein. Die zu bearbeitenden Fragestellungen bestimmen, welche Methoden und Techniken zweckmässig und zulässig sind[4].

Vom Raumplaner als «Monteur» von Informationen wird erwartet, dass er bei der Bearbeitung eines Auftrages stets den Überblick behält. Diese Aufgabe unterscheidet sich von den Aufgaben des Spezialisten, dem er aus dem Ganzen heraus Fragen zur Beantwortung stellt und die Resultate dann wieder in das Ganze einzubauen hat. Der Spezialist bohrt gewissermassen an der Front des Wissens in die Tiefe, während der Raumplaner die verschiedenen Informationen logisch miteinander zu verknüpfen hat. Diese unterschiedlichen Aufgaben verlangen nach unterschiedlichen Lösungsmethoden. Für raumplanerische Aufgaben gibt es keinen mathematischen Algorithmus, den man «blind» nachvollziehen kann. Alle Techniken und Methoden, die für sogenannt «wohlstrukturierte Problemsituationen» entworfen wurden, taugen nichts, um mit den sich dem Raumplaner stellenden «schlecht strukturierten Problemsituationen» fertig zu werden. Für den Raumplaner bleibt weitgehend nur der Einsatz «heuristischer» Methoden. Es gibt aber auch nicht nur «Chaos» oder «Durchwursteln».

Für den Raumplaner steht eine ganzheitliche Betrachtung im Vordergrund. De Bono (1985)[5] spricht in diesem Zusammenhang von «lateralem» Denken. Neben dieser grundsätzlichen Feststellung gilt es hier, weil später kein Platz mehr ist, auf zwei weitere, für mich bedeutsame Aspekte hinzuweisen:

a. Der Spezialist und der Raumplaner arbeiten auf verschiedenen Ebenen. Der Spezialist arbeitet mit seinen Analysen auf der Ebene der «Grundlagen», während der Raumplaner auf der Ebene des «Planes» die Synthese der verschiedensten Einzelinformationen vornimmt. Analyse und Synthese sind aber nicht hintereinander gestaffelt, sondern laufen parallel und beeinflussen einander gegenseitig.
b. Raumplanerisches Denken ist nicht linear abzuwickeln wie die Lösungen einer algebraischen Gleichung von Schritt A zu Schritt B, zu Schritt C und dann zur Lösung. Vielmehr nähert sich der Raumplaner der Problemsituation, den Umrissen der möglichen Lösungen, der Formulierung von Anträgen in mehre-

ren Durchgängen allmählich an und schliesst dort massgeschneidert noch Lücken, wenn die entsprechende Information für das weitere Vorankommen wichtig erscheint. Häufig reichen ihm Schätzungen, die wohl nicht vollständige Informationen liefern, aber hinreichend sind für das Weiterarbeiten[6].

5. Raumplanerische Beurteilung der Lage

Nach diesen Ausführungen geht es im folgenden darum, die Grundzüge einer raumplanerischen Beurteilung der Lage zu umreissen. Diese Beurteilung der Lage ist jedoch nicht Selbstzweck, sondern dient der Herausarbeitung eines Antrages zu Handlungen. Die Tatsache, dass der Raumplaner nicht selber über die Handlungen entscheidet (dies ist die Aufgabe des Auftraggebers) macht ihm die Arbeit nicht leichter. Könnte er selber entscheiden, müsste er viele Überlegungen nicht explizit formulieren. Er müsste selber wissen und beurteilen, was er an Informationen braucht und wie er sie zusammenfügt. Er würde ja die Verantwortung für die Entscheidung tragen. So aber ist er gefordert, erstens einen klaren Antrag für einen Beschluss zu formulieren und zweitens mit der Formulierung der entsprechenden Begründung seine Beschreibung des Sachverhaltes und seine Beurteilung nachvollziehbar darzulegen. Entscheidungsträger, die blind vertrauen und nicht nachvollziehen wollen, was die möglichen Auswirkungen des Entscheides sein könnten, sind heutzutage doch eher die Ausnahme.

Abb. 1 gibt die wesentlichsten Stationen der Beurteilung der Lage und Entschlussfassung wieder. Im Schema ist angedeutet, dass es mehrere Durchgänge braucht. Es ist jedoch insofern vereinfacht, als Querverbindungen zwischen den verschiedenen Stationen, die sich aus der Parallelität von Analyse und Synthese ergeben, nicht dargestellt, aber selbstverständlich sind.

Angelehnt an das Schema in Abb. 1 werden im folgenden die Grundzüge der raumplanerischen Beurteilung der Lage detailliert dargestellt und zum Teil kommentiert. Aufgrund der vorangegangenen Ausführungen werden nicht Rezepte und präzise Instruktionen für das Vorgehen beschrieben, sondern Fragen gestellt. Weiter kann ein Grundmuster für die Beurteilung der Lage nicht gehen.

Ablaufzyklus

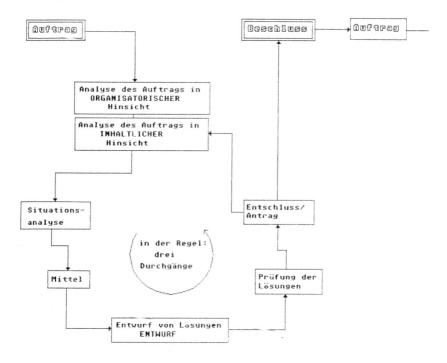

Abb. 1: Raumplanerische Beurteilung der Lage

Raumplanerische Beurteilung der Lage (Grundmuster)

1. Analyse des Auftrags in organisatorischer Hinsicht

1.1 Personen:

- Wer ist der Auftraggeber?
- Wer entscheidet über die Anträge?
- Wer ist der Adressat der Berichte?
- Wer begleitet den Auftrag (Einzelperson oder Kommission)?
- Wer bearbeitet den Auftrag (wer ist Projektleiter, wer sind die eigenen Mitarbeiter, sind externe Leute im Einsatz)?
- Wie steht es mit der Verfügbarkeit dieser Leute?

1.2 Zeit:

- Welche Termine sind gegeben (Wann muss die Arbeit fertig sein)?
- Wie ist der Zeitplan (inkl. Reserven)?
- Sind Sofortmassnahmen zu treffen (Was ist dringlich und was ist wichtig)?
- Wie ist der Sitzungsrhythmus?

1.3 Honorar, Geld:

- Was steht an Honorarsumme zur Verfügung?

1.4 Form des Resultates:

- In welcher Form sind die Resultate abzuliefern (Pläne, Karten, Berichte, usw.)?

2. Analyse des Auftrags in inhaltlicher Hinsicht

2.1 In welchem Gesamtzusammenhang steht der Auftrag?
Mit welchen andern Entscheidungen hängt der Auftrag zusammen?

2.2 Um was geht es?
- Was erwartet der Auftraggeber von mir?
- Um welche Entscheidungen geht es?
- Wo bin ich frei, wo bin ich gebunden?
- Welche Ziele sollen erreicht werden?
- Wie ist der Auftrag inhaltlich abgegrenzt?

2.3 Wie ist das Untersuchungsgebiet geographisch abgegrenzt?

2.4 Welche andern Absichten bestehen, die Einfluss auf den Auftrag haben könnten?
Wirken sie zugunsten oder zuungunsten des eigenen Auftrags?

3. Situationsanalyse

3.1 Welches sind die massgebenden Raum- und Umweltelemente?
Welche Beziehungen bestehen zwischen den einzelnen Elementen?
Welches sind Schlüsselelemente?

3.2 Wie ist die Ausgangslage bezüglich funktionaler, formaler, rechtlicher, sozialer und wirtschaftlicher Aspekte?

3.3 Wo sind Ungewissheiten?
Wo müssen Annahmen getroffen werden?

3.4 Welches sind die Ansichten anderer Akteure im Gebiet?

3.5 Wer ist betroffen?

4. Mittel

4.1 Welche Instrumente und Mittel können zur Lösung der Aufgabe eingesetzt werden?

4.2 Wie sind diese Instrumente und Mittel zu bewerten?
Wie ist die Verfügbarkeit dieser Mittel?

5. Entwurf/Synthese

5.1 Welche verschiedenen Möglichkeiten an Lösungen gibt es? (Entwürfe)
Wie sind die verschiedenen Lösungen zu bewerten
(Was sind zulässige Lösungen)?

5.2 Welches sind die Handlungen, die zur Realisierung der Lösungen führen?

6. Prüfung

6.1 Welches können die Wirkungen der Handlungen sein?

6.2 Entsprechen die Wirkungen den gesteckten Zielen?
Entsprechen die Wirkungen dem Auftrag?

6.3 Welche Risiken bestehen?
Was passiert, wenn die getroffenen Annahmen sich als nicht richtig erweisen sollten?
Wie stabil ist die vorgeschlagene Lösung unter diesem Aspekt?

6.4 Wo können Friktionen auftreten?

7. Entschluss

7.1 Wie ist die gewählte räumliche Disposition?

7.2 Mit welchen Massnahmen, Handlungen soll der Auftrag erfüllt werden?

7.3 Wie sieht der Ablauf der Ausführung aus?

7.4 Welche Aufträge sind zu erteilen?
Wer hat was, mit wem, bis wann zu bearbeiten?

6. Zusammenfassung

In diesem Artikel ging es darum, die Frage zu klären, ob es – in Anlehnung an die militärische Beurteilung der Lage – ein entsprechendes Grundmuster für die Raumplanung gebe. Die vorliegende Fassung widerspiegelt den gegenwärtigen Stand der Bearbeitung dieser Frage, die damit grundsätzlich bejaht werden kann.

Aufgrund der bisherigen Versuche, dieses Denkmuster in der praktischen Arbeit einzusetzen, wuchs die Gewissheit, einen brauchbaren Pfad gefunden zu haben.

Anmerkungen:

[1] Maurer, J.; 1975: Repetitorium für Raumplaner, Schriftenreihe zur Orts-, Regional- und Landesplanung, Nr. 23; Institut für Orts-, Regional- und Landesplanung, ETHZ
[2] Schweizerische Armee, 1983: Truppenführung (TF82) EDMZ (nur für dienstlichen Gebrauch)
[3] Friend, J.; Hickling, A.; 1987: Planning Under Pressure, The Strategic Choice Approach, Pergamon Press, Oxford, England
[4] Polya, G.; 1980: Schule des Denkens, Francke Verlag, Bern und München
[5] De Bono, E.; 1985: Lateral Thinking, Penguin, Harmondsworth, England
[6] Behn, R.D.; Vaupel, J.W.; 1982: Quick Analysis for Busy Decision Makers Basic Books Inc., Publishers, New York

L'Aménagement du Territoire dans tous ses états

En Europe, une méthode pour réussir: Organiser pour éviter de planifier

A force de dire qu'il n'y a plus de croissance démographique en Europe, on en a déduit trop facilement qu'il n'était plus vraiment utile de faire des Schémas Directeurs d'Aménagement du Territoire.

A force de confondre l'Aménagement du Territoire avec la «Planification», les gouvernements libéraux en ont déduit que l'Aménagement du Territoire était contraire à la philosophie politique et aux intérêts qu'ils défendent.

A force de croire que l'Europe se fait à Bruxelles et à Strasbourg, les Etats se préoccupent de moins en moins d'Aménagement du Territoire, sans remplaçants!

A force de décentraliser l'urbanisme à outrance au niveau le plus petit possible, celui de la commune, il n'y a pratiquement plus d'Aménagement du Territoire en Europe.

Or, aménager un territoire c'est rechercher des stratégies pour utiliser au mieux ses ressources: ressources humaines, ressources physiques, ressources culturelles, ressources écomomiques et ressources de production.

Or, tous les réflexes qui permettaient d'apprécier les manières de faire sont bouleversés aujourd'hui par la diffusion permanente de l'information sur tout, le développement des techniques de communication et de télécommunication ultra-rapides, et par la prise de conscience des citoyens d'Europe d'appartenir à une partie significative du monde.

Tout cela change en même temps et oblige, au contraire, à plus d'attention: L'entrepreneur croyait connaître ses concurrents; les parents et les adolescents croyaient connaître le nom des universités les plus prestigieuses; les dirigeants politiques croyaient connaître les méthodes du protectionnisme pour corriger leurs erreurs commerciales... Plus rien de cela n'est vraiment applicable tel quel au territoire peuplé de 320 millions d'habitants de la Communauté Européenne, voire au territoire de 460 millions d'habitants de l'ensemble de l'Europe hors l'URSS.

Chacun doit developper des stratégies nouvelles.

Le territoire européen est trop grand et trop divers pour faire l'objet d'une politique unique.

Les caractéristiques économiques, humaines, climatiques, etc., des différentes parties de l'Europe sont trop différentes pour être hiérarchisées les unes par rapport aux autres par une autorité suprême.

L'avenir sera donc réglé par des politiques locales-régionales d'Aménagement du Territoire, par des initiatives de coopérations régionales, ou par la simple concurrence entre les villes.

L'Aménagement du Territoire est vraiment stratégique pour le futur des régions d'Europe. Comment s'y prendre?

I Quatre raisons de renouveler les pratiques d'Aménagement du Territoire

Le déterminisme pseudo-scientifique avec lequel furent mis en oeuvre les «Master Plans» et les Schémas Directeurs d'Aménagement et d'Urbanisme à la fin des années 60 fut un échec.

C'était une pratique non concertée avec les populations et les différents acteurs économiques et politiques.

Les objectifs de développement qu'ils décrivaient n'étaient basés que sur des vérifications très sommaires. Elles étaient pourtant très précises et arithmétiques; ces propositions n'étaient surtout pas accompagnées d'engagements sur les moyens à mettre en oeuvre.

Le contenu des Schémas Directeurs présentait un vice fondamental pour une société libérale:
L'Aménagement du Territoire ne concernait que les structures publiques, étudiées par des services publics, et mises en oeuvre par des autorités publiques avec des finances publiques, alors qu'elles étaient destinées à assurer le Développement basé sur l'économie privée!
D'où l'échec!

Les conséquences de cet échec furent l'abandon de la planification territoriale, et le seul maintien d'une politique d'aides compensatrices financières à l'installation et au maintien de certaines entreprises dans certaines régions, et à l'agriculture en différenciant les secteurs les uns par rapport aux autres. Nouvel échec!

La baisse de l'accroissement démographique naturel et la réduction importante de l'immigration dans les pays européens corroborèrent alors l'appréciation presque générale de l'inutilité de l'aménagement physique et humain du territoire. Il fut donc simple de croire que le seul réel besoin était celui d'urbanisme à l'échelle de la commune pour traiter les problèmes de la vie quotidienne. C'est un triple danger:
— l'unité territoriale d'aménagement est souvent toute autre que le territoire de la Commune,
— l'importance stratégique de l'aménagement du territoire concerne des ensembles beaucoup plus vastes et complexes qu'une simple approche géographique et fonctionnelle,
— l'échelle du temps dépasse de loin la durée appréciable au niveau local.

II A qui sont destinées les politiques d'Aménagement du Territoire?

Aménager le territoire c'est rechercher une manière d'exploiter ses ressources pour améliorer la qualité de la vie des habitants et les chances de réussite de leurs actions économiques, par rapport à un environnement concurrentiel et par rapport aux risques de régression des équilibres naturels.

L'Aménagement du Territoire concerne donc à la fois les individus, leurs entreprises, et la puissance publique. Il est ainsi tout à fait fondamental que toutes les analyses d'Aménagement du Territoire tiennent compte des aspirations et des ambitions des individus et de celles des entreprises. L'élaboration d'une politique d'Aménagement du Territoire doit donc être accompagnée d'une large participation des acteurs: acteurs de la vie économique et de la vie politique d'une part, et large information de la population. Il est tout à fait capital que des orientations fondamentales soient connues de chaque individu pour lui permettre de faire ses propres choix et d'orienter la formation de ses enfants, ou la localisation de l'habitat de sa famille.

Il faut en tirer deux conclusions:

- Les destinataires du discours d'Aménagement du Territoire sont nombreux. Leur pluralité oblige à une très grande rigueur et à une très grande clarté dans la formulation des objectifs des moyens pour servir de guide sûr; le doute dispserserait les énergies!
- Le discours (le projet) d'Aménagement du Territoire traduit une ambition et une série d'objectifs. Ils doivent être connus de l'extérieur, de l'étranger, pour susciter l'intérêt des investisseurs et des gens entreprenants car, l'intérêt pour le lieu précède toujours une implantation ou l'investissement.

III Les moyens, les marges de manoeuvre et les leviers

Dans la plupart des cas, la somme des investissements privés qui se font sur un territoire est largement supérieure aux investissements publics.

Les moyens de l'action d'Aménagement du Territoire doivent donc être tout autant la diffusion des analyses, des grands objectifs et de l'ambition commune, que des actes publics d'équipement.

Ce qui compte c'est leur influence réelle sur le déroulement des processus économiques et humains.

Cette définition de l'action d'aménager le territoire est très ouverte. Elle est bien loin de la Planification, au sens politique du terme. Un tel changement de définition oblige à remettre en cause la seule notion «d'équipements structurants» sur laquelle s'appuyait l'Aménagement du Territoire il y a une vingtaine d'années.

Chaque territoire devrait se positionner dorénavant par rapport à quatre groupes de ressources:

a. La détermination des populations locales et leur capacité de bien faire:

La faculté des habitants et des acteurs locaux d'apprécier les enjeux du futur doit être analysée comme une ressource. Elle doit être prise en considération au même titre que les qualifications des personnes (niveau, spécialités, permanence) et que la nature des équipements ou des installations, et leur modernité.

b. La volonté de «plaire aux élites»:

La présence sur place d'un nombre important de chercheurs et de cadres performants dans les domaines les plus innovants est une ressource essentielle pour un pays, une ville ou une région. Cette qualité est perçue à la fois par les hommes ambitieux eux-mêmes et par les entreprises. Les hommes sont ainsi sûrs de pouvoir se maintenir intellectuellement et de pouvoir se mouvoir dans un marché de l'emploi qui leur correspond. Les entreprises connaissent l'importance qu'il faut accorder à la qualité des hommes disponibles pour la réussite de l'action économique.

Demain, dès aujourd'hui, ces élites sont convoitées. Elles correspondent à des catégories de population qui parlent des langues étrangères et qui ont eu l'occasion de voyager suffisamment pour être prêts à se déplacer vers des lieux où la qualité de l'habitat et la qualité de l'environnement sont les meilleurs et où ils seront assurés de pouvoir faire dispenser les meilleurs enseignements à leurs enfants, y compris dans leur langue maternelle.

Enfin, la vie culturelle est un facteur déterminant dans la structure d'une région ou d'un lieu. Ce qui est le plus apprécié dorénavant, c'est une atmosphère d'intérêt net pour la création, pour l'innovation, pour le patrimoine, ainsi que l'existance des équipements et des professionnels nécessaires pour dispenser les manifestations artistiques et traditionnelles.

c. Etre bien relié aux réseaux extérieurs:

La Considération et la tradition d'ouverture d'esprit qui sont accordées à un lieu sont des facteurs marginaux mais tout à fait déterminants.

La rapidité, mais surtout la fréquence des moyens de transport et la fiabilité des équipements de télécommunication le sont également.

Les facteurs susceptibles de développer la «Considération pour un lieu» prennent une importance de plus en plus significative: La présence d'un Prix Nobel fera imaginer la vivacité de la recherche, la qualité de l'architecture fera imaginer la sensibilité des hommes aux choses de l'Art, les résultats sportifs feront supposer que le nombre des sportifs est important; des évènements comme les Jeux Olympiques ou d'autres grandes manifestations de prestige seront des témoignages de l'existance d'équipements complets de niveau international.

De même, les consulats, les écoles multi-lingues, sont autant d'éléments de structure très appréciés par tous ceux qui se déplacent; or, comme dans les siècles derniers et au début du XXème siècle, ceux qui se déplacent sont souvent les plus entreprenants, et donc les plus intéressants à recevoir.

d. Convenir aux habitants du lieu pour s'appuyer sur leurs propres capacités de faire, et aussi sur leur capacité d'accueillir les autres.

Les actions correspondantes à poursuivre sont celles qui améliorent les conditions de vie et les cadres de vie là où les structures sociales, les structures politiques et les équilibres écologiques existent déjà depuis longtemps et maintiennent la culture du lieu.

C'est la structure essentielle.

On sait aujourd'hui combien sont grandes les difficultés d'organiser de toutes pièces une vie sociale et culturelle dans des lieux nouveaux: des villes nouvelles, des banlieues, des lieux touristiques, des cités minières. Dans des lieux où il n'y avait pas de population d'accueil ou lorsqu'elle n'était pas équilibrée auparavant.

En termes d'actions, les politiques correspondantes d'Aménagement du Territoire sont autant celles qui évitent la quasi-désertification des immenses espaces où s'était ètablie la culture d'un pays et où la vie sociale s'y est organisée, que celles qui organisent en détail l'accueil des nouvelles populations et des nouvelles entreprises en des points précis, comme les villes ou les lieux touristiques.

IV Cinq étapes dans l'élaboration d'une politique moderne d'Aménagement du Territoire

Une politique moderne est une politique qui cherche à comprendre ce qui serait bien pour les autres, cherche à connaître ce que font ses concurrents, respecte l'essentiel de ses valeurs fondamentales, prépare une politique et se préoccupe de le faire savoir dans un langage compréhensible et dynamique.

Ce sont les cinq étapes à parcourir pour aboutir à une politique d'Aménagement Territoire efficace; à savoir:

a. Chercher à comprendre ce qu'il faudrait avoir fait pour les gens et les entreprises, pour qu'ils soient aussi bien placés que les autres, aussi bien placés que leurs concurrents.

Même si les théories sont souvent intéressantes, elles ne sont réellement utiles que lorsqu'elles s'appliquent à réhausser l'ambition que se fixent les acteurs eux-mêmes.

Aussi dans une politique d'appréciation des ressources d'un pays, le savoir-faire et les volontés de développement des entreprises constituent-ils le potentiel fort sur lequel il faut savoir appuyer le progrès.

Les gens les plus entreprenants d'un lieu, sont d'ailleurs souvent capables d'apprécier ce qui manque à leur disposition pour leur permettre d'avoir plus de chances de réussir leur ambition. Il faut les interroger.

Cette appréciation des besoins par les acteurs eux-mêmes est une source beaucoup plus fiable que toutes les «grilles optimales d'équipements structurants» qui se trouvent dans toutes les bibliothèques et qui restent des «statistiques théoriques moyennes» souvent éloignées des volontés locales de faire et d'utiliser.

b. Chercher à savoir ce qui est en train de se faire, et à connaître les volontés locales.

Chaque acteur responsable d'une collectivité publique ou d'une entreprise privée a en tête un plan de développement qu'il met en oeuvre petit à petit. Ce plan est souvent secret, ou tout au moins discret.

Il faut chercher à connaître la plupart de ces «plans» pour pouvoir engager des réflexions prospectives sur «l'état probable» visé à moyen terme par les acteurs. Ce sont des bases beaucoup plus riches et dynamiques que les analyses théoriques d'informations disponibles sur lesquelles on a basé les études d'Aménagement du Territoire jusqu'à maintenant et qui ne reflètent qu'une interprétation de «l'état passé».

Il est très important qu'une démarche moderne d'Aménagement du Territoire démarre, par la mise des acteurs en situation, livrer librement et confidentiellement leurs actions en cours et leurs projets. Il faut donc s'expliquer sur ce qu'on va faire et mettre en place un véritable processus de réflexion; une règle du jeu avec un calendrier connu qui laisse le temps à la mise en confiance, qui traite des conditions de discrétion sur l'origine des informations, mais qui assure cependant une large diffusion des perspectives analysées.

c. Respecter l'essentiel de notre environnement et de notre patrimoine aujourd'hui reconnus comme des valeurs essentielles et des facteurs de réussite.

Il serait faux aujourd'hui de laisser croire que le développement et l'ambition économiques sont nécessairement concurrents du respect de l'essentiel de l'environnement et du patrimoine.

Tout prouve que l'identité d'un lieu et la qualité de la vie des habitants, comme la qualité des paysages et la transparence des racines du passé sont des facteurs de modernité essentiels très appréciés par les jeunes diplômés et par les entreprises innovantes.

A la fois pour faire connaître le patrimoine et la qualité de l'environnement, mais aussi pour faire connaître l'intérêt qu'on y porte, et enfin pour être sûr de préserver l'essentiel (ce qui est «significatif»), les études d'Aménagement du Territoire doivent commencer par des études approfondies de recensement du patrimoine et de l'environnement.

A la différence de «l'Etude d'Impact» qui est souvent une démarche à postériori entreprise pour vérifier que des mesures vont être prises pour réduire l'impact d'un projet sur l'environnement, il faut dorénavant conduire des études prospectives et ouvertes qui considèrent l'environnement et le patrimoine comme des ressources à part entière.

d. Etablir «Un concept et une strategie de développement».

Peu importe le détail des différentes manières de cartographier le résultat des études d'Aménagement du Territoire, peu importe la satisfaction intellectuelle très cartésienne d'attacher une réponse prospective à chaque critère de l'analyse du passé, ce qui compte c'est:

— Exprimer un concept de développement pour l'avenir, et formuler une stratégie èvolutive pour s'en approcher.

Un concept de développement:

— Son caractère serait exprimé en termes de services à rendre, en terme d'évolution dynamique, et en terme de vérification des équilibres instantanés, plutôt que dans les termes et la forme très administratifs de ce que furent les «Master Plans» en Grande Bretagne et les Schémas Directeurs d'Aménagement et d'Urbanisme en France.

Il s'agit de promouvoir des documents destinés à évoluer en permanence au contraire de «documents bouclés»; des documents destinés à tous plutôt que des documents administratifs destinés à être surveillés par la Justice ou par les Pouvoirs Publics.

- Ses qualités seraient d'être:
  - *Simple* sur quelques lignes, quelques rubriques, précises. Ces rubriques devront être suffisamment peu nombreuses pour être retenues et mises en oeuvre presque par réflexe à chaque occasion par chacun de ceux qui décident de l'avenir.
  - *Intéressant* pour tous les acteurs réels de l'action et du progrès. Ils devront y trouver des réponses aux questions qu'ils se posent ou des idées à prendre, ou encore, des choses à proposer; les familles et adolescents devront aussi pouvoir s'y intéresser pour leur permettre de mieux comprendre l'avenir.

- Ses buts seraient:
  - *La solidarité active* par la création de nouvelles richesses plutôt que par redistribution bienveillante des richesses appréciées sur des critères issus de l'examen du passé récent.
    Les périmètres à l'intérieur desquels seraient recherchées ces solidarités constitueront les premiers résultats fondamentaux d'Aménagement du Territoire; ils pourraient conduire à des modifications de périmètres administratifs et politiques; ils sont essentiels.
  - *L'orientation des actes individuels.*
    Un Concept d'Aménagement du Territoire n'atteindra réellement ses buts que lorsqu'il servira de guide de référence à l'action de chacun. Ceci pour deux raisons: il n'y a pas de dynamique durable en dehors des actions individuelles dans une société libérale, et il n'y a pas de meilleure chance de résultat collectif que celui issu de l'orientation des forces individuelles dans les mêmes directions d'objectifs communs sur le parcours desquels chacun réalise ses propres entreprises.
  - *L'appui d'une politique contractuelle établie avec les autorités publiques des territoires voisins.*
    L'État (dans les pays centralisés), les Régions voisines (dans le même Etat ou à l'étranger), les Départements, les Comtés et les Villes sont autant de

partenaires indirects de l'Aménagement d'un Territoire. Leur rôle est souvent trop éloigné et leur légitimité est ballotée. Or, les simples stratégies de concurrence entre les villes ou les régions sont des entreprises folles aujourd'hui car l'économie est mondiale et dépasse ces concurrences de voisinage et parce que la prise de conscience des équilibres écologiques a montré qu'ils n'avaient rien à faire des limites et des frontières.

Un concept d'Aménagement du Territoire doit être écrit dans un langage interprétable en termes d'accords et d'appuis avec les voisins plutôt que de chercher à le dissimuler. Cela ne signifie pas qu'il doive y avoir «élaboration conjointe» avec eux. Chaque unité d'Aménagement du Territoire doit correspondre en effet à une identité perçue de l'intérieur et à une unité reconnue de l'extérieur.

e. Promouvoir *une image* simple, claire, construite et dynamique.

Loin de la publicité légale, loin de l'Enquête publique, loin des textes rébarbatifs du Journal Officiel, l'information sur l'élaboration d'une politique d'Aménagement du Territoire doit contribuer à l'évolution et à la promotion d'une image pour ce territoire.

Image vers l'intérieur: il s'agit de montrer aux habitants qu'il y a de l'avenir chez eux, et aux entreprises qu'elles trouveront sur place les moyens d'infrastructure dont elles auront besoin au fur et à mesure pour faire face à leur concurrence et à leur développement.

Image vers l'extérieur: Il s'agit de donner une image de soi qui ne soit pas simplement celle déduite des souvenirs appris quinze ans auparavant dans un Manuel scolaire de géographie, et actualisés par les faits divers successifs ou par la traversée du pays à l'occasion d'un ou plusieurs voyages. C'est pourtant ainsi que la plupart des cadres dirigeants d'entreprises et la plupart des parents d'adolescents connaissent les autres régions européennes aujourd'hui; par exemple.

Image simple et claire, signifie: une sélection assortie de commentaires.

Image construite signifie: l'expression d'une stratégie basée sur l'adhésion interne et sur la transmissibilité (la possibilité de transmettre l'image souhaitée en utilisant des moyens recevables par les tiers extérieurs, et des systèmes de réception disponibles chez eux).

Image dynamique, signifie: la poursuite d'une communication permanente en direction de (avec) ceux qui furent destinataires de l'image initiale.

Ces préoccupations de «faire savoir» ou de «marketing» doivent être présentes dès le début d'un processus d'Aménagement du Territoire. Elles doivent être continues pendant tout le processus et ne doivent pas être interrompues lorsque se publient les premiers résultats. Elles doivent être, au contraire, l'aiguillon qui oblige la révision et la gestion de la politique au fil des ans, au fil des réussites et des nécessités de changer de trajectoire.

V   Une méthode de travail

Plutôt que d'engager des études lourdes, nécessitant plusieurs années d'analyses préalables qui effraient le personnel politique et désintéressent les entrepreneurs, il faut privilégier une méthode innovante et rapide basée sur *L'enonce préalable de scénarios contrastes destinés à simuler l'organisation future.*

Ces scénarios doivent être soumis simultanément à *l'évaluation* par des professionnels expérimentés dans l'Aménagement du Territoire, et à l'évaluation par des acteurs locaux dont la participation est à requérir dès le début du processus.

Cette évaluation vise à permettre une meilleure appréciation des conséquences du choix de telle ou telle stratégie de développement, et à susciter une réelle adhésion des acteurs locaux.

Cette méthode fondée sur l'énonce préalable et l'èvaluation simultanée à trois caractéristiques:

- C'est un processus continu d'évaluation,
- C'est un processus souple qui n'est pas codifié par des directives ou des a priori règlementaires,
- C'est un processus qui est adapté à une échelle d'identité territoriale qui permet l'adhésion des habitants; la Région est certainement l'échelle territoriale appropriée. La région urbaine et l'aire métropolitaine également.

a. Mise en évidence des enjeux importants:

Le terme d'«enjeu» recouvre également celui de «marge de manoeuvre». Il s'agit d'apprécier à la fois ce qui constitue la base de l'économie locale, du patrimoine et de l'identité des habitants, et d'apprécier quels sont les facteurs — «rubriques» — dont l'évolution pourrait influencer l'avenir sans remettre en cause le fonds commun.

Pour illustrer ce propos suivent ci-dessous quelques exemples ou *quelques essais de terminologie:*

- «Fonds commun»:
  C'est ce qui, dans l'existant, constitue en fait une somme de valeurs tellement essentielles pour l'identité et pour les équilibres d'un lieu ou d'un territoire qu'il ne peut faire l'objet d'alternatives supposant son altération. Trois exemples:
  Le maintien d'un réseau des villages dans lesquels toute une population trouve son identité, son organisation sociale et ses racines, peut être considéré comme d'importance stratégique par rapport à la cohésion et l'identité du peuple d'une région ... ou encore,
  Le maintien au goût du jour, par l'utilisation des technologies les plus modernes, d'un système de transports qui constituerait le lieu organique entre un territoire et son marché extérieur: un port, un train à grande vitesse en direction des capitales influentes, etc. ... ou encore,
  Une tradition d'accueil et de qualité de l'éducation et de l'enseignement ...
- «Marges de manœuvre»:

Ce sont les bases sur lesquelles on accepte localement de fonder des simulations alternatives pour le développement futur d'une région par rapport à son environnement extérieur et par rapport à ses capacités intérieures. Trois exemples:
- Une action foncière volontaire des collectivités publiques, ou une simple politique dite «du libre marché foncier» . . . ou encore,
- L'anticipation sur des courants de migration par la préparation d'une politique d'accueil, ou le refus d'un développement démographique issu des migrations . . . ou encore,
- La coopération organisée entre les villes d'une région ou leur compétitivité tendant à mettre en évidence leurs différences . . .

– «Rubriques»:
Ce sont les domaines dont on a décidé qu'ils relèvent du Schéma Directeur; c'est-à-dire qu'ils doivent être abordés explicitement dans les analyses et dans les propositions qui seront faites.

Bien évidemment, tous les thèmes d'Action relèvent des réflexions prospectives d'Aménagement du Territoire et mériteraient d'y figurer; toutefois, malgré leur importance stratégique sur la vie des habitants, l'importance de certains facteurs pourrait ne pas être explicitée pour mieux focaliser l'attention sur l'essentiel.

Trois exemples de raisons qui pourraient faire éliminer des facteurs importants de la liste des «rubriques»:

La faiblesse des marges de manoeuvre qui les concernent, ou la relative neutralité de leur évolution sur les différents scénarios prospectifs imaginés . . . ou encore,
- La sectorisation des compétences administratives qui peut y faire opposition . . . ou encore,
- Des thèmes philosophiques et politiques peu convergents parmi les représentants des autorités locales.

b. Elaboration de plusieurs scénarios d'Aménagement:

Ces scénarios sont des simulations alternatives du développement futur. Ils sont basés sur une formulation de trois ou quatre hypothèses radicalement simplifiées, choisies parmi les «marges de manoeuvre» repérées et décidées au préalable.

Ils sont élaborés par rapport à leur faculté d'être compris et appréciés par l'environnement extérieur qui influence le développement local, et par rapport aux réactions à attendre de la part des milieux locaux.

Le développement d'une région ou d'un lieu n'est pas un fait continu et programmé dans ses détails pour des décennies à venir. C'est une succession d'actions. Certaines sont plus importantes que d'autres, car elles sont considérées comme des facteurs de comparaison et de choix entre les lieux et les régions d'Europe par les investisseurs, par les cadres et les dirigeants d'entreprises ainsi que par leurs familles, et par les intellectuels et les artistes.

En quelques mots, proches du vieux concept des «équipements structurants de l'Aménagement du Territoire», l'enjeu est d'essayer d'apprécier ce qui, dans notre avenir proche, sera considéré comme «structurant» (porteur des conditions nécessaires pour le progrès dans l'avenir) par tous ceux dont les décisions confirmeront ou infirmeront les projets de développement de cette région.

Bien évidemment, le caractère alternatif des scénarios et le contraste des simulations qu'ils traduisent, dépendent de l'importance des marges de manoeuvre qui ont été appréciées au préalable:

Des marges de manoeuvre trop faibles affaibliraient trop le contraste pour que la méthode reste utile; des marges de manoeuvre trop opposées mettraient en évidence des contrastes tels que leur comparaison n'aurait plus de sens.

Ces scénarios sont en effet destinés à apprécier la mesure dans laquelle les directions qu'ils simulent sont susceptibles de produire, rubrique par rubrique, des évolutions souhaitables, réalistes, et sans effet pervers trop flagrant.

Par exemple:
On peut imaginer qu'une région européenne de 5 millions d'habitants, assez

vaste, avec une tradition industrielle mais une agriculture encore forte et un tourisme bien réputé, puisse imaginer plusieurs alternatives d'organisation respective de ses villes entre elles, sans remettre en cause le fonds commun de son environnement et des économies agricoles et touristiques actuelles. Dans ce cas on peut imaginer trois scénarios contrastés:
- Scénario métropolitain d'un ensemble organisé sur des règles de fonctionnement urbain généralisé, avec des solidarités de caractère urbain et un système de décisions basé sur des contrats de collaboration de certaines villes entre elles sur des thèmes de développement déterminés . . .
- Scénario d'une grande ville choisie parmi les autres, dotée d'un système classique très centralisé d'organisation de la décision et de rayonnement vers l'extérieur, et assortie d'un refus de laisser développer un système péri-urbain; avec un système de solidarités typiques des hiérarchies entre le milieu rural et le milieu urbain . . .
- Scénario de croissance démographique et économique concentrée sur plusieurs villes, par le développement de différentes stratégies d'offres organisées par chaque ensemble de forces locales concernées; avec toutefois la volonté de promouvoir une image régionale coordonnée de ces différentes actions . . ., et la mise en place de solidarités compensatrices ou amplificatrices . . .

c. Principe de l'évaluation simultanée des scénarios:

Il est beaucoup plus ouvert et riche d'enseignements et d'adhésion de faire *évaluer* chacun des scénarios par des personnalités très diverses, au moment même de son élaboration, plutôt que de chercher à introduire chaque contenu de chaque rubrique dans chacun des scénarios; c'est-à-dire: plutôt que d'élaborer trois schémas prospectifs d'Aménagement pour le futur entre lesquels une autorité mal adaptée aurait à choisir.

Cette évaluation doit être laissée à la libre discrétion méthodologique de chaque Evaluateur; mais elle doit obligatoirement constituer le test des scénarios proposés, par rapport aux rubriques déterminées à l'avance.

Les évaluateurs doivent être choisis à la fois parmi des urbanistes professionnels spécialistes de l'Aménagement du Territoire venant de lieux différents et de formation et d'expériences différentes d'une part, et parmi les acteurs économiques et sociaux qui ont suivi la démarche au fur et à mesure depuis la première phase de recensement des actions en cours et des souhaits des acteurs locaux, d'autre part.

Les «rubriques» de l'évaluation seront celles qui ont été établies au cours du processus d'élaboration, et qui représentent des enjeux principaux pour approcher les différents scénarios de prospective vers le futur.

Dans le cas d'une région de 5 millions d'habitants avec une agriculture encore forte, un tourisme de bonne réputation et un ensemble de plusieurs villes de bonne taille, on pourrait imaginer que les rubriques d'évaluation qui représentent les enjeux principaux à tester dans les différents scénarios prospectifs puissent être les suivants:

— L'accueil,
— Le développement de la composition urbaine des grandes villes,
— L'enseignement supérieur et la recherche,
— Le rayonnement des infrastructures de communication les plus prestigieuses (aéroports, etc.),
— Le tourisme,
— Les activités en milieu rural,
— La dispersion du réseau des télécommunications avancées ou sa concentration en des points particuliers,
— Le commandement économique par rapport à d'autres régions: région sous-traitante ou donneuse d'ordres,
— Le réseau des transports,
— Les lieux d'emploi,
— La créativité et les développements de la vie culturelle.

d. L'évolution (la possibilité d'évoluer) doit être garantie en permanence:

Tout le système d'élaboration, et surtout le système d'évaluation doivent être ouvert en permanence à la correction et à la révision.

Il est tout à fait imaginable que chaque évaluateur, ou d'autres, puisse élaborer une fois par an (ou à période régulière) un correctif d'évaluation qui serait rendu public et transmis à l'autorité délibérante. Elle aurait alors la responsabilité de formuler explicitement le maintien des dispositions antérieures, ou de justifier et décrire les modalités nouvelles.

Il ne faut pas feindre d'ignorer qu'une telle évaluation régulière conduira certainement à ce que s'organisent des groupes de pression. N'est-ce pas normal, et n'est-ce pas ce qui se produit déjà à travers les élections locales alors qu'elles ne constituent pourtant pas le niveau territorial approprié aux décisions d'Aménagement du Territoire! Mieux vaut certainement faire exprimer les tendances au niveau approprié, avec justification et débat, que de fausser la signification des scrutins aux différents niveaux politiques existants; surtout dans des perspectives de modification profonde de souveraineté, comme celles qui attendent les pays de l'Europe communautaire.

Le croisement de l'évolution imaginable de chacun de ces critères, complété par l'appréciation des differents évaluateurs, devraient constituer dorénavant la base des décisions de l'autorité compétente en Aménagement du Territoire.

Cette autorité compétente a alors devant elle la possibilité de rendre publiques les directions qui lui semblent les plus fondamentales pour orienter le futur, et de les assortir de commentaires pris dans les appréciations des évaluateurs.

Ces commentaires peuvent devenir, pour chacun des acteurs, autant de marges d'imagination et d'évolution suggérées ou tolérées dans son action; avec la garantie de savoir qu'il oeuvre bien dans le sens des actions communes et qu'il peut bien s'appuyer sur ces actions communes pour renforcer sa propre ambition.

Il y a là, très certainement, une voie majeure pour relancer les réflexions stratégiques d'Aménagement du Territoire pour demain dans les pays industrialisés fortement développés.

Martin Lendi

Freiheit und Gebundenheit in der Planung

Von der Freiheit und Gebundenheit in der Planung zu handeln, ist mir aufgetragen, also ein Wort zur Frage zu sagen, ob die Freiheit der Planung vorausgeht, ob die Planung als Akt der Freiheit Freiheit schafft, ob die Planung aus der Gebundenheit entsteht, um Freiheit zu ermöglichen, oder ob die Planung die vorausgehende Freiheit zerstört und letztlich in die Gebundenheit führt: Freiheit oder Gebundenheit als Bedingung und Folge der Planung, das scheint hier das Thema zu sein, zu dem Theoretisches zu formulieren und Praktisches zu erwägen wäre, zu dem empirisch an Beispielen das eine oder andere herausgearbeitet werden könnte.

Planung – Freiheit – Gebundenheit

An dieser Begegnung von Planung, Freiheit und Gebundenheit ist so ziemlich alles zu problematisieren: die Freiheit, die Gebundenheit, und vor allem auch die Planung selbst. Schätzen wir einmal ab, was mehr oder weniger vertraut ist, dann ist es möglicherweise die Planung, über die wir uns im politischen Prozess schon geärgert oder gefreut haben, vor allem über die leidige Raumplanung mit ihren Verzögerungen, den in Aussicht gestellten Kehrtwendungen und den bescheidenen Resultaten bei den Bodenpreisen.

Freiheit und Gebundenheit bleiben uns demgegenüber eher fremd, weil wir sie sprachlich schlecht fassen können und weil der Widerspruch zwischen abstraktem Begriff und lebensprobter Wirklichkeit irgendwie zu gross zu sein scheint, als dass wir sie meistern könnten. Immerhin – von der Freiheit wissen wir, dass wir sie nicht besitzen können, und dasss vor allem jene Freiheit aktuell ist, die am stärksten gefährdet ist. Sie aktualisiert sich gleichsam an der konkreten Gefahr. Die Gebundenheit lastet permanent auf uns, engt uns ein, wobei wir im zweiten Schritt entdecken, dass Bindungen aus uns selbst entstehen – endogen – oder auf fremdem Boden – exogen – wachsen können, dass sie in Freiheit und also autonom gewählt oder uns – heteronom – auferlegt sein können, und schliesslich, dass Freiheit und Gebundenheit verflochten sind in einem dauernden

Ringen, sei es in uns selbst, sei es in Entscheidungsprozessen der Wirtschaft oder der Politik. So schwierig diese Fragen sind, irgendwie lassen sie sich auf dem Niveau bekannter Gedankengänge einfangen.

Bei der Planung ergeben sich demgegenüber beinahe unübersteigbare Schwierigkeiten. Für die einen hat Planung etwas mit einem besonderen politischen System zu tun, das der Machbarkeit frönt, für die andern ist Planung etwas Wirtschaftsfeindliches, für dritte ist Planung mit der militärischen Kriegskunst verbunden. Vierte formulieren kühn, Planung sei Politik und Politik sei Planung. Fünfte sehen in der Planung eine Phase des Entscheidungsprozesses im Sinne der Entscheidvorbereitung resp. des Setzens von Entscheidungsprämissen. Sechste bringen das Planen in die Nähe des Koordinierens, und für die nächsten und übernächsten Denker ist Planung der Zugriff auf die Zukunft, sei es in der Art ihrer Finalisierung, sei es in der Art ihrer Eröffnung. Das naheliegendste Planungsverständnis leitet sich wohl aus der verbreiteten Raumplanung her, die sich aufmacht, den Lebensraum zu schützen und zu gestalten, oder dann aus der Unternehmensführung, die – abgesehen vom Militär – die eigentliche Domäne der Planung ist. Auch das Bauwesen spricht von Planen und rechnet Architekten und Ingenieure zum Kreis der Planer, während der Unternehmer baut, als ob dies planlos möglich wäre. Von welcher Planung soll ich hier berichten? Der Entscheid ist kaum zu treffen. Stellt man auf ein verbindendes Element ab, so hat Planung immer etwas zu tun mit der Zukunft und von daher mit der Auseinandersetzung über die Zukunft, ohne dass sie aber Zukunftsforschung wäre, und schon gar nicht Zukunftsdeterminierung. In ihrem innersten Kern – und dies mag nun überraschen – ist Planung eine Methode, und zwar eine zweiphasige, nämlich in einer ersten Phase eine Methode der Informationsbearbeitung als Voraussetzung des Abstimmens von Handlungsbeiträgen, und in einer zweiten eine solche der Steuerung und Lenkung. Sie vermittelt besseres Erfassen von Informationen für die Koordination und hilft, getroffene Entscheidungen korrespondierend mit dem Fluss der Wirklichkeit – steuernd und lenkend – zu realisieren. Verfallen wir aber nicht der Versuchung einer Definition, sondern behalten wir das Auseinandersetzen mit der Zukunft als methodisches Problem im Auge, als Weg bis kurz vor den Entscheid, und nachher als Steuerung und Lenkung des Durchführungsvorganges getroffener Entscheidungen.

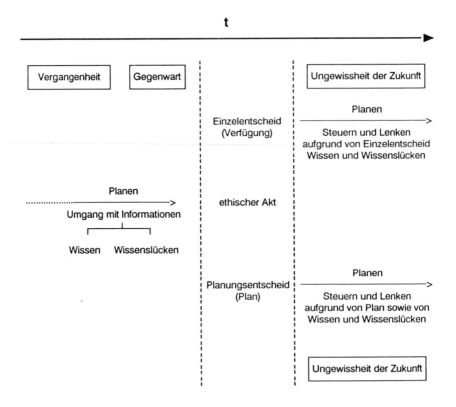

Die Zukunft starrt uns an

So müssen wir uns vorweg mit der Zukunft auseinandersetzen. *Was ist Zukunft?* «Die Zukunft ist als Raum der Möglichkeiten der Raum unserer Freiheit» – ein zentraler Satz von Karl Jaspers. Ist er aber goldrichtig? Die uralte Frage, ob unser Verhalten durch die Umstände determiniert sei, oder ob wir in unseren Entscheidungen frei seien, setzt mindestens ein Fragezeichen. Allerdings diskutiert Karl Jaspers im Zusammenhang mit dieser Aussage nicht die Entscheidungsfreiheit, sondern er fragt, in welchem Raum die Freiheit Platz finde. Er sieht diesen weder in der Vergangenheit noch in der Gegenwart, sondern in der Zukunft. Sie ist gleichsam die sich öffnende *Chance der Freiheitswahrnehmung*. Scheinbar diametral gegenüber findet sich im umfangreichen Werk der Dogmatik Karl Barth's die Frage nach der Verantwortung in der Gegenwart: «Alles Handeln des Menschen muss sich an der Frage messen und prüfen lassen, ob es ein Eingreifen oder ein Verpassen der ihm in seiner Zeit gebotenen einmaligen Gelegenheit ist». Besteht ein Widerspruch zwischen dem in der Zeit fälligen Tun und dem sich öffnenden Raum der Zukunft als Wirkungsraum unserer Freiheit? Er ist nicht auszumachen, da unser Handeln von heute in das Morgen reicht. Unser heutiges Verhalten öffnet oder beengt unser Leben am kommenden Tag, Entscheiden und Handeln finden in der Zeit statt und reichen in die Zeit hinein. Die wohl heiklere Frage ist die, in welchem Mass unser aktuelles Tun durch das Gestern beeinflusst wird, wie weit also die Geschichte, wie weit uns die Erfahrungen Tag für Tag einholen und unsere Entscheidungsfreiheit einbinden. Wir spüren die uns auferlegten Impedimenta — und doch tritt uns die Zukunft entgegen, und zwar nicht als schwarzes Loch, als gähnender Abgrund, wohl aber als jener Raum, in dem Entscheidungen mit der Erfahrung und Belastung des Gestern, heute getroffen, sich als Bewegung in den Lauf der Zeit hinein entfalten können. Der kritische Punkt liegt in der *Wirkung unseres Tuns* zugunsten oder zulasten des Morgen, der nahen oder fernen Zukunft, zugunsten der Entscheidungsfreiheit der kommenden Generationen, oder als unfreiwilliges Erbe der Vorübergehenden und der Vorübergegangenen. Eines kann daraus vorauseilend erahnt werden: «Als die Zukunft unserer vorgedachten Möglichkeiten starrt sie uns an, mit einem Zurückschaudern vor dem, was der Mensch werden könnte und mit der Ehrfurcht vor dem, was er sein soll» (Hans Jonas). Und: «Wer das Morgen nicht bedenkt, wird Kummer haben, bevor das Heute zu Ende geht» (Konfuzius).

Vom Umgang mit der Zukunft

Es wäre alles so einfach, wenn wir in die Zukunft hineinsehen könnten, wenn wir wenigstens die grossen Linien des künftigen Geschehens erahnen könnten oder wenn wir die Stopignale und die Abgründe links und rechts unseres Pfades zuverlässig abzustecken wüssten. Leider – oder glücklicherweise(?) – wissen wir von der Zukunft nur das eine: Sie ist ungewiss, sehen wir von jener Gewissheit ab, die zu verdrängen nichts nützt, nämlich der Endlichkeit des Lebens, des individuellen und jenes der Menschheit: wenn Berge weichen und Hügel hinfallen! Propheten – Katastrophen- oder Heilspropheten – kümmern sich, so selten sie sind, interessanterweise nicht um unsere Wünsche, sondern sorgen sich letztlich um Verheissungen, die gleichsam den Bogen über das Werden, Sein und Vergehen schlagen. Sie sind Wahrsager in einem ganz andern Sinn als die üblichen prognostizierenden Besserwisser des Jahrmarkt-Alltages. Darum kann unser Umgang mit der Zukunft, zumal wir weder Propheten noch Wahrsager sein können resp. sein dürfen, nichts anderes sein als ein *souveräner Umgang mit dem Ungewissen*. Das Wörtchen «souverän» steht dabei – erstens – für die Fähigkeit des Fragens was war, was ist, was sein könnte, unter Ausklammerung der permanenten Versuchung zur vorwegnehmenden Antwort auf die überkühne Frage: was wird sein? Es steht aber auch – zweitens – für die kritische Frage nach dem heutigen Ausstellen von Wechseln zulasten der Zukunft, zulasten der kommenden Generationen. Souveränität führt zum Fragen und zur selbstkritischen Prüfung – und gerade nicht zum Überspielen des Ungewissen.

Aber, so rückt die Sonderfrage an uns heran, ob es nicht doch einen geheimnisumwitterten Schlüssel zur Meisterung der Zukunft gebe, beispielsweise die Planung, von der man munkelt, sie sei in der Lage, mit Plänen die Zukunft einzugabeln oder sie sogar vorwegzunehmen, teils verbindlich, teils unverbindlich, aber immer mit dem Anspruch des «Zugriffs auf die Zukunft». Tatsächlich ist das *«Phänomen Planung»* von Geheimnissen umwittert. Die Planungswissenschaft entmythologisiert es – zu oft und am Undurchschaubaren wohllebend – nicht; bisweilen pflegt sie das «Zauberhafte» sogar. In einem schwer zu durchschauenden Prozess ermittelt sie die Lage, erklärt diese, schaut voraus, schätzt die Möglichkeiten des Handelns ab und legt abschliessend fest, was konkret zu tun ist, um in der Zukunft bestehen zu können, kurzum, sie hat sich ein kunstvolles Gebäude aufgebaut, das für die Lageanalyse von der banalen Datenbeschaffung bis zur mehrdimensionalen Skalierung, für die Erklärung vom Pfeildiagramm bis zur Pfadanalyse, für die Vorausschau vom historischen Analogieschluss bis zur Trend-Impact-Analyse, für die Entscheidvorbereitung vom Entscheidungsbaum bis zum Globalmodell, und für das Entscheiden von der Entscheidungsmatrix mit Schätzungen bis zur Entscheidungsfindung bei unvollständiger Information reicht. Dahinter versteckt sich allerdings das überaus ernsthafte Bemühen, *Informationen besser zu erschliessen und das Mass des beklemmenden Nichtwissens einzuschränken.* Die Planung nimmt sich dabei – und das ist der selbstkritische Punkt ihrer Souveränität gegenüber der Wahrheit – nicht heraus, Informationen zu vermehren oder gar neue Informationen zu gewinnen, und zwar einfach deshalb, weil sie dies – wissentlich – nicht kann. Alles was sie – ungeachtet einer traditionsreichen Erkenntnis- und Wissenschaftstheorie sowie einer vorwärts galoppierenden sozialwissenschaftlichen Methodenlehre – wirklich vermag, das ist, vorhandene Informationen überblickbar, bewusst zu machen, und sie, statt durch grobschlächtige Methoden behaupteter Erfahrung, untrüglichen politischen Instinkts und bewährter Faustregeln, durch verfeinerte besser zu verstehen, oder anders formuliert: *die Planung als Schritt in die Zukunft bewährt sich als Respekt vor dem Wissen und Nichtwissen auf der einen und dem Ungewissen der Zukunft auf der andern Seite,* durch sorgfältigen Umgang mit Informationen, welche mobilisiert, befragt und für die Entscheidungsfindung ausgewertet werden, ohne die Zukunft zu vereinnahmen und ohne das Nicht-Wissen und das Ungewisse überspielen zu wollen. Die «entmythologisierte Planung» ist also kein Dietrich zur Zukunft, sondern vorweg ein hartes Arbeiten mit vorhandenen Informationen – eine wichtige Aussage!

Planung und gebotenes Tun

Das Beglückende an der Zukunft mag sein, dass sie uns die Erfüllung unserer Wünsche bringen könnte, seien es Wünsche des persönlichen Wohlergehens, seien es ganz allgemein Wünsche für das Gemeinwohl, für unsere Erde, für unsere «Rechtsgemeinschaft», unsern Staat. Diesen Segnungen stehen aber aus der Erfahrung heraus als Realität die Möglichkeit des Unglücks, der Krisen, der Katastrophen, des Krieges, der Krankheiten, der Seuchen, der Selbstzerstörung, der Gemeinschaftslosigkeit usw. gegenüber, vor allem aber auch die negativen Wirkungen eines bewussten oder unbewussten Fehlverhaltens. Daraus ist jene Philosophie entstanden, die das Prinzip Verantwortung zum Zügel jener Macht werden lässt, die dem Menschen zum Unheil wird (Hans Jonas), vorweg und vor allem vis-à-vis der modernen Zivilisation, der gegenüber wir noch keine Ethik entworfen haben: also *das Prinzip Verantwortung, das sich dem Prinzip Hoffnung, es werde nichts passieren, entgegenstellt, nicht als Ausflucht der Furcht, sondern als zu verantwortendes Tun.*

Dieses Prinzip Verantwortung verdient es, unterstrichen und hervorgehoben zu werden, doch ist es nicht ganz so neu, wie die schnellebige Zeit vermeint. Ethik ist immer eine Frage nach dem gebotenen Tun, und zwar nicht als Reaktion auf eine Angst, sondern als Besinnung auf das aus der Freiheit des Entscheidens und Handelns zu bedenkende Tun, für die christliche Ethik das Besinnen auf das dem Menschen durch das Geschenk der Freiheit gebotene Tun. Das wohl entscheidende Element der nicht theologisch fundierten Ethik ist das Besinnen, das Innehalten, das Bedenken, das Erwägen, was nun wirklich geboten sei. Die Antwort ist unendlich schwer, und zwar deshalb, weil wir, ungeachtet der Planung, letztlich vor der Zukunft als dem Ungewissen stehen und folglich ins Ungewisse hinein uns entscheiden und alsdann handeln sollen, allerdings vor dem Hintergrund von durch Informationen verdichteten Fakten. Aber eins wird deutlich: das Planen entbindet nicht von der Ethik, das Planen ersetzt nicht die Ethik; *Planen und Ethik gehören letztlich in Symbiose zusammen, weil im Umgang mit dem Ungewissen, vor dem Planung Halt macht und machen muss, nur ein gebotenes Tun gilt,* das aus dem Prinzip der Verantwortung heraus gefunden werden muss. Nur: Die Planung als Methode vermag die Elemente der Verantwortung nicht abzustecken und zu formulieren. Sie arbeitet Informationen auf und erleichtert oder erschwert dadurch — beides ist möglich — das Entscheiden in Verantwortung, ersetzt es aber nicht.

Die Planung führt in ihrer Rückbesinnung auf den Status einer Methode zu den ihr eigenen Grenzen, gleichzeitig aber unmittelbar an das Prinzip Verantwortung heran, also zur souveränen Frage nach dem gebotenen Tun, das seine Antwort zwar auf die Informationen der Planung abstützt, sie aber letztlich nicht aus diesen herleitet, sondern sie in der Verantwortung konstituiert, begründet. Es sind also immer zwei Schritte, das planende Aufarbeiten der Informationen und alsdann das zu verantwortende Tun — notwendigerweise aufeinander bezogen, nicht aber in sich gegenseitig bestimmender Verknüpfung. Es bleibt eben dabei, dass *der Schritt ins Ungewisse ein verantworteter sein muss und nicht ein aus Informationen abgeleiteter, deduzierter sein kann.* Wenn beipielsweise gegenwärtig in vielen Kantonen Richtpläne verabschiedet werden, dann stehen reich mit Informationen gespickte Planungsgrundlagen zur Auswertung bereit, doch besteht der heikle Sonderschritt der zuständigen Behörden darin, das zu verantwortende Tun sich selbst aufzuerlegen und einem Plan zugrundezulegen, der helfen soll, dieses in Freiheit vorgezeichnete Tun zu vollziehen, mit Bindungswirkungen für sich selbst und für Dritte — das ist letztlich nicht Planung (verstanden als Methode), das ist verantwortetes Tun und mithin Ausfluss der Ethik.

Vorsicht als zureichender Grund

Aufbauend auf dem doppelten Schritt der Planung und im Sinne der Aufarbeitung der Informationen und dem verantworteten Tun als Umgang mit dem Ungewissen, fragt es sich immer wieder, ob denn die Ethik als Wissenschaft, als Sozialethik, bedacht von Spezialisten, die notwendigen Antworten innert nützlicher Frist und mit dem nötigen Spezialisierungsgrad bereitstellen könne. Diese

Sorge stellt sich nur dort ein, wo die Ethik gleichsam Dritten angelastet wird. *Ethiker* – dies muss deutlich unterstrichen werden – *sind wir alle*. Die verhängnisvolle Entwicklung mit Lehrstühlen für Ethik und sozialethischen Instituten führt zu nichts anderem als zur Entlastung von der ethischen Fragestellung durch Abwälzung, der wir uns aber, wie wir zu zeigen versuchten, nicht entziehen können, auch wenn wir noch so raffiniert planen. Die praktische Ethik – und dies ist nun wirklich tröstlich – ist uns nicht so fremd, wie wir vermeinen. Die Rechtswissenschaft – zum Beispiel –, also das Bedenken des Rechts, ist nichts anderes als eine praktische Ethik, denn sie mündet in Sollenssätze, die ein Verhalten normieren und also – sogar verbindlich – vorschreiben, was zu tun ist. Folglich geht dem Gesetzgebungsprozess nicht einfach ein politisches Gerangel um Interessenwahrungen voraus, sondern ein Besinnen auf das, was getan werden soll. Vordergründig mag ein anderer Eindruck dominieren, das genaue Hinsehen aber erkennt: durch das Recht werden Sollenssätze festgeschrieben, es wird praktische Ethik betrieben – immer als Antwort auf die Herausforderung der Ungewissheit der Zukunft, eine durchaus vergleichbare Situation zum Verhältnis von Planung und Ethik. Wie nun das Recht mit ethischen Dimensionen umgehen können muss, so wird dies auch die Planung müssen. Ähnlich dem Recht wird sie sich Massstäbe zulegen, die praktikabel sind, ohne dass die Rückbesinnung auf die verfeinerten Grundfragen, die zu Gewissensfragen werden können, ausgeschlossen wird. Das Ziel ist die Vorbereitung der «ethischen Gesprächsrunde» mit dem Entscheidungsträger.

Dass die Planung nicht einfach Anleihen beim Recht machen kann, indem sie beispielsweise das Gleichheitsprinzip borgt, dies braucht nicht näher belegt zu werden, da die Planung nicht Gleiches gleich oder Ungleiches ungleich behandeln will, sondern Informationen aufarbeiten, und gestützt auf das ermittelte gebotene Tun, dieses durch den Plan als Instrument steuern und lenken will. Immerhin, sie kann die klassischen *Sorgfaltspflichten* respektieren, indem sie die Informationen mit Umsicht ermittelt, indem sie diese mit diligentia an die Entscheidungsträger heranführt und indem sie die Planverwirklichung – Steuerung und Lenkung von Vorgängen gemäss den Planvorgaben – überwacht. In der heiklen

Phase, in der sie mit dem Entscheidungsträger – unter Beachtung ihres eigenen Könnens und zurückgebunden darauf – die ethische Frage diskutiert, wird sie darauf hinweisen, dass ihre Informationen zwar beeindruckend sein mögen, dass sie aber, gemessen an der Ungewissheit der Zukunft, diese nicht einzufangen vermag. Aus der Art der Unvollständigkeit der Informationen kann sie *Hinweise* geben, *welches Wissen über Fakten fehlt und welches Wissen aufgrund der Erfahrung früher oder später anfallen könnte.* Sie wird, und dies wird nun bedeutsam, dort zur Zurückhaltung mahnen, wo Gefährdungen ankündigende Fakten vorhanden sind und gleichzeitig erwartet werden kann, dass die Informationen reicher werden könnten. Vor diesem Hintergrund wird dann wohl zur Besinnung ermahnt und das gebotene Tun – unter dem Vorbehalt neuer Informationen – nach dem Kriterium der *Vorsicht* festgelegt werden müssen, immer verbunden mit dem vorbehaltenen Entschluss, die anvisierten Massnahmen zurückzunehmen oder zu verstärken. Diese Vorsicht kann und darf nicht in allen Lebenslagen spielen – ohne Risiko läuft nichts in dieser Welt; sie ist nur dann zureichend begründet, wenn dem Leben von Menschen, Tieren oder Pflanzen existentielle Gefahren drohen und wenn sich irreversible oder nur schwer korrigierbare Prozesse abzeichnen, falls nicht sofort gehandelt wird. Die praktische Ethik gebietet also dort Vorsicht, wo die aufgearbeiteten Informationen zwar noch keine schlüssigen Beweise zulassen, die Gefahr aber nicht mehr von der Hand zu weisen ist und die Entwicklung bedrohlich erscheint.

In den üblichen Denkkategorien des Rechts reicht eine solche latente und potentielle Gefahr nicht zum Ergreifen von Massnahmen, da die Kausalität, also der Zusammenhang zwischen Ursache und Wirkung, üblicherweise bewiesen sein sollte, mindestens in der Art des «gewöhnlichen Laufs der Dinge». Die Planung muss demgegenüber dem Entscheidungsträger ethisch fundierte Entscheidungen abringen, sobald die «Informationen» existenziell bedrohliche Gefahren ankündigen, auch wenn sie kein zuverlässiges Wissen nachweisen, wenn also Informationen mangeln und Wissenslücken klaffen. *Der Satz von der Vorsicht als einem zureichenden Grund ist für die Planung – vis-à-vis elementarer Gefahren – in Verbindung mit der praktischen Ethik notwendig.* Er situiert das gebotene Verhalten im Kontext von Wissen resp. Nichtwissen auf der einen und der Ungewissheit der Zukunft auf der andern Seite.

Allerdings müssen die Behörden neu lernen, dass sie aus dem Nichtwissen heraus auf dem Weg ins Ungewisse *keine Lösungen versprechen* dürfen. Im Gegenteil, sie müssen klare Aussagen zum Nichtwissen und Ungewissen wagen und auf die Vorsicht als zureichenden Grund zurückgreifen, wenn echte Gefahren drohen. Das «Beispiel des Waldsterbens» liegt auf der Hand. Die Ungewissheit der Zukunft und das Nicht-Wissen mangels ausreichender Informationen hätte nicht zu Problemlösungsversprechen, wohl aber zu Massnahmen – mit vorbehaltenen Entschlüssen – führen müssen, mit der klaren Absicht, möglichen irreversiblen Prozessen zuvorkommen zu wollen und mit der Bereitschaft, Massnahmen zurückzunehmen, wenn sie sich als nicht mehr geeignet, nötig und verhältnismässig erweisen sollten. Die Planung, dies ist die Lehre aus diesem Grenzbeispiel, entscheidet nicht selbst, auch wenn sie aus der Wissens-/Nichtwissenslage heraus und im Respekt vor der Ungewissheit der Zukunft unter Umständen zur Vorsicht mahnen muss.

Freiheit gegenüber dem Trend

Die stärksten Kräfte, die sich der Planung entgegenstellen, sind der *Zufall*, der *Trend* und das *Fait accompli*. Vor allem die vollendeten Tatsachen kolonisieren gleichsam die Zukunft, indem sie die Freiheit der Entscheidung in die Zukunft hinein zerstören. Aber auch der Trend, also die Entwicklung, die mit den sie bestimmenden Eigengesetzlichkeiten sich selbst fortschreibt, überrundet resp. überholt die Eingriffsmöglichkeiten organisierter Entscheidungsträger. Und der Zufall? Er ist gleichsam das Schicksalhafte, das über unserem Leben lastet, schwer definierbar, kaum begründet zu lokalisieren und schon gar nicht vorherzusagen und durch menschlichen Zugriff aus der Welt zu schaffen. Zufall, Trend und Fait accompli sind gemeinsam, dass sie Bindungen erzeugen und sich der Freiheit entgegenstellen.

Bei genauerem Hinsehen lassen sich Unterschiede ausmachen. Das Fait accompli, die vollendete Tatsache, ist und wird durch Menschen gesetzt. Also können sie – mindestens theoretisch – wenigstens relativiert, vielleicht sogar aufgehalten, möglicherweise aber doch in ihrem Entstehen gebremst werden. Das Bedrohliche am Trend sind die Eigengesetzlichkeit und die Eigendynamik, das Entgleiten aus der Einflussnahme – also auch hier letztlich ein menschliches Versagen. Der Zufall scheint anderer Dimension und vor allem anderer Qualität zu sein. Er ist gleichsam der menschlichen Einflussnahme entrückt, nicht nur auf Zeit, sondern über die Zeiten hinweg. Ob Zufall oder höhere Gewalt identisch seien, mag offenbleiben, doch bleibt zu akzeptieren, dass es das unvermutet Spontane gibt, unheilvoll dort, wo Zellen zu wuchern beginnen, heilvoll dort, wo «das Herz sich zum Herzen findet», völlig jenseits menschlicher Entscheidungen und Entschlüsse. Der Zufall ist also nicht an sich böse, sondern das Überraschende, das Unerwartete, kurzum das Mächtige, das Menschen einholt. Dies tun zwar auch der Trend und das Fait accompli, doch nicht schicksalshaft, sondern durch menschliches Tun oder Unterlassen resp. Dulden bedingt, allenfalls auch lediglich mitbedingt, doch nicht jenseits menschlichen Vermögens oder verschuldeten Unvermögens. Darum hat sich die Rationalität dem Trend und den vollendeten Tatsachen entgegenzustellen im vollen Wissen, wie schwer dies sein mag. *Dieses Sich-Aufbäumen gegen den Trend und gegen das Fait accompli ist nichts anderes als «Freiheit der Entscheidung beanspruchende Planung».* Nicht sie verschliesst die Zukunft, sondern die Freigabe des Trends und des Fait accompli würden es tun. Doch auch die Planung kann versagen und zu einer Zukunftsverengung werden, vor allem dann, wenn sie versuchen würde, die Zukunft als Raum der Freiheit mit ihrem Besserwissen zu besetzen.

Planung ist darum letztlich in ihrem Anspruch und als Zugriff auf die Zukunft eine Planung des Kampfes wider die Gebundenheit und also für die Freiheit der Planenden und der von ihr Betroffenen oft unzulänglich, oft versagend, aber doch ein Versuch, sich dem Ausser-Kontrolle-Geratenen entgegenzustellen. Wie kann dies geschehen? Ein Rezept gibt es nicht – aber doch das Bemühen, den Trend durch Beeinflussung seines Parameters in seiner Entwicklungsrichtung neu zu bewegen, am wirkungsvollsten durch Implementation zielgerechter Elemente, unter gleichzeitiger Druckverminderung, dem — fragwürdigen — Trend aufsitzen zu müssen. Wie vermeidet man vollendete Tatsachen? Auch hier ist kein Wundermittel verfügbar. Trotzdem besteht eine Möglichkeit, nämlich jene Dinge nicht laufen zu lassen, deren Wirkung oder Auswirkungen ausser Kontrolle geraten könnten, leicht gesagt, schwer zu handhaben, aber als Mahnung stets präsent. Die Planung muss dabei die Fähigkeit entwickeln, mit zuverlässigem Teilwissen sowie mit vorläufigem Wissen operieren zu können; sie mahnt zwar zur Vorsicht, schliesst jedoch das rational geläuterte Vertrauen ein. *Gerade weil die Planung um das Ungewisse, um das Nicht-Wissen, um den Zufall weiss, kann und vermag sie Vertrauen zu begründen, sofern sie das Vertrauen «begründet» und nicht ihr gegenüber blindes Vertrauen verlangt.*

Planverwerfung als Akt der Freiheit

Von Konfuzius soll der Satz stammen, dass wir Pläne machen, um sie verwerfen zu können. Dieses Bild will so gar nicht mit dem Plan im Sinne eines Zonenplanes übereinstimmen. Dieser soll beständig und gewährleistet sein. Hinter dem Lehrsatz steckt aber eine grosse Weisheit, die für die zweite Phase der Planung als Methode der Steuerung und Lenkung implementierter Entscheidungen im Spiel mit der fliessenden Wirklichkeit von brennender Aktualität ist. Der Plan selbst ist bekanntlich das Instrument, von dem aus die Wirklichkeit, die sich laufend ändert, im Sinne der getroffenen Entscheidung beeinflusst wird, ein sehr, sehr heikler Vorgang. *Erweist sich mitten im Ablauf, dass der Plan nicht mehr zu greifen vermag, weil sich die Wirklichkeit ihm entzogen hat oder weil er selbst wirklichkeitsfremd ist, dann muss er aufgegeben werden,* zumal der Plan eben nur so viel wert ist, als er Steuerungseffekte zu bewirken vermag. Also ist der Plan — in einem solchen Fall — zu verwerfen, nicht weil die Planung versagt hat, sondern weil die Kontrolle deutlich macht, dass die Planung an der Wirklichkeit vorbeigeht, mal zu Recht, mal zu Unrecht. Als Methode der Steuerung und

Lenkung kann und darf sich die Planung nicht herausnehmen, über richtig und unrichtig, über geboten und nicht-geboten zu entscheiden; sie hat vielmehr den Planungsvorgang zu wiederholen – immer wieder –, um mit jenen Informationen aufwarten zu können, die den Schritt ins Ungewisse auf dem neusten Stand des Wissens resp. des erfassten Nicht-Wissens erlauben, um alsdann über einen Plan zu verfügen, der steuernd und lenkend die Massnahmen zielgerecht an den Klippen vorbeilenkt. Das konkrete Beispiel des Kernkraftwerkes Kaiseraugst mag diese Problemsituation beleuchten. Nach der Bedarfsplanung des Bundes war und ist ein Kernkraftwerk der Grössenordnung Kaiseraugst nötig. Der positive Entscheid fiel, ja er fiel mindestens zweimal – und doch musste der Plan aufgegeben werden, nicht weil der Bedarf zusammengeschmolzen wäre, wohl aber, weil der Bund selbst nicht in der Lage war, die Durchführung politisch zu gewährleisten. Es wäre deshalb falsch gewesen, den Plan durchzusetzen, nur weil es ein Plan war, dem eine verbindliche Entscheidung zugrundelag. Den negativen Entscheid hatten nicht die Planer zu treffen, sondern die Entscheidenden. Der Bau oder Nichtbau von Kaiseraugst war eben nicht ein planungsmethodisches Problem. Die Planverwerfung kann als Akt der Freiheit notwendig sein und ist als solche Ausdruck der souveränen ethischen Entscheidung.

Planung als Selbst- und Fremdbindung

Aus diesen Ausführungen schält sich so langsam aber sicher eine Grunderkenntnis heraus: Die Planung als Methode ersetzt nicht den Entscheid des Entscheidungsträgers. Planen heisst nicht entscheiden, und zwar weder als Einzelakt, noch als Summe von Entscheidungen, eingekleidet in einen Plan. In diesem Sinne steht die Planung nicht in dem Masse im Spannungsfeld von Freiheit und Gebundenheit, wie dies der Titel suggeriert. Allerdings vermittelt sie Wissen und Einschätzungen über «Informationen», beschreibt sie Nichtwissen im Sinne von «Informationslücken» und zeigt das Spannungsfeld zwischen dem Vollzugsvorgang und der sich entwickelnden Wirklichkeit auf, alles Umstände, die das

Entscheiden vis-à-vis der Ungewissheit der Zukunft erleichtern oder erschweren resp. das Durchstehen einer Entscheidung im Vollzug hindern oder erleichtern. Die Freiheit oder Gebundenheit spielt sich dabei nicht im Planungsvorgang als solchem ab, sondern in den Entscheidungen der Entscheidungsträger. Sie selbst müssen für sich ermitteln, ob und in welchem Masse sie in ihrer Entscheidung frei sind. Von der Planung als Methode dürfen sie Informationen erwarten, wobei diese Informationen über Wissen und Nichtwissen bestehende oder scheinbar bestehende Zwänge für den Entscheidungsträger mildern, aber sehr wohl zu bedenken ist, dass viele Informationen bei geringen Wissenslücken nicht unbedingt mit mehr Entscheidungsfreiheit gleichzusetzen sind. Im Gegenteil, grosse Wissensdefizite erhöhen den Spielraum, fordern aber gleichzeitig die Verantwortung in einem ganz andern Mass heraus, als dies bei einem hohen Wissensstand der Fall sein kann; doch auch hier keine Regel ohne Ausnahme, vor allem dann, wenn aus Verantwortung – beispielsweise bei gebotener Vorsicht – gegen einen hohen Wissensstand entschieden werden muss. Es bleibt aber dabei, dass *der sorgfältige Umgang mit Informationen Bindungen abbaut und Freiheit begünstigt*, weil der Gegenstand der Entscheidung besser definiert wird.

Dies alles wird in Nuancen heikler, wenn der Entscheidungsträger durch einen Einzelentscheid oder durch einen Plan sich selbst eine – planerische – Vorgabe macht, beispielsweise wenn die Regierung ihre Regierungstätigkeit für eine Legislaturperiode plant, wenn ein Unternehmen die Diversifikation entwirft oder wenn das Militär seine Rüstungs- und Bauvorhaben vorzeichnet. Wie der Entscheidungsträger die Informationen zusammenträgt und für sich, also zu seinen Lasten, einen Plan als Instrument der Steuerung über längere Zeit entwirft, entsteht eine *Selbstbindung*. Gleichzeitig werden Interessen Dritter berücksichtigt, weil sie kein anderes Verhalten als das geplante erwarten können. Es resultiert eine *Fremdbestimmung*. Sie sind auch mit einem ausgreifenden Einzelentscheid verbunden, doch werden sie am Plan besonders deutlich.

Das Phänomen ist aus der Rechtslehre heraus bekannt; der Gesetzgeber ist an seine eigenen Gesetze gebunden und verpflichtet Dritte. Allerdings steht das Recht unter dem Vorbehalt seiner jederzeitigen Revidierbarkeit, was nicht in der genau gleichen Art für den Plan gelten kann, soll doch durch den Plan über die Zeit eine Bindungswirkung entstehen. Das wohl naheliegendste Beispiel ist der politischen Planung zu entnehmen. Der schweizerische Bundesrat erlässt bekanntlich Regierungsrichtlinien, die zusammen mit dem Finanzplan die Legislaturplanung für vier Jahre ergeben. Ihr zentraler Gegenstand ist der Gesetzgebungsplan, der aussagt, wann Gesetze in welcher Priorität in der vorgegebenen Zeit behandelt resp. auf später verschoben werden sollen. Mit dem Erlass dieses Plans ist der Bundesrat auf diesen Plan verpflichtet, selbstredend mit der Möglichkeit, davon abzuweichen, wenn sachliche Gründe dies gebieten, aber doch soweit gebunden, als darin eine Vorgabe liegt. Das Parlament hütet sich, den Bericht zum Gegenstand eines eigenen Beschlusses zu machen, weil dieser auch für das Parlament eine Selbstbindung auslösen würde. Die Kantone, welche das Institut des Regierungsprogrammes kennen, gehen einen nicht unwesentlichen Schritt weiter, so der Kanton Aargau, wo das Parlament über die grundlegenden Pläne der staatlichen Tätigkeit befindet und also sich selbst bindet. Sobald es über die staatsleitenden Pläne entschieden hat, geht von diesen auch eine Fremdbindung aus, die nur durch contrarius actus aufgrund einer zusammenhängenden Prüfung aufgelöst werden kann.

Wie diese Beispiele zeigen, ist das *Problem der Selbst- und Fremdbindung dem Planen immanent.* Es gilt der fatale Satz, den Kurt Eichenberger formuliert hat: «*Wer plant und sich der Planung bedient, ist zugleich ihr Gefangener*», allerdings nicht vorbehaltlos, aber doch solange, als der Plan die ihm eigene oder ihm verliehene Verbindlichkeit aufgrund der Vorgabe aufrechterhält.

Erhöhte Tansparenz

Ob nun die Planung unter der Bedingung der Freiheit zur Gebundenheit oder zur Freiheit, ob sie aus der Gebundenheit oder aus der Freiheit zur Freiheit oder zur Freiheit sichernden Bindung – mit oder ohne Risiko der Freiheitsbeschränkung – führt, kann letzlich – auch nach diesen theoretischen Ausführungen – nur an

Einzelbeispielen geklärt werden. Noch bevor auf solche eingetreten wird, muss der *Hauptsatz* festgemacht werden: Wenn der Einzelentscheid und wenn der Planungsentscheid selbst nicht ein Akt der Freiheit sind, dann sind sie – so intensiv ihre Randbedingungen sein mögen – keine ethischen Entscheide über das, was getan werden soll, denn ethisches Entscheiden setzt Freiheit voraus; ohne *Freiheit der Entscheidung* gibt es keine verantwortete Entscheidung über das, was getan werden muss. Im Kern müssen der Einzelentscheid und der Planungsentscheid Akte der Freiheit sein, die nötigenfalls zu gewinnen resp. zu erarbeiten sind.

Doch nun zu den Beispielen:

a. Planung der Rheinkorrektion (Planung eines Objektes)

Bekanntlich ist der Rhein ein Wildbach. Er bedroht das Leben. Die Planung seiner Korrektur – bis und mit der Vorstreckung in den Bodensee – hat keine grösseren Probleme verursacht; die Problemerfassung, die Problemannahme und das Entscheiden bereiteten keine Schwierigkeiten, auch die Durchführung erfolgte weitgehend plangemäss. Die Planung konzentriert sich auf eine Objektplanung mit dem Ziel der Abwehr von Gefahren für Leib und Leben zugunsten der Wirtschaft in all ihren Sektoren. Die Informationsdichte war gross, die Wissenslücken relativ klein, die Selbst- und Drittbindung war erwünscht – selbst über die Grenzen hinweg. Die Ungewissheit der Zukunft war relativ schmal, da auf die Naturgesetze und die Erfahrung abgestellt werden konnte. Die Fremdbestimmung durch Dritte war weitgehend ausgeschaltet. Die Dominanz der ethischen Entscheidung ist erkennbar.

b. Planung der Expressstrasse St. Gallen (Planung der Verkehrsinfrastruktur)

Die Nationalstrasse auf dem Gebiet der Stadt St. Gallen ist Teil eines grösseren Netzes, eingebunden in den städtischen Lebensraum, ausgerichtet auf nationale Zusammenhänge. Die Problemerfassung bereitete Schwierigkeiten, die Problemannahme noch grössere, der Entscheid selbst kleinere, doch wurde die planmässige Durchführung wiederholt gestört, mit dem Ziel, den Grundsatzentscheid zu modifizieren. Die Informationsdichte war genügend, die Wissenslücken Strasse-Stadt blieben erheblich, die Selbstbindung bezog sich auf die grösseren Zusammenhänge, schränkte aber die Beweglichkeit im Detail nicht übermässig ein. Es gab circa fünf Varianten. Ein Entscheidungsspielraum war gegeben, doch eingegrenzt durch äussere Fakten, vor allem durch den Netzcharakter der Nationalstrassen. Kernproblem bildeten die Drittwirkungen und die Selbstbindung: Die Planung konnte nicht mehr aufgegeben werden, auch wenn im Detail Konzessionsmöglichkeiten offen blieben.

c. **Planung der räumlichen Ordnung auf Landesebene (Lebensraumplanung)**

Die Ausarbeitung eines nationalen Raumordnungskonzeptes musste die Siedlungs- und Landschafts- sowie die Transport- und Versorgungsstruktur zum Ausdruck bringen. Die Problemerfassung bereitete keine grösseren Schwierigkeiten, da ein hoher Abstraktionsgrad zu verfolgen war. Hingegen stiess die Problemannahme auf unüberwindliche Hindernisse, da die Tragweite der zu treffenden Entscheidungen auch unter zeitlichen Gesichtspunkten erheblich war und weil die Selbstbindung zu gross erschien. Es standen ca. 12 Leitbildvarianten zur Verfügung, aufgrund derer das Konzept verfeinert wurde. Der Entscheidungsspielraum war von der politischen Aufnahmefähigkeit her limitiert. Da diese gegen Null tendierte und also keinerlei Entscheidungsmöglichkeit in Freiheit bestand, wurde die Planung schubladisiert. Der tiefere Grund des Kapazitätsdefizites lag im fehlenden Willen zur Selbstbindung.

d. **Legislaturplanung (Planung der politischen Aktivitäten auf dem Gebiet der Gesetzgebung und der Finanzen)**

Die Erarbeitung der Legislaturplanung hat die Planung der Gesetzgebung und der Finanzen zum Gegenstand, und zwar für den überblickbaren Zeitraum von

4 Jahren. Die Problemerfassung bereitet keine Schwierigkeiten, die Problemformulierung keine unüberwindbaren, die Problemaufnahme auf Regierungsebene ist machbar, hingegen tut sich das Parlament schwer, weil es keine Selbstbindung will und sich auch nicht vom Bundesrat binden lassen will. Die Informationsdichte ist genügend, die Wissenslücken verhältnismässig klein, eine gewisse Bindung als Arbeitserleichterung und als Durchsetzungsgrundlage gegenüber der Verwaltung erwünscht. Der Spielraum ist relativ klein, da die Geschäfte in der Regel einen längeren Lebensrhythmus aufweisen als die Planung zu bewältigen hat. Damit stellt sich vor allem eine Auswahl- und Beschränkungsaufgabe. Der Kernpunkt der Diskussion ist die Dritt- und Selbstbindung des Bundesrates und des Parlamentes.

Nur nebenbei sei kurz erwähnt, dass die Planungen in verschiedene Zeitperioden fielen. Die Rheinkorrektion ist ein Beispiel aus der Zeit der Planung der Abwehr der Lebensgefahren (1930-1960), die Expressstrasse ist ein Spätkind der Infrastrukturplanung (1958-1969), das Raumordnungskonzept CK-73 ist der Versuch der Planung grösserer Zusammenhänge (1971–1975) wie dies auch für die laufenden kantonalen Richtplanungen gelten würde, und die Legislaturplanung als politische Planung fällt in die neuste Zeit mit dem hohen Ziel, nicht einfach Tätigkeiten aufzulisten, sondern, von Problemlagen ausgehend, die notwendigen Schritte anzuvisieren, vorweg mit dem Bestreben, den nachkommenden Generationen Freiräume der Entscheidung zu belassen, wohl noch zu wenig deutlich, aber doch im Hinterkopf bewusst impliziert: Es ist eine *Planung der Planung*. Künftige Planungen werden wohl ein gehöriges Mixtum der durch die Beispiele typisierten Planungsarten bringen müssen.

Die Kernaussage betrifft die *Problemdurchdringung*. In allen Planungen gelang es, in hohem Masse Informationen aufzuarbeiten und für die Öffentlichkeit bereitzustellen. Die Transparenz für Regierung, Verwaltung, Parlament und Öffentlichkeit ist dadurch wesentlich besser geworden, als sie ohne Planung gewesen wäre. Selbst aufgrund des Raumordnungskonzeptes CK-73, das gescheitert und in die Schubladen verschwunden ist, weiss die Verwaltung, was letztlich in den unteren Fächern an vernünftigen Aussagen ruht, sodass es nicht unbeachtet bleibt, obschon es auf dem Tisch fehlt. Das Mass der Bindung ist recht unterschiedlich, doch gelang es in allen Fällen, sich aus den faktischen Verumständungen zu einer relativ souveränen Haltung emporzuschwingen; die Planungen kommen einer gewissen Durchbrechung der Gebundenheit gleich, wobei sie dank der Transparenz der Probleme die Entscheidungsfreiheit erhöhen und die Selbstbindung wie auch die Drittbindung — unbelastet — in den Dienst des Vollzugs zu stellen vermögen.

Warnung vor falschen Gewissheiten

Das weite Problemfeld von Planung/Freiheit/Gebundenheit ist mit dem Gesagten nicht ausgeleuchtet. So ist von den uns umgebenden teils aufgebauten, teils aufgebauschten politischen und faktischen Sachzwängen noch nicht die Rede gewesen. Es ist nicht leicht, mit ihnen umzugehen, da oft unklar bleibt, ob der Hinweis auf sie das Alibi rechtfertigen soll, die Hände in den Schoss zu legen, oder ob sie wirklich so unveränderbar vorgegeben sind, dass sie nicht in den Griff zu bekommen wären. Es bleibt aber gegenüber den sogenannten Sachzwängen bei der pietistischen Bitte: «Herr, gib mir den Mut, die Dinge zu ändern, die man ändern kann, die Gelassenheit, die Dinge hinzunehmen, die man nicht ändern kann, und die Weisheit, das eine vom andern zu unterscheiden». An diesem Punkt, an keinem andern, wächst letztlich das Verständnis, was «planen» zutiefst heisst: das eine vom andern unterscheiden und dann jene Dinge zu ändern, die änderbar sind und jene hinzunehmen, die — wirklich — nicht änderbar sind. *Planen ist also nichts anderes als ein rationaler Vorgang des Erkennens des Änderbaren und der Einflussnahme auf das Änderbare in Front mit dem Nicht-Änderbaren.* Das rein Emotionale reicht hier nicht mehr aus. Es braucht die Rationalität, die auf der Freiheit des bewusst erkennenden und bewusst handelnden Geistes aufbaut, durchaus offen für das Emotionale als Freiheit des Spontanen, aber nicht als Durchbruch der Angst, der Furcht und der Panik. Der Planer warnt, der Planer weiss zu handeln, aber er verfällt selbst nicht der Untergangsstimmung; er beruhigt, wo übertriebene Ängste sind, er beunruhigt, wo blindes Verdrängen und Nicht-Wissen-Wollen aufkommen; vor allem aber stellt er Fragen und nochmals Fragen, weil nichts gefährlicher ist als falsches Wissen und falsche Gewissheiten. Planung sucht das Wissen, bemüht sich um die Wissenslükken und weiss, dass der Schritt in die Zukunft ungeachtet des Wissens ein Schritt ins Ungewisse bleibt. *Die Rationalität trägt dazu bei, die Freiheit zurückzugewinnen, die durch falsche Gewissheiten bedroht ist.* Der Zufall, der Trend, der Sachzwang - sie alle sind irgendwie zu verarbeiten, solange wir uns nicht selbst falschen Gewissheiten hingeben. Die Unfreiheit der falschen Gewissheiten bindet, das rationale Planen vermag keine Lösungen zu versprechen, verschafft aber Entscheidungs- und Handlungsfreiheit, weil das Wissen vom Nicht-Wissen geschieden und das Ungewisse der Zukunft akzeptiert wird. Wir bleiben aber trotz rationaler Planung eine Risikogesellschaft, und wir sagen ja zu ihr, weil die ungewisse Zukunft als Aufgabe vor uns steht.

On the Responsibility of Ideas

It is clear that ethics cannot be put in words (Ludwig Wittgenstein)

Ethics is located in the stomach (Harald Ofstad)

The issue

The discussion of ethics in planning focusses largely on the possible conflict between the planner and his (her) employer or client. This is the kind of problem dealt with in the Code of Professional Responsibility of the American Institute of Planners, when it says: "A planner serves the public interest primarily. He shall accept continuing employment only when he can ensure accommodation of the client's or employer's interest with the public interest".[1]

The conflict is not solved by this code. If the planner is a civil servant, who is to interpret the public interest? The employer-politician who is elected to represent the public or the planner who represents nobody but himself? Is the fundamental ethical problem rather that the planner's position in the administration, his professional knowledge and the information that is available to him endow him with a political power which he inevitably exerts but has no mandate to use?

This paper, however, does not deal primarily with the conflict between the planner's power and mandate. Rather, it raises the question of whether it is possible to define a responsibility for the long-range development of ideas that are ultimately applied in day-to-day planning activities. Let me first exemplify such ideas which have been prevalent in the planning community during certain periods and which have exerted a strong influence on the results of planning.

One example is the vogue for "light-and-air" planning which characterized much of suburban residential planning, primarily in the 1950's and 1960's, and which has been criticized for being too stereotyped, non-urban and non-rural, etc. Le Corbusier is often named as the promoter of this fashion and the kind of urban environment that it fostered. The force of his argument and artistic

Stig Nordqvist

presentation made him a powerful influence. But can we make him responsible in a moral sense? Or can we make the individual planner who applied the ideas responsible? Or is nobody responsible?

Traffic planning in the first decades after the Second World War introduced differentiation and large-scale urban motorway systems. The environments created were in many cases miserable. Where did the ideas come from? Who bears the responsibility? The planner who had absorbed the ideas during his education and who was part of a planning community which was dominated by the paradigm?

In the Scandinavian countries, homes for the elderly were considered essential some years ago. Eventually, however, they came in for criticism. Why

How it looked in 1930. (Stockholms Stadsmuseum)

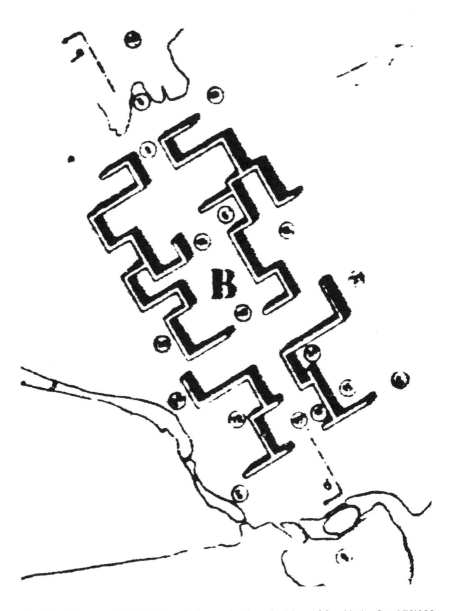

The Idea. Proposal in 1933 by Le Corbusier for the rebuilding of Stockholm City. 170'000 inhabitants, average height of buildings 35 m, 1000 inh/ha

Stig Nordqvist

How it looks today

should retired people be moved from their own homes to segregated, stereotyped environments which are, in addition, expensive? So the ideology changed. Now, every effort was to be made to keep the elderly in their own homes. The use of electronics for alarm systems and various other gadgets gradually made this more and more possible. Today, however, many elderly people feel isolated in their own homes and look forward to a place in a home for the elderly, which may not become available for them before they die. Who is responsible for this experimentation with people? Can the activity of planners be seen as an ethical problem?

Similar changes of fashion can be found in education, in the health service, etc.

Before attempting an analysis of the problem, let us look a little more closely at the history of two traffic projects, each different, but both typical.

The history of two traffic projects

The city of Odense in Denmark decided in 1952 to build a large traffic artery, Thomas B. Thriges gade, right through the city. It was completed in 1970. It runs close to H.C. Andersen's house and has perhaps changed the character of the city more than any other single decision in the city's history.

In 1970, the city of Gothenburg decided to alter the traffic system in the city centre, drastically restricting motor vehicle access to the area. As in Odense, this was a decision that radically changed the character of the city.

Where did the conviction and power required for such radical – and as regards content – contrasted decisions come from?

Thomas B. Thriges gade, Odense

Odense is divided into two parts by the railway. In 1911, the two parts were connected by an underpass for motor vehicles. After only a few years, the capacity of the underpass was considered to be insufficient and proposals for a new underpass were presented in the period 1917–1924. Land for a new road was acquired but nothing was done. During the 1930's the traffic situation deteriorated and in 1936 a decision was taken to build a new underpass. Owing to the war, however, construction was postponed. In 1947, discussions resumed,

From Professor Sten Eiler Rasmussens Environmental Study of Thomas B. Thriges Gade, Odense, Denmark

Stig Nordqvist

Thomas B. Thriges Gade, Odense, Denmark

and a new route underpassing the railway was included in a master plan for the street network. Professor Steen Eiler Rasmussen was engaged for a study of the environmental effects of the route and suggested several improvements. A traffic survey was made in 1950 to confirm the need for the route.

In 1952 it was decided to build the artery and land was acquired during the 1950's. In 1955 the route was included in a master plan, which was presented to the public! Again, in 1961, a "street plan" for the city in which the location of the route was slightly altered was presented. The plan was approved by the City Council in 1962 and construction of Thomas B. Thriges gade was started.

Thus the route had been an issue for more than 50 years. It was tested again and again and included in several overall plans. The responsible person in the administration during the whole period from 1948 was the chief city engineer Richard Honoré. He was considered to be a very active and progressive engineer and planner, well-informed on the international discussion on traffic planning. He wrote many articles on planning problems in general and on Thomas B. Thriges gade in particular, arguing for its realization. He was closely related to and in agreement with Odense's most powerful politician, Mayor Holger Larsen, during the years when the final decision was taken.

Traffic plan for the centre of Gothenburg

Gothenburg has a well-defined city centre surrounded by a moat. In 1949, the chief city planner suggested that some of the streets in the centre should be transformed into pedestrian streets. The proposal was considered somewhat odd at the time and did not find any support. In 1956, a committee presented a programme for the planning of the city centre which implied division of the area into traffic precincts with no through traffic (the "Bremen system"). During the 1960's some plans were presented that elaborated the idea of traffic precincts and also introduced pedestrian streets. A formal plan was approved by the City Council in 1972.

In winter 1969–70, a group of municipal planners, engineers and representatives of the police made a proposal for a new traffic system, a traffic zone plan. In June the Traffic Board, a group of civil servants which does not include politicians, decided on the traffic regulations needed for the proposal's implementation. The plan was effected in August. In November, the City Council noted in its Minutes that the item had not been on the agenda for approval by the Council! However, the council had no objection to making the system permanent, thereby making possible appropriation of the money needed for full implementation of the proposal.

When the traffic zone plan was implemented after the exceptionally rapid procedure described above, and without political approval, its principal characteristics had been discussed for 20 years at least. Parallel with the planning carried out in the city administration, the ideas had been studied in research and at seminars at Chalmers Institute of Technology in the city, where most of the planners had been trained or were active as teachers. The separation of pedestrians and motor vehicles was one of the Institute's main planning themes at this time. For the head of the planning department, Professor Sune Lindström,

The centre of Gothenburg, Photo: Cityplanning Office Gothenburg, approved for Publication öB 1988

it had been an issue since the 1940's.

The procedures followed in these two cases have several interesting characteristics. For the present discussion, however, they exemplify one or two things in particular:

- The power of prevailing ideas. Most of the ideas that decide what kind of plans are put forward for decision are developed and elaborated in the planning community over long periods of time, in papers, at conferences, in

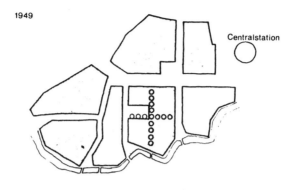

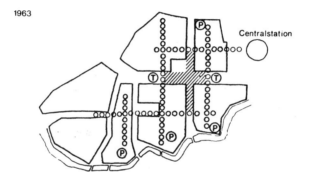

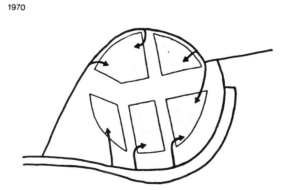

The centre of Gothenburg. Pedestrian streets and traffic zoning was discussed from 1949 and was realized 1970

training. For the individual planner and for politicians, it is extremely difficult to break loose from these prevailing ideas.
- The power of the planner. As the bearer of the ideas, the planner has great influence, implying strong political power. In Gothenburg, an important political decision was even taken by the planners, to be approved only afterwards by the politicians.
- Even though the ideas were openly ventilated for long periods in both cases, it seems that the one decision has been considered a disaster, the other a success — so far, at least.

Is there such a thing as collective responsibility?

Ethics generally deals with individual responsibility related to individual cases. Imposing penalties collectively, as in massive retaliation, is considered the sign of a lawless society.

On the other hand, when a political group or the board of a company takes a decision, we are prepared to say that the group as a whole is responsible. If it is an important decision and it goes wrong, the whole group has to go, even if there may have been different opinions within the group. But, again, if the group has been advised by planners who in turn acted according to state-of-the-art knowledge and according to the current paradigms, as in the case of Odense, and if the decision is still considered a disaster after some time, where lies the responsibility?

When there was a reaction against many new residential areas and several traffic projects in the 1960's, the planning community was held responsible. Certain individual planners were criticized for individual projects, but the prestige of the planning community as a whole also suffered, resources for planning were cut, etc. The planning community as a whole was made responsible. And many individual planners also felt responsible as part of the "we".

The collective may not be sentenced by a court, but it can be judged by public opinion.

Retrospective responsibility

We may say that there is both prospective and retrospective responsibility.[2] Retrospective responsibility may be measured, whereas prospective responsibility cannot.

If a bridge is defective, the civil engineer who designed it or the contractor that built it can be held responsible in the sense that compensation can be demanded. The control of products is presently being made more rigorous. An inferior product has to be withdrawn from the market. No such retrospective responsibility is applied in planning. Planners may make a plan that causes an area to deteriorate, as in Odense, or that leads to accidents, to distress and social problems, or to high operating costs, but they are not required to pay compensation for any losses. There is no liability that can be measured by a court.

The liability is, however, measured in another way. A planner may be accused by public opinion of having made a bad plan. As seen above, even a whole planning community may be accused of being guilty of bad practice. This means that there exists a retrospective responsibility that may be measured by the public. The strength of that responsibility and the effect of it vary from time to time. This depends on the political system, the ideological climate, the level of education and information, etc. The more open the society, and the more well-informed its members, the stronger retrospective judgement becomes.

The next matter to consider is whether the retrospective measurement of liability is a question of justice. Maybe, to some people, it is important that Planner A who makes a poor plan should be punished by public opinion, while Planner B who makes a good plan should be rewarded. Most people feel it just in any case to reward the planner who has done a good job.

Without consideration to the question of justice, may effective measurement of retrospective responsibility act as a deterrent? Most planners would probably say "no". Planners think of themselves as people of good intentions working for a welfare society, there being nothing from which to be deterred. This may not be the whole truth. Awareness of the possibility of receiving criticism from within the planning community probably intensifies the planner's efforts to avoid such a judgement.

Finally, there is a utilitarian aspect. It seems reasonable to assume that the measurement of retrospective responsibility improves the feedback of experience.

Retrospective responsibility might be made more substantial by the more extensive practice of publishing critical reviews of plans, similar to critical reviews of literature, films etc.

Prospective responsibility

As mentioned above, prospective responsibility cannot be measured by a court or by the public. This is the responsibility individual planners bear within themselves, or that is borne within the planning community, for the ideas that are fostered, for the kind and quality of knowledge that is developed, and for how ideas and knowledge are applied.

Prospective responsibility has many implications. I shall outline a few of them in the following.

Authoritarian ideal types

Planners generally are reformers. They are constantly looking for ways of improving the human condition. They also like to think of themselves as visionaries. The human condition is to be improved by visionary reform. This also means there is a kind of fixation on ideas. Ideas often develop in a dialectic way. High-density as an ideal follows low-density, after centralization comes decentralization, public transport replaces private traffic, etc.

The result is often overreaction. Professional groups sometimes have a tendency to emphasize certain aspects at the expense of others, so that ideas become ideal types, convergences, pedagogical, certainly, but not corresponding to the many-faceted needs of society.

New ideas become even more compelling, more authoritarian, when put forward with rhetoric and artistic talent. Le Corbusier is a good example of this.

Full scale experimentation

Applying new ideas, previously untested, in physical planning means full-scale experimentation with human beings. For an artist, full-scale experiments are the norm. Art means experiment, testing new methods of expression. A sculpture, a picture, or a piece of music, however, are experiments *for* people, not *on* people. A city is also a work of art, but for people to live in. The new design of a city therefore unavoidably means a full-scale experiment with people. There is no way round this. Or is there? This is a question worthy of reflection.

Experiments mean exposing people to risks. I am not thinking now of the absolute uncertainty of the future, but the uncertainty associated with an idea which has not previously been tested. Some people will be more exposed than others. Some people will gain, others will lose. Attempts are often made to foresee the consequences, to analyse the costs and the benefits. Considering the fact that a plan is an experiment with people, should we not be attempting to minimize the risks rather than to maximize the benefits over costs?

The relativism of distance[3]

It seems that we are less willing to take on responsibility the more distant the object of planning concerned. This applies both geographically and in time.

This might mean that we are less cautious about the implications of a plan for the future than about activities nearer in time. Even though we might state that we are aware of our responsibility with regard to a plan, we might not be able to keep that responsibility constantly at a high enough level. Distance not only blurs the view, but also deadens reactions.

Responsibility requires autonomy

To take responsibility, a man has to be autonomous, free to decide. I am not talking here about political decisions, but the planner's freedom to propose. The planner, as a member of a professional corps, the planning community, is not autonomous. He is strongly bound to current prejudices.

The phenomenon is similar to the paradigm in science, although the contours of planning ideas are less rigid and easier to break through. The planner can become more autonomous and therefore take on more prospective responsibility because of his looser professional ties, his historical and general humanistic orientation, his deeper experience of life, and a certain amount of scepticism.

I have here been searching for better understanding of one ethical aspect of planning – the responsibility for the ideas that planners translate into plans.

Generally, ethical discourses deal with the individual, who is advised to "respect each basic human good in each of your acts"[4], or to "commit yourself to practical reason... which is the only moral commitment open to us"[5]. This ethic also applies to the planner. But as far as prospective responsibility is concerned, we have the feeling that we share the responsibility with the planning community which has fostered the ideas that go into our planning.

The reflections made here support conservatism and incrementalism in dealing with planning ideas, in order to provide time for communication, understanding and deliberation, and to allow our foundation of knowledge to keep pace with the changing premisses.

Notes

[1] Wachs p. 7
[2] Heller p. 70
[3] Williams p. 162
[4] Finnis p. 124
[5] Heller p. 112

References

Finnis, John, "Fundamentals of ethics", Oxford: Clarendon Press, 1983
Heller, Agnes, "General ethics", Oxford: Basil Blackwell, 1988
Wachs, Martin (ed.) "Ethics in planning", New Brunswick N.J.: The Center For Urban Policy Research, 1985
Williams, Bernard, "Ethics and the limits of philosophy", London: Fontana Press/Collins, 1985

Willy A. Schmid

Erfahrungen mit dem Einsatz von Geographischen Informationssystemen in Forschung und Unterricht

Noch in den 70er Jahren glaubte man an grossangelegte universelle Datenbank- und raumbezogene Informationssysteme. Es war die Zeit der grossen Konzepte und der Visionen. Doch bald machte sich Ernüchterung breit. Die hochgesteckten Erwartungen konnten nicht erfüllt werden. Heute steht bei der Entwicklung von Datenbanken und Informationssystemen die Realisierung von Problemlösungen im Vordergrund. Die auf dem Markt angebotenen leistungsfähigen und praktikablen Daten- und Informationssysteme und insbesondere die raumbezogenen Informationssysteme sind denn auch problemorientiert konzipiert und ersetzen die "universellen Datenbankkonzepte" aus der Zeit der Dateneuphorie.

Im folgenden soll kurz bei den Datenbanken angeknüpft und auf Wesen und Inhalt eines Geographischen Informationssystems eingegangen werden. Danach wird aufgezeigt, welche Schwierigkeiten auf Benützer mit Grundlagenkenntnissen in Informatik, aber ohne Informatiker zu sein, beim Einsatz eines Geographischen Informationssystems zukommen. Diese Ausführungen basieren auf Erfahrungen, die das ORL-Institut mit Kulturingenieur-Studenten, die in das Geographische Informationssystem ARC/INFO eingeführt wurden, gemacht hatte.

1. Datenbanken und Informationssysteme

Sehr oft wird der Begriff Datenbank synonym zu Informationssystem und analog der Begriff Daten synonym zu Information verwendet. Zudem versteht ein Planer etwas anderes unter Information als beispielsweise ein Elektroingenieur. Aus Sicht des Planers ist eine Ziffer zunächst ein Datum. Ein Datum wird dann zur Information, wenn es beschrieben und interpretiert wird. In einer Datenbank sind zum Beispiel Grundeigentümer mit ihren Grundstücksnummern abgelegt. Unter dem Namen Müller, Kurt stehen z.B. die Ziffern 591, 592 und 703. Müller, Kurt ist ein Datum, die Ziffern sind Daten. Diese werden erst zur Information, wenn sie interpretiert werden. Zum Beispiel Müller, Kurt besitzt die Parzellen mit den Nummern 591, 592 und 703.

Eine Datenbank hält somit im wesentlichen Daten für den Gebrauch bereit, die entsprechender Interpretation bedürfen. Nicht jede Ansammlung von Daten

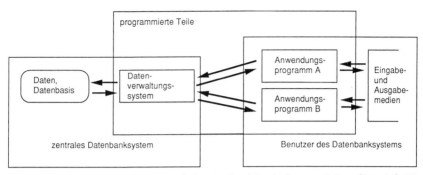

Quelle: Bauknecht K., Zehnder C. A., 1980: Grundzüge der Datenverarbeitung, Stuttgart, S. 210.

Abb. 1: Datenbank-Konzept

ist aber von vorneherein eine Datenbank. Voraussetzung dazu ist eine Organisation zur Verwaltung der Daten.

Die Merkmale einer Datenbank sind[1] (vgl. Abb. 1):

- Strukturierte Datensammlung
  (systematisch organisierte Daten; kontrollierte Redundanz)
- Trennung zwischen Daten und Anwendungen
  (Datenunabhängigkeit von den Programmen)
- Integrität der Daten (Konsistenz, Sicherheit und Schutz der Daten)
- Permanenz (Verfügbarkeit der Daten).

Nicht zu vergessen ist, dass das teuerste und wertvollste einer Datenbank die Daten selbst sind.

An Informationssysteme werden weitergehende Anforderungen als an Datenbanken gestellt. Das Informationssystem soll informieren, also auf bestimmte Fragen Antworten geben können. Zu einem vollständigen Informationssystem gehören folgende Teile (vgl. Abb. 2):

- Datenbasis:
  Gesammelte, systematisch organisierte Daten
- Methodensammlung:
  Sammlung von Methoden und Erfahrungen, die erlauben, Auswertungen von Daten vorzunehmen. Statistische Analysen, Schätzen von Parametern usw.

Willy A. Schmid

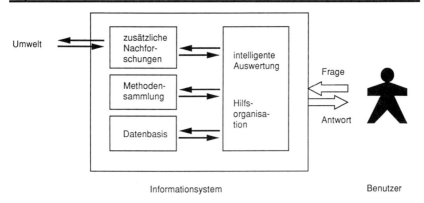

in Anlehnung an: Bauknecht K., Zehnder C. A., 1980 Grundzüge der Datenverarbeitung, Stuttgart, S. 213.

Abb. 2: Vollständiges Informationssystem

— Zusätzliche Nachforschungen:
 Reicht das im System enthaltene Material nicht aus, um auf eine Frage zu antworten, so sollte das System die Möglichkeit haben, solches Material von aussen aufzunehmen[2].

In diesem Zusammenhang wären noch die Expertensysteme, als Teilgebiet der künstlichen Intelligenz, zu erwähnen. Ein Expertensystem zeichnet sich dadurch aus, dass es getrennt voneinander auf der einen Seite eine Wissensbasis aufweist und auf der andern eine Wissensverarbeitung. Expertensysteme werden daher auch als «knowledge based systems» bezeichnet. Der Benützer kann nun «sowohl-als-auch», «wenn-dann» und «entweder-oder» Regeln in bezug auf diese Wissensbasis eingeben. Diese Regeln sind über ihre logischen Abhängigkeiten durch eine baumartige Struktur verknüpft. Der «Computer» ist somit in der Lage, gemäss der eingegebenen Regeln logische Schlussfolgerungen zu ziehen.

Die Übergänge von Datenbanken zu Informations- und Expertensystemen sind fliessend. Datenbanken weisen oft Charakteristiken von Informationssystemen auf. Vollständige Informationssysteme existieren nicht. Sie weisen entsprechend ihrer Zielsetzung Schwerpunkte auf. Sie besitzen oft Elemente von Expertensystemen, während Expertensysteme oft eher als Informationssysteme anzusprechen wären.

2. Geographische Informationssysteme (GIS)

Der Begriff Geographisches Informationssystem (GIS) beginnt sich auch in Europa als Oberbegriff für Informationssysteme durchzusetzen, deren Daten oder ein Teil davon einen Bezug zum Raum haben, also im weitesten Sinne geographische Daten beinhalten. Ein Geographisches Informationssystem ist somit nicht ein spezifisches Instrument der Disziplin Geographie. In diesem Punkt bestehen oft Missverständnisse.

Ein Geographisches Informationssystem verarbeitet geographische Daten zu Informationen und gibt diese in Form von Graphiken (Karten), Tabellen und/oder Texten wieder. Die Spezialität des Geographischen Informationssystems liegt darin, dass durch dieses die zwei- oder dreidimensionale Geometrie des Raumes im eindimensionalen Speicher eines Computers simuliert wird. Dies entspricht einer vereinfachten Darstellung der Realität. Diese Abbildung führt zu bestimmten Datenstrukturen, mittels derer die Raumrelationen wiederzugeben sind. Diese Datenstrukturen sind keineswegs trivial. Es ist daher nicht weiter erstaunlich, dass es Jahrzehnte gedauert hatte, bis einigermassen befriedigende Geographische Informationssysteme auf den Markt kamen.

Ein universelles Geographisches Informationssystem, das alle Fragestellungen abdecken kann, existiert nicht. Die verschiedenen auf dem Markt angebotenen Systeme haben je nach Problemorientierung unterschiedliche Schwerpunkte. Sie lassen sich nach verschiedenen Kriterien wie folgt in verschiedene Gruppen einteilen:

Nach Systemfunktionen:

– Editierungssysteme:
  Schwerpunkte auf Dateneingabe und Datenaufbereitung

- Analysesysteme:
  Schwerpunkt auf Manipulations- und Analysepotential
- Speichersysteme:
  Schwerpunkt auf Archivierungsfunktion, z.B. für Grundbuchpläne

Nach thematischem Inhalt:
- Z.B.: Überwachungssystem, Leitungskataster usw.

Nach der Datenstruktur (vgl. Abb.3):
- Rastersysteme:
  Raumdefinition mittels Rastereinheiten
- Vektorsysteme:
  Raumdefinition mittels expliziter Beschreibung von Punkten, Linien, Flächen.

Nach organisatorischen Gesichtspunkten:
- eher geschlossene Systeme (Turnkey-Systeme)
- offene Systeme (projektorientierte Systeme).

Wenn auch die inhaltlichen Anforderungen an ein GIS aufgrund der zahlreichen unterschiedlichen Aufgaben, die mittels eines GIS zu lösen sind, sehr unterschiedlich sind, so lassen sich doch Anforderungen an ein GIS formulieren, die je nach Anwendungsorientierung eines GIS mehr oder weniger erfüllt sein sollten:

1. Unterstützung der Datenerfassung:
   Erfassen von Punkten, Linien, Flächen und thematischen Informationen.
   Als Datenquellen sind zu nennen:

   - vorhandene Karten in analoger oder digitaler Form
   - Kartierungen im Gelände in analoger oder digitaler Form

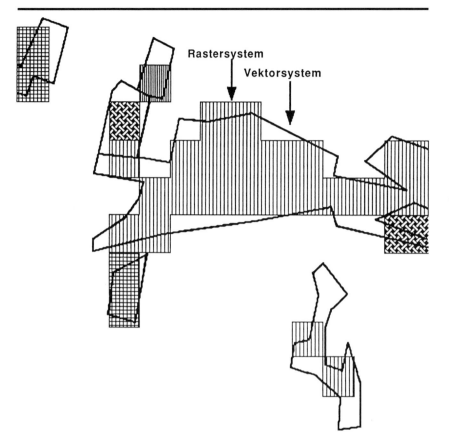

Abb. 3: Vektor- und Rasterdarstellung der gleichen thematischen Information

- Fernerkundungsdaten in analoger oder digitaler Form

Analoge Karten sind überzuführen in digitale Karten. Dies kann automatisch geschehen mittels Scannen der Karten oder durch manuelles Digitalisieren. Es ist keineswegs so, dass das automatische Digitalisieren dem manuellen vorzuziehen ist, da oft beim automatischen Digitalisieren eine umfangreiche Nacharbeit («Postprocessing») notwendig ist und somit das automatische Digitalisieren gegenüber dem manuellen unwirtschaftlich wird. Es ist demnach jeweils sorgfältig zu klären, ob manuell oder automatisch digitalisiert werden soll.

2. Formalisierte Datenprüfung:
   Konsistenzbedingungen, Plausibilitätsprüfungen, iterative Kontrolle, Korrektur usw.
3. Transformation von Vektordaten in rasterbezogene Daten und umgekehrt.
4. Bereitstellen von Schnittstellen zur Übernahme von Daten aus andern Informationssystemen.
5. Analytische Komponenten zur Datenmanipulation und Auswertung von Datenbeständen:
   Für den Einsatz eines GIS in der Raumplanung sind die analytischen Fähigkeiten des Systems von besonderer Bedeutung. An erster Stelle ist die Möglichkeit des topologischen Überlagerns von mehreren thematischen Karten zu nennen. Dabei werden die ursprünglichen Geometrien zu einer kleinsten gemeinsamen Geometrie verschnitten (analytischer Schnitt) und gleichzeitig die thematischen Attribute der ursprünglichen Geometrien der neuen kleinsten gemeinsamen Geometrie zugeordnet. Dieses Verschneidungsmodul wird ergänzt durch Routinen zur Fehler- und Unschärfebereinigung (z.B. Elimination von Artefakten) (vgl. Abb. 4).

   Eine für die Planung weitere wichtige analytische Fähigkeit stellt die Möglichkeit der Nachbarschaftsanalyse dar. Das heisst: Das System soll in der Lage sein, Fragen von folgendem Typus zu beantworten: «Wie ist die Nutzungsstruktur in einem bestimmten Umkreis von geschützten Biotopen?», «Welche Nutzungen grenzen an eine Fläche bestimmten Typs und wie lang sind die jeweiligen gemeinsamen Grenzabschnitte?» usw.
6. Komponenten zur kartographischen Präsentation von Ergebnissen: Die aufgabenadäquate Präsentation der Information in Form von Karten, Graphiken, Diagrammen und Bilanzen wird oft zu wenig beachtet. Sie ist aber gerade im Zusammenhang mit planerischen Aufgaben von besonderer Bedeutung.

Wie erwähnt stehen, um die Tätigkeit der Planung zu unterstützen, Systeme im Vordergrund, die eine starke analytische Komponente aufweisen. Es sind damit eher offene, projektorientierte Systeme. Ein solches sehr leistungsfähiges

Ebene 1 (Coverage1)

Polygon-Attribut-Tabelle I (PAT I)

Fläche	ID	Lärmpegel (Attribut)
500	1	60 - 65 dB
1100	2	35 - 60 dB

ID = Identifikationsnummer

Ebene2 (Coverage2)

Polygon-Attribut-Tabelle II (PAT II)

Fläche	ID	Zone (Attribut)
300	1	Gewerbezone
550	2	Wohnzone

Analytischer Schnitt

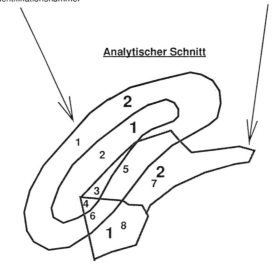

Polygon-Attribut-Tabelle für die kleinste gemeinsame Geometrie
(Ergebnis aus dem analytischen Schnitt)

Fläche	ID	ID	Lärmpegel	ID	Zone	Lärmbelastung (neues Attr. für Schnittfläche)
900	1	2	55 - 60			0
400	2	1	60 - 65			0
60	3	1	60 - 65	2	Wohn	3
40	4	1	60 - 65	1	Gew.	2
200	5	2	55 - 60	2	Wohn	2
150	6	2	55 - 60	1	Gew.	1
290	7			2	Wohn	0
110	8			1	Gew.	0

aus PAT I   aus PAT II

Abb. 4: Beispiel für das Verschneiden zweier Geometrien und für die Zuordnung thematischer Attribute bezogen auf das geographische Informationssystem «ARC/INFO»[3]

System stellt das ARC/INFO dar, das am ORL-Institut im Fachbereich Landschaft seit ca. sieben Jahren verwendet wird [3].

3. Der Umgang mit Geographischen Informationssystemen

Geographische Informationssysteme sind Instrumente, Hilfsmittel, zur Lösung wohldefinierter Aufgaben. Das gewählte GIS soll der spezifischen Aufgabenstellung entsprechen. Dies setzt eingehende Evaluation und Sachkenntnis voraus. Der Umgang mit solchen Systemen kann zudem nur dann erfolgreich sein, wenn entsprechende Voraussetzungen in organisatorischer und personeller Hinsicht, die einen adäquaten Betrieb des Systems gewährleisten, erfüllt sind.

Im folgenden soll aufgezeigt werden, welche personellen und zeitlichen Anforderungen sich aus dem Einsatz eines GIS in Forschung und Unterricht ergeben und welche typischen Anwenderprobleme dabei auftreten.

3.1 Betrieb eines Geographischen Informationssystems

GIS sind, verlangt man von ihnen eine gewisse Flexibilität, recht komplexe Systeme. Nicht jeder Planer oder Ingenieur ist in der Lage, ohne entsprechende Ausbildung mit dem System zu arbeiten.

Aufgrund der am ORL-Institut gewonnenen Erfahrungen scheint es zweckmässig, dass in dem Bereich, in dem ein GIS eingesetzt werden soll, sich alle Mitarbeiter, die Vorgesetzten miteingeschlossen, Kenntnisse über die Möglichkeiten des Systems und seine Anwendungen aneignen. Dies bedeutet, dass alle einen Einführungskurs besuchen sollten. Zudem sollten von Zeit zu Zeit, beispielsweise im Jahresrhythmus, alle Mitarbeiter über die neueren Möglichkeiten (Up-Dates) informiert werden.

Eine kleinere Gruppe von Mitarbeitern sollte in der Lage sein, selbständig das GIS anzuwenden. Darüber hinaus sind minimal ein, besser zwei Mitarbeiter als Systembetreuer auszubilden. Während die selbständigen Anwender sich nicht täglich mit dem GIS beschäftigen, sollten die Systembetreuer mindestens 40% ihrer Arbeitszeit mit dem GIS arbeiten. Sie sind Auskunftsperson, wenn selbständige Anwender Probleme haben und sind verantwortlich für den Kontakt mit dem Hersteller der Software und für die entsprechenden «Up-Dates». Sie haben auch die bereichsinterne Information zu gewährleisten.

Darüber hinaus verlangt der effiziente Einsatz des GIS weitere organisatorische und personelle Voraussetzungen, die nicht systemabhängig, sondern aufgabenspezifisch sind, wie dies im übrigen für den Betrieb jeder Datenbank gilt.

Die Erfahrung am ORL-Institut hat gezeigt, dass, um Studenten und Mitarbeiter mit guten Vorkenntnissen in Informatik am GIS ARC/INFO auszubilden, ungefähr folgender Zeitaufwand notwendig ist:

- Einführungskurs: 1 Woche
  Der Student/Mitarbeiter kennt die Möglichkeiten des Systems, kann es aber nicht selbständig einsetzen. Hingegen kann er beurteilen, für welche Aufgaben sich ein GIS einsetzen lässt.
- Selbständiger Anwender: 1 Monat
  Der Student/Mitarbeiter kann das System selbständig einsetzen, muss aber bei auftretenden Schwierigkeiten den Systembetreuer zuziehen. Er arbeitet nicht täglich mit dem GIS.
- Systembetreuer: ½ bis 1 Jahr
  Der Mitarbeiter ist in der Lage, die selbständigen Anwender zu beraten. Er ist zudem für den Kontakt zum Hersteller, die «Up-Dates» und die interne Ausbildung verantwortlich. Er beschäftigt sich ca. 40% seiner Arbeitszeit mit dem GIS.

Aus dieser Zusammenstellung ergibt sich, dass die professionelle Anwendung eines GIS in Forschung und Unterricht erheblich Zeit beansprucht und vor allem auch Personal bindet.

3.2 Anwenderprobleme

Bei der Ausbildung der Studenten am GIS ARC/INFO haben sich einige typische Probleme gezeigt, die eine gewisse Allgemeingültigkeit besitzen und daher hier kurz erläutert werden sollen:

a. Verständnis für die Arbeitsweise von ARC/INFO:

Für den Anfänger besteht zunächst eine Schwierigkeit darin, zu verstehen, dass ARC/INFO keine Karten als solche in digitaler Form gespeichert hat, sondern gemäss Abb. 5 einerseits geometrische Informationen und andererseits thematische Informationen (Attribute) enthält. Eine Karte entsteht erst als Plot, indem durch entsprechende ARC/INFO-Befehle Geometrien und entsprechende thematische Informationen miteinander verknüpft und kartographisch dargestellt werden.

Hier besteht ein grundsätzlicher Unterschied zu CAD-Systemen, bei denen die Graphik und somit die Karte, nicht die Information, wie bei einem GIS, im Vordergrund steht. Die Entwicklung geht heute dahin, dass CAD-Systeme vermehrt die Vorteile von GIS und GIS vermehrt die Vorteile von CAD miteinbeziehen.

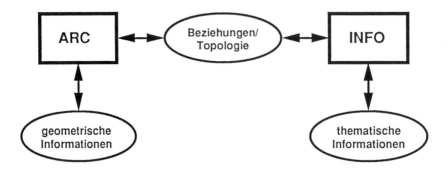

Abb. 5: Aufbau des GIS ARC/INFO

b. Analytische Möglichkeiten des Systems und Problemlösung:

Auf der einen Seite ist ein Problem mit Hilfe von ARC/INFO zu lösen, auf der andern Seite weist das System eine bestimmte Zahl von analytischen Möglichkeiten auf. Die Aufgabe besteht nun darin, die analytischen Möglichkeiten des Systems möglichst effizient einzusetzen, um das gegebene Problem zu lösen. Dies macht in der Regel zu Beginn der Anwendung von ARC/INFO immer wieder Schwierigkeiten. Zum Beispiel sei die Aufgabe zu lösen, die Grenzlinien zwischen Biotopen, die mit mindestens 50% ihrer Fläche in Hanglagen mit über 20% Neigung liegen, und den angrenzenden Nutzungen anzugeben. Hier wären die Ebene (Coverage) «Biotope» mit der Ebene (Coverage) «Hangneigung» zu verschneiden und jene Biotope zu bestimmen, die die entsprechenden Bedingungen erfüllen. Mit Hilfe der Möglichkeiten der Nachbarschaftsanalysen sind dann für diese Biotope die gemeinsamen Grenzen mit den angrenzenden Nutzungen zu ermitteln. Um diese Aufgabe zu lösen, wäre neben der Anwendung der ARC/INFO-Befehle zusätzlich ein kleines «ARC/INFO-Programm» zu schreiben.

Der grosse Leistungsumfang und die hohe Flexibilität des Systems führen zu einer grossen Zahl ähnlicher Befehle. Es stellt sich somit die Frage, welcher Befehl, welche Syntax in welchem Falle zweckmässig ist. Zum Beispiel existieren sechs Überlagerungsbefehle und jeder Befehl zeigt eine andere Wirkung.

Darüber hinaus verfügt ARC/INFO über mehrere Systemteile mit ihrem eigenen Befehlsumfang. Dies erhöht die Vielfalt und Komplexität des Systems nochmals und führt zu dicken Handbüchern.

c. Datenkonsistenz:

Einen weiteren Problembereich stellt die Datenkonsistenz dar. Von den verschiedenen Konsistenzproblemen sind für den Anwender vor allem jene von Bedeutung, die bei Überlagern resp. Verschneiden von Ebenen (Coverages) entstehen.

Die Genauigkeit der geometrischen Daten ist abhängig von der Genauigkeit der Digitalisierung und dem Massstab der Digitalisierungsvorlage. Dazu kommen systematische Fehler wie Papierverzug.

Infolge der gegebenen Genauigkeit der digitalisierten geometrischen Daten sind bei der Überlagerung (Verschneidung) von zwei an sich deckungsgleichen Geometrien folgende Fälle denkbar, die in Kombination auftreten können:

- Flächen verschwinden und/oder werden verändert.
- Es entstehen zusätzliche kleine Flächen (slivers).

Die Abb. 6 zeigt einmal als gestrichelte Linie, zum andern als ausgezogene Linie den Grenzverlauf zweier an sich deckungsgleicher Flächen. Bei der Verschneidung der Flächen entstehen offenbar neue, ungewollte kleinere Flächen (slivers) und die ursprünglichen Flächen werden verändert. Ein solches Überlagerungsergebnis kann nicht befriedigen.

ARC/INFO bietet deshalb folgende Korrekturmöglichkeiten an:

- Eine der beiden Geometrien lässt sich als ein «Snapcoverage» definieren. Die Korrektur erfolgt, indem die Grenzlinie des einen «Coverage» auf diejenige des «Snapcoverage» angepasst wird. Je nachdem, welches «Coverage» als «Snapcoverage» bezeichnet wird, gilt somit entweder die gestrichelte oder durchgezogene Linie in Abb. 6.
- Die kleinen, aufgrund der Überlagerung entstandenen Flächen (slivers) werden aufgrund gewisser Kriterien, z.B. Grösse der Fläche und Verhältnis von Umfang zur Fläche weggelassen. Es gilt dann jeweils die kürzere der Begrenzungslinien der Fläche.
- Die wichtigste Korrekturmöglichkeit ist das Herabsetzen der Auflösung («Fuzzy Tolerance»). Liegen zwei Linien so nah beieinander, dass eine gewisse Distanz unterschritten wird, werden diese als eine Linie dargestellt, und zwar gilt die kürzere der beiden ursprünglichen Linien.

Im vorliegenden Beispiel (vgl. Abb. 6) wurde zunächst eine «Fuzzy Tolerance» von 15 eingeführt. Das Ergebnis ist in Abb. 7 dargestellt und dürfte als erwünscht bezeichnet werden. Wird nun die «Fuzzy Tolerance» im gleichen

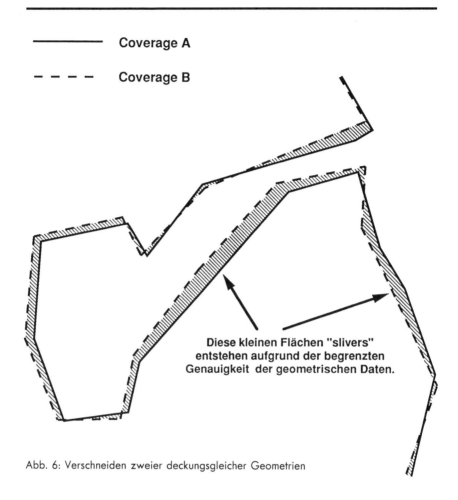

Abb. 6: Verschneiden zweier deckungsgleicher Geometrien

Beispiel auf 30 erhöht, so entsteht die Abb. 8. Dieses Resultat ist unsinnig und nicht erwünscht. Bei der Überlagerung verschiedener Ebenen (Coverages) sind daher immer Nacharbeiten («Postprocessings») notwendig, um ein befriedigendes Resultat zu erzielen.

Ein gleichzeitiges Überlagern einer Vielzahl von Ebenen (Coverages) muss aus demselben Grunde meist unüberschaubare Verhältnisse erzeugen. Dies führt zu einer weiteren Schwierigkeit für den Anwender von ARC/INFO: Nämlich zur Frage, in wievielen Ebenen welche Information abgespeichert werden sollen.

Willy A. Schmid

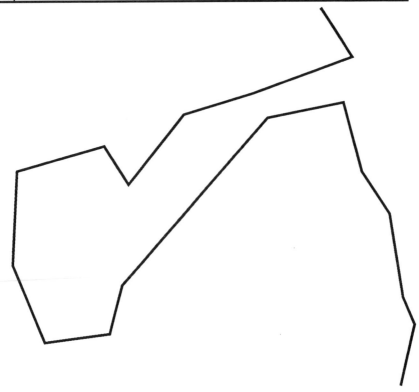

Abb. 7: Ergebnis aus dem Verschneiden zweier deckungsgleicher Geometrien unter Verwendung einer «Fuzzy Tolerance» von 15

d. Zuordnen der Informationen zu den verschiedenen Ebenen:

Welche Information welcher Ebene zuzuordnen ist und wieviele Ebenen zu wählen sind, hat sich zunächst nach den Bedürfnissen der Benutzer zu richten. Werden immer wieder bestimmte Kombinationen von thematischen Inhalten erfragt, so ist die Zahl der Ebenen mit Vorteil klein zu halten, was eine fein unterteilte, kleinste gemeinsame Geometrie pro Ebene bedingt. Verlangen die verschiedenen Benutzer immer wieder verschiedene Kombinationen thematischer Inhalte, so sind die thematischen Informationen mit Vorteil in mehreren Ebenen zu speichern.

Die hier genannten, sich bei der Anwendung von ARC/INFO ergebenden

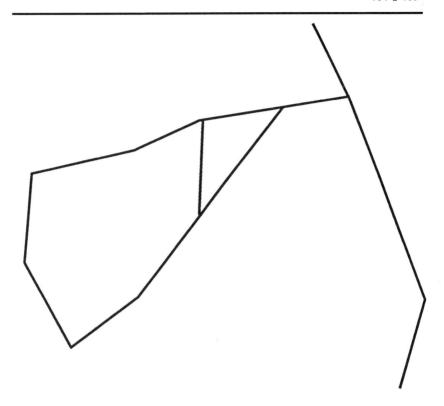

Abb. 8: Ergebnis aus dem Verschneiden zweier deckungsgleicher Geometrien unter Verwendung einer «Fuzzy Tolerance» von 30

Schwierigkeiten dürften auch bei der Anwendung anderer GIS als ARC/INFO in ähnlicher Form auftreten. Sie entsprechen einer Auswahl und sind zum Teil typische Anfängerprobleme.

4. Schlussbemerkungen

Die heute zur Anwendung kommenden Geographischen Informationssysteme wollen nicht den Anspruch erheben, universell verwendbar zu sein. Sie sind problemorientiert entwickelt worden, sind aber heute, wie das ARC/INFO zeigt, das wohl eine Spitzenposition einnimmt, sehr leistungsfähig und flexibel und daher äusserst vielseitig einsetzbar. Der Einsatz von Geographischen Informationssystemen ist denn auch in den letzten Jahren stark angestiegen und wird auch in Zukunft weiter zunehmen. Geographische Informationssysteme werden aus der Planungspraxis nicht mehr wegzudenken sein.

Es ist eines der Verdienste unseres Kollegen Prof.Dr.Jakob Maurer, schon sehr früh die Bedeutung der EDV für die Planung erkannt zu haben. Mit der ihm eigenen Hartnäckigkeit hat er das Ziel verfolgt, das Instrument EDV für die Raumplanungspraxis nutzbar zu machen.

Anmerkungen

[1] Bauknecht K., Zehnder C.A., 1980: Grundzüge der Datenverarbeitung, Stuttgart, S. 210
[2] Bauknecht K., Zehnder C.A., 1980: a.a.O., S. 213
[3] Environmental Systems Research Institute, 1987: Users Guide, Redlands, California

Gedanken zum Begriff «Information»

Einleitung

In der Raumplanung – und anderswo – wird gerne von der bedrohlich anschwellenden Informationsflut gesprochen, wo es sich doch eher um ein Anschwellen der Nachrichtenflut handelt, denn eine Nachricht braucht noch lange nicht informationstragend zu sein. Sie ist es ja nur dann, wenn sie den Empfänger der Nachricht zu einem Überdenken der Situation, ja zu einem Wechsel in den Handlungsabsichten führt.[1]

Bei steigender Nachrichtenflut treten bei den von der Flut Betroffenen gewöhnlich folgende Phänomene auf: (1) Verstärkung des Einsatzes im Hinblick auf die Suche und Kompilation von Nachrichten; dies führt zu einem Übergewicht auf der Seite der Deskription (Spurensicherung) und in der Regel gleichzeitig zu einer Beschneidung der – weitaus bedeutsameren – Möglichkeiten des Entwurfs und der Prüfung von Handlungsmöglichkeiten sowie der Reservebildung.[2] Zunahme des Ankereffektes (2) und des Schleichenden Determinismus[3], was bedeutet, dass weder der zielgerichteten Suche (dies schliesst einen systematischen Entwurf eines Erkundungsdispositivs mit ein) noch der Verbesserung der Problemumsicht (Stöbern) besonderes Gewicht beigemessen wird – sich etwa auch im Phänomen des voreiligen Verzichts auf Information äussernd.

Die steigende Nachrichtenflut hat jedenfalls zwei Ursachen: (1) Die raumplanerischen Problemsituationen sind immer stärker miteinander verwoben, sodass ein hoher Klärungs- und Entflechtungsaufwand zu leisten ist. (2) Die Anzahl und Leistung von Nachrichten-Sendern und Verbreitungs-Kanälen nimmt laufend zu.

Die Behandlung des Rohstoffs «Nachrichten» nimmt deshalb eine wichtige Stelle ein. Sie ist sogar von zentraler Bedeutung, wenn man an den Koordinationsauftrag der Raumplanung denkt und sich daran erinnert, dass den raumplanerischen Instanzen im Vergleich zu anderen Akteuren kaum weitere Mittel zur Verfügung stehen.

Nachrichten werden also gebraucht, um verworrene Problemsituationen im Hinblick auf einen Handlungsvorschlag[4] zu klären. Diese Sicht verlangt von der Raumplanung eine Verstärkung des Ressourceneinsatzes, weg von der Spurensicherung und hin zum Entwurf und zur Prüfung von Handlungsvorschlägen. Da die Auseinandersetzung mit der Zukunft impliziert, dass heute nur mit grosser Ungewissheit gesagt werden kann, was morgen auf den Tischen der Raumplanerinnen und Raumplaner liegt, ist es unumgänglich, Reserven einzurichten.

Das Produkt des Klärungsprozesses ist also ein begründeter Handlungsvorschlag. Hier sind nur jene Aussagen relevant, die zur Begründung dafür erforderlich sind, weshalb eine Handlung einer anderen vorzuziehen[5] ist. Während des Klärungsprozesses hingegen werden aber weit mehr Nachrichten bearbeitet. Die Gründe hiefür können sein: die Objektsprache ist nicht adäquat und/oder unmissverständlich, die Argumentationspfade führen nicht ins Ziel, die Nachrichten sind falsch oder widersprüchlich oder lückenhaft[6] usw. Für den Klärungsprozess ist es demnach zweckmässig, ein möglichst vielfältiges Arsenal[7] an Erkundungshilfsmitteln bereitzuhalten, dessen halbgare[8] und problemnah bereitgestellte Teile für den zu klärenden Fall einfach und rasch adaptiert werden können. Wir reden demzufolge einerseits von begründeten Handlungsvorschlägen und anderseits von einem Repertoire (Hilfsmittel, die halbgar und problemnah dazu dienen, den Klärungsprozess zu fördern – dies auch dann, wenn sie am Schluss nicht mehr relevant sind) und von der Phase des Klärungsprozesses, indem in Richtung auf einen Handlungsvorschlag hin – durch Entwurf, Prüfung und Verbesserung – gearbeitet wird.

Nachricht, Code und Information

«Nachricht» oder ‹Botschaft› ist der umfassendere Begriff als jener der ‹Information›. Dieser ist zunächst vage. Definitionen fallen unterschiedlich aus, je nachdem, aus welchen Disziplinen sie stammen[9].

Eine Information ist – informationstheoretisch betrachtet – etwas, was die Ungewissheit des Empfängers vermindert. Es ist die Ungewissheit bezüglich der möglichen Nachrichten, die ein Satz von Zeichen bilden kann. Wir nehmen das Beispiel einer Verkehrsampel[10]. In der üblichen Form enthält diese Ampel drei übereinanderstehende Felder, in denen Lampen aufleuchten können. (Dass die Lampen eine Farbe haben und sogar noch in bestimmten Formen aufleuchten können bzw. müssen, soll uns später beschäftigen). Das Zeichenrepertoire bestehe zunächst aus «Lampe ein» und «Lampe aus». Die Länge der Nachricht besteht aus drei Zeichen. Es sind insgesamt 8 verschiedene Botschaften möglich (nämlich 2^3). Solange keine zusätzlichen Informationen vorliegen, müssen wir davon ausgehen, dass alle diese Zustände gleich wahrscheinlich sind[11]. Einleuchtend ist dabei, dass diese Fülle an Möglichkeiten kaum dazu führen könnte, den Verkehr zu regeln.

Deshalb legt ein Code nun einerseits bestimmte *syntaktische* Regeln fest, indem er Vereinbarkeiten und Unvereinbarkeiten der Zeichen bekannt gibt. So schliesst er etwa aus, dass die Signalsteuerung gleichzeitig mehr als eine Lampe aufleuchten lässt u.ä. Er stellt andererseits *semantische* Regeln auf, indem er sagt, dass das alleinige Aufleuchten der obersten Lampe «Halt» bedeutet usw. Der Code wählt also aus dem Kontinuum der möglichen Tatsachen (im vorliegenden Beispiel deren acht) Situationen aus, die für die Zwecke der interessierenden Kommunikation relevant sind (im vorliegenden Beispiel – vereinfacht – deren drei). Die anfangs herrschende Unordnung (Information als statistische Grösse vor der Nachricht) wird durch ein Wahrscheinlichkeitssystem überlagert. Die Menge an Alternativen wird eingeschränkt, dafür nimmt die Möglichkeit, Nachrichten zu übertragen, zu,[12] ebenso die Möglichkeit, den Verkehr zu regeln.

Wie bereits erwähnt, besteht das Zeichenrepertoire einer Verkehrsampel nicht nur aus «Lampe ein» und «Lampe aus», sondern überdies aus «Rote Farbe», «Gelbe Farbe», «Grüne Farbe», «Runde Form», «Dreieckige Form» und «Quadratische Form». Damit wären $8^3 = 512$ unterschiedliche Zustände abbildbar. Der Code sagt nun aber, dass die Positionen, Formen und Farben zusammengehören, dass also zum Beispiel im obersten Feld ausschliesslich «Rote Farbe» und «Runde Form» eine zulässige Kombination bilden (zusammen mit «Lampe ein» und «Lampe aus» zwei Zustände bildend). Dadurch werden aus den 512 Möglichkeiten wiederum nur deren drei! Gleichzeitig ist die Nachricht höchst redundant geworden: An jeder Position haben wir also – neben einer allenfalls brennenden Lampe – eine Form und eine Farbe! Es würde also zum Beispiel genügen zu sehen, dass die oberste Lampe brennt *oder* dass das Licht von roter Farbe ist *oder* dass das Licht von kreisrunder Form ist. Die Merkmale der Position, der Farbe und der Form zugleich wahrzunehmen, verringert dabei das Risiko einer Fehlinterpretation. Das Merkmal «Form» des Lichtes ist bei den üblicherweise anzutreffenden Ampeln nicht mehr anzutreffen, wohl aber dann, wenn die Ampeln – zum Beispiel aus Platzgründen – nicht aufgestellt montiert werden können, sondern liegen: Ohne das Merkmal der «Form» nämlich hätten Verkehrsteilnehmer, die die Farben nicht gut unterscheiden können, nicht die Möglichkeit der Kontrolle (Redundanz).

Das Leuchten der obersten Lampe bedeutet also «Halt», es bezeichnet damit die kontext- und *situationsunabhängige*, konstante Grundbedeutung für alle, die in den Code eingeführt sind (indem sie zum Beispiel Verkehrsunterricht genossen haben). Es *denotiert* diese Grundbedeutung, es ist eine Terminus-für-Terminus-Äquivalenz.[13]

Daneben existiert aber eine *situationsabhängige* Bedeutung, ein *konnotativer* Code. Zum Beispiel könnte ein solcher Code für einen Automobilisten die – allerdings verwerfliche – Äquivalenz besitzen: «Oberste Lampe leuchtet» = «Nur dann anhalten, falls eine Rotlichtkamera vorhanden ist». Die Situation, in welcher eine Mitteilung empfangen wird, bestimmt die Wahl eines bestimmten konnotativen Codes anstelle eines anderen. Ein anderer konnotativer Code könnte im selben Fall für einen Fussgänger lauten: «Kontrolle, ob keine Fahrzeuge nahen, Strasse überqueren», falls aber ein schulpflichtiges Kind mitgeführt wird: «Warten, bis die unterste Lampe aufleuchtet».

Ein bekanntes Beispiel dafür, wie ein Code die Vielfalt der möglichen Nachrichten zugunsten besserer Übertragbarkeit einschränkt, ist etwa der Begriff «Modal Split». Schaut man in den Unterlagen zur schweizerischen Volkszählung 1980 nach, so findet man, dass die Befragten für den Weg zur Arbeit aus 14 Möglichkeiten der Fortbewegung wählen konnten. Üblicherweise fasst nun ein Code diese Möglichkeiten zusammen, etwa Individual- oder Privatverkehr und öffentlichen Verkehr unterscheidend o.ä. Die Vielfalt der möglichen Nachrichten an der Quelle (hier eine universell angelegte Statistik) wird zugunsten einer besseren Übertragbarkeit eingeschränkt (etwa die beschränkten kognitiven Fähigkeiten der Menschen bedenkend).[14] Bei den Empfängern der Botschaft kann es aber der Fall sein, dass sie diesen denotativen Code nicht genau kennen. Wie häufig kommt es vor, dass «Individualverkehr» mit «Autoverkehr» gleichgesetzt wird, obschon hierunter etwa auch die Fortbewegungsart «mit dem Fahrrad» subsumiert ist? Oder, dass die gesamte Menge der Fortbewegungsarten nur gerade in «Individualverkehr» und «Öffentlichen Verkehr» unterteilt wird, obwohl es auch die «Fussgänger» gibt? Dass aufgrund solcher Missverständnisse beim Empfänger konnotative Codes in Funktion kommen, die der Lage nicht angepasst sind, sei nur am Rande erwähnt (etwa: «Individualverkehr» = «braucht Parkplätze», «macht Lärm», «ist schlecht», «muss weg»).

Informationsbeschaffung:
Vom Erkundungsdispositiv des Landvermessers

Gesucht seien die Koordinaten eines Punktes. Der Landvermesser weiss somit, um welche Unbekannten es sich handelt. Die Unbekannten sind in der Regel nicht direkt messbar, sondern werden aus Kombinationen von bekannten Ausgangspunkten und Messungen berechnet. Dafür ist ein *Erkundungs- oder Beobachtungsdispositiv* zu entwerfen. Der — mitunter beträchtliche — Beobachtungsaufwand wird erst dann geleistet, wenn sich das Dispositiv aufgrund von a priori-Überlegungen als zweckmässig, d.h. den Anforderungen an die Genauigkeit genügend erweist. Zu diesen Schlüssen kommt der Landvermesser am Bürotisch, ohne eine einzige Messung durchgeführt zu haben; ihm genügen der Entwurf eines Beobachtungsdispositivs (wo, wie oft und mit welchen Instrumenten beobachtet werden soll) und die erfahrungsgemäss zu erwartenden Genauigkeiten der Beobachtungen. Erweist sich das Dispositiv als ungenügend, so wird die Kombination von Ausgangs- und Messpunkten («Netz»), Instrumentarium (Richtungs- und Distanzmessgeräte) und Beobachtungsmethodik — unter Berücksichtigung des Beobachtungsaufwandes – verbessert. Die Messungen selber werden redundant vorgenommen (d.h. es werden mehr «Stücke» bestimmt, als nötig wären), da man davon ausgeht, dass in jeder Messkampagne Fehler gemacht werden (nicht nur solche zufälliger Art, d.h. etwa solche, die mit der Ablesegenauigkeit zu tun haben und durch mehrmaliges Beobachten verringert werden können, sondern auch solche systematischer Art, etwa das Anzielen falsch signalisierter Punkte oder fehlerhaftes Protokollieren der Beobachtungen usw.). Die Bestimmung der Unbekannten schliesslich bedient sich gründlich erprobter und bewährter Verfahren zur Klärung redundanter Informationssituationen (Ausgleichungsrechnung)[15].

Der Landvermesser handelt in diesem Fall getreu der Sparmaxime von Modigliani und Cohen: «Vergeuden Sie Ihre Kraft nicht mit der Würdigung besonderer Gesichtspunkte der Zukunft, wenn Sie sich – gleichgültig, was Sie dabei herausfinden können (unter besonderer Berücksichtigung dessen, was Sie möglicherweise herausfinden werden), nicht bewogen fühlen, anders zu handeln, als Sie es ohne die Entdeckung täten.»[16] Diese Maxime wird auch die Regel von der schärferen Information genannt.

Die Aufgabenstruktur des Raumplaners deckt sich in vielen Fällen nicht mit jener des Landvermessers: etwa ist dem Raumplaner bei komplexen Aufgabenstellungen nicht immer ohne weiteres klar, um welche Unbekannten es sich überhaupt handelt. In neuartigen verworrenen Problemsituationen kommt gerade der Klärung dieses Aspektes immense Bedeutung zu, es handelt sich hier um die Klärung der Objektsprache. Hingegen ist das Grundmuster der Arbeitsweise des Landvermessers für die Diskussion anderer Aspekte ergiebig: es macht den Anschein, als ob in der Raumplanung folgende Aspekte eher zu kurz kämen: (1) Bevor man mit der – zeitlich, personell und finanziell aufwendigen – Nachrichtenbeschaffung beginnt, sollten aufgrund vorläufig entworfener Entscheidungssituationen die Einflüsse möglicher zu erwartender Resultate abgeschätzt werden. Damit können – in Analogie zum Landvermesser – Netz, Instrumentarium und Beobachtungsmethodik zweckmässig gewählt werden. (2) Bei jeder Nachrichtenbeschaffung wäre damit zu rechnen, dass Fehler vorkommen. Die instrumentelle Behandlung dieser Nachrichten sollte deshalb so erfolgen, dass Fehler leicht korrigiert werden können. (3) Redundanz: Nachrichten, die nicht im Lichte anderer betrachtet werden können, wäre zu misstrauen. Voneinander unabhängige Argumentationspfade wären einzurichten.[17] Instrumente zur Behandlung redundanter Informationssituationen liegen in Form des Bilanzmodells vor.

Diese Ausführungen umfassen auch eine Bitte an die Auftraggeber und anderen Gesprächspartner von Planern, nämlich zu akzeptieren, dass bestimmte Aussagen nur mit einer bestimmten Genauigkeit zu machen sind und dass in bestimmten Phasen – ehrlicherweise – Widersprüche anzuerkennen, wenn auch nicht zu akzeptieren sind[18], vor allem aber, dass es häufig keinen Sinn macht, zuviel Aufwand in die Beschaffung von Daten zu stecken – ausser dies sei aufgrund eines Entscheidungsproblems begründbar.

Informationskombination:
Das Szenario – Anleihen aus der Welt des Theaters

Der heute in der Planungstechnik verwendete Begriff «Szenario» entstammt der Theaterwelt der Commedia dell'arte. Diese im 18. Jahrhundert geprägte Bezeichnung hat sich durchgesetzt für eine Theaterform, welche die Italiener ursprünglich ‹commedia improvvisa, all'improviso› oder ‹asoggetto› bzw. ‹commedia mercenaria› und die Franzosen ‹comédie italienne› oder ‹à l'italienne› genannt hatten.[19]

Diese Theateraufführungen verwendeten keine Drehbücher, sondern eine einfache erzählerische Spur, ein Szenario[20], entlang der sich die Komödianten vorwärts spielten. «Dabei handelte es sich um *keine totale Improvisation*, sondern um die jeweils *neue Interpretation von Stereotypen und Mustern*, jedenfalls um Vorführungen *innerhalb eines trainierbaren Rahmens.*» . . . «Eine wesentliche Funktion kam gerade deshalb dem Szenarium oder Canevas zu, einer knapp zusammengefassten Inhaltsangabe des jeweils zu spielenden Stücks, die in Akte und Szenen eingeteilt war und genaue Angaben über Auf- und Abtritte mit entsprechenden Handlungsanleitungen und Redehinweisen enthielt.»[21]

Die «Repertoires» (auch «repertori», «centoni», «zibaldoni» oder «generici» genannt) sind Sammlungen von Bravourstücken, Monologen und Dialogen, die von den Komödianten je nach ihrer Rolle und je nach Verlauf der Szene eingesetzt werden.

Welches sind – zusammengefasst – die wichtigen Merkmale der «Commedia improvvisa»: der Gang der Dinge ist entlang einer erzählerischen Spur entwikkelt und in eine Abfolge von Szenen gegliedert (strukturierte Zeitachse), die Personen und ihre Auf- und Abtritte sind bekannt, ihre Aussagen sind in indirekter Rede grob umrissen und die Komödianten verfügen über ein Repertoire an Bravourstücken, Monologen und Dialogen. Der detaillierte Verlauf einer Szene ist *nicht* vorgegeben! Es handelt sich nicht um eine totale Improvisation, sondern um eine jeweils neue Interpretation von Stereotypen und Mustern innerhalb eines trainierbaren Rahmens.

Das Muster der «Commedia improvvisa» liesse sich – etwas modifiziert – für den Klärungsprozess schwieriger raumplanerischer Fragen adaptieren: Die Rollen der Akteure sind differenziert; jeder Akteur ist gewissermassen ein Spezialist, der über ein Repertoire, d.h. über die Möglichkeiten der (situationsabhängigen) Wahl des adäquaten Hilfsmittels verfügt. Der Ablauf des Prozesses ist nur grob umrissen, dafür zeitlich wohl strukturiert (man denke etwa an die Regel von den drei Durchgängen[22]). Dennoch ist es bei komplexen Fragestellungen notwendig, dass es Personen gibt, die ihre Rolle als Spezialist zu verlassen in der Lage sind. Der Grund dafür liegt in der Notwendigkeit der Gesamtschau (der Lagebeurteilung) und der Notwendigkeit der Kombination des zu einem bestimmten Zeitpunkt verfügbaren Wissens – dies unter anderem, um Redundanz zu erzeugen und offene Fragen an die Oberfläche zu holen.

Informationsunterdrückung:
Der voreilige Verzicht auf Information

Es kommt vor, dass bestimmte Aspekte und Argumente nicht in einen laufenden Klärungsprozess eingebracht werden, obschon der Argumentationsrahmen dies

nahelegte. Dieses Phänomen ist keineswegs selten. Es ist mit dem Phänomen des Vorauseilenden Gehorsams verwandt. Die situativen Komponenten können sich in Details unterscheiden, jedenfalls vorkommende sind aber:
- Es herrscht Zeitdruck (oder es scheint Zeitdruck zu herrschen).
- Es herrscht Nachrichtendruck.
- Die unterdrückte Information würde jedenfalls stören (d.h. den eingeschlagenen Klärungsprozess unterbrechen bzw. hemmen) und die bereits eingebrachten Argumente nicht stützen. Störend könnte sie deshalb wirken, weil sie (1) zu bereits Gesagtem in offensichtlichem und begründbarem Widerspruch stehen, (2) Argumente auffrischen, die im vorliegenden Kontext tabuisiert sind, (3) offensichtlichen Ressourcen-Bedarf auslösen würde (und zu einer vermeintlich uneinholbaren Zeitverzögerung führte), (4) eine andere Einschätzung der Lage enthalten würde (Wert), die der sich zurückhaltende Informant (noch) nicht preisgeben möchte.

Wird aber eine Entscheidung getroffen, die unter Berücksichtigung dieser nicht eingebrachten Information mit hoher Glaubwürdigkeit anders ausgefallen wäre, so besteht das Risiko einer immensen Zeitverzögerung[23], weil unter Umständen die Frage später neu behandelt werden muss. Es ist in einem Planungsprozess zu bedenken, dass jemand die Rolle des kompetenten, aber unbefangenen Fragers und Erinnerers in nachhaltiger Weise übernehmen kann, damit (1) eventuell bedeutsame Aspekte überhaupt rechtzeitig zu einem Gegenstand des Klärungsprozesses werden können und damit (2) zur Bearbeitung dieser Aspekte Zeit, Geld und Experten zur Verfügung stehen. Daneben ist es aber auch notwendig, dass im Klärungsprozess Situationen vorkommen, wo diese Rolle, die ja immer das Denken des «Undenkbaren» umfasst, von allen akzeptiert, gespielt werden kann. Wenn man hier eine Brücke zum planerischen Einsatz von Szenarien baut, wie er von Kahn/Wiener[24] beschrieben wird oder auch von Armstrong[25], so findet sich bei beiden der Hinweis darauf, Möglichkeiten zu schaffen, das «Undenkbare» zu diskutieren. Oder, wie es Dürrenmatt im Anhang zu den Physikern formuliert: «Eine Geschichte ist dann zu Ende gedacht, wenn sie ihre schlimmstmögliche Wendung genommen hat.»[26]

Abschliessende Bemerkungen

In der Informationstheorie bedeutet «Information» die Wahlmöglichkeit bei der Selektion einer Nachricht, wobei die mitgeteilte Bedeutung ohne Belang ist. Codes mit syntaktischen und semantischen Regeln schränken die Wahlmöglichkeiten zugunsten der Übertragbarkeit von Nachrichten ein. Jeder Nachricht entspricht im Sinne einer Terminus-für-Terminus-Äquivalenz eine denotierte Bedeutung. Diese Bedeutung ist somit all jenen einsichtig, die den denotativen Code kennen. Dazu kommen – optional – eine oder mehrere konnotative Bedeutungen. Der Empfänger der Nachricht wird sie in Abhängigkeit der Kommunikationssituation wählen. Konnotation und Denotation zusammen machen für den Empfänger den Sinn einer Nachricht aus. Im Kern raumplanerischen Argumentierens sind nur jene Nachrichten informationshaltig, die zur Beschreibung und Begründung eines Handlungsvorschlags notwendig sind.

Das Schliessen von Lücken in der Informationslage setzt ein systematisches Erkundungsdispositiv voraus. Ein zweckmässiges Kombinationsprinzip für Information ist das Verfassen von Geschichten. Das Wichtigste daran ist die Phantasie oder die Verlagerung des Gewichts von der Vergangenheit in die Zukunft: «Some see the world as it is and ask, ‹Why?› Some see the world as it could be and ask, ‹Why not?›»[27]

Anmerkungen

[1] vgl. etwa Dörner 1985.

[2] Einmal geäusserte Ansichten (zu qualitativen oder quantitativen Aspekten einer Sache) werden nur sehr ungern wieder aufgegeben. Im quantitativen Bereich scheint dies leichter zu fallen, wenn man von Grenzwerten ausgeht, als wenn man nachträglich einen geäusserten Wert zu einem «Mittelwert» deklariert und ihn mit einem Streubereich umgibt.

[3] Creeping Determinism. Vorschnelle Begründung eines Befundes. Auch Zwang der Kausalität oder Rausch der Folgerichtigkeit (Camartin). Vgl. etwa Fischhoff 1975.

[4] Vgl. Maurer 1985. Wir stellen uns den Raumplaner hier vor als Person, die in der Regel vor neuartigen Problemstellungen steht. Wir lassen also den – wichtigen – Fall routinemässig zu

behandelnder Geschäfte beiseite, dies im Bewusstsein, dass eine wichtige Aufgabe des Metiers gerade darin besteht, neuartige, komplexe Aufgabenstellungen so rasch wie möglich zu klären und der Behandlung von Routine-Organisationen zuzuführen (Routine: . . . des Weges kundig . . .).

[5] Die minimale Form eines Entscheidungsdilemmas hat die Form eines Doppel-Risiko-Dilemmas. Dabei sind zwei Handlungen miteinander zu vergleichen, wobei bei beiden von ihnen damit zu rechnen ist, dass sie ausser der erwünschten Wirkung noch unerwünschte zeitigen können. Vgl. etwa Behn/Vaupel 1982.

[6] Die Möglichkeiten, sich missverstehen, sind Legion; Schönwandt hat im Zusammenhang mit Planung in systematischer und ausführlicher Weise darauf hingewiesen. Heidemann sprach von Planung als vom «verständigen Umgang mit Mutmassungen und Gerüchten». Vgl. Schönwandt 1986, Heidemann 1985.

[7] Der Begriff «Arsenal» der Erkundungsverfahren wird von Heidemann verwendet. Heidemann 1985.

[8] Der Begriff «halbgar» wird in etwas anderem Zusammenhang von Good verwendet. Good 1965.

[9] Eco spricht davon, dass die Prinzipien der Informationstheorie ausserhalb der Ausführungen der Spezialisten als Fetische oder flatus vocis gebraucht würden. Vgl. Eco 1985. «Fetisch» gemäss Brockhaus: Ein Gegenstand, dem übernatürliche Kräfte zugeschrieben werden und der religiös oder magisch verehrt wird.

[10] Bei Eco ist das folgende Beispiel zu finden: Es wird ermittelt, wieviele unterschiedliche Nachrichten mit dem Zeichenrepertoire einer Schreibmaschinentastatur möglich sind. Vgl. Eco 1985.

[11] In diesem Falle liegt maximale Entropie vor, nämlich 3. Als Entropie einer Einteilung in Ereignisse mit den Wahrscheinlichkeiten p1, p2, . . ., pn bezeichnet die Zahl $\sum$ ph [log2ph], welche die Erwartung der Anzahl ja-nein-Fragen darstellt, die erforderlich sind, um das wahre Ergebnis zu ermitteln. Die Entropie ist am höchsten im Falle, dass alle Ereignisse gleichwahrscheinlich sind, sie ist dann log2n. Vgl. De Finetti 1981.
«Die Informationstheorie nennt Informationseinheit oder bit (von binary digit, d.h. binäres Signal) die Einheit der binären Disjunktion, die man zur Identifikation einer Alternative braucht. Man sagt also, dass ich im Falle der Identifikation eines Elementes aus acht 3 bit Information erhalten habe; im Falle der vierundsechzig Elemente hatte ich 6 bit erhalten.» Vgl. Eco 1985.

[12] Die Entropie sinkt nun auf 1.5, wenn man abermals davon ausgeht, dass alle Zustände gleich wahrscheinlich sind.

[13] Vgl. zu diesen Begriffen etwa Bussmann.

[14] Vgl. hiezu die Ausführungen zum Kurzzeitgedächtnis etwa von Miller oder Flechtner. Miller 1968, Flechtner 1979.

[15] Wie bekannt, gibt es auch andere Möglichkeiten, auf die Schwierigkeiten störender Informationen zu reagieren. Vgl. auch den Abschnitt zum «Voreiligen Verzicht auf Information». Zur Arbeitsmethodik des Landvermessers vgl. etwa Matthias u.a.

[16] Vgl. De Jouvenel 1968.

[17] Vgl. etwa Experiment und Erläuterungen hiezu von Signer, Signer 1987.

[18] Plowden spricht von «Transitional Inconsistencies». Vgl. Plowden 1980.

[19] Vgl. Brauneck/Schneilin 1986.

[20] «In termini provvisori e generali si potrebbe dire che gli scenari (canovacci) sono la traccia narrativa di una commedia da fare, una traccia però già sviluppata e organizzata per scene (scenario, appunto), dove quindi sono indicate tutte le presenze di tutti i personaggi. Una commedia ‹distesa› [ausführlich R.S.] è fatta di batutte e di didascalie [Bühnenanweisung R.S.], uno scenario è invece fatto soltanto di didascalie, le battute essendo, tranne rare eccezioni, riassunte e presentate sotto forma di discorso indiretto.» Molinari 1985.

[21] Vgl. Riha 1986.

[22] Vgl. hiezu auch Scholl 1989.

[23] Vgl. den Beitrag von Scholl bezüglich der Verzugszeiten (in diesem Buch). Scholl 1989.

[24] «Da Wahrscheinlichkeit ein Pluspunkt für ein Szenarium ist, muss man sie, neben anderen Überlegungen, zu erreichen versuchen. Dennoch ist es wichtig, sich nicht auf die wahrscheinlichsten, konventionellsten oder vernünftigsten Situationen zu beschränken. Die Geschichte schreibt oft Szenarien, die die meisten Beobachter unwahrscheinlich finden, nicht nur im Hinblick auf die Zukunft, sondern manchmal sogar im Rückblick. Viele Folgen von Ereignissen scheinen heute nur vernünftig, weil sie sich tatsächlich ereignet haben. Ein Mensch ohne Geschichtskenntnis könnte es ablehnen, sie überhaupt zu glauben. Zukünftige Ereignisse müssen nicht immer der engbegrenzten Liste entnommen werden, die wir als möglich kennengelernt haben; wir müssen auf weitere Überraschungen gefasst sein.» ... «Eine Kritik lautet, dass nur eine ‹paranoide› Persönlichkeit, ungewöhnlich misstrauisch und von feindseligen Gefühlen befangen, sich jene Art von Krisen, Provokationen, Aggressionen und Verschwörungen ausdenken könne, die viele politische und militärische Szenarien kennzeichnen. Leider scheinen diese Merkmale mehr mit der Art politisch-militärischer Ereignisse zu tun zu haben, die die Welt plant und auf die sich die Planer vorbereiten müssen, als mit dem Seelenzustand des Planers. Seine Verantwortung verlangt sogar, dass er sich intensiv mit den vielen unangenehmen Möglichkeiten beschäftigt, die eintreten können.» Vgl. Kahn/Wiener 1968.

[25] «Scenarios are stories describing how a strategy can be implemented and what results are likely» ... «The scenario-writing process described here calls for an initial suspension of evaluation so that the group members may discuss the unthinkable.» Vgl. Armstrong 1978.

[26] Vgl. Dürrenmatt 1985.

[27] Vgl. Armstrong 1978. Seite 40: «Adapted from G.B. Shaw.»

Literatur

Armstrong Scott J.: Long-Range Forecasting. From Crystal Ball to Computer. New York 1978.

Behn Robert D., Vaupel James W.: Quick Analysis for Busy Decision Makers. New York 1982.

Brauneck Manfred, Schneilin Gérard (Hrsg.): Theaterlexikon. Begriffe und Epochen, Bühnen und Ensembles. Reinbek 1986.

Bussmann Hadumod: Lexikon der Sprachwissenschaft. Stuttgart 1983.

de Jouvenel Bertrand: Die Kunst der Vorausschau. Berlin 1968.

de Finetti Bruno: Wahrscheinlichkeitstheorie. Einführende Synthese mit kritischem Anhang. Wien 1981.

Dörner Dietrich: Verhalten und Handeln. In: Dörner Dietrich, Selg Herbert (Hrsg.): Psychologie. Eine Einführung in ihre Grundlagen und Anwendungsfelder. Kapitel 4. Stuttgart 1985.

Dürrenmatt Friedrich: Die Physiker. Komödie. Zürich 1985.

Eco Umberto: Einführung in die Semiotik. München 1985. (Italienisch: La struttura assente. Milano 1988.)

Fischhoff Baruch: Hindsight & Foresight: The Effect of Outcome Knowledge on Judgment Under Uncertainty. In: Journal of Experimental Psychology: Human Perception and Performance 1975, Vol. 1, No. 3, p. 288–299. Washington 1975.

Flechtner Hans-Joachim: Das Gedächtnis. Ein neues psychophysisches Konzept. Memoria und Mneme. Band III. Stuttgart 1979.

Good Irving John (Hrsg.): Phantasie in der Wissenschaft – Eine Anthologie unausgegorener Ideen. Düsseldorf 1965. Original: The Scientist Speculates, London 1962.

Heidemann Claus: Zukunftswissen und Zukunftsgestaltung – Planung als verständiger Umgang mit Mutmassungen und Gerüchten. In: Report 5/85, Langfristprognosen. Schriftenreihe der Daimler-Benz AG, Seiten 47–62. Düsseldorf 1985.

Kahn Herman, Wiener Anthony J.: Ihr werdet es erleben. Voraussagen der Wissenschaft bis zum Jahre 2000. Wien 1968.

Matthias H., Kasper P., Schneider D.: Amtliche Vermessungswerke. Band 2: Triangulation IV. Ordnung. Aarau 1983.

Maurer Jakob: Richtplanung. Methodische Überlegungen zur Richtplanung gemäss dem Schweizerischen Bundesgesetz über die Raumplanung. Zürich 1985.

Miller George A.: The Magical Number Seven, Plus or Minus Two: Some Limits on Our Capacity for Processing Information. In: The Psychology of Communication; Seven Essays. Essay No. 2, pp. 14–44. London 1968.

Rolf Signer

Molinari Cesare: La Commedia dell'Arte. Milano 1985.

Plowden Stephen: Taming Traffic. London 1980.

Riha Karl: Commedia dell'arte. Frankfurt 1986.

Schönwandt Walter: Denkfallen beim Planen. Braunschweig 1986.

Scholl Bernd: Neuere Erfahrungen beim Einsatz planerischer Ad-hoc-Organisationen. In diesem Band.

Signer Rolf: Von Schwierigkeiten im Umgang mit Information – Befunde und Maximen. In: DISP Nr. 89/90, Sondernummer Didaktik des Raumplanungsunterrichts. ORL-Institut. Zürich 1987.

Praxis

| Fritz Hofmann |

Jakob Maurer, das «Wiener Modell» und die Europäische Stadt

Das Engagement Jakob Maurers für und in Wien war ein Glücksfall für diese Stadt. Sein Name ist untrennbar mit dem innovativen, seit den 70er Jahren kontinuierlich entwickelten «Wiener Modell» der Stadtplanung verbunden, und sein persönlicher Beitrag zur Stadtentwicklung Wiens und namentlich zur erfolgreichen Neugestaltung des Donauraums kann gar nicht hoch genug eingeschätzt werden. Darüber hinaus ist die von ihm initiierte, von den Stadtoberhäuptern Wiens, Münchens, Hamburgs und Zürichs 1987 unterzeichnete «Charta über die Europäischen Städte» meiner Überzeugung nach eines der bedeutendsten Dokumente zur Stadtentwicklungspolitik im ausgehenden 20. Jahrhundert.

Ich persönlich hatte das Glück, als Wiener Planungsstadtrat durch viele Jahre hindurch Jakob Maurers Rat in Anspruch nehmen zu dürfen – und ich glaube, dass diese Zusammenarbeit fruchtbar war. Ihren wichtigsten Inhalten und Ergebnissen ist dieser Beitrag gewidmet.

Ich lernte Jakob Maurer Anfang der 70er Jahre als Juror eines Planungswettbewerbes in Wien kennen. Sein exzellentes Fachwissen, gepaart mit hoher Bildung, Humanismus und Weltoffenheit, seine Umsicht, sein Verhandlungsgeschick und sein vorurteilsfreies, zukunftsorientiertes Wesen hinterliessen bei mir schon damals einen nachhaltigen Eindruck, der sich in den folgenden Jahren gemeinsamer Arbeit – und manchmal auch gemeinsam ausgestandener Schwierigkeiten und Kämpfe – bestätigen und vertiefen sollte.

Ich fühle mich Prof. Jakob Maurer zu Dank verpflichtet und möchte ihm für den weiteren Lebensweg noch viel Erfolg im Dienste der europäischen Städte wünschen.

Neue Donau und Donauinsel

Wien war jahrhundertelang immer wieder von verheerenden Hochwässern der Donau heimgesucht worden. Am Beginn des Prozesses der grundlegenden Neugestaltung des Wiener Donauraumes in den letzten Jahrzehnten stand deshalb auch ein in den 60er Jahren zunächst aufgrund rein wasserbautechnischer Kriterien konzipiertes Projekt für den Hochwasserschutz, das den Bau eines

«Entlastungsgerinnes» parallel zum Strom vorsah und 1969 vom Wiener Gemeinderat grundsätzlich genehmigt wurde. 1972 wurde mit den Bauarbeiten – dem Aushub der «Neuen Donau» – begonnen.

Als erst kurze Zeit vorher ins Amt gekommener Planungsstadtrat hatte ich gegen dieses Projekt allerdings meine Bedenken. Technisch und vom Standpunkt des Hochwasserschutzes war es absolut einwandfrei, in städtebaulicher Hinsicht hätte es aber lediglich eine Verdoppelung des künstlichen Donaudurchstiches im 19. Jahrhundert bewirkt, der eine breite, ungenutzte und hässliche Schneise quer durch die Stadt geschlagen hatte. Fast ein Jahr intensiver Diskussion war notwendig, bis es mir gelang, einen städtebaulichen Wettbewerb durchzusetzen, um eine optimale Integration des Hochwasserschutzprojektes in das künftige Stadtbild des Donau-Raumes sicherzustellen und die sich aus diesem Vorhaben ergebenden Möglichkeiten optimal zu nutzen.

Als Vorsitzenden der Wettbewerbsjury konnten wir Herrn Prof. Maurer gewinnen. Unter seiner Leitung entwickelte sich aus diesem zunächst traditionellen zweistufigen Ideenwettbewerb schliesslich unter höchstem Zeitdruck – die Bagger waren ja schon am Werk – ein innovatives und zukunftsweisendes Planungsverfahren, bei dem sich die internationale Jury, die Planungsteams sowie die ausführenden und verwaltenden Dienststellen des Bundes und der Stadt Wien zu einer kooperierenden Einheit zusammenfanden.

Erstmals erfolgte die Planung eines Grossprojektes dabei bis in die Details in einem interdisziplinären Verfahren, in das neben Planern, Technikern und Architekten auch Ökologen und Soziologen gleichberechtigt eingebunden waren. Die Wasserbaufachleute und die Landschaftsgestalter rauften sich zusammen, und mit ihnen viele ausgezeichnete Experten der unterschiedlichsten Fachrichtungen. Jury, konkurrierende Planungsteams, Stadtplaner und Leute vom Bau trafen sich in regelmässigen Abständen zu klausurartigen Tagungen («Kupplungen»), bei denen das in der Zwischenzeit Geschehene erörtert und die nächsten Schritte festgelegt wurden. Dies alles geschah unter einem oft abenteuerlichen Zeitdruck im Wettlauf mit dem Bagger, der nicht gestoppt, dessen Tätigkeit aber massgeblich modifiziert wurde.

Fritz Hofmann

Das Ergebnis ist in Wien zu besichtigen: Aus einem «technischen» Hochwasserschutzprojekt wurde das differenziert gestaltete Erholungs- und Freizeitparadies Neue Donau und Donauinsel, aus einem heftig umstrittenen Bauvorhaben, an dem 1973 die grosse Koalition in Wien zerbrochen war, eine von der gesamten Bevölkerung akzeptierte und begrüsste Neugestaltung des engeren Donaubereiches.

In der Gesamtheit ihrer Bedeutung sind diese Umwälzungen im Donaubereich – inklusive U-Bahn-Bau, UNO-City, Konferenzzentrum, neue Strassen und Brücken – mit der städtebaulichen Zäsur der Ringstrassenära im 19. Jahrhundert vergleichbar.

Mitte der 80er Jahre ging die Stadt Wien in einem nächsten grossen Planungsschritt daran, im Zusammenhang mit einem geplanten Kraftwerksbau die weitere Entwicklung des Donauraums in die Wege zu leiten. In der öffentlichen Diskussion stand zunächst vor allem die Frage einer möglichen Staustufe der Donau im Vordergrund, in weiterer Folge dann die für 1995 gemeinsam mit Budapest geplante Weltausstellung. Insgesamt geht es jedoch noch um sehr viel mehr: Um die weitere Ausgestaltung des Grün- und Freizeitraumes Neue Donau und Donauinsel, um den Schutz der benachbarten Naturlandschaften Lobau und Prater, um die Nutzung der Chancen, die sich aus der Funktion Wiens als dritter UNO-Stadt und als traditionelle mitteleuropäische Metropole ergeben, um die Ausgestaltung der Verkehrsnetze und nicht zuletzt um eine Verbesserung der Wohnumwelt und der Infrastruktur der Bezirke entlang der Donau.

Das in den 70er Jahren entwickelte «Wiener Modell» der Stadtplanung wurde dabei – auch diesmal unter Mitwirkung von Herrn Prof. Maurer, der Mitglied der Jury war – um eine wesentliche Dimension erweitert. Nicht nur Experten der verschiedensten Disziplinen, sondern alle interessierten Bürger waren nunmehr aufgefordert, sich an der Planungsarbeit zu beteiligen, mitzureden und mitzuentscheiden. Die Vorstellungen, Wünsche und Anregungen der Bürger konnten unmittelbar in die Arbeit der Experten (Planungsteams, Jury, Verwaltung) einfliessen, wobei eine Rückkopplung zwischen dem öffentlichen Meinungsbildungsprozess und der Arbeit der Planer initiiert wurde. Die Stadtverwaltung präsentierte nicht irgendein bestimmtes Projekt, zu dem die Bevölkerung dann ihre Meinung äussern konnte; vielmehr sollte ein «freies Kräftespiel» aller eingebrachten Meinungen – über grundsätzliche Zielvorstellungen ebenso wie über konkrete Details – stattfinden. Starre Präferenzen sollten vermieden, Alternativen so lange wie möglich offengehalten werden. Die Stadtverwaltung verstand sich in diesem Verfahren zunächst vor allem als Animator von Ideen und Planungen, nicht als deren dominierende Instanz. Das gesamte kreative Potential der Stadt sollte angeregt und nach Möglichkeit ausgeschöpft werden.

Der Wettbewerb «Chancen für den Donauraum Wien» (1986/88) umfasste deshalb neben einem traditionellen Ziviltechnikerwettbewerb einen sogenannten Parallelwettbewerb für Studenten, Hochschulabsolventen und Fachleute in interdisziplinären Gruppen sowie einen Offenen Wettbewerb für alle interessierten Wienerinnen und Wiener. Inhaltlich waren die Grenzen weit gesteckt; Teil A des Wettbewerbes hatte die Stadtentwicklung im gesamten Donauraum in Wien zum Gegenstand, in Teil B ging es um Gestaltung und Ökologie der Stromlandschaft selbst und im Teil C um eine künftige Staustufe im Wiener Stadtgebiet.

Im Rahmen des Bürgerbeteiligungsverfahrens hatte die Bevölkerung Gelegenheit, sich nicht nur ausführlich über den jeweiligen Stand der Planungen zu informieren (permanentes Ausstellungszentrum, Postwurfsendungen usw.), sondern auch durch Fragebogenaktionen direkt auf die Planungen Einfluss zu nehmen. Da angenommen werden musste, dass die Einsender der Fragebögen in ihrer Gesamtheit nicht dem Bevölkerungsdurchschnitt entsprächen, sondern eher den engagierteren und aktiveren Teil der Bevölkerung repräsentierten, wurde das gleiche Fragenprogramm auch einer repräsentativen Stichprobe der Wiener Bevölkerung unterzogen. Sämtliche Ergebnisse lagen der Jury und den Wettbewerbsteilnehmern vor, sodass sie in der laufenden Planungsarbeit berücksichtigt werden konnten. Selbstverständlich erhielten auch Interessens- und Fachvertretungen umfassende Informations- und Mitwirkungsmöglichkeiten.

Auch die Schulen wurden in den Planungsprozess – so durch Aufsatz- und Zeichenwettbewerbe – einbezogen.

Mit dem breit angelegten interdisziplinären Wettbewerbsverfahren «Chancen für den Donauraum» war damit in mehrfacher Hinsicht Neuland betreten worden. Dies gilt für die inhaltliche Verknüpfung von drei Ideenwettbewerben auf den Ebenen der Stadtentwicklungsplanung, der Landschaftsplanung und der Projektplanung zu einem Gesamtwettbewerb ebenso wie für die Teilnahmeberechtigung von fachlich unterschiedlich qualifizierten Gruppen sowie die Initiierung eines unmittelbaren Rückkoppelungsprozesses zwischen Planung, integriertem Bürgerbeteiligungsverfahren und öffentlicher Meinungsbildung.

Das Experiment der Wettbewerbsöffnung erwies sich als erfolgreich. In ihren abschliessenden Empfehlungen sprach sich die Jury dafür aus, zwei Studententeams aus dem Parallelwettbewerb für die Gestaltung der Kraftwerksbauten beizuziehen. Und den Teilnehmern am Offenen Wettbewerb hatte die Jury sogar bescheinigt, die gestellten Aufgaben manchmal kreativer als die Fachleute aufgefasst zu haben.

Die Arbeit am Wiener Modell der Stadtplanung ist mit dem Ende des Wettbewerbs «Chancen für den Donauraum» ebensowenig abgeschlossen wie die Planungen für den Donauraum selbst. Der Wert der durch dieses offene Verfahren und die umfassende Bürgerbeteiligung ausgelösten öffentlichen Diskussion kann jedoch gar nicht hoch genug eingeschätzt werden. Der Wettbewerb «Chancen für den Donauraum» war eine wichtige Etappe eines stadtplanerischen und demokratischen Lernprozesses in Wien, dessen Ziel nur die volle Partizipation der Bürger an Vorgängen und Entscheidungen der Stadtentwicklungspolitik sein kann. Für die Formen, in denen Bürgerbeteiligung an komplexen Stadtentwicklungsplanungen in einer Grossstadt am besten möglich ist, wurden in diesem Wettbewerb zwar sicher noch keine endgültigen Antworten gegeben (so diese überhaupt möglich sind), wohl aber Massstäbe gesetzt, an denen künftige Entwicklungen gemessen werden können.

Neue Lebensqualität für eine Verkehrshölle

Ein ähnliches Planungsverfahren wie für den Donaubereich wurde Mitte der 80er Jahre auch für einen ganz anderen, vielleicht noch schwierigeren und komplexeren Problemkreis, nämlich die Verbesserung der Verkehrs- und Umweltsituation im Bereich der Wiener Gürtelstrasse (die am stärksten frequentierte Strasse Österreichs) sowie der Stadteinfahrten im Süden und Westen, angewandt. Unter dem Vorsitz von Jakob Maurer nahm eine international und interdisziplinär zusammengesetzte Expertenkommission in Zusammenarbeit mit freiberuflichen Architekten und Ingenieuren sowie der Stadtverwaltung diese gewaltige Aufgabe in Angriff. Da es sich beim Gürtel und der Süd- und Westeinfahrt im Gegensatz zum engeren Donaubereich um ein dichtbesiedeltes Gebiet handelt, kam der Einbindung und Mitarbeit der betroffenen Bevölkerung hier vielleicht sogar noch grössere Bedeutung zu.

Der Gürtel und das Wiental, früher einmal bevorzugte Wohngegenden, waren von der Motorisierung buchstäblich überrollt worden und drohen heute im Verkehr zu ersticken. In dreijähriger Arbeit – in die mittels grossangelegter Fragebogenaktionen sowie zahlreicher Ausstellungen und Veranstaltungen von Anfang an auch die Bevölkerung eingebunden war – wurde für diese Stadtgebiete, in denen insgesamt rund 600 000 Menschen leben, ein Entwicklungsprogramm ausgearbeitet, auf dessen Basis nun die konkreten Schritte zur Verbesserung der Wohn- und Umweltqualität eingeleitet werden.

Bekenntnis zur europäischen Urbanität

Wien steht mit seinen grundlegenden Problemen nicht allein da. Viele historisch gewachsene europäische Städte sind mit ähnlichen Fragen und Entwicklungen konfrontiert. Im deutschen Sprachraum weisen vor allem Hamburg, München und Zürich eine Fülle von Parallelen und – inklusive Umland – eine vergleichbare Grössenordnung wie Wien auf. Ich habe es deshalb sehr begrüsst, als Herr Prof. Jakob Maurer mit der Idee einer Charta über die Europäischen Städte an mich herantrat. Wiens Bürgermeister, Herr Dr. Helmut Zilk, erkannte sofort die Bedeutung dieser Initiative und konnte seine Bürgermeisterkollegen aus Hamburg, München und Zürich für eine gemeinsame Aktion gewinnen.

Im Frühjahr 1987 fand zwischen hochrangigen Experten der vier Metropolen ein «Stadtgespräch» statt. Anhand von Beispielen in Wien wurden Grundsatzfragen, Perspektiven und Strategien der europäischen Städte erörtert sowie eine künftige Zusammenarbeit und regelmässige Zusammenkünfte auf politischer und fachlicher Ebene vereinbart.

Im November 1987 unterzeichneten schliesslich die vier Stadtoberhäupter im Wiener Rathaus die «Charta über die Europäischen Städte», die – aufbauend auf dem ursprünglichen Entwurf von Herrn Prof. Maurer – gemeinsam erarbeitet worden war. Sie erhebt, ganz im Sinne des Lebenswerkes von Jakob Maurer, das Bekenntnis zur europäischen Urbanität und zur Pflege und Hebung des Selbstbewusstseins der Städte zur wichtigsten Grundlage der angestrebten Weiterentwicklung der Städte. Ich halte dieses Dokument für so grundlegend und so bedeutend, dass es in der Folge im Wortlaut wiedergegeben werden soll:

Die Charta über die Europäischen Städte

1 Der Geist und die Tatkraft schufen die europäischen Städte. Der Wille der Europäer entscheidet über ihre Zukunft.

Europäer: Ihr müsst Eure Städte wollen!

2 Viele behaupten oder glauben es insgeheim, dass die Städte verkümmern werden. Die Städte seien unfähig zu zeit- und sachgerechter Weiterentwicklung. Die Gefahren des schleichenden und stillschweigend geduldeten Verfalles würden nicht rechtzeitig erkannt, und die notwendigen Gegenmassnahmen würden nicht energisch und konsequent durchgeführt. Das treffe für die Bürger, die Fachleute und für die Politiker zu.

Die neuen Techniken am Arbeitsplatz, in der Kommunikation und in der Raumüberwindung würden das Miteinanderleben und das Schaffen von Werten grundlegend ändern. Die Standortvorteile der Städte würden verschwinden. Vollständig neue Siedlungs- und Lebensformen ausserhalb der Städte und ihrer Regionen würden besonders für die aktive und starke Bevölkerung entstehen.

Die schönen Innenstädte würden zu «Museen» für den Massentourismus. Die städtischen Quartiere würden zum Sammelbecken der Schwachen, der Benachteiligten und der Randgruppen. Unsicherheit, Schwäche und Kriminalität würden zu Kennzeichen des städtischen Lebens. Die landesweite Entmischung der Bevölkerung nach Ausbildung, Alter, Einkommen und Herkunft nähme zu, möglicherweise sogar im Massstab ganz Europas. Es ist wahr: In einigen Ländern zeichnen sich solche Veränderungen deutlich ab.

Die europäischen Städte sind gefährdet.

3 In der Geschichte der Städte standen Schwierigkeiten und stand sogar Schreckliches gleichsam immer vor der Tür. Wer davon gebannt wird, erstarrt und lehnt aus Angst alle Veränderungen ab. Furcht lähmt Herz und Verstand. Nur, wer Problemen entgegentritt und nicht von ihnen beherrscht und bedrückt wird, handelt vorausschauend und zeitgerecht.

Angst darf die Vernunft nicht unterdrücken.

4 Europas Kultur ist urban. Sie ist eine Kultur der Vielfalt, der Individualität, des Erneuerns, des Befragens, des Gespräches und des Disputes. Sie ist eine Kultur, in der Vergangenheit und Zukunft präsent sind. Sie ist eine Kultur, in der Glauben, Denken und Handeln, Musse, Feste, Kunst und Arbeit untrennbar verflochten sind. Und die Städte sind die Zentren dieser Kultur. Europas Städte sind einzigartig.

Europa ohne blühende Städte ist kein Europa mehr.

5 Die Städte spiegeln die Höhen und Tiefen der Menschheit deutlich wider. Sie sind Brennpunkte, in denen sich die Dinge zuerst ändern. Wo Gutes und Schlechtes, Altes und Neues, Beharrung und Wandel unmittelbar spürbar aufeinanderprallen, da wird für viele die Stadt zum Symbol jener Kräfte, welche die sinnvolle Existenz bedrohen: Die Stadt wird zum Feind gemacht. Welch ein Fehler! Denn:

Was mit den Städten geschieht, bestimmt unsere Zukunft. Verfallen sie geistig, kulturell, sozial, wirtschaftlich oder baulich, so zerfallen die europäische Zivilisation und Kultur.

6 Die Städte Europas sind mehr als ihre alten und neuen Bauten. Sie sind über Jahrhunderte entstandene geistige und physische Werke. Ihre Geschichte kann zur Last werden, die ihre Zukunft behindert. Oder ihre Geschichte wird zum Fundament dafür, Probleme selbstsicher und überlegt zu lösen.

Aus der Geschichte erwächst für die Städte die faszinierende Herausforderung, sich aus ihrer Vergangenheit heraus in die Zukunft hinein zu erneuern und zu entwickeln.

7 Angesichts der oft übermässigen Eingriffe in die Städte ist es begreiflich, dass viele Bürger Veränderungen ablehnen. Doch Städte verkümmern, wenn man sie nur bewahren will. Nur kleine Schritte in kleinen Gebieten genügen nicht. Die Stadt und ihr Umland auch als Einheit zu sehen und zu entwickeln, ist unerlässlich; das wurde in den vergangenen Jahren oft missachtet.

Wer die Kultur der Städte und ihre Gestalt achtet, muss auch für die ganze Stadt und ihre Region Neues wagen.

8 Die Schwierigkeiten der europäischen Städte werden wesentlich dadurch verursacht, dass Gemeinwesen, Politiker, Bürger, Fachleute, gesellschaftliche Gruppen und die Wirtschaft von Stadt und Land nicht wirkungsvoll genug zusammenarbeiten, und die traditionelle Administration und Organisation der Städte vielen Aufgaben nicht mehr im notwendigen Masse gewachsen sind.

Es gibt wenige sofort praktisch anwendbare Erkenntnisse darüber, wie die schwierigen Probleme der effektiven Zusammenarbeit über viele Grenzen hinweg gemeistert werden können. Doch es gibt erfolgreiche Beispiele. Mehr Experimente, mehr Beispiele, die kritische und konstruktive Auswertung und der Vergleich der Erfahrungen — das soll ein Ziel sein.

Neue Wege der Zusammenarbeit vieler Institutionen, Gruppen, Stellen, Disziplinen, Personen und Körperschaften sind notwendig.

9 Die Städte sind auch geprägt durch wachsende Probleme und Konflikte, z.B.: Umweltzerstörung, Verkehrsbelastung, Wohnungsverfall, Gestaltverlust, unzweckmässige Nutzung des Bodens, Entmischung der Bevölkerung, Emigration aktiver Gruppen, Konzentration von Randgruppen, Kriminalität, politische und finanzielle Auseinandersetzungen innerhalb der Städte und mit den übergeordneten Gemeinwesen und dem Umland, übermässige Einflussmöglichkeiten einseitiger Interessengruppen und aggressiver Minderheiten.

Das alles zusammen gefährdet die Regierbarkeit der Städte. Dadurch wird die Lösung von Problemen zusätzlich erschwert oder sogar verhindert.

Um solchen Konflikten erfolgreich entgegenzutreten, bedarf es sachlicher und politischer Neuerungen. Zurückhaltung und Unsicherheit müssen frischem Selbstbewusstsein weichen. Dazu trägt bei: die Offenheit gegenüber Schwierigkeiten und Chancen und der Wettstreit der Städte im Vergleich und in gegenseitiger konstruktiver Kritik der Ideen, Innovationen und Erfahrungen.

Konflikte sind Herausforderungen für Ideen und Taten.

10 Städte sind immer im Werden. Die perfekte Stadt, in der alles einwandfrei funktioniert und nichts unfertig oder hässlich ist, offenbart sich als unerträgliche Maschinerie. Städte bleiben Herausforderungen.

Europäische Städte sind Aufgaben und keine fertigen Lösungen.

11 Stadtpolitik, die nichts wagt, ist der Zukunft nicht gewachsen. Allerdings gibt es ohne die aktive Unterstützung durch die Bürger keine tatkräftige Stadtpolitik.

«Nichts-tun» besiegelt den Untergang der Städte.

12 Die wachsende Verflechtung zwischen den Städten und ihrem Umland, die Lösung der in den Städten liegenden Probleme und die vielfältigen über ihre Grenzen hinaus zu erfüllenden Aufgaben bestimmen den Finanzbedarf der Städte.

Die Städte wollen und müssen diese spezifischen Herausforderungen meistern, allein mit eigenen Mitteln ist ihnen das zumeist nicht möglich. Die Städte sind auch finanziell eine nationale Aufgabe.

Die europäischen Städte müssen uns wert sein, was sie für uns leisten.

13 Die europäischen Städte bilden eine Vielfalt und sollen ihren besonderen Charakter stärken. Die Unterschiede, die besonderen Merkmale und Eigenheiten, eingebunden in die gemeinsame abendländische Kultur, sollen Europa kennzeichnen – nicht Gleichschaltung, Uniformität und Langeweile.

Die Städte sollen ihre Eigenart deutlich ausprägen. Die Kultur Europas darf keiner Massenzivilisation weichen.

14 Europa soll demonstrieren, wie Städte die Kulturlandschaft bereichern und mit der Natur versöhnt werden können. Europa soll zeigen, dass in einer sich über Länder und Kontinente ausbreitenden Zersiedelung nicht die Zukunft liegt. Die Urbanität Europas würde zerfallen, die Natur und die Landschaften würden geschädigt und zerstört. Die innere Erneuerung, Entwicklung und Ausgestaltung der Städte sind notwendig, wenn solche Veränderungen vermieden werden sollen. Diese Aufgabe der Städte ist national und international auch gesamtwirtschaftlich bedeutsam.

Die kluge und tatkräftige Zuwendung zu den Städten schont die Umwelt und nützt auch allen anderen Landesteilen.

15 Die europäischen Städte entstanden im Wettstreit der Ideen und Taten. Sie suchten ihre besondere Stärke, entwickelten ihr eigenes Wesen und zeigten es in ihrer Gestalt. Aus Mut, Versuchen und Lernen, Vielfalt und Konkurrenz erwuchs die Faszination, die von den Städten ausgeht.

Es soll den Wettstreit der Städte geben, mit Phantasie und Tatkraft ihrer Zukunft entgegenzutreten.

16 Die europäischen Städte dürfen keine Anhäufung von leblosen Altertümern, verfallenen Quartieren und von Menschen ohne Zukunft werden. Sie müssen

Orte lebendiger Begegnung über alle Grenzen hinweg und Orte der Entwicklung bleiben. In ihnen und durch sie werden Geist und Tatkraft und die Vielfalt des zukünftigen Europas wachsen.

Europäer: Eure Städte sind Eure Zukunft!

Entschliessung: Die unterzeichneten Bürgermeister, Oberbürgermeister und Stadtpräsidenten von Hamburg, München, Wien und Zürich

1 billigen und unterstützen die Charta über die Europäischen Städte;

2 sind der Überzeugung, dass es gilt, der weitverbreiteten lähmenden Unsicherheit der Bürger, der Politiker und der Fachleute sowie der Stadtfeindlichkeit kraftvoll entgegenzutreten; die Städte, ihre Regionen und das Geflecht der Städte auch als Ganzes zu sehen;

die Bedeutung, die Probleme und die Chancen der europäischen Städte international, national, regional und auf kommunaler Ebene deutlich hervorzuheben;

die Aufgabe der Städte als Orte der Begegnung, des Gespräches, der Verständigung und des Lösens von Spannungen über alle politischen und geistigen Grenzen hinweg vollauf anzuerkennen und wahrzunehmen, und

den Mut zu stärken, Neues zu wagen;

3 wollen die Zusammenarbeit, den Wettstreit und die Förderung ihrer Städte unterstützen, indem sie

Vertreter der Medien einladen, Aufgaben und Leistungen der europäischen Städte jeweils für sich und im Vergleich zu anderen zu beschreiben und zu werten;

Stadtgespräche durchführen, in denen jeweils Ideen und Taten einer Stadt den anderen Städten zur kritischen Beurteilung und zum Vergleich mit ihren eigenen Anstrengungen unterbreitet werden;

Arbeiten und Tätigkeiten fördern, die neue Brücken zwischen der Kultur- und Geistesgeschichte der europäischen Städte und der Zukunft Europas finden wollen und

anlässlich von Konferenzen der Bürgermeister, Oberbürgermeister und Stadtpräsidenten aktuelle Meinungen, Kenntnisse und Erfahrungen in öffentliche Diskussion stellen lassen, um den Vergleich und den Austausch von Erkenntnissen zu fördern;

4 laden andere europäische Städte ein, die Charta zu unterstützen, weitere praktische Kooperationen in Gemeinschaft von Städten mit ähnlichen Interessen zu verwirklichen und ihre gewonnenen Einsichten in und mit den bestehenden europäischen Institutionen zu verbreiten.

Benedikt Huber

Der Städtebau im Volksentscheid:
Auswirkungen der direkten Demokratie auf raumplanerische Entscheidungen

Vox populi – vox Dei, Volkes Stimme ist Gottes Stimme hatten wir in der ersten Klasse des Lateinunterrichtes gelernt. Vox populi – vox bovis, Volkes Stimme ist die Stimme des Ochsen, des Unverstandes hatte der Lehrer dann nachfolgend hinzugefügt.

Wenn mein Vater am Samstag abend zur Abstimmung eilte, erklärte er mir jeweils, dass Männer vor der Urne den Hut zu ziehen hätten, dass man unbedeckten Hauptes seine Stimme abzugeben hätte. Väter trugen damals noch Hüte, Mütter waren, wie wir Kinder, nicht stimmberechtigt, und mir erschien der Gang zur Urne als ein heiliger Ritus, von dem wir ausgeschlossen waren.

Wann ich selbst zum ersten Mal zur Urne gegangen bin, kann ich mich nur noch schwach erinnern, es muss in der Studentenzeit in Zürich gewesen sein, und es ging um eine Initiative gegen die Vivisektion. Später waren es dann meine ersten öffentlichen Bauaufgaben, deren Baukredite einer Gemeindeversammlung oder einer Volksabstimmung in der Stadt unterworfen waren, wo die vox populi über die Ausführung meiner Projekte und damit auch über meine Beschäftigungslage bestimmte und in den meisten Fällen mit Zwei-Drittels-Mehr auch zustimmte.

Und noch später begann ich selbst aktiv in die Volksentscheidungen über Bau- und Planungsfragen einzugreifen. Mit den Kollegen der ZAS («Zürcher Arbeitsgruppe für Städtebau») zusammen lancierten wir unsere erste Initiative zur Erhaltung der Fleischhalle. Wir engagierten uns gegen die Expressstrassen und andere Strassenbauvorlagen in Zürich. Wir griffen – als parteilose Fachleute – in die Abstimmungskämpfe für oder gegen bestimmte Bauvorlagen, Planungskonzepte und Bauordnungsänderungen ein. Die vox populi war uns und unserem fachlichen Standpunkt dabei nicht immer freundlich gesinnt, und wir haben manche Niederlage einstecken müssen, zuletzt beim Gestaltungsplan für den HB-Süd-West.

Waren es nur die Lehrsätze aus dem Lateinunterricht oder die demokratische Erziehung im Elternhaus, ich kam trotz einiger Niederlagen nie in Versuchung, die Weisheit der demokratischen Abstimmung in Frage zu stellen, der Volksentscheid blieb für mich unantastbar, auch wenn eine Mehrheit der Unwissenden einer Minderheit von Sach- und Fachverständigen gegenüber stand.

Für meine ausländischen Kollegen sind unsere schweizerische Institution der direkten Demokratie und der Volksabstimmung über Bau- und Planungsvorlagen immer wieder Gegenstand des Erstaunens und der Verwunderung. Bei Diskussionen mit Kollegen im Osten wie im Westen wird die Zweckmässigkeit einer solchen Mitbestimmung des Volkes in Planungsfragen oft angezweifelt. Ein rationales Planen und ein konstruktives Bauen wären doch kaum möglich, wenn man stets vom fehlenden Sachverstand des einfachen Bürgers abhängig und gebremst werde. Partizipation auf Quartierebene wäre für einige fortschrittliche Architekten der Bundesrepublik noch denkbar. Aber Volksabstimmungen über Bau- und Planungskonzepte betrachten viele Kollegen des Auslandes doch eher als einen Teil der schweizerischen Folklore im Zusammenhang mit Landsgemeinden und Alpgenossenschaften.

Nun wäre es sicher einmal angebracht und nützlich, wenn man die Institutionen der Volksabstimmung in Bau- und Planungsfragen auf ihre effektiven Auswirkungen in der Planung und Entwicklung der schweizerischen Kantone und Gemeinden untersuchen würde. Dazu wäre eine wissenschaftliche Erforschung der Volksentscheide im Planungssektor aus den letzten dreissig Jahren notwendig. Durch methodologische Untersuchungen der Folgen und durch den Vergleich mit Kommunen und Staaten ohne direkte Mitbestimmung könnte eruiert werden, ob, in der Rückschau und langfristig gesehen, die Volksentscheide sinnvoll und nützlich oder negativ und dem Gemeinwohl abträglich gewesen sind, ob die vox populi nun eine vox Dei oder eine vox bovis darstellt.

Im Rahmen einer solchen Untersuchung müssten zum Beispiel folgende Fragen gestellt und beantwortet werden:

– Bei welchen Abstimmungsvorlagen wurde durch den Volksentscheid eine Wende in der bisherigen Planung bewirkt, bei welchen Vorlagen wurde eine beabsichtigte Entwicklung abgestoppt?
– Entscheiden die Stimmbürger anders als die zuständigen Parlamente, welche

jeweils vorgängig die gleiche Vorlage behandeln?
- Haben die Stimmbürger bei den einzelnen Vorlagen kurzfristige, persönliche Interessen oder das langfristige Gemeinwohl berücksichtigt?
- Waren die Stimmbürger in den komplexen Planungsfragen wegen mangelnder Fachkenntnisse bei ihrer Entscheidung überfordert?
- Inwieweit lassen sich die Stimmbürger bei Bau- und Planungsvorlagen durch die Parteiparolen und durch die Abstimmungspropaganda beeinflussen oder lenken?
- Sind Planer und Architekten der Versuchung ausgesetzt, wegen der Hürde der Volksabstimmung ihre Konzepte entgegen dem eigenen Fachverstand dem Publikumsgeschmack anzupassen?
- Und schlussendlich die Frage: Werden Bauwerke und Anlagen, die aufgrund eines Volksentscheides gebaut werden, nach der Realisierung durch das Volk besser akzeptiert als solche, die dem Volksentscheid entzogen sind?

Die Untersuchung und wissenschaftlich objektive Beantwortung dieser Fragen bedürften eines intensiven Quellenstudiums, einer aufwendigen Analyse der einschlägigen Abstimmungen und ihrer Wirkung. Und es bleibt immer noch offen, ob ein schlüssiger Beweis für den Wert oder Unwert, für die Wirkung oder Wirkungslosigkeit der Volksabstimmung in Bau- und Planungsfragen erbracht werden könnte. Dies nicht zuletzt deshalb, weil im Gebiet der Stadtplanung die Werte, die als Beurteilungsfaktor eingesetzt werden, sowohl beim Volk wie bei den Fachleuten einem kontinuierlichen Wandel unterworfen sind.

Ich verfüge weder über die Zeit noch über die Mittel und vor allem nicht über die Methoden, um eine solche Untersuchung durchzuführen. Da ich aber persönlich in meiner Bau- und Planungspraxis immer wieder von Volksentscheiden betroffen bin und, nicht zuletzt, weil ich beim letzten Volksentscheid zugunsten des HB-Südwest in Zürich trotz meiner demokratischen Einstellung an der Vernunft und dem Sachverstand des Stimmbürgers leicht zu zweifeln begann, möchte ich trotzdem versuchen, für mich selbst ein Fazit über die Auswirkungen von Volksabstimmungen im Bereich des Städtebaus zu ziehen. Da sich diese

Benedikt Huber

Überlegungen nicht auf ein Quellenstudium, sondern auf mein persönliches Erinnerungsvermögen über die Abstimmungen der letzten dreissig Jahre abstützen, kann es sich nur um eine sehr subjektive Beurteilung handeln, eine persönliche Rechenschaft darüber, ob sich mein Kinderglaube an die absolute Gültigkeit der Demokratie auch in Bau- und Planungsfragen nach dreissigjähriger Abstimmungserfahrung noch aufrecht erhalten lässt.

Erläuterungen für Nicht-Zürcher und Nicht-Schweizer über die gesetzlichen Mitbestimmungsmöglichkeiten im Kanton Zürich bezüglich Bau- und Planungsvorlagen:

In der Stadt und im Kanton Zürich müssen Vorlagen über Neubauten und Umbauten von öffentlichen Gebäuden, über Strassenbauten und Infrastrukturen mit Aufwendungen von über zehn Millionen Franken dem Volk zur Urnenabstimmung vorgelegt werden (Obligatorisches Referendum).

In den einzelnen Gemeinden des Kantons gelten unterschiedliche Ansätze der Finanzkompetenzen. Verschiedene Gemeinden entscheiden direkt in der Gemeindeversammlung aller Bürger, welche wiederum eine Urnenabstimmung verlangen kann.

Änderungen der Bauordnung und des Zonenplans, auch in kleinem Umfang, unterliegen der Volksabstimmung und der Genehmigung durch den Regierungsrat.

Nach dem kantonalen Planungs- und Baugesetz von 1975 können Gestaltungspläne auf Beschluss des Gemeindeparlamentes dem Volk zur Entscheidung vorgelegt werden.

Volksinitiativen über die Änderung einer Planungsordnung (z.B. Freihaltezonen), über die Nutzung von öffentlichen Grundstücken (z.B. Kasernenareal) oder über gewünschte Bauvorlagen (z.B. öffentlicher Wohnungsbau) bedürfen heute in der Stadt Zürich 4000 Unterschriften, damit sie nachher der Volksabstimmung unterstellt werden müssen.

Die Entschädigungszahlungen für die Unterschutzstellung von schutzwürdigen Bauten und damit denkmalpflegerische Massnahmen können ebenfalls bei entsprechender Kredithöhe dem Volksentscheid der Gemeinde oder des Kantons unterstellt werden.

Die nominellen Finanzkompetenzen von Exekutive, Legislative und von Souverän sind in den letzten dreissig Jahren entsprechend der Teuerung – jeweils wiederum durch Volksentscheid – periodisch angepasst worden.

Zwischen dem Jahre 1954, dem Beginn meiner selbständigen Tätigkeit als Architekt, und heute, 1989, ist in 35 Jahren über eine grosse Zahl von Bauvorlagen und Planungsvorlagen auf städtischer und kantonaler Ebene abgestimmt worden. Die genaue Zahl wäre zu ermitteln. Ich schätze, dass über mehr als 100 städtische und über mehr als 50 kantonale Bauvorhaben vom Souverän abgestimmt wurde. Planerische Konzepte und Anlagen, insbesondere im Bereich des öffentlichen und privaten Verkehrs und Änderungen im Gebiet der Bau- und Zonenordnung resp. des Baugesetzes dürften in diesem Zeitraum von Stadt und Kanton je dreissigmal zur Abstimmung vorgelegt worden sein. Für meine subjektive Beurteilung aufgrund der Erinnerung und der eigenen Erlebnisse lassen sich die vielen Vorlagen am besten in einzelne Bereiche unterteilt bewerten.

Die Vorlagen für öffentliche Hochbauten waren bei Stadt und Kanton vor allem in der Zeit der Hochkonjunktur und des grossen Wachstums zahlenmässig dominant. Es ging dabei bis 1970 vor allem um Schulbauten, später um Alterssiedlungen, Hochschulbauten, Spitäler und kulturelle Bauvorhaben. Der Wohnungsbau war weniger Gegenstand der Abstimmungen, da für den städtischen Wohnungsbau meistens Genossenschaften als Bauträger aufgetreten sind und die entsprechenden Subventionen nicht der Abstimmung unterworfen sind. Die wenigsten dieser Hochbauvorlagen waren in der Abstimmungsdiskussion umstritten, da das Bedürfnis für öffentliche Bauaufgaben als Folge des Wachstums gegeben und nachgewiesen war. Die architektonische Erscheinungsform war kaum je Gegenstand der Diskussion oder gar der Ablehnung, ob sich die einzelnen Projekte nun konventionell oder architektonisch progressiv gebärdeten. Dies mag damit zusammenhängen, dass ein Grossteil der städtischen und kantonalen Projekte aus Architekturwettbewerben hervorgegangen ist, dass der

Benedikt Huber

Renovation, Umbau und Erweiterung des Opernhauses, Modellfoto

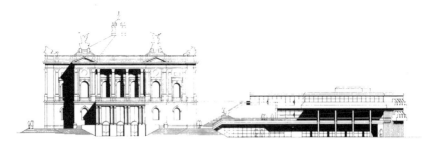

Renovation, Umbau und Erweiterung des Opernhauses, Neue Fassade gegen Sechseläutenplatz

Stimmbürger den zuständigen Hochbauämtern die Kompetenz in Architektur zubilligte oder dass er sich aufgrund der Pläne und Modelle kein Bild der Erscheinungsform machen konnte und wollte.

Einzelne durch Abstimmung genehmigte Bauten sind erst nach der Realisierung durch das Volk und die Presse heftig kritisiert worden, wie z.B. die Kantonsschule Freudenberg[1], der Um- und Anbau des Opernhauses[2], oder das Chronischkrankenhaus in Witikon[3].

In verschiedenen Landgemeinden konnte dagegen die architektonische Projektform eine entscheidende Rolle spielen, wie z. B. in Dübendorf, wo zeitweise jedes öffentliche Bauvorhaben mit Flachdach abgelehnt wurde.

Vielleicht darf aus der grossen Zustimmungsquote bei Hochbauten der Schluss gezogen werden, dass der Stimmbürger in architektonischen Fragen tolerant oder indifferent ist, dass er in jedem Fall der architektonischen Entwicklung nicht im Wege steht.

Bei stadtgestalterischen Aufgaben, die über ein einzelnes Haus hinausgehen, lassen sich demgegenüber grössere Meinungsdifferenzen unter den Stimmbürgern feststellen, auch wenn die Zahl der entsprechenden Vorlagen nicht so gross ist wie bei den Hochbauten. Der bekannteste Fall in diesem Bereich ist für Zürich immer noch die Abstimmung über die Freie Limmat[4], wo der entsprechenden Initiative entgegen dem Rat der Fachleute und der Parteien mit grossem Mehr zugestimmt wurde. Der Entscheid, die historisch bedingten Einbauten auf dem Fluss zu entfernen, wurde in einer späteren Abstimmung wieder rückgängig gemacht. Unterschwellig wirkt aber der seinerzeitige Wille des Volkes bis heute nach, indem weder das EWZ-Gebäude noch das Globusprovisorium im Flussgebiet einer neuen Lösung zugeführt werden konnten.

Auch beim Kampf um die Erhaltung der alten Fleischhalle[5], und bei deren

Projekt zum Abbruch der Fleischhalle und Neubebauung, Skizze Rolf Keller

Benedikt Huber

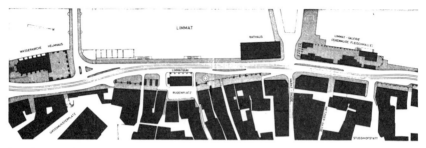

Projekt zum Abbruch der Fleischhalle und Neubebauung, Situationsplan

Neubebauungsvorschlag auf dem ehemaligen Fleischhallenareal, Projekt von Manuel Pauli

Ersatz durch das Projekt von Manuel Pauli[6], folgte das Stimmvolk nicht den Vorschlägen der Fachleute. Der akzeptierte Ergänzungsbau der Architektin Tilla Theus war wiederum von den Fachleuten sehr umstritten.

In der Frage der Erhaltung der stadtzürcherischen Ortsbilder zeigten sich die Zürcher nach der Zustimmung zur freien Limmat zunehmend interessierter. Sie erzwangen die Erhaltung der alten Baugruppe bei der Kirche Fluntern[7], und sie bewilligten die hohen Kredite für den Denkmalschutz der beiden Häuser an der Stadelhoferstrasse[8].

Ansicht der Stadelhoferpassage mit «Baumwollhof» und «Sonnenhof»

Bei den Projekten und Konzepten für den Autoverkehr haben sich die stadtzürcherischen und die kantonalen Stimmbürger sehr oft kontrovers verhalten. Nachdem zu Beginn der 70er Jahre eine autogerechte Stadt als Unmöglichkeit erkannt wurde, fanden die zur Abstimmung gelangenden Autoverkehrsanlagen nicht mehr die unbedingte Zustimmung der Stadtbürger. Demgegenüber war bei kantonalen Verkehrsprojekten innerhalb der Stadt die Zustimmung des Gesamtkantons fast sicher. Denn die Auswärtigen wollten sich in der Zufahrt zur Stadt nicht einschränken lassen. So ist denn auch die Volksinitiative für die Verhinderung des Expressstrassen-Ypsilons über der Limmat in der Stadt ganz schwach, in der Landschaft aber sehr stark abgelehnt worden[9]. Aufgrund der neueren Entwicklung der Verkehrssituation und -politik hat sich eine immer stärkere Polarisierung der Meinungen ergeben. So waren bei den letzten Abstimmungen über Verkehrsfragen nicht mehr die Notwendigkeit oder die absehbaren Lasten einer Verkehrsmassnahme für den Stimmbürger massgebend. Die Fronten der Autofreunde und Autogegner sind verhärtet und erfahren unterschiedliche Unterstützung von verschiedenen Seiten. So konnte die Vorlage für Massnahmen zur Verkehrsberuhigung und zur Einhaltung der neuen Luftreinhalteverordnung nach den emotional geführten Debatten für oder gegen das Automobil und seine freie Fahrt keine Zustimmung finden[10], so wenig wie der verkehrsfreie Limmatquai[11].

Die Konzepte für den öffentlichen Verkehr stossen heute kaum auf Probleme beim Stimmbürger. Das war nicht immer so, wenn man an die historischen Abstimmungen über eine Tiefbahn[12] und später über die U-Bahn Zürichs denkt[13]. Auch damals gingen die Emotionen hoch, und es wurde von Planern wie von Laien der Untergang von Zürich ohne öffentliches Verkehrsmittel in Tieflage prophezeit. Die Stimmbürger haben abgelehnt und wahrscheinlich haben sie recht behalten. Heute weint kaum ein Planer der gestorbenen U-Bahn nach. Und umso kräftiger wurde viel später der S-Bahn von Stadt und Kanton zugestimmt[14].

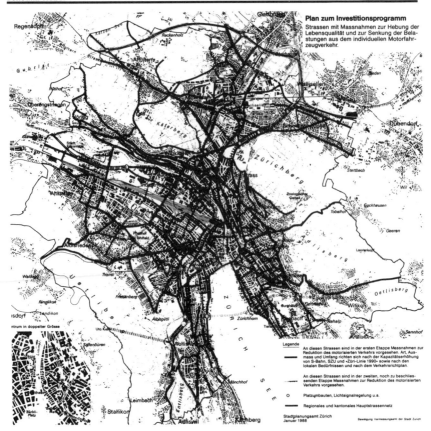

«Rahmenkredit für Massnahmen zur Hebung der Lebensqualität (. . .)», Etappenplan

Zu den *stadtplanerischen Konzepten,* die dem Stimmbürger in Zürich vorgelegt werden, gehören unter anderem der regionale Richtplan, der zweimal vom Volk abgelehnt wurde[15] und die Zonenplanänderungen, denen meistens zugestimmt wird[16]. Die neue Bau- und Zonenordnung, wie auch immer sie aussehen wird, wird kaum zum vornherein mit Zustimmung rechnen können. Hier sind die politischen Fronten zu hart und die Meinungen so polarisiert wie beim Autoverkehr.

Als stadtplanerisches Problem darf auch die zukünftige Nutzung des Kasernenareals betrachtet werden. Hier sind bis heute alle Vorschläge, ob sie als Initiativen eingereicht oder von Behörden konzipiert wurden, abgelehnt worden.

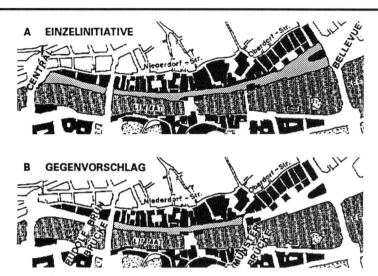

Limmatquai als Fussgängerzone, Einzelinitiative und Gegenvorschlag

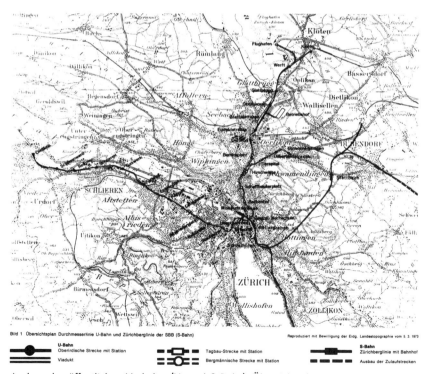

Bild 1 Übersichtsplan Durchmesserlinie U-Bahn und Zürichberglinie der SBB (S-Bahn)

Ausbau des öffentlichen Verkehrs (U- und S-Bahn), Übersichtsplan

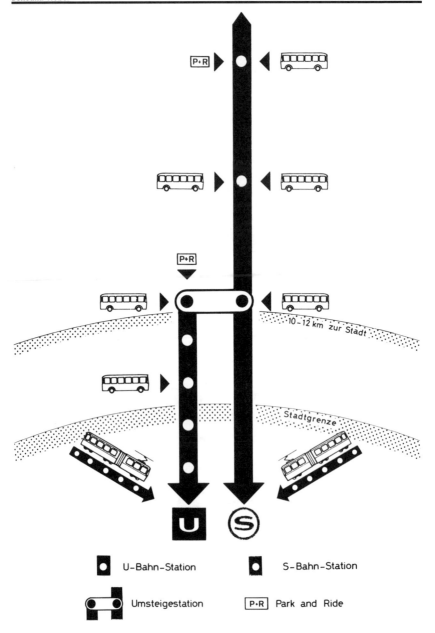

Ausbau des öffentlichen Verkehrs (U- und S-Bahn), Zusammenwirken der verschiedenen Verkehrsmittel

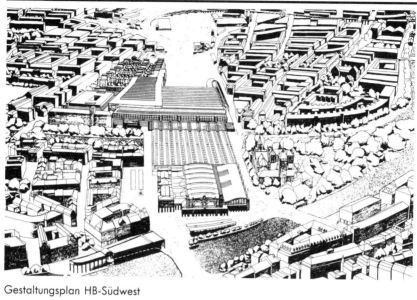

Gestaltungsplan HB-Südwest

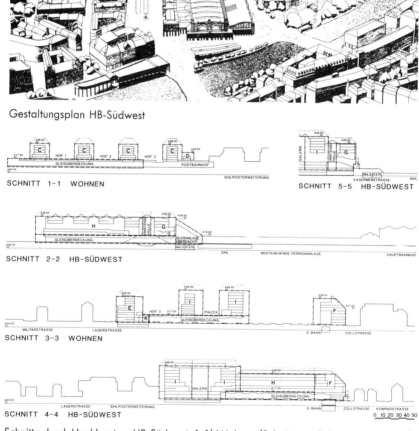

SCHNITT 1-1 WOHNEN

SCHNITT 5-5 HB-SÜDWEST

SCHNITT 2-2 HB-SÜDWEST

SCHNITT 3-3 WOHNEN

SCHNITT 4-4 HB-SÜDWEST

Schnitte durch Hochbauten, HB-Südwest: 1-1) Wohnen (Schnitt parallel zur Lagerstrasse), 2-2) Umsteigebahnhof und Dienstleistungszentrum parallel zu den Gleisen, 3-3) Wohnen (Schnitt senkrecht zu den Gleisanlagen), 4-4) Galerie und Informatikbereich (Schnitt senkrecht zu den Gleisanlagen), 5–5) Ausschnitt Umsteigehalle

Offensichtlich konzentrieren sich auf solchen Punkten der Stadt so viele divergierende Interessen, dass für keine Lösung eine Mehrheit gefunden werden kann.

Auch die Abstimmung über den Gestaltungsplan HB-Südwest gehört zu den stadtplanerischen Entscheidungen der Stadt Zürich[17], obwohl das Projekt auch stadtgestalterische und verkehrstechnische Aspekte aufgewiesen hat. Es war aber offensichtlich eine Frage der Entwicklungs- und Wirtschaftspolitik, die dem Stimmbürger vorgelegt wurde, und dabei sind die städtebaulichen Aspekte kaum mehr in die Waagschale geworfen worden. Ob nun die grossen Wirtschaftinteressen, die starke Abstimmungspropaganda oder die Parteiparolen den Ausschlag für die knappe Zustimmung des Souveräns gegeben haben, wäre nachträglich noch zu untersuchen. Für mich persönlich hat sich die Frage gestellt, ob ein Volksentscheid bei einer solchen Polarisierung der Meinungen und bei so starken Einflussnahmen noch sachlich durchgeführt werden kann. Wenn schlussendlich die Argumente für oder gegen eine planerische Massnahme nicht mehr von Fachleuten und Politikern, sondern von den Werbebüros vorgebracht und verkauft werden, so kann die Durchführung einer Volksabstimmung unter den Bürgern fraglich und in ihrem Kern gefährdet werden.

Wenn ich nun alle Bau- und Planungsvorlagen der letzten Jahre zusammennehme, auch wenn ich diese zahlenmässig nicht im einzelnen untersuchen konnte, so darf ich für mich doch feststellen, dass das Volk überlegt und klug und nicht unsinnig abgestimmt hat. Die Entwicklung Zürichs, die Notwendigkeit von Massnahmen und die Interessen des Gemeinwohls wurden vom Stimmbürger meistens erkannt. Schlussendlich spiegeln sich in den Abstimmungen über Planungs- und Baufragen, auch wenn sie reine Sachfragen betreffen, das politische Leben und die politischen Kräfte. Insofern dürfte mein Vater auch heute noch den Hut vor der Urne ziehen. Ob allerdings die vox populi als vox Dei betrachtet werden kann und einem Gottesurteil nahe kommt, diese Annahme dürfte bei der heutigen Politik der verschiedensten Parteien und bei dem Einfluss der Werbestrategen eher blasphemischen Charakter haben.

Anmerkungen

[1] «Beschluss des Kantonsrates über die Bewilligung eines Kredites für die Erstellung einer Schulhausanlage für die Kantonsschule Zürich auf dem Freudenbergareal in Zürich», 16.5.1956

[2] «Renovation, Umbau und Erweiterung des Opernhauses», 8.6.1980

[3] «Bau des Krankenheimes Witikon», 2.9.1979

[4] «Motion von Stimmberechtigten zur Erreichung eines freien Limmatraumes», 25.2.1951

[5] 1a. «Motion von Stimmberechtigten für den Abbruch der Fleischhalle»
1b. «Gegenvorschlag des Stadtrates und des Gemeinderates über die Verbreiterung des Limmatquais zwischen Fleischhalle und Wasserkirche mit Umbau der Fleischhalle», 6.11.1960

[6] «Überbauung des ehemaligen Fleischhallenareals, Zürich Altstadt», 7.3.1982

[7] «Motion von Mitgliedern des Gemeinderates über die Erhaltung der Häuser im ‹Vorderberg›, Quartier Fluntern», 8.12.1963

[8] «Erwerb der Liegenschaften ‹Sonnenhof› und ‹Baumwollhof›, Stadelhoferstrasse 12 und 26, 8001 Zürich», 21.3.1976

[9] «Volksinitiative für ein Zürich ohne Expressstrassen (weder Y noch I)», 13.3.1977
Abstimmungszahlen:
Stadt Zürich: 70 157 Ja zu 71 663 Nein
Kanton Zürich: 135 108 Ja zu 184 191 Nein

[10] «Volksinitiative zur Ergänzung der Gemeindeordnung (Schutz der Bevölkerung vor zusätzlichem Motorfahrzeugverkehr)», 22.9.1985
sowie: «Rahmenkredit für Massnahmen zur Hebung der Lebensqualität und zur Senkung der Belastungen aus dem individuellen Motorfahrzeugverkehr, vorab durch Förderung des Umsteigens auf den öffentlichen Verkehr», 12.6.1988

[11] A. «Einzelinitiative von Konrad Meyer betreffend einer Fussgängerzone mit Veloroute am Limmatquai»
B. «Gegenvorschlag des Gemeinderates für die Befreiung des Limmatquais vom motorisierten Durchgangsverkehr und Verbesserung der städtebaulichen Gestaltung für Fussgänger und Velofahrer», 6.9.1987

[12] «Bau einer Tiefbahn», 1.4.1962

[13] «Ausbau des öffentlichen Verkehrs (Bau und Finanzierung einer öffentlichen U-Bahn und einer S-Bahn, Gründungsvertrag)», 20.5.1973

[14] «Beschluss des Kantonsrates über die Bewilligung eines Staatsbeitrages für den Ausbau der SBB-Anlagen zur Errichtung einer S-Bahn (regionale Schnellbahn) im Kanton Zürich», 29.11.1981

[15] «Verabschiedung des regionalen Gesamtplans der Stadt Zürich»
A. «Beschluss des Gemeinderates»
B. «Antrag des Stadtrates», 28.11.1982
sowie: «Regionaler Gesamtplan der Stadt Zürich, Verabschiedung zuhanden des Regierungsrates», 4.12.1983

[16] Einige Beispiele von Zonenplanänderungen:
- «Sonderbauvorschriften Tiergarten-/Gerenholzareal Wiedikon», 17.11.1982
- «Volksinitiative zur Rettung des Burghölzlihügels (Quartier Riesbach). Erweiterte Freihaltezone», 24.8.1983
- «Volksabstimmung Hohe Promenade (Altstadt, Hottingen, Riesbach)», 23.9.1984

[17] «Gestaltungsplan Hauptbahnhof Südwest», 25.9.1988

Arnold Klotz

Die Eisenbahn als Entwicklungsträger von Raum- und Siedlungsstrukturen:
Dargestellt am Beispiel der Stadt Innsbruck

Vorbemerkung

Durch den Bau der Eisenbahn Mitte des 19. Jahrhunderts wurde die Stadt Innsbruck zur Grossstadt. Die Eisenbahnanlagen wie Bahnviadukt, Hauptbahnhof und Bahnhofsvorplatz stellten über Jahrzehnte Beispiele herausragender städtebaulicher und architektonischer Qualität dar, die im Zuge der von der Bahn wesentlich mitausgelösten Stadtentwicklungsimpulse von den städtischen Gefügen umschlossen wurden.

Seit dem Ersten Weltkrieg setzten daher in Innsbruck Überlegungen ein, den Bahnhof und seine Anlagen aus der Stadtmitte an den Stadtrand zu verlegen. Diesen Vorschlägen wurde endgültig im Jahre 1948 ein Ende bereitet, als die Generaldirektion der ÖBB alle Verlegungsabsichten als zu weitreichend ablehnte und drohte, die für den Neubau des Hauptbahnhofes Innsbruck vorgesehenen Investitionsmittel an einem anderen Ort einzusetzen. Vom Zeitpunkt der Fertigstellung des Hauptbahnhofes an im Jahre 1956 setzte in den österreichischen Städten jene dynamische Entwicklungsphase ein, die eine starke Zunahme des motorisierten Individualverkehrs im Personen- und Gütertransport bewirkte. Parallel dazu verloren die öffentlichen Verkehrsmittel im innerstädtischen Verkehr, aber auch im Nah- und Fernverkehr, entscheidend an Bedeutung. Die einseitige Ausrichtung auf den motorisierten Individualverkehr wurde in der Folge aus der Sicht der Stadtgestaltung und integrierten Stadtentwicklungspolitik als kontraproduktiv gesehen. So erfolgte ab Mitte der 70er Jahre eine Trendwende mit einer Wiederentdeckung der inzwischen über 100 Jahre alt gewordenen schienengebundenen Verkehrsmittel Strassenbahn und Eisenbahn. Diese Neuorientierung führte in Europa, vorerst in Frankreich, der BRD und der Schweiz, zur Neuorganisation des öffentlichen Verkehrs, die ihre Wirkung auf Österreich nicht verfehlte.

Gerade im Transitland Tirol wurden in den letzten Jahren Massnahmen zur Umlenkung des Gütertransports auf die Schiene diskutiert und gefordert. Der sich in diesem Zusammenhang derzeit in Realisierung befindende erste Teilabschnitt einer Bahnumfahrung Innsbruck in einem 12 km langen Tunnel erlaubt nach dessen Fertigstellung im Jahr 1993 die Einrichtung eines leistungsfähigen, öffentlichen Schnellbahnverkehrs im Grossraum Innsbruck. Darüber hinaus haben die Vorschläge für eine «Neue Bahn» in Österreich erste Massnahmen im Hinblick auf die Trassenführung, das rollende Material, besonders aber auch auf die Verknüpfungspunkte zwischen dem Verkehrsträger Eisenbahn und den Städten im Bereich der Bahnhöfe bewirkt. In diesem Zusammenhang spielt der Hauptbahnhof Innsbruck, als wichtiger Verteilerknoten im internationalen, nationalen und regionalen Verkehr, eine nicht unbedeutende Rolle. Den Bahnhöfen und einer den neuen Aufgaben entsprechenden Neustrukturierung wird in den nächsten Jahren grosse Aufmerksamkeit zu widmen sein. Ziel muss es sein, dem ein-, aus- und umsteigenden Reisenden das zu bieten, was in bezug auf Service, Ambiente, Dienst und innere Organisation z.B. auf Flughäfen in meist hoher Qualität bereits verwirklicht ist.

Die Entwicklung des Eisenbahnnetzes in Tirol

Die Entwicklung von Städten und Wirtschaftsräumen war, wie dies im Ablauf der Geschichte erkennbar ist, immer von Art und Ausstattung bzw. vom Anschluss an die jeweils zeitgemässe Verkehrsinfrastruktur abhängig. So begann z.B. das starke Wachstum der Tiroler Landeshauptstadt mit dem Bau der Eisenbahn um 1860; dies kann auch aus der Entwicklung der Bevölkerungszahl von Innsbruck dokumentiert werden. Sie betrug im Jahre 1851, also knapp vor dem Bau der Eisenbahn, ca. 13 000 und wuchs in den folgenden 50 Jahren auf ca. 27 000 Einwohner, also fast auf das Doppelte. Zusätzlich ergab sich durch die Eingemeindung der Orte Wilten und Pradl, die ihrerseits zwischen 1857 und 1910 von 2000 auf 16 000 bzw. von 600 auf 5000 Einwohner angewachsen waren, im Jahre 1910 bereits eine Gesamtbevölkerungszahl für Innsbruck von 48 000. Daraus geht hervor, dass, bezogen auf das heutige Verwaltungsgebiet der Stadt Innsbruck (ohne Hötting, Mühlau und Arzl), die Einwohnerzahl in nur 60 Jahren von ca. 16 000 auf 53 000 angewachsen war, was mehr als einer Verdreifachung entsprach.

Der Alpenhauptkamm erstreckt sich über eine Länge von 1600 km vom Ligurischen Meer bis zum Wiener Becken. Auf das Bundesland Tirol entfallen davon ca. 200 km. Die wichtigsten Pässe im Raum Tirol sind der Reschen (1510 m) und der Brenner (1374 m). Wegen seiner geringen Höhe und günstigen Zugänglichkeit stellte der Brenner seit Jahrtausenden die bevorzugte Verkehrsrelation zwischen den Kultur- und Wirtschaftsräumen nördlich und südlich des Alpenhauptkammes dar.

Obwohl die Römer entlang ihrer Heerstrassen über die Alpen Castren und Mansionen anlegten, entstanden erst im 11. und 12. Jahrhundert die heutigen Städte Tirols als Verkehrssiedlungen. Sie waren Mittelpunkte des wirtschaftlichen und politischen Lebens und entstanden in der Regel dort, wo die Errichtung einer Brücke es erlaubte, den Fluss zu überqueren, oder am Fusse eines Passes, wo die Notwendigkeit zu Rast und Unterkunft gegeben war. Ein eigenes Rodsystem und Ansätze eines «öffentlichen Verkehrs» durch die Einführung eines Linienverkehrs mit Postkutschen, sowie die Flussschiffahrt auf Inn und Eisack waren die Träger des Personen- und Wirtschaftsverkehrs bis zur Mitte des 19. Jahrhunderts im Raum Tirol.

Zu Beginn des 19. Jahrhunderts verstärkten sich Tirols Bemühungen, Anschluss an das europäische Transportsystem Eisenbahn zu finden. So schrieb Erzherzog Johann bereits im Jahre 1825, dass «es die Eisenbahnen sind, durch welche man am schnellsten und wohlfeilsten (...) bald zum Ziele kommen kann (...), was eine Verbindung zwischen Triest und Hamburg erheischet, dass tätig an die Ausführung der so wichtigen Verbindung zwischen Donau und Triest handangelegt werde»[1].

Der Tiroler Landtag hat seit 1836 die Erbauung der Eisenbahnlinie durch Tirol bei der Staatsregierung gefordert, was aber vorerst aus finanziellen Gründen abgelehnt wurde. Nach ersten Entwürfen von A. von Negrelli und F. List, dem bedeutenden Ökonomen und Begründer des deutschen Eisenbahnnetzes, nahm jedoch die österreichische Regierung die Eisenbahnlinie von Verona über Innsbruck und Kufstein in das Programm der Staatsbahnbauten auf. 1851 schlossen die Regierungen von Österreich und Bayern einen Vertrag, in welchem sie sich zum Ausbau der Eisenbahnlinie zwischen Passau, Salzburg und Kufstein verpflichteten[2].

Die Eisenbahnlinie durch das Unterinntal zwischen Kufstein und Innsbruck wurde 1858 vollendet. Die Betriebseröffnung der Brennerbahn im Jahre 1867 als eine transalpine Hauptbahn löste in Tirol und Bayern lebhafte Bemühungen aus, die über Jahrhunderte bestehenden Handelswege über den Fernpass und den Seefelder Sattel ebenfalls mit Schienenwegen zu überqueren. Vorher jedoch wurde im Jahre 1884 die Arlbergbahn errichtet, womit das letzte noch fehlende Teilstück der europäischen Ost-West-Transversale vom Balkan nach Frankreich geschlossen werden konnte. Die technische Bewältigung der Geländeschwierigkeiten beim Anstieg zum Arlbergtunnel gab den Bemühungen, auch die Nordtiroler Pässe zu «überschienen», neuen Auftrieb[3]. So konnte im Jahre 1912 die Eisenbahnlinie von Innsbruck nach Garmisch dem Betrieb übergeben werden (vgl. Abb. 1).

Die Stadt Innsbruck war damit zum Knotenpunkt der grossen europäischen Schienenverkehrswege von Hamburg nach Rom und von Istanbul über Wien nach Paris geworden. Es erscheint bemerkenswert, dass diese verkehrspolitische Zielsetzung bewusst verfolgt wurde, da England bestrebt war, eine Schienenverbindung mit Italien über die Alpenpässe der Schweiz herzustellen und Österreich dadurch vom Welthandel ausgespart worden wäre[4].

Strukturelle und räumliche Konsequenz des Ausbaues der Eisenbahn

Die Basis für die städtebauliche Entwicklung in Form der gründerzeitlichen Erweiterungen lagen in den wirtschaftlichen Impulsen, die sich in den europäischen Städten im allgemeinen und für Innsbruck im besonderen ergaben, denn «im Gefolge des Bahnbaues setzte wie überall, so auch hier, einerseits eine verstärkte, jedoch anfangs nicht übermässig starke Industrialisierung ein ... In einem Bergland wie Tirol bedeutete die Einführung der Eisenbahn andererseits

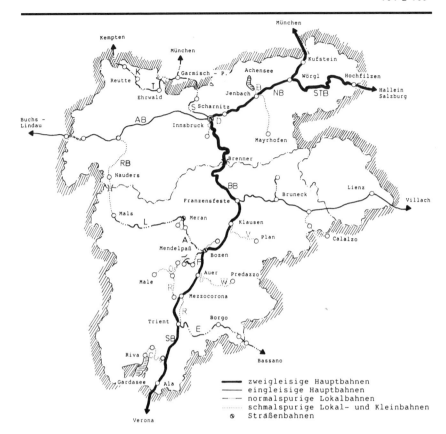

Abb. 1: Das Tiroler Schienennetz (Dultinger, J.)

aber vor allem auch eine nie zuvor dagewesene Belebung des Reiseverkehrs und der Fremdenverkehrswirtschaft»[5].

In Innsbruck wurde die Bahntrasse aufgrund der Geländeverhältnisse von der nordöstlichen Stadtgrenze bis zum Hauptbahnhof über einen Viadukt (vgl. Abb. 2) geführt, der auf 1,8 km Länge 177 Bögen aufweist. «Nach Fertigstellung des Viaduktes lagen die Bögen einige Zeit leer; ein Zustand, den man sich heutzutage nicht mehr vorstellen kann. Das Auftreten der ersten Wohnungsnot in Innsbruck aber zwang zur Ausnützung aller verfügbaren Raummöglichkeiten. Bereits 1870 waren 36 Viaduktbögen zu Wohnungen mit insgesamt 296 Personen ausgebaut. In der Gemeinderatssitzung vom 5. August 1878 wurde die

Arnold Klotz

Abb. 2: Innsbruck mit Bahnviadukt um 1905 (Sammlung Kreutz)

Erstellung von Wohnungen in den Viaduktbögen aus gesundheitlichen Rücksichten verboten»[6].

Nachdem aus denselben Gründen auch die Tierhaltung untersagt wurde, dienten die Bögen als Magazine oder Ausstellungshallen für Kleingewerbebetriebe. Kurz nach dem Zweiten Weltkrieg mussten sie allerdings neuerlich als Notwohnungen verwendet werden. Seit 1958 werden die 177 Bögen – mit Ausnahme jener 11, durch welche die Querstrassen führen – ausnahmslos gewerblich genutzt. So entwickelten sich in Innsbruck nicht «hinter», sondern unter den Geleisen jene «Stadtteile dritter Klasse, die alle notwendigen Einrichtungen aufzunehmen hatten: u.a. Transportbetriebe, Gewerbe, billige Absteige- und Arbeiterwohnungen»[7].

Das 19. Jahrhundert war die ‹heroische Zeit› der Eisenbahn. «Sie ist das populäre Symbol des technischen Fortschrittes und ein wichtiges neues Element der sich formenden Industriestadt... Entsprechend selbstbewusst trat sie mit ihren palastartigen Bahnhöfen in der Stadt in Erscheinung. Als Kopfbahnhof oder als Durchgangsbahnhof am Rande der Innenstadt gelegen, war das ‹Empfangsgebäude› als ‹Tor zur Welt› meist prächtig und reichhaltig gestaltet und bildete mit dem repräsentativen, von Hotels gesäumten und nur von Fussgängern und Pferdedroschken benutzten Bahnhofsvorplatz ein wichtiges Element des 19. Jahrhunderts»[8].

Abb. 3: ehemaliger Hauptbahnhof Innsbruck um 1900

In diesem Sinne wurde auch in Innsbruck der Vorplatz des Hauptbahnhofes repräsentativ ausgebildet (vgl. Abb. 3). Der Bahnhofsbau, der damals so angelegt werden sollte, dass sich die Stadt auch längs der Bahn hätte ausdehnen können, war bereits 1853 projektiert. Die dazu 1857 ausgearbeiteten Pläne sahen eine axiale Ausrichtung der Landhausstrasse (heute Meraner Strasse) und Rudolfstrasse (heute Brixner Strasse) auf das Aufnahmegebäude vor. Dieser Plan wurde wegen der zu hohen Kosten für die Stadtgemeinde Innsbruck (Abbruch von Gebäuden) verworfen. Aus heutiger Sicht ist dazu festzustellen, dass dies ein Grund dafür war, dass es in Innsbruck, im Gegensatz zu anderen Grossstädten nicht zur Ausbildung einer «Bahnhofstrasse» kam.

Erste Konflikte zwischen den Anlagen der Eisenbahn und der Stadtentwicklung ergaben sich, als aufgrund der durch die Bahn initiierten Ausdehnung der Städte die Bahnareale immer mehr Teil der Stadtmitte wurden. Dies ist zwar für den Personenverkehr positiv, für die Entwicklung des Wirtschaftsverkehrs jedoch erschwerend. Zudem nahmen die Bahnareale grosse Flächen in Anspruch, die als Barrieren im Stadtgrundriss wirkten. Es verwundert daher nicht, dass z.B. in der Stadt Innsbruck bereits nach dem Ersten Weltkrieg immer wieder Projekte und Studien ausgearbeitet wurden, die Bahnanlagen aus dem Weichbild der Stadt an den Rand zu verlegen. Eine erste öffentliche Diskussion über eine etwaige

Verlegung dürfte auf der Basis einer im Jahre 1932 in der Innsbrucker Tagespresse[9] erschienenen Plandarstellung erfolgt sein. Intensiv wurde diese Idee in Plänen und Projekten zwischen den Jahren 1938 und 1948 sowohl von Reichsbahn, der Landesstelle für Raumordnung als auch der Stadt Innsbruck bzw. deren beauftragten Planern betrieben.

So wurde in einem Schreiben Speer's vom 19.2. 1941 an den Reichsschatzminister über den Stand der Planungen in den damals insgesamt 23 Neugestaltungsstädten betreffend den Stand der Planung in Innsbruck wie folgt berichtet: «An städtebaulichen Planungen wird gearbeitet. Sie wurden ... mehrfach vorgelegt. Eine Vorlage beim Führer konnte bis jetzt noch nicht stattfinden, da die Lage des neuen Bahnhofes noch nicht festliegt, der aber für die endgültige Festlegung der Strassenzüge von entscheidender Bedeutung ist»[10]. Erste amtliche Überlegungen sind aufgrund eines Planes vom Oktober 1939 von der Landesstelle für Raumordnung des Gaues Tirol-Vorarlberg nachweisbar[11]. Hinsichtlich der Reichsbahnführung wurde der Hauptbahnhof als «abzubrechende Verkehrsanlage» festgelegt, für die in Amras, im Bereich der Kaufmannstrasse, ausgedehnte Flächen für den Personenbahnhof und westlich der Stadt Hall für den Güterbahnhof vorgesehen waren. Die Führung der neuen Bahnlinie wurde vom Westbahnhof ausgehend nördlich des Stiftes Wilten und des Dorfes Amras vorgeschlagen. Nordöstlich von Amras war die Fläche zur Anlage eines grossen Ferngüterbahnhofes vorgesehen.

Ähnliche Überlegungen hinsichtlich der Verlegung der Bahnlinie hatte der spätere Universitäts-Professor Dr. P. Koller, der zwischen 1939 und 1942 im Auftrag der Stadt Innsbruck die Flächennutzungs- und Neugestaltungsplanung durchführte. Sein Entwurf zum Wirtschaftsplan enthielt Studien für eine Neuorientierung des Individualverkehrsnetzes und die Schaffung eines grosszügigen Neugestaltungsbereiches auf dem Areal des abzusiedelnden Hauptbahnhofes. An seiner Stelle sollten, von Wilten bis zum heutigen Messegelände reichend, um einen – der damaligen Zeit entsprechend – grosszügig ausgelegten Strassen- bzw. Platzraum, neben Büro- und Verwaltungseinrichtungen alle öffentlichen Gebäude angeordnet werden.

Eine weitere, sehr grundlegende Arbeit über eine «neue Stadtmitte»[12] wurde 1943 vom in München lebenden Innsbrucker Architekten O. Mayr ausgearbeitet. Mit dem Hinweis, der Entwicklungsdruck auf die Innsbrucker Innenstadt sei eine Gefährdung für die alten Strassen- und Platzräume und das äussere Erscheinungsbild der typischen Baustruktur, begründete er die Planung und den Bau einer neuen Stadtmitte auf dem Areal des ehemaligen Hauptbahnhofes. Das geplante neue Reichsbahngelände reichte vom derzeitigen Westbahnhof bis nach Amras. Der neue Personenbahnhof war im Bereich Wilten als Abschluss der Achse eines dominierenden Platzraumes vorgesehen (vgl. Abb. 4).

Obwohl der Verlegung des Hauptbahnhofes von den staatlichen Stellen und den Planungsexperten grosse Bedeutung beigemessen wurde, wurde keine der Ideen realisiert. Gebaut wurde lediglich ein Bahngeleise als sogenannte Umfahrungsbahn, die unter anderem der Aufrechterhaltung des Bahnbetriebes während der kriegsbedingten Zerstörungen des Bahnhofes durch Luftangriffe diente, denen auch der Grossteil der Bauten am Bahnhofsplatz zum Opfer fiel. Wie einem Plan der ÖBB vom Dezember 1945 zur Zeit der französischen Besatzung zu entnehmen ist, führte diese Bahnlinie, die einen Behelfsbahnhof in Amras hatte, vom Westbahnhof nördlich des Stiftes Wilten auf dem in den Planungen der Kriegszeit vorgesehenen Trassee in die Thaurer Felder. So blieb auch nach dem Krieg noch die Idee der Verlegung des Hauptbahnhofes in den Raum zwischen Westbahnhof und Sill («Gare des Voyageurs») und der Umbau des Westbahnhofes als Güterbahnhof grundsätzlich aufrecht («Gare de Marchandises») und war auch in den ersten Planungskonzepten der Innsbrucker Stadtplanung nach 1945 noch enthalten[13].

Mit dem Wiederaufbau des Hauptbahnhofes bis zum Jahre 1956 wurde auch seine Lage am ursprünglichen Standort fixiert. Seit diesem Zeitpunkt wurde allerdings vor allem die Möglichkeit der Überbauung, zumindest von Teilen des Bahnhofareals — es handelt sich immerhin um ca. 30 ha — ventiliert und, im Zusammenhang mit der Gesamtlösung der Bahnfrage im Tirol, neuerlich die Verlegung an den Stadtrand in Ideenskizzen aufgezeigt.

Der Wiederaufbau des Aufnahmegebäudes erfolgte bis 1956 auf der Basis

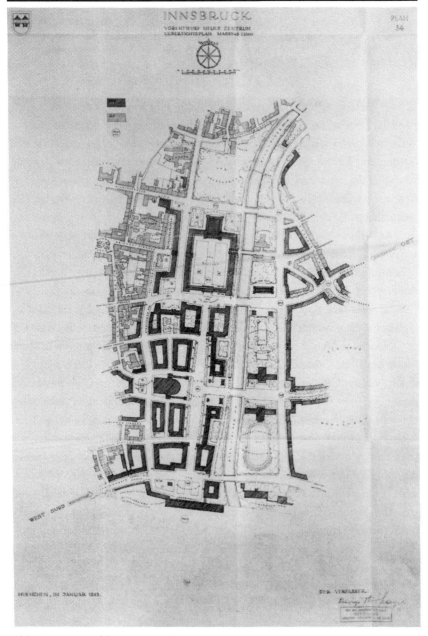

Abb. 4: Vorentwurf für ein neues Stadtzentrum nach Verlegung des Bahnhofes und der Bahnanlagen (Mayr, O., 1943)

eines geladenen Architektenwettbewerbes. Der Neubau der Gebäude am Bahnhofsplatz führte zu einer Umstrukturierung hinsichtlich ihrer Nutzung. So entstanden die Zentralstellen von Interessensvertretungen sowie Büro- und Dienstleistungsbauten, und zwei frühere Grosshotels wurden in ähnlicher Form umgenutzt. Das Fehlen einer repräsentativen Bahnhofstrasse als direkte Verbindung zur Innenstadt wurde durch die Ausbildung einer Fussgängerpassage zwischen Aufnahmegebäude und Bozner Platz zumindest teilweise gemildert.

Die Wiederentdeckung des Verkehrsträgers Bahn

Mit der Verbreitung des Automobils als Personen- und Gütertransportmittel ist vor allem nach dem 2. Weltkrieg, und hier insbesondere ab Mitte der 60er Jahre, den Eisenbahnen eine allzu starke Konkurrenz erwachsen, der durch mangelnde Initiativen der Bahnen selbst lange Zeit nicht entgegengewirkt wurde. Im Gegensatz zum schienengebundenen Verkehr ermöglicht das Automobil die Bedienung des Raumes in der Fläche. Der individuelle Einsatz erbrachte Bevölkerung und Wirtschaft einen hohen Freiheitsgrad und wurde zum Symbol individueller Selbstverwirklichung, was jedoch bald zu erheblichen Problemen führte.

Die Städte und Stadtregionen dehnten sich in die Fläche aus, das Land lief Gefahr zu zersiedeln. Den daraus resultierenden täglichen Spitzenbelastungen auf der Strasse und der Nachfrage nach PKW-Stellplätzen in den Innenstädten, wurde durch Strassenneubauten und Strassenerweiterungsbauten, den Bau von Garagen und das Verparken des öffentlichen Strassenraumes begegnet. Erst ab Beginn der 70er Jahre, als diese aus der Sicht der Stadtgestaltung und einer integrierten Betrachtungsweise der Stadtentwicklungspolitik als kontraproduktive Lösungsansätze erkannt wurden, erfolgte eine neuerliche Hinwendung auf die inzwischen über hundert Jahre alt gewordenen schienengebundenen Verkehrsmittel Strassenbahn und Eisenbahn. Diese Wiederentdeckung der Bahn führte vorerst in Städten und Stadtregionen zu organisatorischen und baulichen Massnahmen, setzte sich jedoch in grossräumigen, neuen, nationalen und internationalen Organisations- und Neugestaltungskonzepten für die Eisenbahn fort.

Auch im Bundesland Tirol werden seit einem Jahrzehnt Studien und Projekte ausgearbeitet, um die Eisenbahn in einem Tunnel unter dem Brenner zu führen und die Zulaufstrecken ab München bzw. Verona entsprechend zu verbessern. Der Tiroler Landtag hat im Juni 1986 das Verkehrskonzept Tirol[14] angenommen, in dem das Problem Transitverkehr eine zentrale Stellung einnimmt. Dabei wurde als generelles Ziel eine stärkere Verlagerung des Güterverkehrs von der Strasse auf die Schiene und die Förderung des öffentlichen Personenverkehrs postuliert, um die nachteiligen Auswirkungen des Kraftfahrzeugverkehrs möglichst zu reduzieren. Als erforderliche und vordringliche Massnahmen wurden dabei betriebsorganisatorische und -technische Neuerungen (z.B. Mehrsystemlok), die Aufweitungen der bestehenden Tunnels nördlich und südlich des Brenners sowie der Neubau einer Südumfahrung von Innsbruck in Form eines ca. 12 km langen Tunnels zwischen Mils (Hall) und Gärberbach (südlich von Innsbruck) angesehen. Aufgrund dieser Massnahmen ist es möglich, einerseits die Kapazität der bestehenden Bahn von derzeit ca. 6 Mio. Nettotonnen auf ca. 13 Mio. Nettotonnen zu erhöhen, und andererseits die Stammstrecke Hall – Innsbruck sowie auch den Hauptbahnhof Innsbruck selbst vom Gütertransitverkehr zu entlasten. Nachdem mit dem Bau des Umfahrungstunnels im Juni 1989 (vgl. Abb. 5) begonnen wurde, dürften die angeführten Massnahmen bis 1993 wirksam werden.

Der Hauptbahnhof Innsbruck – eine neue strukturelle und städtebauliche Chance

Wie einleitend erwähnt, bildeten die im 19. Jahrhundert errichteten Bahnhofsgebäude im Verein mit ihren Vorplätzen städtebauliche und funktionale Ensembles hoher Qualität. Mit der in den letzten Jahrzehnten einsetzenden Zunahme des motorisierten Individualverkehrs sank die Bedeutung des öffentlichen Nahverkehrs, aber auch des schienengebundenen Personenfernverkehrs, was sich auch im Absinken der Gestalt- und Nutzungsqualität von Bahnhöfen und ihrer Umgebung niederschlag. Die Bemühungen der Österreichischen Bundesbahnen, im Fernverkehr und – in Verbindung mit dem innerstädtischen öffentlichen Nahver-

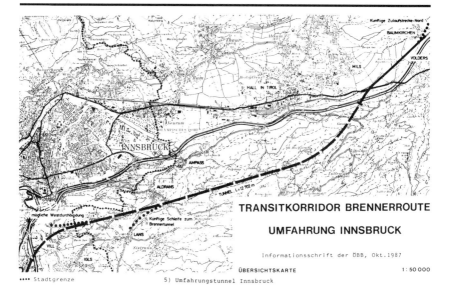

Abb. 5: Umfahrungstunnel Innsbruck

kehr – auch im Regionalverkehr einen neuen Stellenwert zu erlangen, haben neben Massnahmen zur Modernisierung des Streckennetzes und des Wagenparks im Hinblick auf das Konzept «Neue Bahn» auch einen Bahnhofs-Sanierungsplan bewirkt. Diese Vorhaben der ÖBB deckten sich mit Vorschlägen der Stadt Innsbruck und führten im Herbst 1988 zur Einsetzung einer gemeinsamen Arbeitsgruppe ÖBB/Stadt Innsbruck, mit dem Ziel, über einen städtebaulichen Wettbewerb zu konkretisierbaren Vorschlägen für eine Neustrukturierung des gesamten Bahnhofsbereiches zu gelangen.

Ausgehend von ersten Studien[15], die im Auftrag der Stadt Innsbruck durchgeführt wurden, sollen dabei folgende Zielsetzungen verfolgt werden:

– Erweiterung der Angebotspalette im Hauptbahnhof
– Optimierung der Umsteigerelation im Bereich des Bahnhofsvorplatzes zwischen den Verkehrsteilnehmern der Innsbrucker Verkehrsbetriebe untereinander und der ÖBB (vgl. Abb. 6)
– Verbesserung der Fussgängerrelationen zwischen öffentlichem Verkehr und Innenstadt
– Verbesserung des Angebots für den gebrochenen Verkehr (P + R)

Arnold Klotz

Abb. 6: Gestaltungsstudie Südtiroler Platz (Holzer G.)

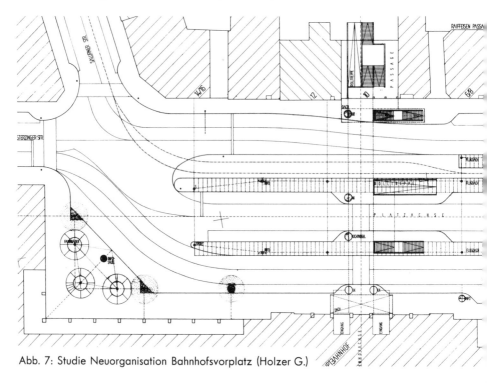

Abb. 7: Studie Neuorganisation Bahnhofsvorplatz (Holzer G.)

Massnahmen dafür sind beispielsweise die Konzentration der Haltestellenbereiche für Bus und Strassenbahn in der Platzmitte (vgl. Abb. 7) oder attraktive Fussgängerpassagen, die über Treppen (Rolltreppen) an die Haltestellen des innerstädtischen Verkehrs angebunden sind. Durch eine Hoch-/Tiefgarage im Bereich des Bahnhofsvorplatzes könnte sowohl Parkraum für Bahnkunden als auch die Voraussetzung für Verkehrsberuhigungsmassnahmen im angrenzenden Stadtteil Wilten geschaffen werden.

Der Bahnhofsvorplatz wird, mit seinem Ausmass von 50 × 220 m, nach wie vor ein Platz mit hoher Verkehrsdichte sein, wobei jedoch der optische Eindruck durch entsprechende Massnahmen wesentlich verbessert werden kann. Diese beschränken sich nicht nur auf die Einrichtungen am Platz selbst, sondern

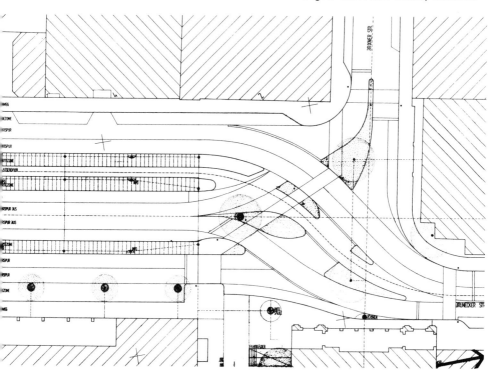

umfassen auch die Platzwände, insbesondere zwei Häuser, die neu zu gestalten wären. In diesem Zusammenhang ist auch das Bahnhofsgebäude zu sehen. Das heutige Gebäude des Hauptbahnhofes ist das Ergebnis eines Wettbewerbes aus den 50er Jahren und stellt einen interessanten architektonischen Beitrag aus der damaligen Zeit dar. Dem Ziel entsprechend, den Bahnhof zu einem zeitgemässen, funktionalen und gestalterischen Schwerpunkt in der Struktur der Gesamtstadt zu entwickeln, wurde bezüglich der städtebaulichen Möglichkeiten seitens der Stadt Innsbruck vorgeschlagen, den Bahnhof aufzustocken bzw. kleinere Bereiche über den Gleisanlagen zu überbauen, wodurch jedenfalls ein Anstoss zur Erweiterung des Flächenangebotes im Hauptbahnhof gesetzt werden könnte.

In einer im Auftrag der Verkaufsdirektion der ÖBB erstellten Studie[16] wurden folgende neue Nutzungsmöglichkeiten für den Bahnhof als denkbar angesehen:

– Erweiterung des Geschäfts- und Dienstleistungsangebotes in bezug auf den regionalen, nationalen und internationalen Bahnkunden
– Schaffung eines Restaurants der gehobenen Kategorie
– Schaffung eines 4-Sterne-Hotels insbesondere im Hinblick auf den Geschäftstourismus

Alle zukünftigen Nutzungserweiterungen sollten dazu beitragen, den Hauptbahnhof als Verknüpfungspunkt dem Zu-, Um- oder Aussteigenden in funktionaler und gestalterischer Qualität jenes Ambiente zu bieten, das dem Bahnkunden zum bewussten Erlebnis wird und damit indirekt auch eine höhere Akzeptanz der öffentlichen Verkehrsträger bewirken kann. Nachdem über diese Zielsetzung bei allen Beteiligten Konsens besteht und das Interesse privater Investoren geweckt werden konnte, erscheint – aufbauend auf den Ergebnissen des im Laufe des Jahres 1989 auszuschreibenden städtebaulichen Wettbewerbes – eine Neustrukturierung des Bahnhofareals in den nächsten Jahren durchaus realistisch.

Zusammenfassend betrachtet liegt heute die Chance, möglichst umweltschonend Verkehrsnachfragen, insbesondere für den Güter(transit)verkehr, aber auch für den Personen-Nah- und Fernverkehr, durch den Verkehrsträger Eisenbahn abzudecken. Deshalb sind alle Anstrengungen darauf zu konzentrieren, die

Eisenbahn leistungsfähig auf die neuen Anforderungen umzurüsten und, wo notwendig, z.B. in den Bahnhofsbereichen, neue Anlagen zu schaffen.

Anmerkungen

[1] Zwanowetz, G.: Eisenbahngeschichte, die Anfänge der Tiroler Eisenbahngeschichte, in: Tiroler Wirtschaftsstudien, Innsbruck, 1962, S. 9

[2] vgl. dazu: Dultinger, J.: Tiroler Schienenwege, in: Tiroler Wirtschaftsstudien, 10. Folge, Innsbruck 1961, S. 73-80

[3] vgl. dazu: Innerebner, K.: Die Mittenwaldbahn (Karwendelbahn), in: Tiroler Wirtschaftsstudien, 10. Folge, Innsbruck 1961, S. 115f

[4] Dultinger, J.: a.a.O., S. 75

[5] Hye, F.H.: Von bürgerlicher Repräsentation zum Dienstleistungsbetrieb – Die Tiroler Stadt im 19. und 20. Jahrhundert, in: Beiträge zur Geschichte der Städte Mitteleuropas, Linz/Donau 1984

[6] Eppacher, W.: 100 Jahre Bahnviadukt, in: Amtsblatt der Landeshauptstadt Innsbruck, 21. Jg., April 1958, S. 39

[7] Sieverts, Th.: Zwischen Bahnhof und Stadt, in: Stadtbauwelt 1979, Sept. 1983, S. 231

[8] ebenda, S. 230f

[9] vgl. dazu: Fritz, H.: Memorandum zum Schema einer Stadtregulierung, Masch.Man. Februar 1949, (Archiv Stadtplanung)

[10] Schreiben Speer's an den Reichsschatzminister Schwarz vom 19.2.1941, Zitat bei Dülffer-Thies-Henke, Hitlers Städte und allgemeine Dokumente, Köln – Wien 1978, S. 70

[11] vgl. dazu: Klotz, A.: Stadtplanung und Städtebau in Innsbruck in den Jahren 1938-1945, in: Beiträge zur Geschichte Mitteleuropas, Band 8, Linz/Donau 1984, S. 196ff

[12] vgl. dazu: Mayr, O.: Generalbebauungsplan der Landeshauptstadt Innsbruck, Innsbruck 1945, (Archiv Stadtplanung)

[13] vgl. dazu: Erläuterungen zum Flächenwidmungsplan Nr. 296 undat. Masch.Man., (um 1950 Archiv Stadtplanung)

[14] Tiroler Verkehrskonzept, Amt d. Tiroler Landesregierung, Innsbruck 1986

[15] Holzer, G.: Gestaltungsstudie Hauptbahnhof Innsbruck, im Auftrag des Stadtplanungsamtes Innsbruck, Innsbruck 1988

[16] Stickler, H., Wagner, J.: Standortanalyse Innsbruck Hauptbahnhof, im Auftrag der ÖBB-Direktion, Ibk./Wien 1988

Friedrich Moser

Ein Beitrag zur Festschrift für Jakob Maurer soll dem Grenzgänger zwischen Planung und Gestaltung gewidmet sein. Immer stärker entwickelt sich das Bewusstsein dafür, dass unterschiedliche Standpunkte zu räumlichen Phänomenen, unterschiedliche Meinungen zu Planung, Entwicklung und Gestaltung des Lebensraumes, eines erhöhten Koordinationsaufwandes bedürfen.

Jakob Maurer hat in diesem Sinne als Vorsitzender in Jurys der bedeutendsten stadträumlichen Wettbewerbe in Wien mit Erfolg gewirkt. Es war dies jedoch keine allgemein bekannte Wettbewerbstätigkeit, sondern es ging primär um die Umsetzung von Planungs- und Gestaltungsvorstellungen in die Verwaltung. Dies setzt die Entwicklung von Verfahrensweisen und Organisationsformen voraus, die als Folge einer gesetzten Entscheidung auch tatsächlich eine schrittweise Umsetzung der Planung ermöglichen.

Das im Beitrag betrachtete Segment versucht eine blitzlichtartige Parallele gemeinsamen Denkens aufzuzeigen.

Stadterneuerung, aktuelle Aufgabe der Stadtgestaltung

Stadterneuerung als wichtige kommunale Aufgabe, ist als Teil der Stadtentwicklungsplanung zu verstehen. Gleichzeitig ist sie jedoch auch wichtigster Teil der *Stadtgestaltung.*

Stadtgestaltung und Stadtentwicklung sind als zwei sich ergänzende, aufeinander abzustimmende Aufgaben zu verstehen.

Die Erfahrungen in der örtlichen Raumplanung haben gezeigt, dass jegliche Planung an der erzielten Gestalt gemessen wird.

Fragen der Gestaltung sind deshalb von zunehmender Bedeutung, weil sie auch als Mittel der Identifikation der Bürger mit ihrem Lebensraum zu sehen sind.

Ein Mangel an Identifikationsmöglichkeiten führt zu den bekannten Erscheinungen wie Stadtflucht, Frustration und mangelndem Interesse an Belangen der Wohnumwelt in der Gemeinschaft.

Bei weiterem Fortschreiten dieser Symptome und Verhaltensweisen werden sich mit Sicherheit die Problemgebiete der Stadterneuerung zu Slumgebieten entwickeln.

Stadterneuerung bedingt jedoch in gewissem Umfang die Stadterweiterung. Durch Strukturverbesserung, Verbesserung der Wohnqualität, Beseitigung der Substandardwohnungen, Schaffung von Naherholungsflächen und Flächen für den ruhenden Verkehr in Erneuerungsgebieten entsteht ein zusätzlicher Bedarf an Wohnungen und Folgeeinrichtungen in Erweiterungsgebieten, aber ebenso in Gebieten, wo eine innere Stadterweiterung durch Strukturanpassung sinnvoll erscheint. Denn Stadterneuerung ist nicht die Erneuerung der Stadtstruktur allein, sondern vielmehr auch eine Aufgabe, die für und mit dem Menschen zu leisten ist.

Dies bedingt besondere Vorgangsweisen, besondere Formen der Zusammenarbeit und des Zusammenwirkens. Es muss mit aller Deutlichkeit darauf hingewiesen werden, dass Lösungsansätze in der Stadterneuerung und Stadtgestaltung nur zu finden sein werden, wenn es gelingt, vielfältige Initiativen zu wecken sowie Betroffene und Beteiligte für die gestellte Aufgabe zu motivieren.

Voraussetzungen für die Erreichung des gesetzten Zieles sind unter anderem:

— Abbau von Barrieren zwischen unterschiedlichen Gruppen
— Rückgewinnung des Vertrauens in die Verwaltung und Kommunalpolitik
— Schaffung von geeigneten Organisationsformen in der Kontaktzone zwischen Bürger und Planungsverwaltung
— Sicherung des Mitspracherechtes
— Angebot an Gestaltungsvorstellungen und Alternativen (vgl. Abb. I)
— Abgrenzung der Problemgebiete und gleichzeitige Bearbeitung der wichtigsten Schwerpunkte (keine punktuelle Stadterneuerung)
— Erkennen (Einschätzung) der Langzeitwirkung der zu setzenden Massnahmen

Geographisches Institut der Universität Kiel

Friedrich Moser

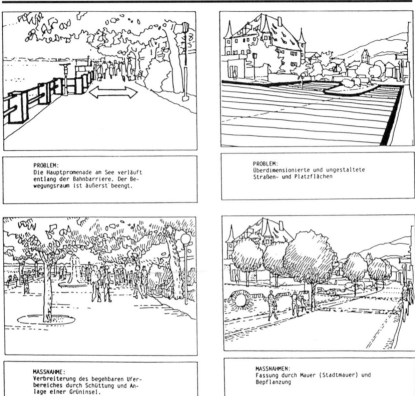

Abb. 1: Problem-Massnahmenkatalog

(es sind keine politischen Tageserfolge zu erwarten)
- Verbesserung der rechtlichen und finanziellen Möglichkeiten.

Stadterneuerung als Beitrag zur Stadtgestaltung

Erkennt man in der Stadterneuerung einen wichtigen Beitrag zur Stadtgestaltung, so wird die Forderung nach Einleitung einer Bearbeitungsphase grösseren Ausmasses verständlich. Denn Stadterneuerung heisst nicht:

- Flächensanierung
- Abbruch und Wiederaufbau

BEREICHS CHARAKTERISTIK	MERKMALE DER RAUMBEGRENZUNG
BEREICH I KERNZONE	UND RAUMMARKIERUNG

 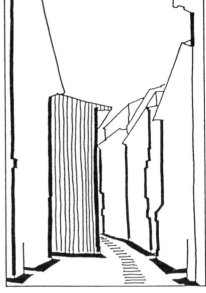

Abb. 2: Räumliche Analyse

- geschlossene Bebauungsweise durch einmündende Gassen unterbrochen
- gekrümmter Fluchtlinienverlauf
- wechselndes Raumprofil weit - eng. (Torsituation)
- Raummarkierung durch Raumkanten und freigestelltem Baukörper
- durch Torsituation verdeutlichte Raumverbindung

— Erfüllung der Bauklassen
— Ausnutzung maximaler Dichten

sondern primär:

— Rückgewinnung von städtischen Lebensräumen
— Rekonstruktionsversuch menschlicher Heimat
— Berücksichtigung unterschiedlicher Gestaltungsqualität
— Abgrenzung und Erhaltung der Charakteristik von Stadtvierteln, Bereichen, Platz- und Strassenräumen (vgl. Abb. 2)

- Gliederung und Gestaltung der Bereiche, Platz- und Strassenräume unter Beachtung von Orientierung, Identifikation und Massstab.

Der aktuelle Schwerpunkt der Stadterneuerung sollte Anlass geben, das Schlagwort von der «Bürgernähe» durch Begründung von Arbeitskreisen für Stadterneuerung und Stadtgestaltung zu «konkretisieren».

Aus der politischen Aktualität der Aufgabe sollte unter anderem der Schluss gezogen werden, dass Belange der Stadterneuerung und Stadtgestaltung als eigener Schwerpunkt parallel zur Stadtentwicklungsplanung und mit dieser koordiniert zu bearbeiten sind. Nur so können Lösungsansätze rechtzeitig gefunden und in den gesamten Planungsprozess eingebracht werden.

Die übergeordneten Ziele der Stadtentwicklungspolitik sind für den Bürger nicht verständlich und konkret genug. Stadtgestaltungskonzepte, in anschaulicher Weise dargestellt, sollen den Dialog zwischen Entscheidungsträgern, Betroffenen und Beteiligten ermöglichen. (vgl. Abb. 3)

Massnahmen der Stadterneuerung und Erhaltung müssen auf interdisziplinär abgesicherten Grundlagen aufgebaut sein, um der ressortübergreifenden Aufgabe gerecht werden zu können.

Dies erfordert jedenfalls eine Überprüfung der bisher angewandten Planungs-, Informations- und Verhandlungsmethoden. Erfahrungen mit der «öffentlichen Planung» in anderen österreichischen und europäischen Gemeinden sollen kritisch geprüft und allenfalls als Modellformen eingesetzt werden.

Sachlich ist der Aufgabenbereich von Stadterneuerung und Stadtgestaltung mit nahezu allen Ressorts verflochten. Der unterschiedliche Verflechtungsgrad geht aus der Geschäftseinteilung für den Magistrat der Stadt Wien hervor, die in kurzer Form dargestellt werden soll:

1. **Geschäftsgruppe Stadtentwicklung, Stadtplanung und Personal**
- Generelle Planung der städtebaulichen Gestaltung des Stadtgebietes
- Standortplanung für Bauland, Verkehrsflächen und Grünland

Abb. 3: Darstellung von Zielen, ein Beispiel

- Planung der Art und des Ausmasses der Nutzungen der einzelnen Widmungsgebiete
- Stadtgestaltung, Beratung aller Dienststellen des Magistrates und der städtischen Unternehmungen in «architektonischen und gestaltungsmässigen Belangen»
- Städtebauliche Detailbearbeitung von Entwürfen zur Abänderung des Flächenwidmungs- und Bebauungsplanes
- Untersuchungen auf dem Gebiete des Umweltschutzes
- Verkehrsgutachten für Bauten jeder Art
- Verkehrstechnische Begutachtung von Projekten des Strassen- und Brückenbaues

Probleme:

Die Wirksamkeit von Stadtplanungsmassnahmen wird zunehmend an der erzielten Gestalt gemessen. Stadtgestaltung ist daher als vielfältige Aufgabe zu sehen, die alle Sachbereiche der Planung umfasst. Sie kann sich nicht in der Beratung «in architektonischen und gestaltungsmässigen Belangen» erschöpfen. Die einzelnen Fachgebiete sind vielmehr als Teile einer Gesamtgestalt zu betrachten (das Ganze ist mehr als die Summe seiner Teile).

2. Geschäftsgruppe Finanzen und Wirtschaftspolitik

- Erstattung von Vorschlägen in Fragen der Stadtentwicklung aus wirtschaftlicher Sicht
- Vorbereitung von Zeitplänen und Kosten/Nutzenberechnungen für die wirtschaftliche Entwicklung der Stadt

Probleme:
Stadterneuerung ist ein langfristiger Prozess und daher wirtschaftlich schwer erfassbar. Durch Strukturänderungen entstehen langfristig Folgekosten; Einrichtungen der technischen Infrastruktur sind in Erneuerungsgebieten zwar vorhanden, jedoch erneuerungsbedürftig. Zu beachten ist, dass eine nicht bewältigte Erneuerung grossflächiger Bereiche der Stadt zur Verslumung führt und die Sanierung von Slums wesentlich höhere Kosten erfordern wird.

3. Geschäftsgruppe Bildung, Jugend, Familie und Soziales

- Errichtung von Gemeinschaftsbauten für Erwachsenen- und Jugendbildung.
- Mitwirkung bei der Planung von Kindertagesheim- und Jugendfürsorgeeinrichtungen
- Einrichtung und Durchführung von sozialen Diensten
- Gewährung von Mietzinsbeihilfen und Wohnbeihilfen

Probleme:
Durch Strukturänderungen entsteht ein Bedarf an Einrichtungen für Bildung, Kommunikation und Sozialwesen.

4. Geschäftsgruppe Kultur

- Stadt-Ortsbilderhaltung, Schutzzonen
- Museen

Probleme:

Wirksame Ortsbilderhaltung erfordert eine lückenlose Erfassung der Ortsbildqualität. An die Gestaltqualität öffentlicher Bauten sind höchste Anforderungen zu stellen (Identifikation). Durch Strukturänderungen entsteht ein Bedarf an Einrichtungen der kulturellen Infrastruktur.

5. Geschäftsgruppe Gesundheits- und Spitalwesen

- Ärztliche Mitwirkung bei der Stadt- und Landesplanung, bei der Bau- und Gewerbepolizei, sowie bei Massnahmen zur Lärmbekämpfung und Luftreinhaltung
- Bau-, Arbeits-, Ernährungs- und Wohnungshygiene, Begutachtung sanitärer Übelstände und Antragstellung zu ihrer Behebung

Probleme:

Bestehende stadthygienische Missstände charakterisieren insbesondere die Erneuerungsgebiete. Eine Verbesserung der Wohnumwelt hängt daher von der Erfassung und weitgehenden Beseitigung dieser Missstände ab.

6. Geschäftsgruppe Konsumentenschutz, Frauenfragen, Recht und Bürgerdienst

- Direktinformation der Bevölkerung, Bürgerservice
- Meinungsforschung, Presseförderung
- Umweltpolitik
- Landschaftspflege und Grünflächensicherung

Probleme:

Die Stadterneuerungsgebiete sind überwiegend charakterisiert durch hohe Bebauungs- und Bevölkerungsdichten, daher kommt der Grünflächensicherung und dem Umweltschutz erhöhte Bedeutung zu. Stadterneuerung ohne Bürgerbeteiligung ist undenkbar; Meinungen und Wünsche der Bürger sind zu erforschen und in den Planungsprozess einzubeziehen.

7. Geschäftsgruppe Umwelt, Freizeit und Sport

- Förderung des Breitensports, Errichtung, Erhaltung und Betrieb von städtischen Sportstätten, Sportaktionen
- Betrieb und Erhaltung der städtischen Bäder
- Stadtreinigung

Probleme:
Durch Strukturveränderungen im Zuge der Stadterneuerung (Änderung der Bevölkerungs-, Alters- und Sozialstruktur) entsteht ein Bedarf an Einrichtungen und Anlagen für Sport und Spiel. Verbesserung der Wohnqualität in Erneuerungsgebieten bedeutet unter anderem bessere Ausstattung mit Sport, Spiel- und Freizeiteinrichtungen.

8. Geschäftsgruppe Wohnbau und Stadterneuerung

- Wohnbaupolitik, Wohnbauförderung, Wohnungsverbesserung, Stadterneuerung und Bodenbeschaffung
- Information und Beratung in Wohnungsangelegenheiten
- Baudurchführung für den Bereich der Stadt Wien, Koordination der Bauführung im Bereich des Hoch- und Tiefbaues
- Bauausführung der städtischen Wohnhausneubauten
- Stellungnahme zu Entwürfen der Landes- und Stadtplanung, soweit sie Strassenneu- und Umbauten bedingen.

Probleme:
Eine wirksame Stadterneuerung erfordert den gezielten Einsatz aller Mittel,

wobei insbesondere die Rolle der Stadterneuerung im Gesamtgefüge der Stadt zu beachten sein wird.

Anstelle einseitiger Information muss der Dialog zwischen Betroffenen, Beteiligten, Verantwortlichen und Planern treten.

In der Baudurchführung werden Einzelentscheidungen gestaltwirksam. Die Einfügung und Einordnung von Bauten aller Fachbereiche in den städtebaulichen Raum ist daher besonders wichtig.

9. Geschäftsgruppe Energie und Verkehr

- Öffentlicher Verkehr
- Strassenneu- und Umbauten
- Baudurchführung für den Bereich der Stadt Wien, Koordinierung der Bauführung im Bereich des Hoch- und Tiefbaues

Probleme:
Wichtiges Ziel der Stadterneuerung ist die Verbesserung der Wohnqualität. Ein Mittel zur Erreichung dieses Zieles ist die Verbesserung der Erreichbarkeit städtischer Zentren und Teilzentren mit leistungsfähigen öffentlichen Verkehrsmitteln. Öffentlicher Nahverkehr und Individualverkehr sind als sich ergänzende und nicht konkurrierende Sachbereiche zu verstehen.

In der Baudurchführung werden Einzelentscheidungen gestaltwirksam. Die Einfügung und Einordnung von Bauten aller Fachbereiche in den städtebaulichen Raum ist daher besonders wichtig.

Organisationsvorschlag

Die Koordination der internen organisatorischen und technischen Massnahmen des Magistrates sowie zwischen dem Magistrat und Einrichtungen ausserhalb des Magistrates erfolgt durch die Magistratsdirektion (Magistratsdirektor).

Neben den vielfältigen internen Aufgaben obliegen dem Magistratsdirektor jedoch auch grundsätzliche Angelegenheiten der Kooperation, Information und Koordination im Bereich der Stadt Wien sowie die Entscheidungsvorbereitung der Stadtentwicklungspolitik im Zusammenwirken mit der für die Stadtplanung zuständigen Geschäftsgruppe des Magistrates.

Wie aus der demonstrativen Aufzählung der auf Stadterneuerung und Stadtgestaltung bezogenen Aufgaben des Magistrates hervorgeht, sind an diesen grundsätzlichen Angelegenheiten jedoch mehr oder weniger alle Geschäftsgruppen des Magistrates beteiligt, sodass sich die Notwendigkeit des Zusammenwirkens aller Geschäftsgruppen ergibt.

Der hohe Verflechtungsgrad erfordert daher langfristig die Schaffung einer Organisationsform, die geeignet ist, sowohl die internen, als auch die externen Aufgaben und Massnahmen der Verwaltung zu steuern.

Kurzfristig sollte eine solche Schaltstelle beim Magistratsdirektor eingerichtet werden und vorläufig eine eingeschränkte, aber umso wichtigere Aufgabe wahrnehmen, nämlich jene der Stadterneuerung und Stadtgestaltung.

Ein «Büro für Stadterneuerung und Stadtgestaltung» müsste aus externen und internen Fachleuten und Mitarbeitern zusammengesetzt sein und hätte vor allem die Aufgabe, die unterbrochenen Kontakte zwischen Bürgern, Betroffenen, Beteiligten, Experten, Verwaltung und Politikern wiederherzustellen.

Diese «Schaltstelle» sollte keinesfalls den Anschein einer Geschäftsgruppe oder einer Magistratsabteilung haben. Daher wäre eine Bezeichnung wie «Büro für Stadterneuerung und Stadtgestaltung», «Verbindungsstelle für Stadterneuerung und Stadtgestaltung» oder «Kontaktstelle für Stadterneuerung und Stadtgestaltung» zu wählen.

Es wird in nächster Zeit nicht darum gehen, perfekte Reformpläne zu entwickeln, sondern einfache, verständliche Formen der Zusammenarbeit und des Zusammenlebens auf verschiedensten Ebenen, unter Beachtung der Fachbereiche

— Stadtstruktur
— Stadtgestaltung
— Stadtgesellschaft.

Um die Funktionsfähigkeit der Fachverwaltung nicht durch neue interne Organisationsformen zu stören, wäre es vorteilhaft, externe Fachvertreter für die angeführten Fachbereiche mit beratender Funktion in diese neu zu schaffende Verbindungsstelle zu berufen. Aufgrund der Geschäftsverteilung wäre ein «Büro für Stadterneuerung und Stadtgestaltung» beim Magistratsdirektor einzurichten und jedenfalls interdisziplinär zu besetzen.

Friedrich Schmid und Sepp Snizek

Die Verkehrspolitik der Stadt Wien und der Handlungsbedarf aufgrund der Empfehlungen der Gürtelkommission

1. Vorbemerkung

Eine verantwortungsbewusste Stadtpolitik kann auf vorausschauende Konzepte nicht verzichten. Aufgrund dessen wurde bereits im Jahre 1980 mit der *Verkehrskonzeption* ein erster Teil des als umfassendes Entwicklungskonzept zu verstehenden *Stadtentwicklungsplanes für Wien* vorgelegt. Unter Berücksichtigung der sozialen, kulturellen und finanziellen Gegebenheiten wurden ein zielorientierter kommunaler Entwicklungsplan aufgestellt und die zeitliche Verwirklichung der einzelnen Lösungsmöglichkeiten angegeben. Diese müssen sich vor allem nach den räumlichen Gegebenheiten, den verfügbaren finanziellen Mitteln und den personellen Voraussetzungen richten. Dadurch kann erreicht werden, dass sich die Erwartungen nicht nur an den Forderungen, sondern auch an den Verwirklichungsmöglichkeiten orientieren.

Fatal wäre es, wenn die Stadt Wien ihrer Entwicklung, ihrer Veränderung und ihrem Wachstum taten-, vor allem aber planlos zusehen müsste.

Vor diesem Hintergrund hat die Stadt Wien sehr bald nach den Beschlüssen zur Verkehrskonzeption und zum Stadtentwicklungsplan zur konkreten offenen Frage der Lösung der städtebaulichen, insbesondere der Umweltprobleme im Bereich *Gürtel, Süd- und Westeinfahrt* eine besondere Projektorganisation eingesetzt (vgl. Abb. 1), im Rahmen derer *Prof. Dr. Jakob Maurer* die verantwortungsvolle Leitung in bewährter Manier innehatte.

In einem auf drei Jahre befristeten Verfahren wurde versucht, im Zusammenwirken von Fachleuten der Verwaltung, der freien Berufe sowie weiterer Fachleute aus dem In- und Ausland und unter Verwendung aller greifbaren Kenntnisse und Erfahrungen geeignete Massnahmenvorschläge zu erarbeiten. Diese sind in dem Sinne konkrete Vorschläge zu Vorgangsweisen, wie sie in der Verkehrskonzeption und im Stadtentwicklungsplan als Lösungsmöglichkeiten vorgezeichnet waren. Im Rahmen dieses besonderen Verfahrens wurden mittels Glaubwürdigkeit, Sachkompetenz und Verantwortungsgefühl Verhaltens- und Meinungsände-

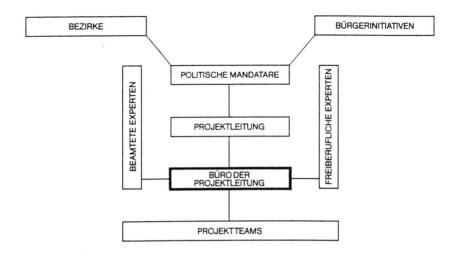

Abb. 1: Schema der Projektorganisation Gürtel, Süd- und Westeinfahrt

rungen zugunsten der Sache herbeigeführt und *konkrete Lösungsvorschläge* für die städtischen Bereiche des Wiener Gürtels sowie der Wiener Süd- und Westeinfahrt erarbeitet.

Hiebei wurde von der Auffassung ausgegangen, dass es bei der Gesundung unserer Städte nicht nur um die Lösung von Verkehrsproblemen gehen kann, sondern um eine durchgreifende Verbesserung jener Rahmenbedingungen, die eine Stadterneuerung – und damit den fortwährenden Umbau unserer Städte – mit dem Ziel einer fühlbaren *Erhöhung der Lebensqualität der Bewohner* zulässt.

Trotzdem wollen wir uns im folgenden – nicht zuletzt, weil dies unser Metier ist – ausschliesslich mit den Fragen der Verkehrspolitik in Wien, dem Verkehrsverhalten der Wiener, den verkehrlichen Grundsätzen, nach denen die «Gürtelkommission» ihre Empfehlungen gestaltete und mit den Massnahmen, welche daraus abgeleitet werden müssen, befassen.

Grundsätzlich lässt sich jedoch feststellen, dass viele, um nicht zu sagen alle, nachfolgend behandelten Aspekte für viele europäische Städte von Bedeutung sind.

2. Ausgangslage und Trends

2.1 Verkehrsverhalten

Das Verkehrsgeschehen in Wien ist von bestehenden Verhaltensmustern geprägt. Derzeit unternimmt der Wiener im Durchschnitt 2,75 Wege pro Tag. 1971 lag die Anzahl der Wege pro mobiler Person noch um 20 % niedriger und der Anteil der nicht Mobilen um 15 % höher — d.h. die Wiener sind mobiler geworden.

Die Aufteilung der täglichen Wege auf die Verkehrsmittelgruppen ergibt sich heute zu

26 % nichtmotorisierter Verkehr (NMV),
37 % motorisierter Individualverkehr (MIV) und
37 % öffentlicher Personennahverkehr (ÖPNV).

Die Entwicklung seit 1970 ergibt, dass der Anteil der ÖPNV-Wege der Wiener Wohnbevölkerung angestiegen ist (vgl. Abb. 2). Diese Erhöhung kann neben der Umstellung auf Zeitkarten und der Einführung des Verkehrsverbundes Ost-Region (VOR) wohl vor allem auf die im letzten Jahrzehnt erfolgte Einrichtung des U-Bahn-Netzes zurückgeführt werden. 37 % der ÖPNV-Wege werden ausschliesslich oder teilweise mit der U-Bahn zurückgelegt!

Die verkehrspolitisch angestrebte Reduktion der Absolutmenge an motorisiertem Individualverkehr ist jedoch bisher nicht gelungen.

Die weiterhin bestehende hohe Attraktivität des Pkw ist wie folgt begründet:

- Die weiterhin ansteigende Motorisierung führt zur Zunahme der Pkw-Verfügbarkeit und damit zur Verwendung des Fahrzeuges: Pkw-Besitzer wählen im Durchschnitt zu 66 % ihr Fahrzeug als Verkehrsmittel für eine bestimmte Fahrt.
- Die Parkraumschwierigkeiten am Abstellort sind in Wien vergleichsweise gering: 60 % der Pkw-Besitzer haben kostenlose Abstellplätze am Arbeitsort und 50 % der Pkw-Besitzer nutzen diesen kostenlosen Abstellort.
- Zeit- und Komfortgründe dominieren das Wahlverhalten zugunsten des Pkw: Mehr als der Hälfte der Pkw-Fahrer ist der ÖPNV als Alternative zu lange unterwegs.

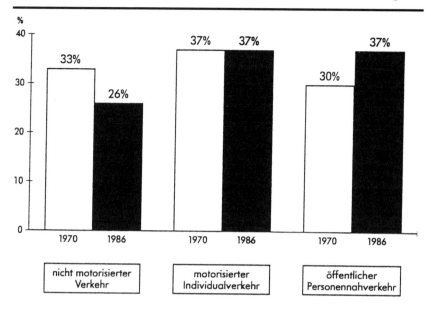

Abb. 2: Verkehrsmittelwahl im Zeitvergleich

2.2 Nichtmotorisierter Verkehr

Im Vergleich der europäischen Städte zeigt Wien mit 22 % Fusswegen und 3 % Fahrradfahrten einen sehr geringen Anteil von nichtmotorisiertem Verkehr.

Fussgänger

Die Fusswege haben relativ und absolut stark abgenommen. Die Ursachen liegen vor allem in der durch die Siedlungsentwicklung bedingten zunehmenden Wegentfernung, die Einführung der Schülerfreifahrt und dem zunehmenden Konflikt mit dem motorisierten Individualverkehr. In vielen Wohngebieten wurden die Stellflächen für parkende Kraftfahrzeuge auf Kosten der Gehsteigbreiten vergrössert. Ohne wirksame Förderung wird der Anteil an Fusswegen weiter sinken.

Die besondere Gefährdung der Fussgänger wird in der Unfallstatistik deutlich. Von den 1987 bei Verkehrsunfällen in Wien 9 042 Verunglückten waren 2 038 oder 23 % Fussgänger. Von den 73 Toten waren 36 (= 49 %) Fussgänger.

Radverkehr

Der extrem niedrige Anteil des Radverkehrs zeigt, dass es bisher in Wien noch nicht gelungen ist, eine entsprechende Annahme dieses Verkehrsmittels zu erreichen. Obwohl bereits rund 216 km Radwege (Stand Ende 1987) existieren, besteht im dichtbebauten Stadtgebiet noch ein grosser Angebotsmangel, und vor allem kein sinnvoll zusammenhängendes Netz.

2.3 Öffentlicher Personennahverkehr

Obwohl der Anteil von 37 % des ÖPNV an allen Wegen in Wien im Vergleich mit anderen Städten hoch liegt (vgl. Abb. 3), bestehen weitreichende Mängel in der Versorgungsqualität des Stadtgebietes mit öffentlichem Personennahverkehr. Das trifft vor allem auf die Gebiete ausserhalb des Einzugsbereiches der U-Bahn zu.

In den von U- und S-Bahn sowie den wichtigsten Strassenbahnlinien voll erschlossenen Gebieten übersteigt die Zahl der ÖPNV-Fahrten jene der MIV-Fahrten, in den teilweise erschlossenen Gebieten halten sich beide Anteile ungefähr die Waage und ausserhalb dieses Bereiches dominiert der motorisierte Individualverkehr (vgl. Abb. 4).

Auch das Zusammenwirken des öffentlichen mit dem Kraftfahrzeugverkehr muss in Wien noch als mangelhaft bezeichnet werden. Strassenbahn- und Busverkehr leiden unter starken Behinderungen durch den Kfz-Verkehr.

In Wien fehlen bislang jegliche Versuche flexibler, bedarfsorientierter Betriebsformen für Gebiete und Zeiten schwacher Nachfrage, wie z.B. Rufbus, Linientaxi oder Anrufsammeltaxi.

2.4 Kraftfahrzeugverkehr

Wird der gegenwärtigen Entwicklung verkehrspolitisch nicht wirksam gegengesteuert, so ist weiterhin mit einer Zunahme des Kraftfahrzeugverkehrs zu rechnen. Dies zeigt die Analyse des Verkehrsverhaltens. Der noch keiner Sättigung

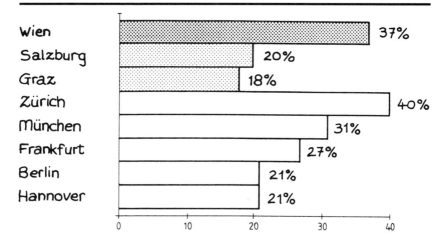

Abb. 3: ÖPNV-Anteil im Städtevergleich

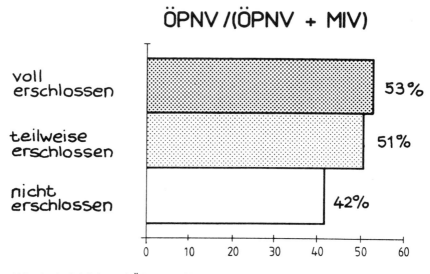

Abb. 4: Modal Split und ÖPNV-Erschliessung

zustrebende Anstieg der Motorisierung wird zu einer weiteren Zunahme der Pkw-Benützung führen.

Bei Berücksichtigung der abschätzbaren Entwicklung von Altersverteilung, Berufstätigkeit, Pkw-Verfügbarkeit bzw. Motorisierung ist bis zur Jahrtausendwende mit einem Anwachsen des Anteiles des motorisierten Individualverkehrs um 5-10 % zu rechnen.

2.5 Verkehrssteuerung und Verkehrsorganisation

Die bestehenden Verkehrssteuerungsmassnahmen sind in Wien nach wie vor vielfach auf den Kraftfahrzeugverkehr ausgerichtet.

Zum Schutz der Wohnbevölkerung vor Schwerverkehrslärm gilt in den Nachtstunden (23.00–4.30 Uhr) ein Fahrverbot für Lkw's über 3,5 t. Hinsichtlich der Verkehrsberuhigung existiert eine Reihe von lokalen Massnahmen, prinzipielle Lösungen fehlen jedoch.

Die strassenräumliche Verkehrsberuhigung beschränkt sich auf Anliegerstrassen in Form von Wohnstrassen und flächenhaften Verkehrsorganisationen zur Verdrängung des gebietsfremden Verkehrs.

2.6 Ruhender Verkehr

Auf dem Sektor des ruhenden Verkehrs herrscht in Wien eine in vieler Hinsicht mangelhafte Situation, die im Vergleich mit anderen westeuropäischen Grossstädten dramatisch und einzigartig ist.

Nahezu im gesamten dichtbebauten Gebiet von Wien besteht Parkplatzmangel für die Wohnbevölkerung. Bisher ist es noch nicht einmal ansatzweise gelungen, Parkraum für die Wohnbevölkerung ausserhalb des Strassenraumes zu schaffen. Der wachsende Parkraumbedarf wurde zumeist durch Umorganisation des Strassenraumes (Einbahnführungen mit Schrägparkern) gewonnen.

In den Geschäftsgebieten wurden zwar ausgedehnte, gebührenpflichtige Kurzparkzonen eingerichtet, niedrige Tarife und mangelnde Überwachung beschränken jedoch die Wirksamkeit dieser Massnahme zur Eindämmung des Kraftfahrzeug-orientierten Berufsverkehrs.

Mittelfristig ist im dichtbebauten Stadtgebiet eher eine Verschärfung des Parkraummangels zu erwarten.

3. Ziele der Wiener Verkehrspolitik

Im Rahmen der sämtliche Wirkungsbereiche umfassenden Grundsätze zur Stadtentwicklung besteht das Hauptziel der Verkehrspolitik darin, den *Kraftfahrzeugverkehr* auf das *notwendige Mass* zu reduzieren, denn nur dadurch können die negativen Umweltauswirkungen reduziert werden. Daher sind aus strukturellen Gründen alle jene Kraftfahrzeugfahrten einzuschränken, für die zumutbare Alternativen bestehen. Daraus ergeben sich folgende Prioritäten hinsichtlich des Ausmasses an notwendigem Kraftfahrzeugverkehr:
1. Wirtschaftsverkehr (Personen und Güter)
2. Einkaufs- und Erledigungsverkehr
3. Freizeitverkehr
4. Berufspendelverkehr

Keine weitere Erhöhung des motorisierten Individualverkehrs mehr, sondern die *Verlagerung* von rund *10 %* der gegenwärtigen Kraftfahrzeugfahrten zum ÖPNV wird als realistisches Ziel erachtet. *Es gilt, dieses Verlagerungspotential voll auszuschöpfen.*

Ansatzpunkte zur erwünschten Verlagerung bieten Personengruppen und Fahrtzwecke, die heute einen überdurchschnittlichen Anteil an motorisiertem Individualverkehr aufweisen: Es sind dies vor allem die Berufstätigen mit kostenlosem Abstellplatz am Arbeitsort und die Wege zur geschäftlichen Erledigung, zur Freizeit und zur Arbeit.

Im verkehrspolitischen Bereich muss die grundsätzlich unbestrittene *Trendwende* vom noch immer wachsenden motorisierten Individualverkehr zur umfassenden Forcierung des öffentlichen und nichtmotorisierten Verkehrs vollzogen werden.

Die im Verkehrsbereich zu entwickelnden *Massnahmen* müssen den übergeordneten gesamtstädtischen Aspekten genügen und folgenden dargestellten *Zielen* gerecht werden:

1. Wirksame *Einbeziehung der Betroffenen* in den Planungs- und Entscheidungsprozess

2. Umsetzung einer *integrierten Verkehrspolitik* (gleichzeitige Realisierung aufeinander abgestimmter Massnahmenbündel zur vollen Ausschöpfung des Verlagerungspotentials)
3. Umfassende Förderung der Benützung des *öffentlichen Verkehrs*
4. Erhaltung der *Anpassungsfähigkeit* des Verkehrssystems bzw. der Verkehrsnetze an langfristige Tendenzen der Stadtentwicklung und Mobilität
5. Ausbaumassnahmen nur noch zur Verbesserung der *Umweltsituation*, jedoch unter Beachtung der Systemwirkung
6. Keine wesentlichen *Kapazitätserweiterungen* für den Kraftfahrzeugverkehr
7. Massnahmen für den innerstädtischen Verkehr haben Vorrang vor Verbesserungen am Stadtrand − Realisierung «*von innen nach aussen*»
8. Begleitende Massnahmen der *Verkehrsorganisation* im Sinne der Verkehrsberuhigung
9. Sicherstellung des notwendigen *Parkraumes* in Abhängigkeit von der zu entwickelnden Massnahme
10. Förderung des *nichtmotorisierten* Verkehrs (Fussgänger- und Fahrradfreundlichkeit der Projekte!)

Insgesamt kann jedoch festgestellt werden, dass der *Wirkungsrahmen der städtischen Verkehrspolitik* nicht so weit gesteckt ist, wie es sich der Planer wünschen mag, wenn er sich die herrschenden Systemmängel vor Augen hält. Dieser Wirkungsrahmen ist aber auch nicht so eng, wie es die Praxis der täglichen Beschäftigung mit Verkehrsproblemen oft erscheinen lässt. Die verkehrspolitisch erwünschte Trendwende hin zum umweltfreundlichen, ökonomischen und urban-verträglichen Verkehrssystem kann weniger von spektakulären baulichen Massnahmen als von kleinteiligen, organisatorischen, die gebaute Stadtstruktur schonenden Massnahmen erwartet werden. Zu diesen sogenannten «weichen Massnahmen» (soft policies) zählen Massnahmen der Parkraumbewirtschaftung ebenso wie die Schaffung eines fussgänger- und fahrradfreundlichen Klimas sowie die tatsächliche Abstimmung von Massnahmen in den verschiedenen Verkehrssektoren im Sinne einer integrierten Planung (vgl. Abb. 5).

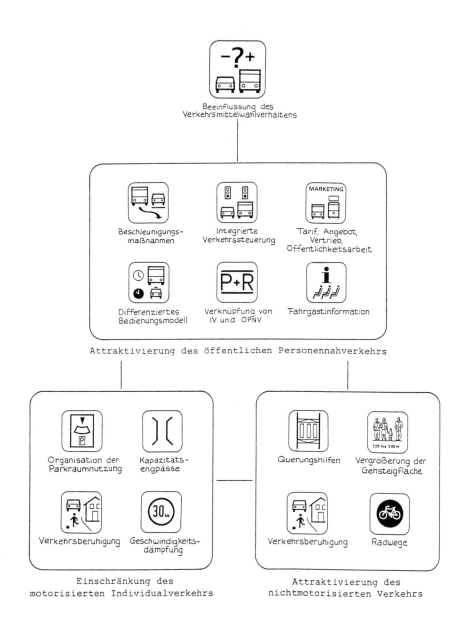

Abb. 5: Konsequenzen für eine umweltorientierte Verkehrspolitik

4. Massnahmen

Das für den Bereich Gürtel, Süd- und Westeinfahrt empfohlene *Massnahmenbündel* bildet das Ergebnis eines Auswahl- und Entwicklungsprozesses. Ausgehend von den erkannten Problemen und den gesetzten Zielen wurden unterschiedliche Planungsvorstellungen beurteilt und dementsprechend weiterentwickelt oder verworfen. Die Beurteilung der Massnahmen erfolgte anhand ihrer Auswirkungen und deren Beitrag zur Erreichung der gesetzten Ziele.

Obwohl gerade das Zusammenwirken der Einzelmassnahmen das entwickelte Massnahmenbündel erst zur *Gesamtlösung* macht, werden im folgenden der Kürze und Übersichtlichkeit halber nur die Teilbereiche

- Kraftfahrzeugverkehr
- Verkehrssteuerung und Verkehrsorganisation
- Ruhender Verkehr behandelt.

4.1 Kraftfahrzeugverkehr

Den aussichtsreichsten Ansatzpunkt für eine Reduktion im Kraftfahrzeugverkehr und damit für eine Verlagerung zum ÖPNV bieten die *Wege zur und von der Arbeitsstätte* und dies vor allem dann, wenn keine weiteren Wege mehr am Tag unternommen werden (müssen): Etwas mehr als 20 % der Pkw-Fahrer haben ein derartig eingeschränktes Tagesprogramm (Wohnen – Arbeiten – Wohnen): Von dieser speziellen Personengruppe werden rund *10 %* aller Kraftfahrzeugwege zurückgelegt, die somit ein konkretes Verlagerungspotential darstellen.

Zu beachten ist jedoch, dass die vorhandenen objektiven Verlagerungspotentiale durch viele subjektive Gründe (Sachzwänge, Informationsmangel, vermeintliche Zeit-, Kosten- und Komfortnachteile, grundsätzlich negative Einstellung gegenüber ÖPNV) stark herabgesetzt werden.

Vor diesem Hintergrund bewegen sich die Spielräume, in denen gezielte Massnahmen Verkehrsverlagerungen bewirken können.

Im Zuge der Massnahmenentwicklung für den Kraftfahrzeugverkehr wurde eine grosse Anzahl von Netzen konzipiert, deren verkehrliche Auswirkungen ermittelt und hinsichtlich der gesetzten Ziele beurteilt wurden, wobei von der heute gegebenen Belastungs- und Mangelsituation auszugehen war.

Aus den durchgeführten umfangreichen verkehrlichen Untersuchungen zur Netzgestaltung können vor allem Verbesserungen im bestehenden Netz empfohlen werden, die als Planfall «Gürtel, Süd- und Westeinfahrt» bezeichnet werden können:

- *Keine neuen Trassen*, die wenig wirksame Entlastungen im bestehenden Netz, aber grosse neue Belastungen in ihrem Einzugsbereich und unerwünschte Kapazitätserhöhungen im Netz bringen.
- *Verringerung der Attraktivität* des Autofahrens von aussen nach innen.
- *Erhaltung des Netzgleichgewichtes* (Vermeidung von blossen Problemverlagerungen).
- *Einbeziehung von Parallelmassnahmen* (z.B. im öffentlichen Verkehr oder Park and Ride) bei Bewertung und Bemessung von Ausbauvorschlägen im Strassennetz.
- Durch die angestrebte Verringerung der Gesamtverkehrsleistung im Individualverkehr im dichtbebauten Gebiet um etwa 10 % entstehen jene *Kapazitätsreserven* im übergeordneten Netz, die für die Verkehrsberuhigung angrenzender Gebiete und auch für Verbesserungen der Verkehrsqualität im *Wirtschaftsverkehr* genutzt werden sollen.
- Im *Strassenbau* keine Grosslösungen (z.B. geschlossene Tunnelsysteme), sondern möglichst rasch, gegebenenfalls auch schrittweise realisierbare Massnahmenkombinationen.
- *Umschichtung* von Strassenbauinvestitionen in den Strassenumbau bzw. die Verbesserung der Umweltverhältnisse für die Betroffenen.
- Bauliche Massnahmen (Unterführung, Teiluntertunnelungen) sind nach ihrer Umweltwirksamkeit für die Bevölkerung zu bewerten, nicht durch Leistungsfähigkeitsverbesserungen im Autoverkehr zu rechtfertigen. Sie sind gemeinsam mit den nach der lokalen Situation möglichen Umwelt-, Stadterneuerungs- und Gestaltungsmassnahmen zu beurteilen.

Aus- und Umbauten im Hauptstrassennetz werden überall dort empfohlen, wo die Leistungsfähigkeit nicht eingeschränkt werden kann und soll, damit jedoch eine Verbesserung der Umweltsituation zu erzielen ist.

Für die *Nebenstrassen* werden vor allem organisatorische Massnahmen, aber auch Projekte der Umgestaltung empfohlen, die im wesentlichen der grossflächigen Beruhigung der Wohngebiete durch Verlagerung bzw. Einschränkung des Kraftfahrzeugverkehrs dienen.

4.2 Verkehrssteuerung und Verkehrsorganisation

Im Zuge der Realisierung einer umweltorientierten Verkehrspolitik erhalten auch die traditionellen Elemente der Verkehrsorganisation und Verkehrssteuerung eine geänderte Ausrichtung. Der Strassenverkehr unterliegt weitgehend der Selbststeuerung und schöpft damit seine Möglichkeiten zu Lasten der Allgemeinheit exzessiv aus. Deshalb sind Steuerungsinstrumente zu entwickeln und einzusetzen, die zu einer zielorientierten Verkehrspolitik beitragen (vgl. Abb. 6):

Im nachgeordneten Strassennetz (Sammel- und Anliegerstrassen) kommen in erster Linie organisatorische Massnahmen zum Einsatz. Erst in zweiter Linie werden Projekte der Umgestaltung realisiert werden können. Sie dienen im wesentlichen der grossflächigen Beruhigung der Wohngebiete durch Verlagerung bzw. Einschränkung des Kraftfahrzeugverkehrs. Als wichtigste flächenhaft wirksame Massnahme ist die *Verkehrsberuhigung* anzusehen (vgl. Abb. 7).

4.3 Ruhender Verkehr

Angelpunkt der städtischen Verkehrspolitik bildet die Lösung des *Parkraumproblems*, das nicht nur massgebend die derzeitige Situation im Wiener Verkehrsgeschehen bestimmt, sondern auch von entscheidender Bedeutung für eine wirksame und umfassende Stadterneuerung ist. Es ist daher vor allem geboten, die im Stadtentwicklungsplan und neuerdings auch im Abschlussbericht der Gürtelkommission aufgezeigten planerischen, rechtlichen und administrativen Massnahmen

Integrierte
Verkehrssteuerung

Beschleunigungs-
maßnahmen

Wechselverkehrs-
zeichen

Gestaffelte
Geschwindigkeits-
beschränkung

Verkehrsfunk

Zufahrtsdosierung

Gegenverkehr
statt Einbahn

Überarbeitung der
Bodenmarkierungs-
verordnung

Abb. 6: Verkehrssteuerung

auch tatsächlich durchzuführen bzw. die allfällig erforderlichen Voraussetzungen zu schaffen.

Auch die Realisierbarkeit strassenbaulicher Lösungen, die zur Umweltverbesserung eine Gewinnung von zusätzlichen attraktiveren verkehrsfreien Bereichen zum Ziel haben, ist eng verknüpft mit der Schaffung von Kraftfahrzeugstellplätzen ausserhalb des Strassenraumes (vgl. Abb. 8).

Friedrich Schmid und Sepp Snizek

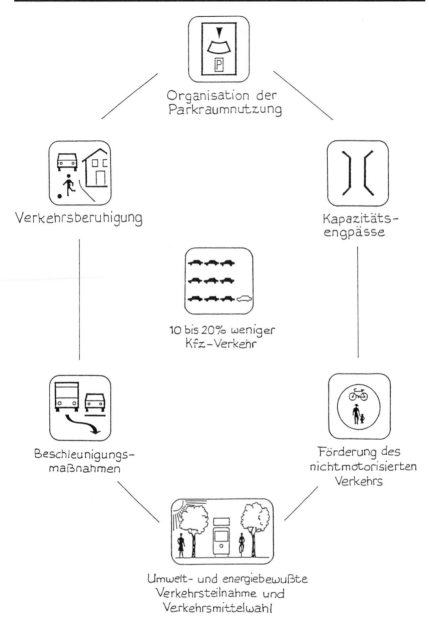

Abb. 7: Verkehrsorganisation

Abb. 8: Ruhender Verkehr

5. Verkehrspolitische Konsequenzen aufgrund der Ergebnisse der Gürtelkommission

Unter der Voraussetzung, dass weitere Ausbauten des Strassennetzes nicht erfolgen, aber auch keine den Kraftfahrzeugverkehr einschränkenden Massnahmen ergriffen werden, ist in Wien bis zur Jahrtausendwende mit einem weiteren Anwachsen des motorisierten Individualverkehrs um mindestens 5 % zu rechnen. Dies ergibt sich aus der absehbaren Entwicklung von Altersverteilung, Berufstätigkeit und Pkw-Verfügbarkeit.

- Die im Bereich Gürtel, Süd- und Westeinfahrt vorgeschlagenen Massnahmen zum Ausbau des Hauptstrabennetzes allein betrachtet würden diese Tendenz noch verstärken, da sie insgesamt doch eine Attraktivierung des Kraftfahrzeugverkehrs bedeuten.
- Sie erlangen nur dann die erwünschte Wirksamkeit, wenn auch im nachgeordneten Strassennetz die vorgeschlagenen Massnahmen gesetzt werden, die durch Verkehrsorganisation und Strassenraumumgestaltung eine grossflächige Beruhigung der Wohngebiete bewirken sollen.
- Dazu ist jedoch eine *Reduktion des Kraftfahrzeugverkehrs* notwendig, die zur Jahrtausendwende rund *14 %*, heute rund 10 % betragen muss.
- Erreicht wird diese Reduktion durch flächenhafte Verkehrsberuhigung und das Unterbleiben wesentlicher Ausbauten im Strassennetz – Massnahmen, die zu Überlastungen der Hauptstrassen und schliesslich zu Verlagerungen auf andere Verkehrsarten oder das Unterbleiben von Fahrten führen.
- Zu unterstützen ist diese Politik durch Parkraumrestriktionen sowie die Attraktivierung des öffentlichen Personennahverkehrs und des nichtmotorisierten Verkehrs, die jedoch räumlich differenziert angesetzt werden müssen.
- In erster Linie ist anzustreben, Kraftfahrzeugfahrten im dichtbebauten Gebiet um und innerhalb des Gürtels durch den konsequenten Einsatz der Parkraumbewirtschaftung zu reduzieren.
- In Ergänzung dazu sind vor allem die zentrumsgerichteten Relationen des öffentlichen Personennahverkehrs noch weiter zu attraktivieren und ein flächendeckendes Radwege- und Radroutennetz zu schaffen.
- Es zeigt sich, dass die im betrachteten Bereich vorgeschlagenen Massnahmen der flächenhaften Verkehrsberuhigung im Verein mit einigen wenigen Strassenausbauten generell das hochrangige Strassennetz im Kernbereich eher entlasten und im peripheren Bereich eher noch weiter belasten.
- Es eröffnet sich somit die Möglichkeit bzw. Notwendigkeit, in den Hauptstrassen innerhalb des Gürtels das Angebot für den Kraftfahrzeugverkehr einzuschränken, wie es den dort vorwiegenden Nutzungen (z. B. Geschäftsstrassen) ohnehin entspricht.

– Es besteht daher die Notwendigkeit, die im Bereich Gürtel, Süd- und Westeinfahrt erarbeiteten Vorschläge
  - im Hauptstrassennetz,
  - im Nebenstrassennetz,
  - zur Verkehrsorganisation und Verkehrssteuerung,
  - zum öffentlichen Personennahverkehr einschliesslich Park and Ride,
  - zum Fussgänger- und Radverkehr

  nicht isoliert zu verwirklichen, sondern als ein aufeinander abgestimmtes *Massnahmenbündel* zu betrachten.

– Die Lösung der Probleme des ruhenden Verkehrs kann als Prüfstein für die Fähigkeit und den Willen der Stadt Wien angesehen werden, über die Althaussanierung hinausgehend tatsächliche Stadterneuerung zu betreiben.

Es zeigt sich, dass zur Umsetzung der Ziele der Verkehrspolitik Wiens vor allem den organisatorischen, steuernden Massnahmen grosse Bedeutung zukommt, soll das Hauptziel einer grossflächigen Verbesserung der Umweltverhältnisse für die Wohnbevölkerung erreicht werden.

6. Ausblick

Die besondere *Projektorganisation Gürtel, Süd- und Westeinfahrt* war befristet auf drei Jahre eingesetzt worden. Sie hat aus der Sicht der Stadtentwicklung die empfohlenen Massnahmen zur Umweltverbesserung in den genannten Bereichen nach *Nutzen und Kosten beurteilt* und nicht so sehr die Erhöhung der Verkehrskapazität und der Verkehrsgunst im Vordergrund gesehen.

Nach Beendigung der Arbeiten der Projektorganisation kann es nicht die Aufgabe der Kommission selbst oder einzelner ihrer Mitglieder sein, für die fernere Zukunft darüber zu wachen, dass die (vorgegebenen) Ziele und Rahmenbedingungen und die sich an diesen orientierenden Massnahmen annähernd oder vielleicht sogar minutiös erfüllt werden. Es ist jedoch notwendig, quer durch

Friedrich Schmid und Sepp Snizek

die Verwaltung und über bestehende Strukturen hinweg, einen *Stab* damit zu befassen, die Entwicklung ständig zu beobachten und zu hinterfragen, für wenig spektakuläre Massnahmen Animation zu betreiben, um somit auch für wenig Populäres zu werben oder zumindest Verständnis zu wecken.

Denn zur erfolgreichen Umsetzung der vielen vernetzten Handlungen ist eine beobachtende Begleitung erforderlich. Dieser Stab muss daher auf der einen Seite die *Kontinuität* wahren, auf der anderen Seite die *Weiterentwicklung* von (auch bisher nicht ausgereiften) Massnahmen ermöglichen und entsprechende Initiativen setzen.

Mit der Gründung der *Wiener Bundesstrassen AG* ist in Richtung der *Umsetzung* von Massnahmen ein wichtiger Schritt getan worden. Dieser Gesellschaft kommt vor allem die Planung, Vorbereitung und Finanzierung sowie Realisierung aller jener Massnahmen zu, die im Sinne der Empfehlungen der Projektleitung der Verbesserung der durch den Individualverkehr auf dem Gürtel, der Süd- und Westeinfahrt gegebenen Probleme dienen.

Im Rahmen der Wiener Stadtverwaltung — insbesondere der dafür zuständigen *Baudirektion* — stehen die entsprechenden organisatorischen Schritte noch aus:

- Koordinierung der *städtebaulichen Massnahmen* in Projektbereichen, die nicht im direkten Zusammenhang mit dem Individualverkehr am Gürtel, der Süd- und Westeinfahrt stehen,
- *Beurteilung* der Planungen der Wiener Bundesstrassen AG aus der Sicht der Stadt Wien und insbesondere
- *Koordinierung* der Planungen städtischer Dienststellen im Bereich Gürtel, Süd- und Westeinfahrt,

sofern dies nicht ohnedies durch die Wiener Bundesstrassen AG geschieht. Als Beispiel eines Modelles der Zusammenarbeit zwischen der Stadt Wien und der Wiener Bundesstrassen AG möge die Abbildung 9 dienen.

Jedenfalls sollten die Stadt Wien (Stab, Koordinationsstelle o.ä.) und die Wiener Bundesstrassen AG (Vorstand) ihre Aktivitäten inhaltlich und organisato-

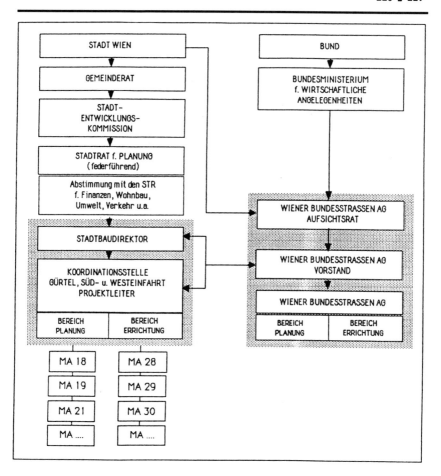

Abb. 9: Zusammenarbeit Stadt Wien – WBG

risch abstimmen, um Vorgangsweisen gemeinsam festzulegen (z. B. Bürgerbetreuung, Abstimmung der Öffentlichkeitsarbeit, Kontakte zu Interessenvertretungen). Auf beiden Seiten ist zu trachten, das im Rahmen der Projektorganisation Gürtel, Süd- und Westeinfahrt erlangte Wissen zu erhalten, zu ergänzen und zu erneuern sowie verkehrspolitische Zielsetzungen in einzelne Projeke umzusetzen.

Im Rahmen der gegenseitigen Abstimmung dürfen jedoch folgende wichtige Punkte nicht ausser acht gelassen werden, wobei in Teilbereichen die Wiener

Bundesstrassen AG die ihr zufallenden Agenden bereits wahrnimmt:

- Bewahrung der Übersicht,
- Information der politisch Verantwortlichen und der fachlich Zuständigen,
- Setzen von Initiativen für die Klärung und Behandlung übergreifender Probleme,
- Stellen der erforderlichen Anträge an die zuständigen Organe,
- Bereitschaft zur aktiven Kooperation und Förderung des Gesamtanliegens.

Bei entsprechender *Harmonisierung der Aufgabenteilung* können dann auch die verkehrspolitischen Ziele von Wien zum Wohle der Stadt und ihrer Bürger effektvoll und optimal umgesetzt werden.

Neuere Erfahrungen mit dem «Wiener Modell» am Beispiel der Rahmenplanung Olympische Spiele Frankfurt am Main

«Wenn man in guter Arbeitsstimmung ist, schwärmen einem Bilder durch die rege Phantasie. Sie zu fangen, gleicht einem Handgemenge mit einem Heringsschwarm.»

Sergei Eisenstein

Einführung

Schwierige Aufgaben der Raumplanung zeichnen sich u.a. dadurch aus, dass der Entwurf von Lösungen, also der vorläufige Versuch von Antworten, gleichzeitig die Suche nach den zentralen Entscheidungsproblemen ist. Die Suche nach den richtigen Fragen spielt bei der Problemlösung eine bedeutende Rolle.[1] Diese Prozesse intensiven Wechselspiels zwischen Fragen und Antworten entziehen sich einer routinisierbaren Behandlung, weil sich für den schöpferischen Entwurfsprozess, der auf Wissen, Erfahrung und Intuition[2] angewiesen ist, keine formalisierten Wege entwickeln lassen. Es sind deshalb jedesmal aufs neue Wege zu Lösungen zu bedenken. Viele interessante Vorschläge versanden oder enden im emotionsgeladenen Streit von Gegnern und Befürwortern, weil keine geeignete Vorgehensweise für die Begleitung der «chaotischen Entwurfsphase», die zum Austragen der Pro- und Contraargumente führen könnte, besteht. Die mühsam gesponnenen Kommunikationsfäden zerreissen und hinterlassen eine überbordende Menge ungelöster Fragen und Probleme, die irgendwann mit aller Härte wieder auf den Plan treten.

Merkmale des Wiener Modells – Aufbau und Ablauforganisation

Kommunikation zwischen den Akteuren ist unabdingbare Voraussetzung für die Koordination abstimmungsbedürftiger Vorhaben der räumlichen Entwicklung.

Beobachtungen zeigen jedoch, dass mit zunehmender Komplexität der Aufgaben die Intensität der Kommunikation abnimmt und die Menge der Informationen zunimmt. Ein wesentliches Interesse der Methodik der Raumplanung liegt deshalb darin, durch besondere Vorkehren eine Bühne zu errichten, auf der das Für und Wider planerischer Ideen ausgetragen werden kann und zu Entscheidungen über das Handeln führt. Ein solches Mittel zur Stimulierung der planerischen Argumentation sind zeitlich begrenzte Verfahren, sog. planerische Ad-Hoc-Organisationen, welche die bestehenden Organisationen bei übergreifenden Aufgabenstellungen für eine bestimmte Zeit ergänzen.

Freisitzer schreibt in einem Memorandum an die österreichische Rektorenkonferenz:

«Im Grunde zielt das Verfahren auf eine soziale Innovation ab. Es wird davon ausgegangen, dass Schwierigkeiten bei komplexen Entscheidungen nicht so sehr in den Einzelwissenschaften selbst liegen, sondern darin, das zur Verfügung stehende intellektuelle Potential voll zu nutzen, d.h. in geeigneter Weise in den Entscheidungsprozess einzubringen. Das bedeutet das Zusammenführen von Menschen und Ideen und die Schaffung einer Art Drehscheibe für die interdisziplinäre Auseinandersetzung.»[3]

Schwierigkeiten bestehen also vordringlich nicht im unzureichenden Spezialwissen, sondern in der Art und Weise, wie dieses Wissen entsprechend der jeweiligen Problemstellung gefunden, verbunden und zu integralen Lösungen verarbeitet werden kann, die zudem für Aussenstehende nachvollziehbar sein sollen. Schwierigkeiten dieser Art rühren vermutlich auch daher, dass in der akademischen Grundausbildung das Schwergewicht in der Vermittlung von Spezialwissen, mit kurzer Verfallszeit, und nur in sehr geringem Masse im Training der Zusammenarbeit unterschiedlicher Disziplinen liegt. Die Raumplanung ist auf die Kooperation verschiedener Fachleute aus verschiedenen, zum Teil grossen Organisationen, angewiesen und mit den genannten Schwierigkeiten in besonderem Masse konfrontiert.

Ad-Hoc-Organisationen sollen deshalb die auf Dauer bestehenden Organisationen für eine bestimmte Zeit ergänzen, ihren bekannten inneren Mechanis-

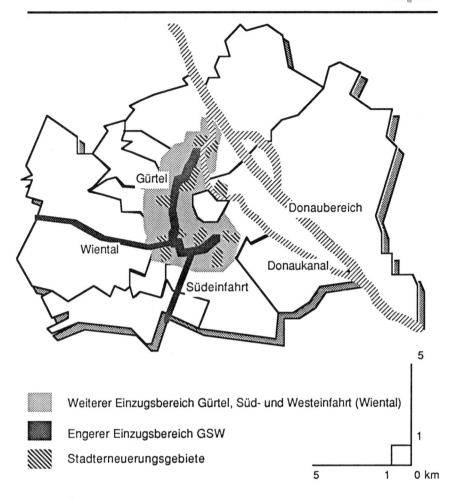

Abb. 1: Übersicht der Einzugsbereiche des Projektes Gürtel, Süd- und Westeinfahrt

men entgegenwirken, um bei komplizierten Problemsituationen Durchbrüche zu erzielen.

In Wien wurden bei den sehr umfangreichen und schwierigen Aufgabenstellungen der Umgestaltung des Donaubereiches Wien, der Erneuerung des Gürtels, und der Süd- und Westeinfahrt (vgl. Abb. 1) planerische Ad0-Hoc-Organisationen entwickelt und erprobt.[4]

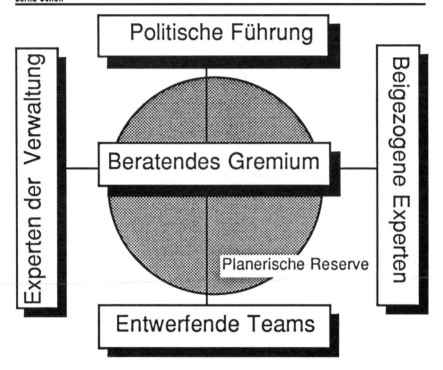

Abb. 2: Typisches Organigramm einer Ad-Hoc-Organisation

Wesentlich für den Aufbau der Ad-Hoc-Organisation nach dem Wiener Modell ist die gegenüber grossen Organisationen verminderte Anzahl der Hierarchieebenen (vgl. Abb. 2). Dies steht im Gegensatz zur üblichen Praxis. Treten Koordinationsprobleme in einer grösseren Stab/Linien-Organisation auf, wird versucht, durch die Einführung neuer Entscheidungsebenen diesen Schwierigkeiten zu begegnen. (Auch Ad-Hoc-Organisationen sind vor solchen Ansinnen nicht gefeit.) Nervenzentrale dieser Organisation ist eine in der Mehrzahl aus unabhängigen Experten verschiedener Disziplinen zusammengesetzte Beratergruppe.

Durch die Reduktion der Hierachieebenenen und der damit einhergehenden vergrösserten Spannbreite der Kontrolle gelangen wichtige Informationen ohne Umwege zur Nervenzentrale und können ohne Zeitverzug in die materiellen und operativen Empfehlungen einbezogen werden. Die Bearbeiter einzelner Sachprobleme erhalten auf direktem Wege eine Rückkopplung zu den von ihnen entwickelten Lösungsvorstellungen. Unkonventionelle oder unliebsame Lösungsideen, aber auch schwelende räumliche Konflikte können ohne Umwege im direkten Dialog der beteiligten Akteure behandelt werden. Der Aufbau der Organisation spiegelt auch das sehr differenzierte Rollenspiel[5] der am Planungsprozess Beteiligten. Neben den entwerfenden Teams, die vor allem mit der Suche nach Lösungen betraut sind, wird durch den Beizug beamteter und freiberuflicher Experten sogleich versucht, die Lösungsideen auf ihre Realisierungsträchtigkeit zu überprüfen. Eine planerische Reserve wird für das Aufspüren und die Verfolgung bedeutsamer Konflikte eingesetzt.

Wesentliches Merkmal der Ablauforganisation ist die Einführung von regelmässigen Koordinationstreffen, sog. Kupplungen, die unter klausurähnlichen Bedingungen stattfinden. Dort wird alles Wichtige gleichzeitig behandelt. Durch diese simultane Vorgehensweise, die im Gegensatz zur üblichen gestaffelten Abfolge von Gutachten, Entwürfen und Empfehlungen steht, kann die Reaktionsfähigkeit auf neue Informationslagen erhöht und der Aufwand für die Koordination insgesamt gesenkt werden.

Typisch für die Arbeitsweise ist auch die Einführung des Elementes «Konkurrenz» in das Planungsgeschehen. Dies geschieht, indem mehrere Teams gleichzeitig im selben Untersuchungsgebiet nach Lösungsansätzen suchen, um so dem Fächer der Ideen zur vollen Entfaltung zu verhelfen, aber auch um verborgene räumlichen Konflikte an die Oberfläche zu befördern. Den Auftakt zu den Arbeiten am Wiener Gürtel bildete eine «Interessentensuche mittels Ideenkonkurrenz»[6], deren vordringliche Absicht zunächst darin bestand, interessierte und fähige Fachleute aufzuspüren und in den Planungsprozesss einzubinden. Das Prinzip der Konkurrenz, über unterschiedliche Sichtweisen voneineinander unabhängige Argumentationspfade zu fördern und so das Spektrum konkurrenzierender Lösungsansätze nicht zu früh einzuengen, wurde in Wien solange aufrechterhalten, bis sich grundsätzliche Lösungsrichtungen in den einzelnen Abschnitten (z.B. der Erneuerung des Wientals) abzeichneten[7]. Hierin liegt auch der Kern der zeitlichen Begrenzung der Ad-Hoc-Organisation. Sie hält solange ein Zeitschema für den Klärungsprozess der planerischen Argumentation vor, bis miteinander in Verbindung stehende Gegenstände entflochten sind und zu überschaubaren Aufgabenstellungen führen, die durch die zuständigen Stellen gemäss den dann geltenden formalisierten Verfahren weiterbearbeitet und zur Realisierung geführt werden können.

Als teilnehmender Beobachter der umfangreichen Arbeiten am «Wiener Gürtel» eröffneten sich dem Schreibenden während vier Jahren Einblicke in Aufbau und Abläufe der Ad-Hoc-Organisation nach dem Wiener Modell, die es geraten erschienen liessen, bei der nun vorzustellenden Aufgabe der Frankfurter Olympiaplanung beachtet zu werden.

Obwohl die Aufgaben sich zunächst deutlich zu unterscheiden scheinen – in Wien geht es um die Umgestaltung von ca. 20 km innerstädtischer Hochleistungsstrassen mit z.T. 100 000 Kfz Tagesverkehr[8], in Frankfurt soll ein Konzept für die Austragung Olympischer Sommerspiele mit allen efoderlichen Anlagen entwickelt werden –, ist ihnen gemeinsam, dass durch beide Bearbeitungen die innere Erneuerung und Ausgestaltung bestehender Siedlungsteile beabsichtigt ist. Das Leitthema und die Komplexität der Aufgaben sind ähnlich. Sie lassen sich mit den gewohnten restriktiven Planungsinstrumenten (z.B. Flächennutzungsplanung) allein nicht lösen, sondern bedürfen aktionsorientierter Elemente. Ein wesentliches Unterscheidungsmerkmal der Aufgaben liegt allerdings darin, dass in Frankfurt durch die angepeilten Austragungstermine der Olympischen Spiele zeitliche Fixpunkte in bezug auf die Realisierung der Massnahmen vorgegeben sind, während in Wien solche Zeitmarken nur mühsam gefunden werden konnten.

Die Aufgabe

Die Stadt Frankfurt bewirbt sich seit März 1987 beim Nationalen Olympischen Komitee für Deutschland um die Ausrichtung Olympischer Spiele. Zur Promotion der Bewerbung und zur Koordination der einzelnen Bewerbungsschritte wurde die «Olympische Sommerspiele Frankfurt am Main GmbH» gegründet und ein

Rahmenplan «Olympische Sommerspiele Frankfurt am Main» in Auftrag gegeben. Mit dem Auftrag wurde ein Frankfurter Planungsbüro betraut.

Die Olympia-Bewerbung der Stadt verfolgt die Absicht, die planerischen Anstrengungen mit wichtigen Aufgaben der mittel- und langfristigen Stadtentwicklung zu verbinden. Im Gegensatz zu vielen anderen Planungsaufgaben ist, wegen der einzuhaltenden Bewerbungsschritte, der Zwang zur Koordination gegeben. Die politische Entschlossenheit zur zweifelsfreien Promotion der Bewerbung vorausgesetzt, führt die Forcierung der Bewerbung zur einer Sequenz von Entscheidungen über Handlungen. Sie betreffen Gegenstände der Stadtentwicklung von ausserordentlicher Tragweite. So z.B. müssen ca. 400 000 bis 600 000 qm Bruttogeschossfläche für die Unterbringung der Olympioniken, ihrer Betreuer und der Medienvertreter bereitgestellt werden. Ca. 50 kleinere und grössere Wettkampfanlagen müssen neu gebaut oder olympiatauglich gemacht werden. Schliesslich müssen der Ausbau und die Adaption der öffentlichen Verkehrssysteme, welche die Hauptlast des Olympiaverkehrs tragen sollen, zügig vorangetrieben werden. Frankfurts Ernsthaftigkeit der Bewerbung soll durch die rasche Realisierung einer vielfältig nutzbaren grossen Halle mit einer Kapazität von 18 000 Sitzplätzen unter Beweis gestellt werden.

Fallgruben am Anfang

Zentrale Fragen stellen sich ganz zu Beginn einer schwierigen Planungsaufgabe. Dort werden die Weichen für die Zusammenarbeit einer Vielzahl von Akteuren gestellt und die Spielräume in der Bearbeitung festgelegt. Wir massen der Formulierung des Auftrages deshalb sehr grosse Bedeutung bei und hielten es für äusserst wichtig, neben dem Produkt «Rahmenplan», auch den Prozess «Rahmenplanung» im Pflichtenheft des Auftrages zu verankern. Ein planerischer Auftrag muss genügend Spielräume enthalten, damit erst im Verlaufe der Bearbeitungszeit auftretende Fragestellungen bearbeitet werden können. Eine zu enge Abfassung der Arbeitsergebnisse und eine die Arbeiten möglicherweise auf ein Nebengleis programmierende Abfolge von Arbeitsschritten verbietet sich deshalb. Der Entwurf eines solchen Arbeitsprogrammes sollte deshalb nur so exakt[9] sein, wie es die Problemsituation verlangt. Dies erfordert allerdings schon im Stadium der Auftragsformulierung eine erste gedankliche Durchdringung möglicher Lösungen und Lösungswege und setzt die Bereitstellung von Reserven für Unerwartetes voraus. Im Auftrag selbst wird somit Raum für einen Lernprozess geschaffen, der aus evtl. unbedeutsamen ungefragten Antworten bedeutsame unbeantwortete Fragen erschliessen hilft.

Die Erfahrungen in Wien haben uns ermutigt, auch in Frankfurt durch ein besonderes planerisches Verfahren für die Dauer der Rahmenplanung gewohnte Pfade zu verlassen. Es wurde deshalb als Bedingung des Auftrages vereinbart, ein die Rahmenplanung prüfendes und begleitendes Gremium zu berufen, das sich aus anerkannten Fachleuten der Wissenschaft, der Technik der Kultur und des Sports zusammensetzt[10].

Für die Ad-Hoc-Organisation ist es von grosser Bedeutung, dass die Mehrzahl der Mitglieder des Beratergremiums aus unabhängigen Experten besteht. Schwierige Aufgaben zeichnen sich auch dadurch aus, dass sie scheitern können. Schon deshalb ist es nicht unklug, ortsfremde und auch ausserhalb der zuständigen Organisationen stehende Experten in dieses Gremium zu berufen. Als Sprecher dieses Beratergremiums, es wird in Frankfurt Consilium genannt, konnte Professor Maurer gewonnen werden.

Immer wieder taucht die Frage auf, ob die politischen Mandatare mit Stimmrecht in dem beratenden Gremium mitwirken sollen. Gegen eine solche Mitwirkung spricht vor allem, dass schwierige Entscheidungen eine unabhängige Meinungsbildung auch der poltischen Mandatare verlangen. Es liegt also im beiderseitigen Interesse, wenn durch eine Trennung der fachlichen und politischen Gremien manipulierte Entscheidungen im Sinne vorauseilender Harmonie (vgl. hierzu die Anmerkungen von Signer bzgl. des voreiligen Verzichtes auf Information) vermieden werden. Eine Übereinstimmung in allen wichtigen Entscheidungen ist keine Gewähr für die Richtigkeit dieser Entscheidungen.

Ursprünglich bestand die Absicht, den Rahmenplan Olympia als eine Art Masterplan zu entwickeln, der alle baulichen Einrichtungen in ihrer endgültigen

Lage zeigt. Wir hielten es angesichts der Komplexität für vermessen, innerhalb einer kurzen Zeitspanne einen solchen Plan zu entwickeln. Zu gross ist die Gefahr, dass verborgene Konflikte im Gefolge der planerische Überlegungen an die Oberfläche treten und bestimmte Standorte z.B. für die grosse Halle oder Flächen für das Olympische Wohnen, nicht verfügbar gemacht werden können. Das kann zu einem Kollaps des Bewerbungskonzeptes führen. Uns erschien es wichtiger, die Erarbeitung einer Grundkonzeption in den Vordergrund zu stellen, in der Entscheidungen zu den einzelnen Anlagen und Einrichtungen reifen und schrittweise gefällt werden können. Wir hielten es deshalb für ratsam, eine Rahmenplanung aufzubauen, die fortschreibungsfähig ist, sich also neuen Informationslagen rasch anpassen kann und breite Variationsmöglichkeiten innerhalb eines gewählten Konzeptes der Austragung erlaubt. Drei zentrale instrumentelle Merkmale kennzeichnen die Spielräume des Rahmenplanes nach aussen. (1) Auf der Basis des gefundenen Konzeptes werden «Bilder einer Austragung» kreiiert. Das sind in sich schlüssige Konfigurationen von Anlagen und Infrastruktureinrichtungen, die zur Austragung Olympischer Spiele benötigt werden. Diese «Bilder» werden aus einem zu erkundenden Repertoire an Austragungsstätten und Infrastrukturbausteinen komponiert. Sie sollen die Machbarkeit Olympischer Spiele sowohl für das Jahr 2004 als auch für frühere Zeitpunkte belegen. Mit der Einführung einer Optionenliste, welche die zeitkritischen Anlagen der Bilder darstellt und die einzelnen Planungs- und Realisierungsschritte verdeutlicht, soll gezeigt werden, ab welchem Zeitpunkt eine Option nicht mehr verfügbar ist. Dieses Warnsystem soll ständig neuen Erkenntnissen angepasst werden. Wir trachten damit der voreiligen Einschränkung von Entscheidungsspielräumen entgegenzuwirken und nehmen ein höheres Mass an Ungewissheit in Kauf[11].
(2) In Form von Steckbriefen werden alle wichtigen Informationen zu Bestandteilen dieses Repertoires in einer Loseblattsammlung zusammengeführt.
(3) Regelmässig wird ein Dokument Rahmenplan erstellt, das gewissermassen als Lagebeurteilung alle bedeutsamen Aspekte der Bewerbung und ihrer Verbindung zur Stadtentwicklung als Momentaufnahme den Stand der Bearbeitungen beleuchtet, kritische Punkte hervorhebt, und die im Consilium erarbeiteten Emp-

fehlungen und deren Begründung darstellt. Zu der periodischen Lagebeurteilung gehören Empfehlungen über das weitere Vorgehen.
Dieses Konzept fand volle Unterstützung des Consiliums.

Konkurrenz der Ideen

Planer sind von Praktikern gefürchtet, weil – ihrer Meinung nach – laufende Vorhaben durch planerische «Gedankenspiele» zuerst einmal blockiert werden. Dies ist sicherlich für jene Fälle angezeigt, wo Schaden abgewendet werden soll. Gerade dann, wenn weitreichende Fragen der Stadtentwicklung in Angriff genommen werden, herrscht unter vielen Planern die Meinung vor, dass alles miteinander in Verbindung Stehende koordiniert werden könne. Durch intensive Analysen und Bestandsaufnahmen wird versucht, diese Verbindungen darzustellen. Wertvolle Ressourcen werden zur Produktion von Informationen eingesetzt, die ohne konkrete Entscheidungsprobleme den Datenhaufen unnötig vergrössern. «Alles hängt mit allem zusammen», diese Erkenntnis ist bei komplizierten Aufgaben der Raumplanung nicht neu.

Wir suchten deshalb allen Versuchungen der Deskription aus dem Weg zu gehen und initiierten gleich zu Beginn eine «bürointerne Ideenkonkurrenz» zur Austragung Olympischer Spiele. Es wurden verschiedene Teams eingeladen, deren Aufgabe darin bestand, alle für die Austragung der Spiele massgebenden Elemente darzustellen. Dazu gehört vor allen Dingen ein räumliches Konzept für die Unterbringung der Wettkampfstätten, aber auch der notwendigen begleitenden Infrastrukturen. Die Spielregeln für diese Ideenkonkurrenz wurden in Form einer bürointernen Ausschreibung festgelegt. Wie im Projekt des Wiener Gürtels wurden der Arbeitsaufwand und die Präsentationsfläche begrenzt. Für die Darstellungen wurde «Filzschreiberqualität» als ausreichend erachtet. Nicht aufwendige Darstellungstechniken sollten im Mittelpunkt der Präsentation stehen, sondern Konzepte für die Austragung. Die Teams hatten ausserdem die Aufgabe, den ihrer Meinung nach wichtigsten Gedanken durch Testentwürfe in einer feinkörnigeren Auflösung darzustellen und daraus sich ergebende wesentliche Problemstellungen in Form offener Fragen mitzuliefern. Dadurch sollte angezeigt werden, dass Anknüpfungspunkte für die weiteren Bearbeitungen schon in einem sehr frühen Planungsstadium gefunden werden sollten.

Aus der Erfahrung von Wien wussten wir, dass einerseits der ungestörten Bearbeitung der entwerfenden Teams hohe Bedeutung beizumessen ist. Zu gross ist die Versuchung, dass von aussen auf die Lösungsrichtung eingewirkt wird und dem kreativen «Spinnen» von vornherein Schranken auferlegt werden. Gerade dieser Prozess sollte gefördert werden. Auf der anderen Seite wollen die Teams Gesprächspartner, die Ihre Vorschläge kritisieren und mit Hintergrundinformationen zum Verständnis der Aufgabenstellung beitragen können. Wir führten deshalb im Abstand von vier Wochen Werkstattgespräche mit den Teams durch. Dies gab uns Gelegenheit, wichtige Gegenstände von den Teams abzufordern, so z.B. die immer wieder vernachlässigten Aspekte der zeitlichen Realisierbarkeit, der Quantifizierung von Schlüsselgrössen und der Vollständigkeit ihrer Argumentation. Diese Betreuung und Stimulierung des Entwurfsprozesses, frei von vorgefertigten Meinungen, kann zur Qualität der Bearbeitungen wesentlich beitragen; schon allein dadurch, dass Bearbeiter und Betreuer gezwungen sind, das Wesentliche in knappen Darstellungen zu erläutern. Auch die Begrenzung des Umfanges von Begleitbericht und graphischen Darstellungen dient dem Ziel der Informationsbegrenzung. Die Erfahrung lehrt, dass die Darstellung des Wesentlichen ein schwieriges Unterfangen ist. Sie zwingt zur Auswahl aus der unerschöpflichen Menge von Informationen, die zu jeder Aufgabe geliefert werden kann. Bei der Anzahl der Werkstattgespräche sollte man sich von der Regel der drei Durchgänge leiten lassen. Der erste Durchgang dient der Vollständigkeit des Entwurfes (Nichts Wichtiges Vergessen), der zweite Durchgang der Vertiefung bedeutsamer Fragestellungen, der dritte Durchgang der Montage, Kombination und Darstellung der Ergebnisse.

Bernd Scholl

Urbane Spiele am Main

Schon in der ersten Arbeitssitzung des Consiliums konnten deshalb fünf alternative Konzepte unterbreitet werden. Es kristallisierten sich nach intensiven Beratungen mit dem Consilium zwei grundsätzliche Lösungsrichtungen heraus. Eine erste Richtung zielte darauf ab, einen Olympischen Schwerpunkt auf der «grünen Wiese» entwickeln. Eine zweite Richtung ging davon aus, durch mehrere Olympische Brennpunkte im Herzen der Stadt urbane Spiele zu veranstalten. Sie sollten durch den Main als dem zentralen Begegnungsraum miteinander verbunden werden. Während der eine Ansatz knappe Siedlungsflächenreserven in den sowieso schon engen Gemarkungsgrenzen in Anspruch nimmt, wird im anderen Ansatz versucht, durch eine Neuordnung von Nutzungen im bestehenden Siedlungsgefüge, Olympische Spiele in die Kulisse der Stadt einzufügen.

Im Grunde genommen demonstrieren die beiden Lösungsansätze die für viele europäische Stadte möglichen Entwicklungsrichtungen (a) der Stadterweiterung oder (b) des Stadtumbaues.

Nach intensiver Diskussion der grundsätzlichen Konzepte traten die Vorteile, aber auch die Schwierigkeiten urbaner Spiele mit aller Deutlichkeit hervor. Urbane Spiele eröffnen die Chance einer evolutionären Entwicklung überalterter Infrastrukturen und der schrittweisen inneren Erneuerung und Ausgestaltung bestehender Siedlungsteile. Auch wenn Frankfurt den Zuschlag zur Austragung Olympischer Spiele trotz aller Anstrengungen nicht erhalten sollte, können durch den Transmissionsriemen der Olympiaplanung der gewünschten inneren Erneuerung weitreichende Impulse verliehen werden. Hingegen würde mit der intensiven Planung auf unüberbauten Flächen vermutlich erst nach dem Zuschlag begonnen. Insbesondere die Anlagen des olympischen Dorfes, wegen der Grösse muss man von einer Olympischen Stadt sprechen, würden wegen der notwendigen dichten Bebauungsform nach den Olympischen Spielen möglicherweise zur Ghettobildung führen. Die Entwicklung eines einzigen Olympiaschwerpunktes an der Peripherie erzwingt eine angemessene Verkehrserschliessung für den Lastfall Olympia, die nach Erlöschen des Olympischen Feuers möglicherweise weit überdimensioniert wäre und permanent hohe Folgekosten erzeugen

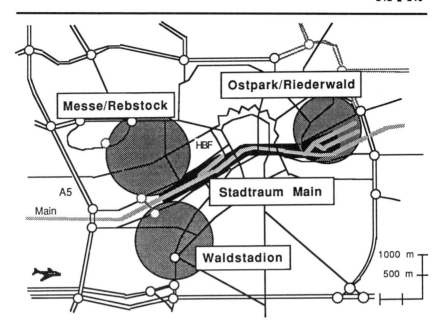

Abb. 3 Olympische Schwerpunkte gemäss dem Konzept urbaner Spiele in Frankfurt am Main

würde. Im Gegensatz dazu können durch verschiedene urbane Olympische Brennpunkte inmitten der Stadt die bestehenden Infrastrukturen weit besser ausgenutzt werden, was eine massgebliche Reduktion der Investitions- und Betriebskosten zur Folge hat. Die Olympischen Wohnanlagen können nach den Spielen durch vielfältige Kombinationen der Bereiche Wohnen, Dienstleistung und sozialer Infrastruktur der Stadtentwicklung dort Impulse verleihen, wo dies für wünschenswert gehalten wird. Dies betrifft in Frankfurt vor allem weite Bereiche des Frankfurter Ostens, wo u.a. unternutzte Hafenanlagen die Bildung eines städtebaulichen Gegengewichts zum heiss laufenden Westen der Stadt bisher blockiert haben. Schliesslich können durch dieses dezentrale Konzept urbaner Spiele Sportanlagen in vielen Stadtteilen gefördert werden und besser als bisher mit den Wohnstätten verbunden werden. Für die Zukunft gilt es, qualitätvolle Sport- und Freizeitanlagen zu den Bewohnern zu bringen und durch gefahrfreie Wege miteinander zu verbinden.

Bernd Scholl

Für die Bewerbung selbst ist die Ausgestaltung eines urbanen Konzeptes ein wagemutiges Unterfangen. Anders als beim Bau eines Olympiastandortes auf der «grünen Wiese» ist frühzeitig mit vielen Akteuren die Koordination des Wissens und der Erfahrungen eine unerlässliche Voraussetzung für die zeitgerechte Bereitstellung der wichtigen baulichen Bestandteile Olympischer Spiele. Aber es eröffnet sich hier wohl die einmalige Chance, in der Demonstration von Fähigkeiten eines Gemeinwesens für einen Weltanlass zu zeigen, wie ungelöste Probleme der Stadtentwicklung zur Jahrtausendwende in Angriff genommen werden können. Dies betrifft auch die bessere Integration von Verkehrsstrassen in die Stadt- und Kulturlandschaft, beispielsweise im Gebiet um das Frankfurter Waldstadion, wo durch bereichsweise Tieflagen der Einfallachsen, Trennungswirkungen und Immissionen gemildert oder beseitigt werden können. Es betrifft die Fragen der Verkehrssteuerung des Individualverkehrs, um die ca. 40 000 Stellpätze am Rand der Stadt durch ein intelligentes Verbundsystem des öffentlichen Verkehrs bei kulturellen und sportlichen Grossveranstaltungen besser auszunützen. Schliesslich kann der Stadtraum Main für die Bevölkerung besser nutzbar gemacht werden, wenn es gelingt, die Mainuferstrassen markant zu beruhigen und die Übergänge zur Stromlandschaft des Maines zu verbessern. Schliesslich ist es bedenkenswert, die Wasserqualität des Maines so zu verbessern, dass die Vision eines Flusses, in dem auch wieder gebadet werden kann, keine Utopie bleiben muss.

Für die Spiele selbst enstehen bei einem urbanen Konzept interessante Perspektiven. Die gegenwärtige Entwicklung Olympischer Spiele zeigt eine stetige Zunahme von Sportarten, den Sportlern und ihrer Begleitpersonen. Gegenwärtig wird in Barcelona mit ca. 15 000 Sportlern und Betreuern gerechnet, ca. 10 000 Medienvertreter werden erwartet. Kritiker einer Bewerbung führen ins Feld, der Olympische Gedanke drohe durch ein sechzehntägiges Medienspektakel mit immer grösseren Dimensionen unterzugehen. Begegnung und Austausch der Nationen, einer der Olympischen Leitgedanken, drohe wegen Unüberschaubarkeit auch der baulichen Einrichtungen nur mehr ein leeres Glaubensbekenntnis zu werden. Der Bau von Wettkampfstätten und anderen Anlagen stelle häufig schwerwiegende Eingriffe in die Umwelt dar. Das Konzept urbaner Spiele, die auch Spiele der kurzen Wege sind, könnte diesen Trends entgegenwirken und verdeutlichen, wie eine sorgsame Einbettung Olympischer Anlagen in die gastgebende Stadt vorgenommen werden kann.

Die Beratungen ergaben eine Zustimmung aller beteiligten Akteure zum Programm der inneren Erneuerung und der urbanen Spiele. Dieser Grundsatzentscheid ist von ausserordentlicher Tragweite, weil er zur drastischen Vereinfachung der Entscheidungslage führt. Die zur Verfügung stehenden Mittel können nun auf die für urbane Spiele in Frage kommenden räumlichen Bereiche konzentriert werden. Es kann mit der planerischen Massschneiderei in den einzelnen Schwerpunkten begonnen werden. Ein solcher Grundsatzentscheid konnte auch in Wien rasch gefällt werden. Dort konnte nach dem Auftakt der Ideenkonkurrenz ein von vielen über die gesamte Länge des Gürtels, der Süd- und Westeinfahrt gefordertes Tunnelsystem ausgeschieden werden. Die rasche Weichenstellung für eine Grundrichtung anzustrebender Lösungen ist deshalb von so grosser Bedeutung, weil nachfolgende Entscheidungen eng mit ihr verbunden sind.[12]

Testentwürfe
Gute Nachrichten – Schlechte Nachrichten – Geht nicht

Man könnte nun meinen, dass mit der Erarbeitung dieses Konzeptes die Aufgabe der Rahmenplanung Olympia abgeschlossen sei. Das wäre ein gefährlicher Trugschluss. Nach der bürointernen Ideenkonkurrenz war durch den Entwurf kühner Ideen des Fundament der Bewerbung gelegt. Es galt nun, in aller Härte zu prüfen, ob das vorgeschlagene Konzept machbar sei. An dieser Stelle scheiden sich im methodischen Vorgehen häufig die Geister.

Eine Richtung versucht, ein gefundenes Konzept mit allen erdenklichen Mitteln und Argumenten zu festigen. Eine andere Richtung versucht, unter Ausschöpfung des gesamten Prüfarsenals das gefundene Konzept zu Fall zu bringen. Planer neigen häufig zur ersten Vorgehensweise, weil sie der «Verliebtheit» in einmal gefundene Lösungen dienlich ist. Wir neigen zur zweiten Verfahrensweise, weil

Bernd Scholl

wir meinen, dass sich Lösungen für schwierige raumplanerische Aufgaben erst dann als standfest erweisen, wenn sie mit allen erdenklichen Mitteln der planerischen Argumentation einem Härtetest ausgesetzt werden. In der Zusammenarbeit mit den entwerfenden Teams entstehen in dieser Phase häufig grosse Spannungen, weil sie der Auffassung erliegen, man wolle ihre guten Ideen zerstören. Dies ist keineswegs die Absicht. Vielmehr wird versucht, in der Rolle des Advocatus Diaboli jene Argumente zu finden, die im Laufe der Zeit von möglichen Gegnern einer Lösungsrichtung gleichwohl gefunden werden. Sind solche Argumente frühzeitig bekannt, kann darauf eingegangen werden, allerdings mit der Konsequenz, dass die Konzeption auch zu Fall gebracht werden kann. Es zeigt sich an dieser Stelle, wie bedeutsam die Einrichtung einer planerischen Reserve ist, die frei von der Identifikation mit eigenen Lösungsvorschlägen das Feuer der planerischen Argumentation in Gang halten kann und muss. Mitglieder des Consiliums, Experten der verschiedensten Fachdisziplinen und Chefbeamte der Verwaltung leuchteten die Konzeption aus unterschiedlichsten Blickwinkeln aus. Die Erfahrungen des Consiliums und die Breite der Argumentation (Sport, Technik, Kultur und Wissenschaft) waren dabei äusserst nützlich. Das Konzept urbaner Spiele hat sich im Verlaufe des Verfahrens als tragfähig erwiesen und wurde vom Magistrat der Stadt Frankfurt Anfang 1989 als Grundlage der weiteren Bewerbungsschritte beschlossen.

Als eine der schwierigsten Fragen stellt sich die rechtzeitige Verfügbarkeit der Flächen für das Olympische Wohnen am Main und der Standort für die grosse Halle heraus. Ohne eine Neuordnung der Hafenanlagen wird die faszinierende Idee vom Wohnen am Wasser keine Realität werden. Ohne einen nach allen Seiten abgesicherten Standort für eine frühzeitige Realisierung der grosse Halle besteht die Gefahr, dass die Tragfähigkeit der Bewerbung ausgehöhlt wird. Für beide Aufgabenbereiche sollen Wettbewerbsverfahren initiiert werden. Qualitätvolle Ergebnisse solcher Verfahren lassen sich in der Regel aber nur dann erzielen, wenn alle «Stolpersteine», die einer Realisierung im Wege stehen könnten, bekannt sind. Es ist deshalb unausweichlich, durch Testentwürfe Vorstellungen von Lösungen zu entwickeln. Erst dadurch lassen sich Verzweigungen der

Aufgaben erkennen und aus der Menge offener Fragen jene herausfiltern, deren Beantwortung schon vor der Ausschreibung von Nöten ist. Planer sehen sich dann häufig in einem Dilemma. Fundierte Testentwürfe liefern nicht nur Argumente, die für die Wahl einer Handlung sprechen, sondern auch solche, die dagegen sprechen. Im einfachsten Fall führt dies zum begründbaren Verwurf von Handlungen mit einer verbleibenden Alternative, die günstigenfalls nur positive Wirkungen hat. Dies entspricht aber in den seltensten Fällen der Realität. Nach dem Verwurf von Handlungen verbleiben meist solche, deren Gegenargumente nicht entkräftet werden können. Im planerischen Alltag wird dieser Umstand gerne zum Vorwand genommen, daraus die Unlösbarkeit der Aufgabe zu folgern. Es wird Nichts Entschieden, obwohl Nichts Tun doch auch eine Handlung ist. Dem Bearbeiter solcher Testentwürfe fällt die undankbare Rolle zu, Übermittler schlechter Nachrichten zu sein und als Verhinderer anfangs erwogener Lösungen aufzutreten. Ohne ein planerisches Verfahren besteht die Gefahr, dass wichtige Gegenargumente unterdrückt werden, mit einem planerischen Verfahren besteht die Chance, Pro und Contra offen zu diskutieren, evtl. verborgene Entscheidungskriterien[13] erst zu finden und unter dem Druck der Entscheidungssituation gänzlich neue Handlungsalternativen zu Tage zu fördern.

Die Zeit, die ist ein sonderbar Ding[14]

Planer wissen, dass von der Entscheidung über Handlungen bis zum Eintreffen der erwünschten Wirkungen bei umfassenden und schwierigen Aufgaben viel Zeit vergehen kann. Wir nennen diese Zeit Verzugszeit. Als Planer sind wir daran interessiert, diese Zeitspanne in die planerische Argumentation einzubringen, weil Ihre Offenlegung selbst ein Kriterium für die Wahl einer Handlung werden kann. Dazu gehört die Fähigkeit, sich durch den Entwurf einer Vorgehensweise, die notwendigerweise aus Handlungen und Entscheidungen besteht, Klarheit und Überblick über den Weg zur Realisierung zu schaffen. Im Grunde genommen kommt ein solcher Entwurf einer Vorstellung darüber gleich, wie Handlungen und Entscheidungen der beteiligten Akteure über die Zeitachse koordiniert werden könnten. Es ist bemerkenswert, dass diese Entwürfe in der Regel nicht gleichzeitig mit dem Entwurf der jeweiligen physischen Massnahme vorliegen. Ohne Zweifel werden sich solche Entwürfe im Reifeprozess der Entscheidungen ändern. Die Erfahrungen in Wien, aber auch in Frankfurt zeigen, dass die Komplexität der zeitlichen Abstimmung raumbedeutsamer Vorhaben unterschätzt wird. Wer in einem Netzplan versucht, solche Zusammenhänge darzustellen, ist meist von der Fülle der einzelnen Handlungen und Entscheidungen überrascht. Die graphische vereinfachte Darstellung wird häufig nur von dem verstanden, der sie auch entworfen hat. Darin mag einer der Gründe liegen, warum solche Darstellungen auf Ablehnung stossen. Sie zeigen aber mit aller Deutlichkeit das Geflecht der unterschiedlichen Aktivitäten und der daraus zu folgernden Abstimmungsbedürfigkeit. Hier zeigt sich der Vorteil einer regelmässigen Abfolge von Kupplungen, mit der die Zeitachse in der eher undurchsichtigen Entwurfs- und Prüfungsphase strukturiert werden kann.

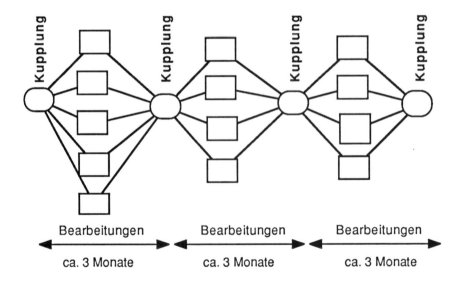

Abb. 4: Kupplungsrhythmus

Es entsteht ein Planungsrhythmus, der durch regelmässige klausurartige Koordinationstreffen (Kupplungen) und Bearbeitungsphasen ordnend auf die sonst eher zufällige Abfolge von Handlungs- und Entscheidungsterminen einwirkt. Koordinationssitzungen in zu kurzen Kadenzen, anschwellenden Datenhaufen und der Verbreitung von für die Bearbeitung nutzlosen Gerüchten kann damit wirksam begegnet werden.

Kupplungen sind der Anlass, an dem neue Informationen verarbeitet werden und in Empfehlungen über Handlungen münden sollen. Es zeigt sich, dass sich die zunächst als Kontinuum erscheinende Zeit der Bearbeitung zweckmässigerweise in die Phasen der Erkundung, der Vertiefung und der Montage des vorhandenen Wissens auflösen lässt. In der Erkundungsphase liegt der Schwerpunkt im Aufspüren des Lösungsspektrums und verdeckter räumlicher Konflikte, in der Vertiefungsphase werden die Lösungsansätze einer harten Prüfung aus unterschiedlichsten Sichtwinkeln unterworfen. In der Montagephase werden die verfolgenswerten Lösungsbausteine einem Mosaik gleich zu einem Gesamtkonzept zusammengefügt.

Selbstverständlich sind die Übergange der einzelnen Phasen fliessend, sie erlauben aber den mehrmaligen Durchlauf vorgeschlagener Lösungsansätze und der damit verbundenen Entscheidungsprobleme. Dies ist für ihre Nachvollziehbarkeit nicht unerwünscht. Es zeigt sich nämlich, dass für den Entwurf, die Vermittlung und die geistige Verarbeitung von schwierigen Entscheidungsproblemen allen Beteiligten eine Inkubationszeit gewährt werden muss.

Anmerkungen

[1] vgl. dazu Lorenz/Popper, Über den Klärungsprozess von Problemen durch Fragen, S. 52ff.
[2] vgl. zum Begriff der Intuition Lüscher, Zürich 1988
[3] Freisitzer, Entwurfsvorlage an die österreichische Rektorenkonferenz, Graz 1984
Die Vorlage wurde am 25.10.1984 einstimmig beschlossen
[4] Die Arbeitsergebnisse der Projektorganisation Gürtel Wien sind sehr umfassend im Entwicklungsprogramm Gürtel, Süd- und Westeinfahrt dargestellt. Die Erfahrungen und Ergebnisse des Projektes

Donaubereich Wien sind in der von Jakob Maurer und Kurt Freisitzer herausgegebenen Schrift: «Das Wiener Modell» niedergelegt.

[5] vgl. die Hinweise von Signer in dieser Schrift zur Commedia dell'arte

[6] Magistrat der Stadt Wien, Empfehlung der Projekt-Leitung 2, Interessentensuche mittels Ideenkonkurrenz, Wien 1985

[7] «Der Reichtum an Instrumenten erlaubt dem Praktiker, mehr als nur einen intellektuellen Weg zu benutzen: er kann es nicht nur, er muss es sogar. Jedes Voraussagemittel, das als automatisch zu verwendendes Rezept benutzt wird, muss den Voraussagenden in einer bestimmten Anzahl von Fällen fehlleiten, und das kann gar nicht anders sein. Es ist irrig, nach dem perfekten Rezept zu suchen, nach dem immer komplexeren Gleichungssystem. Das mag richtig sein, um eine bessere explikatorische Darstellung zu geben; für die Zwecke der Voraussage muss man jedoch zu verschiedenen, möglichst unabhängigen Voraussagen gelangen, die sich gegenseitig kontrollieren.» vgl. Jouvenel S. 234

[8] Zur Lösung der schwierigen Frage der Erneuerung von ca. 20 km innerstädtischer Hochleistungsstrassen wurde anfangs 1984 die «Projektorganisation Gürtel, Süd- und Westeinfahrt» gegründet. Ihre Aufgabe bestand darin, durch geeignete Vorgehensweisen innerhalb einer Zeitspanne von drei Jahren Grundsatzlösungen für die dicht besiedelten Teile Wiens mit rund 600 000 Menschen zu erarbeiten. Weite Teile sind wegen der hohen Verkehrsbelastungen mit z.T. über 100 000 Kfz/Tag von sozialer Erosion und baulichem Verfall bedroht. Die Projektorganisation beendete ihre Arbeiten fristgemäss 1988. Im Entwicklungsprogramm Gürtel, Süd- und Westeinfahrt werden die erarbeiteten Leitprojekte vorgestellt, die von einer Nachfolgeorganisation, der Wiener Bundesstrassen AG, realisiert werden sollen.

[9] vgl. dazu Poppers Ausführungen zu Exaktheit und Klarheit, Popper 1979, S. 28

[10] Der Einleitung eines solchen Verfahrens gebührt besondere Aufmerksamkeit, weil bis zur tatsächlichen Arbeitsaufnahme viele Fallgruben gut getarnt sind. Es ist keineswegs so, dass eine neue Organisation mit Freuden von den vor Ort zuständigen Behördenvertretern und Experten begrüsst wird. Sie wird häufig als unliebsamer Konkurrent zu den bestehenden Organisationen und zum Wirkungskreis seiner Mitglieder betrachtet. Eine der gängigen Möglichkeiten, die Ad-Hoc-Organisation zu schwächen, besteht darin, bedeutsame Hintergrundinformationen zurückzuhalten und mögliche Konflikte zu verbergen, um die Mitglieder der Organisation als Unwissende darzustellen. Auch das Gegenteil kann der Fall sein. Die Organisation wird von Informationen überschwemmt, um die Schwierigkeit der Aufgabe durch wachsende Datenberge zu verdeutlichen. Eine weitere Variation der Demontage der Organisation schon in der Anfangsphase besteht darin, die Erwartungshaltung in die Ergebnisse so hochzuschrauben, dass sie unmöglich erfüllt werden kann oder umgekehrt die Organisation überhaupt vollkommen zu ignorieren. Die neue Organisation muss deshalb aus eigener Kraft, und mit sehr bescheidenen Mitteln, Akzente setzen. Der sparsamste Einsatz der vorhandenen Ressourcen ist daher oberstes Gebot. Es ist aus diesem Grund auf jeden Fall ratsam, durch den Einsatz einer planerischen Reserve das Terrain zu erkunden und Brückenköpfe zu suchen. Das wirksamste Mittel aber besteht darin, so rasch als möglich die Deskriptionsphase der Problemstellungen zu verlassen und durch den Entwurf von Lösungen zu neuen Ufern aufzubrechen.

[11] «Unser Verstand zieht naturgemäss eine einzige Voraussage einer Mehrheit von Voraussagen vor. Jede Vorstellung einer möglichen Zukunft kostet den Geist Arbeit, und es ist nicht unsere Gewohnheit, diese Arbeit zunächst mehrfach zu leisten, um anschliessend aus den gefundenen möglichen Zukunften diejenige herauszufinden, die uns am wahrscheinlichsten vorkommt oder die wir sogar für sicher halten. Erst den Fächer zu entfalten, ihn dann einzuschränken, von der Vielzahl der Voraussagen zur wahrscheinlichsten Prognose überzugehen, sind Schritte, die uns nicht natürlich sind. Im Gegenteil, wir beginnen damit, uns eine zukünftige Folge des gegenwärtigen Zustandes vorzustellen. Und daraus folgt, dass wir der zuerst entworfenen Zukunft auf Grund der investierten (Geistes-)arbeit und auf Grund des erlangten Besitzes (subjektive Sicherheit hinsichtlich der Zukunft) anhängen. Sich danach noch anstrengen und andere Möglichkeiten ersinnen, heisst erneut investieren und den erlangten Besitz entwerten: Wir arbeiten gewissermassen, uns uns zu entreichern (an Sicherheiten).» Vgl. Jouvenel, Berlin 1968, S. 119

[12] «Wenn über das Grundsätzliche keine Einigkeit besteht, ist es sinnlos, miteinander Pläne zu schmieden.» Konfuzius

[13] «So unbekannt wie die gesuchte Lösung ist ja auch das Kriterium, das sie als die richtige ausweisen wird: es ist nicht falsch zu sagen, dass beides zugleich gesucht wird», vgl. Geretsegger/Peintner, München 1980, S. 50

[14] die Marschallin im Rosenkavalier

de Jouvenel Bertrand: Die Kunst der Vorausschau. Berlin 1968
Eisenstein Sergei: Vom Theater zum Film, Zürich 1960, S. 101
Freisitzer Kurt: Entwurfsvorlage zur österreichischen Rektorenkonferenz, Wien 1984
Freisitzer Kurt, Maurer Jakob (Hrsg.): Das Wiener Modell, Erfahrungen mit innovativer Stadtplanung – Empirische Befunde aus einem Grossprojekt. Wien 1985
Geretsegger Heinz, Peintner Max: Otto Wagner 1841-1918 Unbegrenzte Grosstadt, München 1980
Lüscher Max: Zum Verhältnis von Kreativität und Intuition, NZZ Nr. 88, Zürich 1988
Maurer Jakob: Methodische Überlegungen zur Richtplanung gemäss Schweizerischem Bundesgesetz über die Raumplanung, Zürich 1985
Maurer Jakob: Stadtplanung als Aktionsplanung, Zürich 1986
Popper Karl. R.: Meine intellektuelle Entwicklung, Hamburg 1979
Popper Karl R., Lorenz Konrad: Die Zukunft ist offen, Wien 1983
Projektorganisation Gürtel Wien: Interessentensuche mittels Ideenkonkurrenz, Empfehlung der Projekt-Leitung, Wien 1988
Projektorganisation Gürtel Wien: Entwicklungsprogramm Gürtel, Süd- und Westeinfahrt, Wien 1989
Speer Albert: Rahmenplan Olympische Sommerspiele Frankfurt, Frankfurt 1988
Schön Donald: The reflective Practioneer How Professionals think in action, New York 1983
Signer Rolf: Gedanken zum Begriff der Information, in diesem Band
Simon Herbert A.: Entscheidungsverhalten in Organisationen, Landsberg 1989

Albert Speer

Frankfurts städtebauliche Entwicklung: Probleme und Lösungsansätze zu mehr Lebensqualität

Die Stadt der Kaiserkrönungen im heiligen römischen Reiche, die Stadt des ersten deutschen Parlaments, die Stadt der *ältesten Messe* knüpft mit der Entwicklung zu einer Europäischen Finanzmetropole an alte Traditionen an. Schon einmal in der ersten Hälfte des 19. Jahrhunderts wurde durch das Bankhaus Rothschild mit «Filialen» in London, Paris, Wien und Neapel fast das gesamte europäische Bankgeschäft von Frankfurt aus geleitet.

1989 ist eine andere Zeit mit anderen Rahmenbedingungen; eine gewisse Parallelität zu historischen Entwicklungen ist durch das wirtschaftliche Zusammenrücken Europas 1992 zu dem weltweit grössten, einheitlichen Markt unverkennbar. *Die Chancen für Frankfurt,* in dem andauernden und sich verstärkenden Konzentrationsprozess auf wenige, europäische Standorte für überregionale Dienstleistungen und Finanzen eine bedeutenden Rolle zu spielen, *sind sehr gut.*

Wesentlich sind die zentrale Lage und die hervorragende Erreichbarkeit der Stadt in einem Raum, der weit über den Bereich des europäischen Binnenmarktes hinausgreift. Es scheinen sich in Europa zwei bedeutende Entwicklungsachsen herauszubilden: *Paris – Brüssel – London,* und *Mailand – Zürich – Frankfurt.*

Die *elektronischen Kommunikationsmöglichkeiten,* die Medien und die Verbesserung der Verkehrsverbindungen in bezug auf Geschwindigkeit, Komfort und Frequenz zwischen den Metropolen, den Regionen, dem Umland und zu anderen Grossstädten werden die Standortwahl von Unternehmen beeinflussen und den Wettbewerb zwischen den Metropolen stimulieren. Dies wirkt sich auf die Arbeitsplatzattraktivität aus.

Die *Lebensqualität* der Stadt mit ihrer vielfältigen Vernetzung unterschiedlicher Bereiche, mit ihrem Angebot an Kultur, Unterhaltung, Sport und Freizeit und ihren Bildungseinrichtungen bestimmt die Qualität des Standortes und entscheidet unter dem Aspekt der Freiheit der Wahl des Arbeitsplatzes für qualifizierte und spezialisierte Arbeitskräfte in ganz Europa über dessen Akzeptanz.

Frankfurt hat in den letzten 12 Jahren einen enormen Wandel erfahren und eine neue Stadtqualität erreicht. Aus *«Krankfurt», «Bankfurt» ist Frankfurt am Main geworden,* eine interessante, lebendige, vielfältige, von den Bürgern

akzeptierte Stadt – manche meinen die einzige Grossstadt in Deutschland. Dies ist einer Politik zu verdanken, die die Stadt vom Kern, von der Innenstadt her, erneuert und neu gestaltet hat. *Die Alte Oper* oder *der Römerberg mit Schirn* und *die Museumsufer* sind zu Symbolen für die Bürger geworden; sie sind stolz auf eine benutzbare, robuste und auch schöne Stadt. Die angrenzenden innerstädtischen Wohnquartiere wurden erhalten und aufgewertet. Der 1983 beschlossene *Leitplan Innenstadt* fasst die Potentiale möglicher Entwicklungen zusammen. Er stellt die Weichen für neue *Dienstleistungsachsen,* die anstelle von nicht mehr genutzten Industriezonen entlang der Mainzer Landstrasse bis zur Galluswarte, entlang der Theodor-Heuss-Allee bis zum Opelkreisel, im Güterbahnhof, parallel zur Messe und im Osten entlang der Hanauer Landstrasse, von der Grossmarkthalle bis zum Kaiserlei entstehen werden. Sehr schnell haben die Finanzwirtschaft und die Investoren von den Möglichkeiten der Entwicklung im Westen Gebrauch gemacht. Die *Achse Mainzer Landstrasse* mit der Planung von zwei weiteren Hochhäusern zwischen Deutscher Bank und DG-Bank am Platz der Republik, einem Hochhaus am Güterplatz und der noch nicht abgeschlossenen Planungen der Commerzbank neben ihrem Rechenzentrum auf der Südseite der Mainzer Landstrasse und die Planungen an der Galluswarte mit dem Deutschen Fachverlag und dem Hochhaus der Coloniaversicherung hat schneller zu Ergebnissen geführt, als man erwarten konnte.

Albert Speer

Leider trifft dies nicht auf den Osten zu. Trotz vereinzelter Ansätze stagniert die Aufwertung des Standorts *Hanauer Landstrasse*. Die dort vorhandenen Flächen werden von Investoren nicht nachgefragt. Der Hauptgrund liegt in der im Vergleich zum Westen *schlechten Infrastrukturausstattung.* In den vergangenen 25 Jahren ist es nicht gelungen, den Autobahnring um Frankfurt im Osten zu schliessen und den Alleenring an die Autobahn im Osten anzubinden. Wenn man in Betracht zieht, dass der Autobahnring um Frankfurt etwa die gleiche Fläche umfasst wie der Mittlere Ring in München, dann ist dies nicht zu verstehen und muss dringend nachgeholt werden. Auch der öffentliche Nahverkehr bevorzugt die westlichen Standorte, die hervorragend versorgt sind. S-Bahn und U-Bahn parallel zur Hanauer Landstrasse befinden sich erst in der Planung. Es sind grosse Anstrengungen und Investitionen nötig, um den Osten nicht zu einem Problembereich werden zu lassen, der von der allgemeinen positiven Entwicklungstendenz ausgeschlossen bleibt.

Das *Stadtbild Frankfurts* wird mehr und mehr durch *seine Hochhäuser* geprägt. Die für *anspruchsvolle Dienstleistungsbauten* zur Verfügung stehende geringe Fläche wird durch Hochhäuser optimal genutzt. Deshalb werden die *hochwertigen Standorte auch weiterhin durch Hochhäuser geprägt sein,* die unterschiedliche Bedeutung für das Stadtbild haben. Begründen kann man den vorhandenen Run auf Hochhäuser auch mit der Tatsache, dass seit den Doppeltürmen der Deutschen Bank vor 10 Jahren kein Hochhaus mehr gebaut worden ist.

Aber *nicht nur Hochhäuser* sind notwendig. Frankfurt muss als Finanz- und Dienstleistungsmetropole ein breites Spektrum von Bürobauten unterschiedlicher Qualität anbieten können. Deshalb ist es richtig, neben den grossen Hochhausvorhaben wie Messehochhaus oder Campanile und den Hochhäusern an der Mainzer Landstrasse, die im Mietniveau bei ca. 50-60 DM liegen, auch eine *Fülle von Standorten* angeboten werden, die im Mietniveau in der 20-25 DM Kategorie bleiben. Eine solche Miete hat Bauformen und Ausstattungen zur Voraussetzung (z.B. ohne Klimatisierung), die in Grössenordnungen bleiben müssen, die 18 bis 22 Geschosse nicht überschreiten. Das Battellegelände, Teile der Theodor-Heuss-Allee und der Voltastrasse, das Bundesbahngelände an der Messe und vor allem auch die Hanauer Landstrasse sind hierfür geeignete Standorte.

Albert Speer

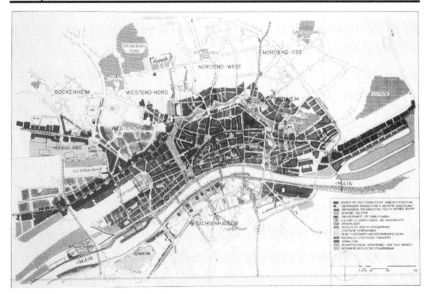

Konsequenterweise legt der bereits erwähnte *Leitplan Innenstadt* fest, dass an anderen Standorten *keine Hochhäuser möglich sind.* Dies betrifft die Gebiete im Bahnhofsviertel, Westend, Nordend oder auch Sachsenhausen. Die notwendige Veränderung der alten Bausubstanz erfolgt in diesen Bereichen unter Beibehaltung und Ergänzung der gebietstypischen Stadtstruktur.

Die beschriebenen Vorhaben und die wenigen disponiblen Flächen im Stadtgebiet werden für den langfristigen Bedarf einer internationalen Finanzmetropole nicht ausreichen. Deshalb muss sich Frankfurt vorrangig mit dem komplexen Problemfeld der «Region» auseinandersetzen.

Frankfurts Verhältnis zur Region

Im Verhältnis der über 520 000 Beschäftigten (davon über 70 % im tertiären Sektor) und nur ca. 600 000 Einwohnern hat Frankfurt ein ausgesprochenes *Einwohnerdefizit.* Nach dem Durchschnitt der Bundesrepublik müssten in der Stadt ca. 1,2 Millionen Menschen wohnen. Im Bereich des Umlandverbandes wohnen ca. 1,5 Millionen Einwohner. In einem Radius von nur 50 km um Frankfurt liegt der gesamte verstädterte Raum am Untermain von Aschaffenburg über Darmstadt, Mainz, Wiesbaden mit einer Bevölkerungszahl von *ca. 3 Millionen Einwohnern.* Für diese Bevölkerung ist Frankfurt Metropole und trägt mit allen

Konsequenzen den Bau und die Unterhaltung von zentralen kulturellen, wirtschaftlichen, sozialen und sportlichen Versorgungseinrichtungen. Die Austausch- und Ausgleichsfunktion zwischen Stadt und Region funktioniert nicht ausreichend. Heute sind in Frankfurt Einrichtungen untergebracht, die nur aufgrund der Steuergesetzgebung (Gewerbesteuer) oder der Tradition als städtische Gesellschaften (Grossmarkt) innerhalb der eigentlich überholten Gemarkungsgrenzen hier gehalten werden. Durch die sich stark verändernde Wirtschaftsstruktur von Stadt und Region wären sie bei einer sinnvollen Verteilung von Funktionen, Aufgaben und Lasten im Ballungsraum viel besser an anderer Stelle angesiedelt.

Beispiele hierfür sind die vorgeschlagene regionale *Güterverteilungszentrale* auf dem Gelände der ehemaligen, seit Jahren brachliegenden, Caltex-Raffinerie in Raunheim — ein Standort mit hervorragender Infrastrukturanbindung an Strasse, Schiene, Flughafen und Main. Selbstverständlich müssten die *Frankfurter Grossmarkthalle*, die Luftfracht und Speditionen und der *regionale Güterbahnhof* in ein solches Konzept integriert sein. Das zweite Beispiel ist die Hafenkapazität am Untermain. Die Main-Häfen von *Gustavsburg, Frankfurt, Offenbach und Hanau* bis *Aschaffenburg* müssen ein gemeinsames Hafenkonzept entwickeln, das die Chancen der Verlagerung des Containerverkehrs mit auf die Wasserstrasse voll nutzt und Doppelangebote vermeidet, um die Hafenanlagen gleichmässig und langfristig auszulasten. Voraussichtlich würde ein solches Konzept einen Teil der Frankfurter Hafenanlagen überflüssig machen.

Das problematische Verhältnis Frankfurts und der Region kann nicht ohne *politische Veränderungen* gelöst werden. Sowohl die Verteilung der Steueraufkommen in der Region wie die Frage der Gemarkungsgrenzen dürfen kein Tabu sein, wenn *die Region Frankfurt ihre Rolle* im europäischen Kontext spielen will.

Der heutige *politische Kompromiss* mit eigenständigen Städten, die Teile ihrer Kompetenz an den *Umlandverband* delegiert haben, ist nicht zuletzt wegen seiner eher zufälligen räumlichen Ausdehnung funktionsunfähig, *nicht dynamisch genug,* um die anstehenden Probleme auszuführen, da bei der politischen Konsensfindung immer der kleinstmögliche gemeinsame Nenner im Vordergrund stehen wird. Es sind *weiterreichende Handlungsstrategien* notwendig, die von den Städten, der Region und dem Land Hessen gemeinsam entwickelt werden müssen, um den höchst komplexen und den ebenso attraktiven *Lebensraum Rhein-Main* im Konzept der dynamischen europäischen Regionen lebenswert zu gestalten und zu erhalten.

Dienstleistungsflächenrecycling in Frankfurt

Im internationalen Wettbewerb wird die Verfügbarkeit von hervorragenden Dienstleistungsstandorten für internationale Institutionen, Banken, Hauptverwaltungen (Europäische Zentralbank als Beispiel) eine entscheidende Rolle spielen. *Frankfurt* ist eine *kleine Stadt* mit den daraus resultierenden Vorteilen fusslaufiger Erreichbarkeit, Überschaubarkeit und der Nähe von zentralen Einrichtungen. Ihr Nachteil ist der *Mangel an verfügbarer Fläche.*

Im Zentrum, der Innenstadt und im Westend sind eine Reihe von Firmen, Gesellschaften, staatlichen und städtischen Institutionen untergebracht, die nicht unbedingt auf diese Standorte und nicht auf die Nachbarschaft von Banken oder Börse angewiesen sind und gut an einem anderen, weniger zentralen Standort in oder um Frankfurt residieren könnten. Die *systematische Erfassung, Planung von Ersatzstandorten* und Umsetzung dieser Gesellschaften und Institutionen ist politisch und wirtschaftlich sinnvoll und für die langfristige Erhaltung eines hochqualifizierten Dienstleistungsflächenangebotes im Zentrum Frankfurts unabdingbar.

Die *Zusammenlegung der Frankfurter Finanzämter* und anderer staatlicher Dienststellen auf dem Gutleutareal unter Mitbenutzung der wiederhergestellten, unter Denkmalschutz stehenden Kaserne ist der erste *bedeutende Beitrag zum Flächenrecycling in der Innenstadt.* Die Verkaufserlöse für die Grundstücke der alten Finanzämter haben gezeigt, wie ökonomisch richtig solche Verlagerungen sind. Weitere Beispiele eines sinnvollen Standortmerkmals öffentlicher Einrichtungen sind die Flugsicherung am Opernplatz, die zentrale Arbeitsvermittlung im Westend und die Postverwaltung an der Zeil. Selbstverständlich ist es neben dem Flächenrecycling notwendig, neue Standorte mit unterschiedlichen Qualitätsstufen zu entwickeln. Hierzu sind grosse *planerische Aktivitäten* und auch *öffentliche Investitionen* notwendig.

Wohnen in Frankfurt

Die steigenden Ansprüche im Wohnbereich, die engen Gemarkungsgrenzen und die *Umnutzung von Wohnraum* in Büros an attraktiven Lagen haben zu einer starken Nachfrage nach Wohnungen und damit zu *Mietsteigerungen* in Frankfurt geführt.

Es ist eindeutig, dass der gesamte Wohnungsbedarf nicht in den Gemarkungsgrenzen gedeckt werden kann. Auch hier sind regionale Absprachen und Arbeitsteilungen mit den Nachbargemeinden nötig. Aber auch in Frankfurt selbst ist Wohnungsbau dringend notwendig. Standorte sind in Seckbach und Preungesheim sowie durch Umnutzungen von Gewerbegebieten entlang des Maines vorhanden. Bisher hat der *lange Planungs- und Entscheidungsprozess Baumassnahmen verhindert.*

Frankfurt hat einen der *höchsten sozialen Wohnungsbaubestände* in der BRD (ca. 38 % aller Wohnungen) und einen *geringen Eigentumsanteil* (ca. 12 % sind Eigentumswohnungen). Die heute übliche *Fehlbelegung im sozialen Wohnungsbau* muss durch höhere, mit dem freien Markt vergleichbare, Mietkosten oder Umzug beseitigt werden. Es ist so möglich, *genügend sozialen Wohnungsbau aus dem Bestand* für Bedürftige zur Verfügung zu stellen. Der neue Wohnungsbau ist überwiegend für mittlere und höhere Einkommensgruppen an attraktiven Standorten notwendig.

Verkehrspolitik

Vor schwierigen Entscheidungen und hohen Investitionen stehen Frankfurt und die Region in der Verkehrspolitik, die *gleichzeitig* auch *Umweltpolitik* sein muss. Ziel einer solchen Politik ist es, die Lebensqualität der Stadt für Bewohner, Berufstätige, Kunden und Besucher gleichermassen sicherzustellen.

Albert Speer

Heute steht die Stadt vor einem *Verkehrsinfarkt* mit schwerwiegenden negativen Auswirkungen wie der Gefährdung und *Einschränkung* der *Mobilität nichtmotorisierter Verkehrsteilnehmer,* dem Platzbedarf für den ruhenden Verkehr, der Luftverschmutzung, hoher Lärmbelästigung, ständig zunehmender Bodenversiegelung und hohem Energieverbrauch. Schleichverkehr und *Fremdparkierung auf Gehwegen* führen zu wachsender Gefährdung und übermässiger Belastung der Wohnbevölkerung innerstädtischer Wohnquartiere.

Die geschilderte Entwicklung eines zunehmenden PKW-Verkehrs ist nicht *Frankfurt-typisch,* sie ist vielmehr in allen Grossstädten Europas problematisch. Die Lösungsansätze sind deshalb in Stuttgart, Zürich, München und anderen Städten ähnlich.

Es handelt sich im wesentlichen um drei voneinander abhängige Aktionsbereiche, die gemeinsam zur notwendigen Reduzierung der Attraktivität der Autobenutzung führen. Nur die Minderung der Attraktivität des Autos im innerstädtischen Bereich könnte mehr Menschen zum Umsteigen auf andere Verkehrsmittel bewegen. Folgende Massnahmen sind notwendig:

a. Die *Qualität* an *öffentlichen, umweltfreundlichen Nahverkehrsmitteln* muss so gesteigert werden, dass ein Umsteigen vom Auto auf U-Bahn, S-Bahn oder Bus eine echte Alternative darstellt. Wichtige Faktoren für die Bewertung des öffentlichen Verkehrsmittels bilden Preis, Bequemlichkeit, Erreichbarkeit, Frequenz, Kapazität und Geschwindigkeit. Viele Verbesserungen können mit geringen Investitionskosten erreicht werden. In Zürich z.B. haben Strassenbahnen an allen Ampeln Vorfahrt. Bei Annäherung des Zuges wird auf «Grün» geschaltet und der Autoverkehr blockiert. Getrennte Bus- und Taxispuren mögen als weiteres Beispiel dienen.

b. *Parkplätze für Berufspendler* müssen beschränkt und *gleichzeitig teurer* gemacht werden. Dies wird zum Teil durch ein verändertes Angebot an Parkplätzen für Beschäftigte in all jenen Neubauten erreicht, die gut durch den öffentlichen Nahverkehr erschlossen werden können. Frankfurt hat bei den neuen Hochhäusern diese Sparpolitik eingeleitet.

Diese Massnahme muss einhergehen mit dem *strikten Verbot* von verkehrswidrigem Parken auf Gehwegen und Platzflächen. Hierzu ist eine *Veränderung der Einstellung* der Bevölkerung notwendig, die mehr Rücksicht auf Fussgänger, Kinder, Alte und Behinderte nimmt. Selbst in den liberalen Städten der *USA* ist *rigoroses Abschleppen* falsch geparkter Wagen *üblich,* was ein völlig anderes Verhalten in bezug auf das Parken zur Konsequenz hat. Gehwege und Plätze stehen Fussgängern uneingeschränkt zur Verfügung. Gleichzeitig sind ausreichende Kurzparkplätze in Parkhäusern für Besucher und Kunden anzubieten und die Parkierungsmöglichkeit für Bewohner und Gewerbetreibende, z.B. durch ein Plakettensystem, sicherzustellen. Nur eine einschneidende Einschränkung der kostenlosen Parkplätze wird zu einer Verkehrsreduktion führen.

c. Der *Autoverkehr muss kanalisiert* und die Wohngebiete vom Durchgangs- und Schleichverkehr freigehalten werden. Der nicht durch andere Transportarten ersetzbare, für die Stadt wirtschaftlich und sozial lebenswichtige Autoverkehr muss auf *leistungsfähigen Hauptstrassen gebündelt* werden. Nur so lassen sich die Lebensqualität in den Vierteln steigern und die Wohnquartiere vor Immissionen und quartierfremdem Verkehr schützen. Diese gewollte Bündelung des Verkehrs wird unterstützt durch *Rückbau von Strassen* und Reduzierung von Strassenbreiten. Ergänzende Massnahmen wie die Attraktivierung von Fusswegverbindungen und ein gut funktionierendes Radwegnetz kommen hinzu.

Die vorgeschlagenen Massnahmen in Kombination mit *umweltverträglicheren Fahrzeugen* und einer *intelligenten Verkehrslenkung* können zu einer Reduktion des PKW-Verkehrsaufkommens und Belastungen von Emissionen führen.
Es darf nicht übersehen werden, dass damit die Kapazität des Verkehrsangebots der Stadt insgesamt erhalten bleibt. Die Verkehrs-, Transport- und Kommunikationsbedürfnisse können nach wie vor befriedigt werden, aber auf eine stadt-, umwelt- und menschengerechte Weise. Die *geänderte Verkehrspolitik* macht *hohe öffentliche Investitionen* notwendig.

Albert Speer

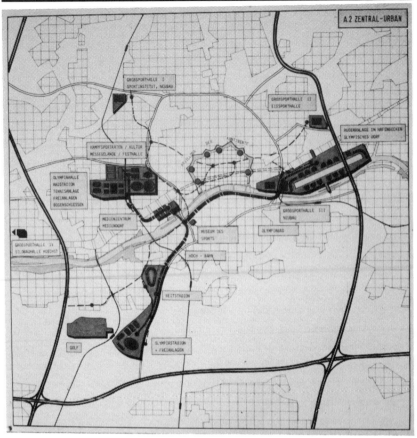

Wenn alle Massnahmen nicht ausreichen, den Stadtkern vor dem Verkehrskollaps zu bewahren, bleibt nur, das alte System der *Maut an der Stadtmauer* in neuem elektronisch-technischem Gewande wieder einzuführen. Jedes Auto fährt am Rande der Innenstadt über eine in die Strasse eingelegte Schwelle, wird elektronisch registriert und zahlt je nach Dauer seines Aufenthaltes eine Gebühr, die automatisch wie die Telefonrechnung monatlich abgebucht wird.

Frankfurt muss sich der *internationalen Konkurrenz* stellen. Dazu gehören ein umfassendes *Stadtmanagement und Stadtmarketing* ebenso wie die Bewerbung um internationale Grossveranstaltungen wie die *Olympischen Sommerspiele 2004*. Im Zusammenwirken von öffentlichen Entscheidungsträgern, privaten Finanziers, Anlegern und Projektentwicklern sind gemeinsame Strategien zu einer positiven Zukunftsperspektive der Metropole zu entwickeln.

Wenn man verfahrens- und genehmigungsrechtliche Zeiträume für grössere Projekte kennt, so ist ein Planungszeitraum von ca. 10 Jahren zur Regel geworden. Dies bedeutet, dass die Stadt Frankfurt sich heute mit Projekten befassen muss, die erst im Jahr 2000 eine Realisierungschance haben. Die interessante Aufgabe ist hier die Wiederentdeckung von *Frankfurt am Main*. Die Chancen, die *Stadt zum Fluss hin* zu orientieren, die Mainufer nach Ost und West über die Stadtgrenzen hinaus als Erholungsräume zu gestalten, nutzbar zu machen, die Gewerbe- und Lagerflächen am Main in Wohnparks mit hochqualifizierten innerstädtischen Wohnungen umzuwandeln, wird vorrangig zu behandeln sein. Frankfurt braucht Wohnungen in der Innenstadt als notwendige Ergänzung zu den Dienstleistungsangeboten. Nach meiner Vorstellung gehört dazu auch eine *geringe Zahl von teuren Wohnhochhäusern* an geeigneten Standorten, zum Beispiel im Westen und Osten am Main.

Zum Schluss einige Sätze *zur Olympiabewerbung 2004*. In einer Grossstadt wie Frankfurt werden sich die Veränderungen im Sport- und Freizeitverhalten stärker als in kleinen Städten vollziehen. Mit der fortschreitenden Dienstleistungstätigkeit breiter Bevölkerungskreise, der eingeschränkten, eigenen Entscheidungskompetenz und der weitergehenden Technisierung der Büroarbeitswelt wächst das Bedürfnis nach körperlicher Betätigung und individueller Gestaltung der Freizeit.

Diesen Bedürfnissen ist durch ein breites Angebot an unterschiedlichen Sport- und Freizeiteinrichtungen in Frankfurt und in der Region Rechnung zu tragen. Hinzu kommen aber auch die steigende Attraktivität und der Unterhaltungswert von grossen Sportereignissen. Sport- und Freizeitmöglichkeiten und -angebote werden ebenso wie Kultur-, Bildungs- und Unterhaltungsangebote die Attraktivität der Finanzmetropole im weitesten Sinne bestimmen.

Es ist daher für Frankfurt nur folgerichtig, sich um die Austragung der *Olympischen Sommerspiele* zu bemühen. Die Bewerbung stellt eine *Herausforderung zum Wettbewerb* dar. Basierend auf dem Vertrauen in eine dynamische Entwicklung der Stadt, kann Frankfurt seine Standortattraktivität im Kreis der Mitbewerber darstellen. Die Olympischen Spiele 2004 eröffnen Zukunftsper-

Albert Speer

spektiven in das 21. Jahrhundert. Sie helfen zur Neuorientierung einer zukunftsgerichteten Stadtentwicklung und stärken das Profil und das Aussenimage der Stadt Frankfurt. Dies besonders dann, wenn das Motto «*Urbane Spiele in Frankfurt*» zu programmatischen Leitbildern führt, die nur Einrichtungen vorsehen, deren Nutzen für den Bürger vor und nach den Olympischen Spielen sichergestellt ist und die in der Region auch ohne Olympia sinnvoll und auf Dauer gebraucht werden.

Die sonst beklagte Kleinheit Frankfurts ist «olympisch» von Vorteil. Alle wesentlichen Einrichtungen (Waldstadion, Bürgerpark, Osthafen, Olympisches Wohnen, Messe mit Medienzentrum) sind in einem *3 km-Radius um den Hauptbahnhof,* also fast in Fussgängerentfernung, zu erreichen. Mit der attraktiven Mainachse, den Museumsufern, sind sportliche und kulturelle Spiele in *der ganzen Stadt eine für Frankfurt hoffnungsvolle Zukunftsvision.*

Martin Steiger

Glattal wohin?
Wachstum im Norden Zürichs – Probleme,
Ziele und ein Beispiel

I. Die Grösse Zürichs

Die Bedeutung und Wirtschaftskraft von Gross-Zürich ist in den letzten Jahrzehnten ständig angewachsen und diese Entwicklung dauert auch heute noch an. Immer mehr ertragsstarke Betriebe ziehen in den Bann dieser «kleinen Grossstadt»; bestehende Betriebe ändern ihre Struktur, wobei ertragsreiche Aktivitäten (Dienstleistungsbereich) ausgebaut und ökonomisch schwächere (Produktionsbereich) abgebaut werden.

Trotz (der allerdings nur rechnerisch ausgewiesenen) grossen Bauzonenreserven, bekunden grössere Betriebe immer mehr Mühe, gute Standorte zu finden. Zudem fehlt es auch an Land für Wohnungen, auf welchem kurzfristig gebaut werden kann.

Wegen der guten Verkehrserschliessung mit privaten und öffentlichen Verkehrsmitteln kann allerdings bei der Standortwahl ausgewichen werden: Das «Arbeits-Zürich» wächst vor allem in den Agglomerationsgemeinden und das «Wohn-Zürich» ufert oft über die Kantonsgrenze weit ins Umland hinaus.

Die Landpreise reagieren entsprechend: Die Zürcher Preise bestimmen die Bodenmärkte im weiten Umkreis mit. Der Mangel an zentral gelegenen, baureifen Grundstücken für Arbeitsplätze und Wohnungen – verbunden mit einem übermächtigen Anlagebedürfnis – führen zu Bodenpreisen, die unbezahlbar scheinen, aber doch bezahlt werden.

Die Entwicklung folgt logisch dem Gesetz des freien Marktes zugunsten der ertrags- und einkommensstarken Nutzungen. Die ökonomisch Schwächeren (Handwerk, Gewerbe, Wohnen) aber sind gefährdet, ihnen droht die Vertreibung von guten an schlechte Standorte. Die Stadt läuft Gefahr, sich ökonomisch und sozial zu entmischen.

Gleichzeitig wird Gross-Zürich unaufhaltsam stärker und grösser und die Zersiedelung dauert an. Strukturveränderungen schreiten munter weiter; zahlreiche Betriebe siedeln vermehrt an abgelegenen Orten, weil ihnen die zentralen

Lagen verwehrt sind, und gewohnt wird eben dort, wo noch zahlbarer Wohnraum gefunden werden kann.

In dieser Situation ist es begreiflich, dass das weitere Wachstum des «Wasserkopfes Zürich» beklagt wird. Es wird nach Massnahmen gerufen, um dieses Wachstum einzudämmen. Es wird gegen das Bauen gekämpft, als ob es Ursache und nicht Folge der wirtschaftlichen Entwicklung wäre. Der Kampf konzentriert sich dabei auf Gebiete oder Projekte, wo man allenfalls politische Erfolge erzielen kann.

Man muss davon ausgehen, dass die Standortvorteile Zürichs eine Magnetkraft ausüben, die nicht durch Baubehinderungen gebremst werden kann. Deshalb besteht heute die Hauptaufgabe darin, das Wachstum so zu organisieren, damit Zürich lebenswert bleibt, also ökonomisch und umweltmässig gesunde Verhältnisse sichergestellt werden können.

2. Das Glattal im Entwicklungsdruck

Als praktischer Planer, gewissermassen im Schützengraben des täglichen Geschehens, muss ich mich stets fragen, was getan werden muss und kann, damit sich die Siedlungen vernünftig entwickeln können. Welche Handlungsspielräume bestehen oder können in nützlicher Frist geschaffen werden? Und weil ich mit meinen Partnern und Mitarbeitern schon seit Jahrzehnten im Glattal tätig bin, liegt es nahe, die Frage nach der konkreten Zukunft dieser Region zu stellen.

Bedeutende Arbeitsplatzregion: Die Industriegebiete im mittleren Glattal (Opfikon-Glattbrugg, Wallisellen, Dübendorf und Zürich) gehören zu den bedeutendsten regionalen Entwicklungsgebieten für Arbeitsplätze im Grossraum Zürich. Die starke Nachfrage nach Baugrundstücken und Bürogeschossflächen gründet auf der *hervorragenden Verkehrslage* dieser Gebiete und in der Tatsache, dass sie die Realisierung zukunftsgerichteter Grossbauten mit Dienstleistungen (Büronutzung) erlauben. Vor allem die Magnetwirkung des nahen Flughafens Zürich, die neuen S-Bahnstationen Stettbach, Katzenbach sowie die bestehenden wie Oerlikon, Wallisellen, Opfikon, Glattbrugg und Dübendorf, die

Martin Steiger

Abb. 1: Luftfoto Glattal

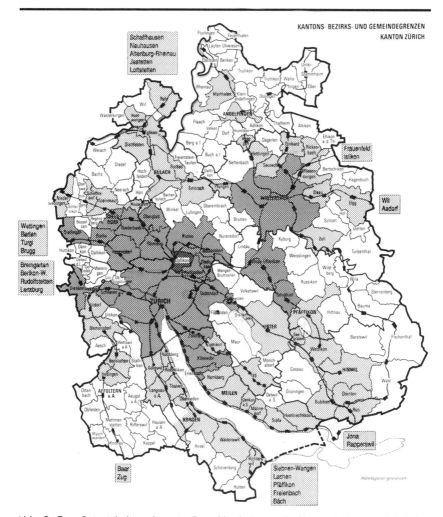

Abb. 2: Zum Beispiel die sehr gute Erreichbarkeit von Opfikon mit Bahn und S-Bahn (1990)

regionalen Hauptverkehrsachsen des Privatverkehrs und die Nationalstrassen haben die Region in den Brennpunkt des Interesses kapitalkräftiger Unternehmen und grosser Pensionskassen gerückt. Der dadurch anhaltende Bauboom im Glattal wird aber neben den überdurchschnittlichen Leistungen des Kantons Zürich im Bereich Verkehr auch durch ein hervorragendes Angebot an Ausbil-

Abb. 3: Technisierte Landschaft im Glattal

dungsmöglichkeiten und kulturellen Institutionen sowie durch die restriktive Entwicklungspolitik der Stadt Zürich verstärkt.

Folgen des Wachstums: Planung und Überbauung sind in vollem Gang und zahlreiche Baugesuche und Vorentscheide sind zur Zeit hängig. Der aufgrund dieser Situation resultierende Wohlstand infolge der interessanten und hochdotierten Arbeitsplätze ist aber nicht nur Privileg; der Preis des Wohlstandes sind ein hoher Verbrauch von Land, wachsende Abfallberge, zunehmender Verkehrslärm, Luftverschmutzung und ein starker Anstieg der Preise für Wohneigentum und Mieten.

Zunehmende Ideologisierung: Da die Ziele von Wirtschaft, Gesellschaft und Politik nicht mehr identisch sind, ergeben sich immer mehr Auseinandersetzungen.

Die Meinungsunterschiede gehen quer durch alle Bevölkerungsschichten und Extrempositionen sind an der Tagesordnung. Der «Anti-Zürich-Reflex» ist deutlich erkennbar und andernorts fragt man sich, ob der Wasserkopf Zürich noch in die föderalistische Struktur der Schweiz passe.

Glattal wohin? Den Überlegungen, wie die Entwicklungen in diesem Raum in den nächsten Jahren weitergehen sollen und welche Mittel zu ihrer Beeinflussung vorhanden sind oder bereitgestellt werden können, kommt besondere Bedeutung zu. Dabei muss man sich allerdings fragen, ob überhaupt genügend Spielräume im Rahmen von Politik und Gesetzgebung für echte Gestaltungsmöglichkeiten bestehen, oder ob diese Entwicklungsabläufe der Einflussnahme weitgehend entzogen sind. Letzteres würde bedeuten, dass nur eine Schadenbegrenzung und keine positive Gestaltung möglich wären.

2.1 Demographische Entwicklung im Glattal

Trotz einer weiterhin starken Wohnbautätigkeit ist der Bevölkerungszuwachs im Glattal nur noch bescheiden: Bevölkerungsgewinne resultieren zum Teil aus den fehlenden Wohnbaureserven in der Stadt Zürich, aus der immer besseren Erschliessung mit öffentlichen Verkehrsmitteln, infolge der Erschliessung neuer Arbeitsplatzgebiete, aus dem oft auch erzwungenen Trend ins Grüne sowie infolge des Gefälles der Kosten für Mieten und Wohneigentum. Bevölkerungsverluste sind die Folge der beschränkten Landreserven, der zunehmenden Überalterung, der immer noch ansteigenden Wohnraumbeanspruchung pro Einwohner sowie der teilweise verschlechterten Umweltbedingungen. Die Auswirkungen sind eine Notwendigkeit zu grösserer Mobilität und eine geringere Gewichtung der Ortsverbundenheit.

2.2 Wirtschaftliche Entwicklung im Glattal

Die Region Zürich ist stark in das Bewusstsein der standortsuchenden Grossbetriebe im In- und Ausland gerückt. Die Ansiedlung von international bekannten

Abb. 4: Typische Bürokiste

Unternehmen hat der Region ein neues Renommee verschafft; die Attraktivität hat sich weiter erhöht. Durch die notorische Knappheit an Arealen für Dienstleistungsbetriebe in der Stadt Zürich sind die Industriezonen in der Agglomeration stark unter Druck geraten. Da in den betreffenden Zonen Bürobetriebe zugelassen sind, erfolgt eine Bodenpreissteigerung beim verfügbaren Land in solche Höhen, welche tatsächlich nur noch für «Dienstleister» erschwinglich sind. Vorhandene Industriebetriebe sind immer mehr zur Aussiedlung gezwungen; ihren Platz übernehmen kapitalkräftige «Dienstleister» wie Banken, Versicherungen, EDV-Firmen oder Konzernleitungen. Dadurch verändern sich die Arbeitsplatzstrukturen sehr rasch und die Areale werden infolge der hohen Landkosten meist restlos ausgenützt.

2.3 Soziale und politische Aspekte

Das Wissen um die angeblich geringe Beeinflussbarkeit der vorgängig beschriebenen Entwicklung erklärt zum Teil die relativ geringe Teilnahme der Bevölkerung am politischen und gesellschaftlichen Leben im Glattal. In zunehmendem Masse wird das Aktionsfeld beliebigen Gruppierungen überlassen, welche sich für bestimmte Themen stark machen. Die Koordination der gestaltungswilligen Integrationskräfte wird je länger je schwieriger.

Gleichzeitig ist eine zunehmende Besorgnis hinsichtlich der Umweltqualität festzustellen. Die Reduktion der Luft- und Lärmbelastung sind im Glattal ein ernstes Anliegen. Dann wächst auch die Besorgnis Gewerbetreibender, da sie sich einen Standortwechsel nicht mehr leisten können, ohne das angestammte Gebiet verlassen zu müssen − das trifft vor allem Betriebe in Miete und solche, die an sich expandieren müssten um konkurrenzfähig zu bleiben.

Beunruhigend ist auch die Lage auf dem Wohnungsmarkt: Der Preis für inserierte Neuwohnungen dürfte heute etwa doppelt so hoch sein, wie die durchschnittliche Wohnungsmiete. Daraus entsteht eine latente Angst der Mieter vor Kündigungen (diese Angst ist real, auch wenn sie in der Regel nicht berechtigt ist, überwiegen doch die Vermieter, welche die ökonomischen Möglichkeiten nicht voll ausschöpfen wollen).

2.4 Probleme

Heute ist erst ein Teil der gemäss geltendem Recht theoretisch möglichen Arbeitsplätze im mittleren Glattal realisiert: ca. 87 000 von insgesamt ca. 154 000 Arbeitsplätzen in den Gemeinden Dübendorf, Wallisellen, Opfikon-Glattbrugg, Kloten, inkl. Seebach, Oerlikon und Schwamendingen (siehe Abbildung 5). Trotzdem zeigen sich schon deutlich erste Entwicklungsstörungen:

Umweltprobleme: Die Umweltbelastung (Luft, Lärm) in diesem Raum liegt heute schon über den zulässigen Grenzwerten. Im Arbeitsplatzgebiet von Wallisellen ist kürzlich einem Grossprojekt aus diesen Gründen eine Baubewilligung mit intensiver Verkehrserzeugung verweigert worden. Es ist fraglich, ob bei

Martin Steiger

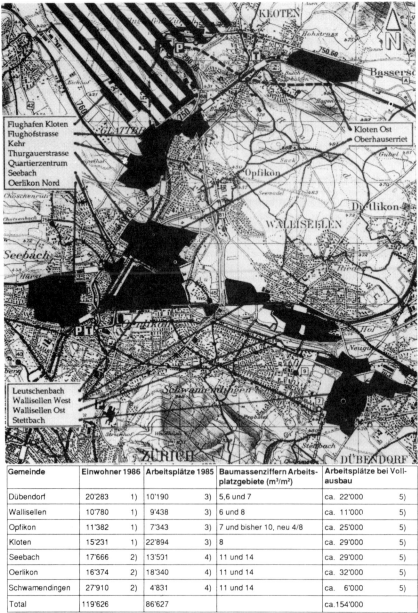

Gemeinde	Einwohner 1986		Arbeitsplätze 1985		Baumassenziffern Arbeitsplatzgebiete (m³/m²)	Arbeitsplätze bei Vollausbau	
Dübendorf	20'283	1)	10'190	3)	5,6 und 7	ca. 22'000	5)
Wallisellen	10'780	1)	9'438	3)	6 und 8	ca. 11'000	5)
Opfikon	11'382	1)	7'343	3)	7 und bisher 10, neu 4/8	ca. 25'000	5)
Kloten	15'231	1)	22'894	3)	8	ca. 29'000	5)
Seebach	17'666	2)	13'591	4)	11 und 14	ca. 29'000	5)
Oerlikon	16'374	2)	18'340	4)	11 und 14	ca. 32'000	5)
Schwamendingen	27'910	2)	4'831	4)	11 und 14	ca. 6'000	5)
Total	119'626		86'627			ca.154'000	

1) Statistisches Handbuch des Kantons Zürich, 1987
2) Statistisches Jahrbuch der Stadt Zürich, 1987
3) Statistisches Amt des Kantons Zürich, Voll- und Teilzeitbeschäftigte
4) Statistisches Amt der Stadt Zürich, Voll- und Teilzeitbeschäftigte
5) Überschlagsmässige Berechnung

Abb. 5: Arbeitsplatzgebiete mittleres Glattal (Massstab ca. 1:4200)

weiterer Erschliessung und zonengemässer Überbauung der Industriegebiete die verlangten Grenzwerte innert der durch die Luftreinhalteverordnung angezeigten Frist erzielt werden können, ganz zu schweigen von den zusätzlichen Lärm-, Grundwasser- und Bodenbelastungen. Ein Blick in die Zukunft lässt sogar eine zunehmende Umweltbelastung erwarten, trotz der nach dem Umweltschutzgesetz nötigen Umweltverträglichkeitsprüfungen. Denn unberücksichtigt bleiben jene Bauvorhaben, welche einzeln zwar keine Schwellenwerte überschreiten, in ihrer Summe jedoch eine erhebliche Steigerung der Umweltbelastung bewirken werden. Auch im Entsorgungs-Bereich sind die Probleme nach wie vor ungelöst und dürften sich ebenfalls noch verschärfen.

Verkehrsprobleme: Schon heute sind erhebliche Verkehrsbehinderungen im Raum Glattal festzustellen. Der starke regionale Durchgangsverkehr verursacht in den Spitzenzeiten schon seit geraumer Zeit grosse Probleme vor allem in jenen Strassen, welche zur Anbindung der Industriegebiete dienen sollten. Auch in Zukunft werden chronische Verstopfungen das Verkehrsgeschehen der Region prägen, wobei das übergeordnete Strassennetz ohne wesentliche Kapazitätsausweitungen wird auskommen müssen. Die Zonenkapazitäten für Arbeitsplätze, die entsprechenden Parkplatzzahlen und Erschliessungsanlagen sind nicht aufeinander abgestimmt. Die in den 60er Jahren festgelegten Industriezonen basierten noch auf der Ansiedlung von industriellen Arbeitsplätzen. Der rasante Strukturwandel vom zweiten in den dritten Sektor hat aber einen viel grösseren Arbeitsplatzbedarf ausgelöst als ursprünglich vorgesehen war. Die ca. 154 000 Arbeitsplätze, die gestützt auf geltendes Recht theoretisch angesiedelt werden können, dürften zur dauernden Überlastung der Strassen führen. Das Gebiet wird in Zukunft mit dem Privatverkehr und den bisherigen Vorkehrungen im öffentlichen Verkehr allein nicht mehr ausreichend erschliessbar sein. Denn auch die Förderung des öffentlichen Verkehrs kann nur teilweise zur Linderung der Verkehrsnot beitragen, da seine Behinderungen im Bereich des Feinverteilers ebenfalls zunehmen werden. Schon heute sind die regionalen Buslinien in den Spitzenzeiten wegen der bestehenden Verkehrskonzentrationen in ihrer Leistungsfähigkeit stark eingeschränkt. Die konsequente Anordnung zusätzlicher

Busspuren und eine Bevorzugung des öffentlichen Verkehrs zu Lasten des Privatverkehrs ist zudem politisch oft schwer durchsetzbar und teilweise auch wegen des erheblichen Flächenbedarfs umstritten. Wegen der festgestellten Diskrepanz zwischen Nachfrage an Verkehrsleistungen und dem Verkehrsangebot, sind mannigfache, unerwünschte Auswirkungen zu erwarten und allenfalls in Kauf zu nehmen.

Siedlungsprobleme: Begünstigt durch die hervorragende Verkehrslage dürften die zahlreich vorhandenen älteren und/oder unternutzten resp. nicht zonenkonform genutzten Bauten unter einen starken Veränderungsdruck geraten. Wegen der bereits existierenden sehr starken Nachfrage wird auch der Landpreis entsprechend hoch veranschlagt. Dies wird bei Bauten mit Arbeitsplätzen zur Realisierung der maximal zulässigen Dichten führen. Neben hohen baulichen Dichten ist auch mit hohen Belegungsquoten zu rechnen. Es besteht die Gefahr, dass die Qualität der Arbeitsatmosphäre beeinträchtigt wird. Eine Verbauung der Gebiete, wie sie aus verschiedenen Industriezonen in der Agglomeration Zürich bekannt ist, zeichnet sich bereits deutlich ab. Die bisherigen Konzepte zur Erschliessung und Überbauung der Industriegebiete basierten auf rein erschliessungstechnischen Überlegungen. Es fehlten bislang ernsthafte städtebauliche Ideen, also Vorstellungen zur Gestaltung der Bauten, der Aussenräume, der Fuss- und Radwege, der Strassen und öffentlichen Verkehrsnetze sowie detaillierte Überlegungen zur Nutzung und zur Nutzungsdurchmischung.

Planungshierarchie: Schliesslich werden die aufgeführten Probleme von den Gemeinden isoliert angegangen, eine übergemeindliche Koordination der Überlegungen und Massnahmen ist meist nicht gewährleistet. Der Kanton mit seinen Planungsinstrumenten respektiert die Gemeindeautonomie, und die Regionalplanungsgruppen sind aufgrund ihrer Struktur und Bedeutung der Aufgabe wenig gewachsen. Die Entwicklung verläuft daher weitgehend ungesteuert und unkontrolliert. Es ist deshalb sorgfältig abzuklären, wieviel staatliche Vorgaben und Kontrollen nötig sein werden. Die anstehende Revision des Zürcherischen Planungs- und Baugesetzes schafft Gelegenheit, sich darüber Gedanken zu machen. Zum Beispiel hätte eine Blockade der Bautätigkeit im Glattal dann unerwünschte Folgen, wenn die Bauwilligen in peripherere Regionen abgedrängt würden, wo sie im wesentlichen nur noch mit dem Auto erreichbar sind.

2.5 Ziele für das Glattal

Es stellt sich die Frage, ob eine unkorrigierte Entwicklung mit all ihren Nachteilen im Interesse von Gesellschaft und Wirtschaft sein kann, oder ob da nicht an jenem berühmten Ast gesägt wird, auf dem wir alle sitzen. Deshalb: Eine weitere Überbauung und Verdichtung im Glattal mit seinen weiträumigen Auswirkungen wird den betroffenen Gemeinden und der Stadt Zürich nur dann Vorteile bringen, wenn eine umweltschonende Erschliessung der neuen Arbeitsplätze und eine gute Siedlungsgestaltung sichergestellt werden können. Die weitere Überbauung und Erschliessung hat deshalb folgende Ziele zu erfüllen:

Umwelt: Es ist eine Erschliessungsart durchzusetzen, die wenig Immissionen verursacht, d.h. der öffentliche Verkehr ist so attraktiv auszugestalten, dass er auch angenommen wird. Die notwendigen Infrastrukturbauten müssen den umweltrechtlichen Vorschriften entsprechen, und es dürfen keine anderen umweltschonenderen Möglichkeiten bestehen.

Verkehr: Die Organisation des übergeordneten Strassenverkehrs hat davon auszugehen, dass auch künftig nicht mit einem flüssigen Verkehrsablauf gerechnet werden kann. Das bestehende und vorgesehene Strassennetz schafft nur teilweise die Voraussetzungen für die notwendige Erschliessung mit Privatverkehr. Deshalb kann, auch aus Gründen der Umweltbelastung, die weitere Bebauung nur noch beschränkt auf das Auto ausgerichtet werden. Um die Probleme des Privatverkehrs in den Spitzenstunden zu mindern, muss das Gebiet deshalb auf den öffentlichen Verkehr, d.h. auf die S-Bahn und das regionale Busnetz oder allenfalls auf andere leistungsfähige Feinverteiler ausgerichtet werden. Wichtige Massnahmen sind dabei unter anderem:

a. Schaffen optimaler Zubringerverhältnisse zu den S-Bahnstationen für Fussgänger und Velofahrer;

Martin Steiger

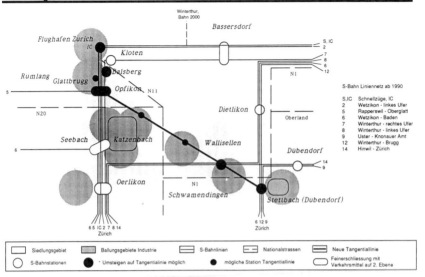

Abb. 6: Erschliessungskonzept Zürich-Nord: Öffentlicher Verkehr und Schaffen einer neuen Tangentiallinie

b. Verbessern von Angebot und Leistungsfähigkeit des regionalen Busnetzes;
c. Erarbeiten der Konzeption und Sicherung von Trassen für strassenunabhängige, unkonventionelle Verkehrsmittel.

Das lokale Strassennetz sollte hauptsächlich für den Anlieferungs- und Besucherverkehr zur Verfügung stehen. So sollte beispielsweise die Zahl der Pflichtparkplätze, vor allem im Fussgängereinzugsbereich der S-Bahnstationen, deutlich reduziert werden. Die Probleme mit der Erschliessung durch Individualverkehr eröffnen Chancen für die Schaffung moderner öffentlicher Verkehrsnetze. Die Kapazitätsengpässe der zu den einzelnen Arbeitsplatzgebieten führenden Strassen erfordern eine unabhängige Detailerschliessung zu den einzelnen S-Bahnstationen. Nur so kann die Autoflut in diesen Gebieten eingedämmt werden.

Es bestehen verschiedene Lösungsansätze mit grösseren oder kleineren Eingriffen. Es ist zu vermuten, dass die kostengünstigste und flexibelste Lösung in der Verwendung von sogenannten unkonventionellen Verkehrsmitteln liegt; diese fahren in einer zweiten Ebene und weisen deshalb keine Konfliktpunkte mit der Strasse auf. Im Vordergrund stehen Systeme, die über dem Grund fahren, mit kleinen Radien auskommen, über eine gute Steigfähigkeit verfügen und kostengünstig betrieben werden können.

Siedlung: Soweit die rechtlichen Voraussetzungen es zulassen, ist für eine Verbesserung des Wohnungsangebotes zu sorgen. Insbesondere ist die Umwidmung von Arbeitsplatz- in Wohnzonen zu prüfen. Es ist ein generelles, grossräumiges städtebauliches Konzept für die Gestaltung und Erschliessung der Region mittleres Glattal zu erarbeiten. Dieses soll vor allem für die stationsnahen Gebiete die Gestaltung der Bauten, das Fuss- und Radwegnetz, die Achsen des öffentlichen Verkehrs (Bus bzw. unkonventionelle Verkehrssysteme) und die Aussenraumgestaltung (Grün- und Erholungsräume) umfassen. Damit lassen sich Arbeitsplätze schaffen, die in einer attraktiven und gut gestalteten Umgebung eine optimale Arbeitsatmosphäre bieten. Die weitere Ausgestaltung der Quartiere dürfte massgebend dafür sein, ob hier ein der hervorragenden Lage entsprechend qualifiziertes Angebot an Arbeitsplätzen entstehen wird. Die notwendigen Arbeiten sind vom Kanton zusammen mit den betroffenen Gemeinden an die Hand zu nehmen. Allenfalls kann auch der Beizug der Grundeigentümer in klar definierten Gebieten und/oder bei wesentlichen Fragen, z.B. bei der Finanzierung der Erschliessung, zweckmässig sein. Im weiteren soll eine hohe architektonische Qualität der Bauten und eine umweltgerechte Bauweise (Baustoffe, Energiekonzept, usw.) verlangt werden. Im Fussgängereinzugsbereich der Bahn-Stationen ist die Ansiedlung von kleineren, auch ertragsschwächeren Betrieben (Gewerbebetriebe, Läden, Restaurants, usw.) zur Sicherung der Serviceleistungen am Ort zu ermöglichen.

Umlagerung der Planungsmehrwerte: Dort, wo die Planungshemmnisse, welche zur Zeit die Überbauung der meisten Arbeitsplatzgebiete im Glattal behindern, beseitigt werden, steigt der Bodenpreis. Es wäre sinnvoll, diese Planungsmehrwerte wenigstens zu einem Teil zur Verwirklichung der angeführten Ziele einzusetzen. So sollte zum Beispiel die Finanzierung der Feinerschliessung mit öffentlichem Verkehr, die die Grundstücke letztlich baureif macht, durch die Grundstückseigentümer erfolgen und Teile der Baugebiete sollten ertragsschwächeren Nutzungen (Wohnungen, Handwerk, Gewerbe) zugeführt werden.

3. Zum Beispiel: Das Oberhauserriet in Opfikon

Die Umstände brachten es mit sich, dass im Oberhauserriet eine Planung Aussicht auf Verwirklichung hat, die den dargelegten, hochgesteckten Zielen Rechnung trägt. Das Planungsgebiet liegt hervorragend an der Achse Flughafen-City mit unmittelbaren Anschlüssen an Autobahn und S-Bahn. Der kürzlich teilgenehmigte Zonenplan lässt eine intensive Arbeitsplatznutzung zu und der festgesetzte Quartierplan umfasst – nebst Grundstücken der Stadt Zürich (ungefähr die Hälfte) – überwiegend solche von realisierungswilligen Grundeigentümern. Hängig sind noch Rekurse gegen die Bau- und Zonenordnung (wegen dem teilweisen Verbot von Dienstleistungsarbeitsplätzen) und ein Revisionsbegehren betreffend Verteiler der Administrativkosten des Quartierplans (nachträgliche Benachteiligung durch die neue Bau- und Zonenordnung).

Aber: Das Hauptergebnis eines Gutachtens, welches wir kürzlich der Stadt Opfikon erstattet haben, besagt, dass die externen Erschliessungsvoraussetzungen mit dem vorgesehenen Strassennetz nicht gegeben sind. Das Oberhauserriet ist nur mit öffentlichem Verkehr, der von den S-Bahn-Stationen auszugehen hat, erschliessbar. Nach mehr als 30jähriger, ununterbrochener Planungsbemühungen der Grundeigentümer und der Stadt Opfikon drängt sich damit die Revision dieser Quartierplanung auf.

Also: Im Oberhauserriet soll deshalb eine Überbauung mit Büros, Gewerbe und Wohnungen entstehen, die überwiegend mit öffentlichen Verkehrsmitteln erschlossen und gemäss einem städtebaulichen Leitplan gestaltet werden soll. Dies ergibt das neue Planungskonzept des 50 Hektaren umfassenden Gebietes. Im Herbst 1989 wird dem Parlament von Opfikon eine entsprechende Vorlage unterbreitet. Sie bildet den Gegenvorschlag zu einer Initiative von Parlamentariern und Stimmbürgern, die verlangen, dass der unerschlossene Teil des Gebietes ausgezont wird. Die Auszonung wird vom Stadtrat abgelehnt, weil das Oberhauserriet besonders gut mit öffentlichen Verkehrsmitteln erschlossen werden kann und sich deshalb für die Ansiedlung von Büros, Gewerbe und Wohnungen eignet. Die Verhinderung von Neubauten würde lediglich bewirken, dass

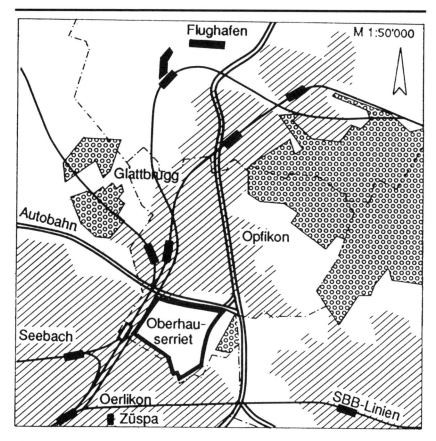

Abb. 7: Das Oberhauserriet – die Lage im Raum Zürich Nord

Firmen, die sich hier ansiedeln möchten, an Standorte in entfernteren Gebieten abgedrängt werden, die man praktisch nur mit dem Auto erreichen kann.

Konzept: Dieses sieht vor, dass zunächst die zulässige Grundausnützung im Zonenplan soweit gesenkt wird, dass das Gebiet mit den vorgesehenen Strassen erschlossen werden könnte. Gestützt auf Sonderbauvorschriften kann die Ausnützung aber wieder angehoben werden, wenn besondere Voraussetzungen erfüllt sind:

- Realisierung eines leistungsfähigen öffentlichen Verkehrsmittels, welches der Feinerschliessung dient. Gedacht wird beispielsweise an einen Monorail, der das Gebiet einerseits mit der S-Bahn, andererseits mit einem zentralen

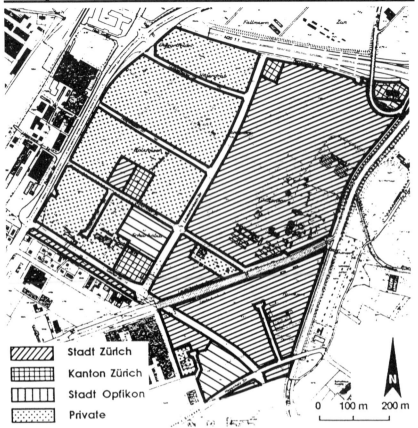

Abb. 8: Eigentumsverhältnisse im Oberhauserriet (gemäss Quartierplan 1979)

Parkhaus verbindet und von den Grundeigentümern finanziert wird. Das Parkhaus wird direkt an die Autobahn angeschlossen und dient als Lärmriegel für das Quartier.
- Ortsgerechte Gestaltung, die sich auf ein städtebauliches Konzept zu stützen hat. Dieses sieht, nebst Büros, die Erstellung von Wohnungen und Räumlichkeiten für Gewerbebetriebe sowie grosse, siedlungsinterne Grünräume vor.
- Erhöhte architektonische Qualität sowie umweltgerechte Bauweise, Versorgung und Entsorgung.
- Bildung von bedarfsgerechten Realisierungsetappen.

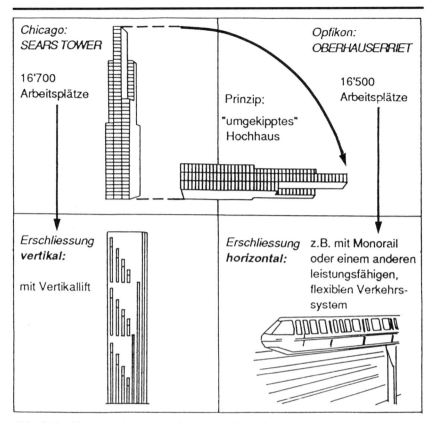

Abb. 9: Erschliessung ohne Autoverkehr: eine Utopie?

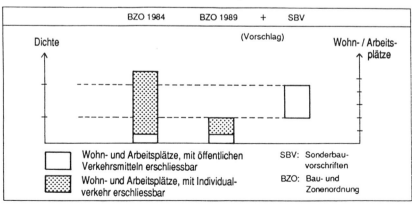

Abb. 10: Abnahme der Dichte bei gleichzeitiger Zunahme der Wohn- und Arbeitsplätze, die mit öffentlichen Verkehrsmitteln erschliessbar sind

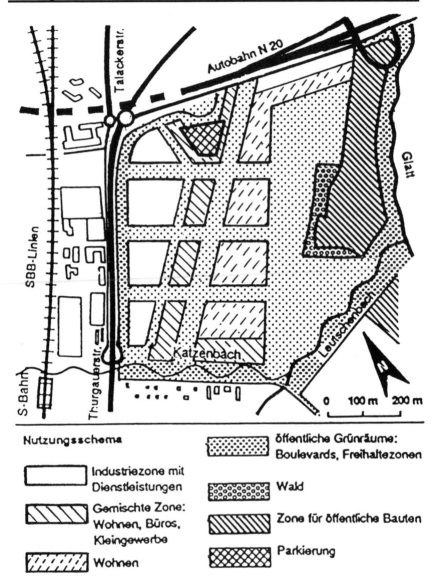

Abb. 11: Nutzungsschema

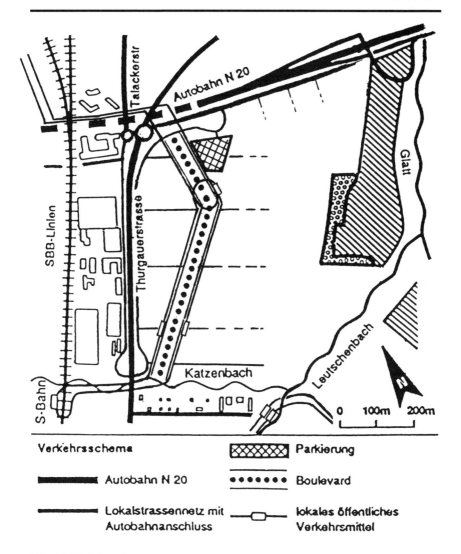

Abb. 12: Verkehrsschema

Durch ein solches Überbauungskonzept wird ein Angebot für neue, gut gestaltete Arbeitsplätze und für Wohnungen geschaffen, die aus dem ganzen Raum Zürich bequem mit öffentlichen Verkehrsmitteln erreicht werden können.

Martin Steiger

Die Grundeigentümer sind mit der Revision des Quartierplans in die angezeigte Richtung einverstanden. Sie verpflichten sich auch solidarisch zu der anteilmässigen Ausscheidung von Land für Wohnüberbauungen zu einem Vorzugslandpreis sowie zu einer gemeinsamen Lösung der im Oberhauserriet erforderlichen Etappierung der Überbauung im Rahmen der neuzuschaffenden Sonderbauvorschriften. Die privaten Eigentümer setzen dabei allerdings voraus, dass die Stadt Zürich auch in dieser Richtung mitarbeitet. Weil die Grundeigentümer Verständnis dafür aufbringen, dass eine umweltgerechte und qualitativ hochstehende Erschliessung und Bebauung vorzusehen ist, sind sie auch bereit, neben den Instrumenten des öffentlichen Rechts ergänzende privatrechtliche Verpflichtungen einzugehen.

Damit könnte das Oberhauserriet zum Pilotprojekt für die Nutzung von Industriezonen werden. Es könnte auch bewiesen werden, dass Planungsmehrwerte im Einvernehmen mit den Grundeigentümern umgelagert werden können – sofern sie nicht schon zuvor geschaffen wurden und zu einem unabdingbaren privaten Anspruch erstarrt sind.

Der Stadtrat von Opfikon, die Grundeigentümer und die Planer hoffen mit der neuen Planung des Oberhauserriets einen Vorschlag zu unterbreiten, der beim Opfikoner Stimmbürger mehr Zustimmung findet als eine Auszonung dieses Gebietes; eine solche würde nebst den unabsehbaren finanziellen Folgen zudem eine Verlagerung der Probleme in Gebiete bringen, die bedeutend ungünstigere Siedlungsvoraussetzungen bieten.

Anmerkungen:

Abbildung 1: Swissair Flugphoto vom 17.5.1983

Zukunft Glattal – Siedlungsqualität im Glattal. P. Niederhauser, M. Steiger, B. Tantanini, R. Zapfl. Zürich, März 1989

Überprüfung Gesamtplanung Oberhauserriet, Opfikon – Schlussbericht zu Handen des Stadtrates von Opfikon. Aktualisierte Kurzfassung. Planpartner AG, M. Steiger + L. Huber. Zürich, Februar 1989

Kommende Probleme

Marius Baschung

Der Raumplanungsauftrag und sein Vollzug: Eine Standortbestimmung zu Beginn der neunziger Jahre

Vorbemerkungen

Im Rahmen der parlamentarischen Diskussion über den Raumplanungsbericht 1987 des Bundesrates wurde unter anderem bemerkt, der Bericht sei gut, der Zustand des Landes schlecht. Mit diesem Ausspruch sollte an die Adresse der zuständigen Behörden und Verwaltungen deutlich gemacht werden, dass der Vollzug des Raumplanungsgesetzes (RPG) vom 22. Juni 1979 ungenügend sei, dass die Raumplanung trotz des an sich guten Gesetzes schlecht funktioniere und die Verantwortlichen offensichtlich ihre Aufgaben mit zu wenig Nachdruck erfüllten.

Die nachfolgenden Überlegungen und Feststellungen sollen eine Art Standortbestimmung sein, und zwar aus der subjektiven Sicht eines der Verantwortlichen, der seit 1960 in verschiedenen Funktionen auf Gemeinde-, Kantons- und Bundesebene an der Erfüllung des Auftrages zur zweckmässigen Nutzung des Bodens und geordneten Besiedlung des Landes mitgewirkt hat. Trotz vieler Rückschläge und einzelner Misserfolge ist er der Auffassung, dass die Raumplanung – gesamthaft gesehen – in den vergangenen drei bis vier Jahrzehnten auf grosse Leistungen zurückblicken kann. Die nachfolgende Standortbestimmung, die auf zahlreiche Mängel im Vollzug des RPG hinweist, wird nur richtig verstanden, wenn dabei auch die folgenden Gedanken miteinbezogen werden:

– Am 4. Dezember 1988 hat das Schweizervolk die Stadt-Land-Initiative gegen die Bodenspekulation mit rund 69 Prozent Nein-Stimmen wider Erwarten deutlich verworfen. Diese Initiative sah vor allem starke Eingriffe in die Verfügungsfreiheit vor. Eigentümer von Boden sollte nur noch werden können, wer den Bedarf nachweist, das heisst wer zum Beispiel ein Haus bauen und bewohnen oder wer das Grundstück selber landwirtschaftlich bewirtschaften will. Solche Verfügungsbeschränkungen sind aber, wie auch die Ablehnung früherer, in ähnliche Richtung zielender Initiativen zeigt, im Schweizervolk nicht beliebt. Dagegen hat man in unserem Land schon lange angefangen, im

Bereich der Nutzung des Bodens die Notwendigkeit recht massiver Eigentumsbeschränkungen anzuerkennen und hinzunehmen. Der Grundsatz, dass nicht überall der Boden überbaut werden kann, dass Eigentumsfreiheit nicht Baufreiheit bedeutet, hat sich in den 60er und 70er Jahren mehr und mehr durchgesetzt: zuerst wohl in der Lehre und in der Gerichtspraxis, dann allmählich bei den Eigentümern selber bis hin zu den besonders interessierten Gruppierungen. Heute weiss man, dass nicht bauen kann, wer sein Land nicht in der Bauzone hat. Und dass es dafür in der Regel keine Entschädigung gibt, hat sich auch herumgesprochen. Wir sind also in der Schweiz – auch contre cœur – bereit, uns einer Nutzungsordnung zu fügen, die auf absehbare oder gar unabsehbare Zeit eigene Nutzungsinteressen ausser acht lässt. Welch tiefgreifender Sinneswandel im sonst sehr eigentumsfreundlichen Denken der Schweizer vor sich gegangen ist, nehmen wir im allgemeinen viel zu wenig wahr.

- Es ist noch niemandem eingefallen, der Raumplanung, die schon vor Jahrzehnten in den Gemeinden so richtig angefangen hat, einmal öffentlich und lautstark dafür den Dank auszusprechen, dass es uns heute immer noch möglich ist, den Schutz der Nutzungsvielfalt energisch anzupacken und sicherzustellen. Wir haben immer noch – auch wenn manches schiefgelaufen ist – die Chance, gestaltend darauf hinzuwirken, dass die Schweiz in ihrer Vielfältigkeit erhalten bleibt. Um dieses Ziel zu erreichen, können wir auch, wo nötig, mit Mitteln der Raumplanung Fehlentwicklungen noch korrigieren. Ich denke hier an die vielen Beispiele von Ortskernsanierungen.
- Zweiflern oder Pessimisten, oder darf man sogar sagen den Miesmachern vom Dienst, sei ins Stammbuch geschrieben, dass viele Leute in unserem Land – Fachleute, Politiker, Mitwirkende in gemeindlichen Behörden, Beamte und andere mehr – für die Raumplanung Wesentliches geleistet haben. Was das Resultat der bisherigen Bemühungen betrifft, darf sich die Raumplanung neben andern Massnahmen zum Schutze der Umwelt, wie etwa dem Gewässerschutz, dem Schutz der Wälder usw. sehen lassen. Diesen Anstrengungen im Rahmen der Raumplanung ist es auch zu verdanken, dass ein solch

Marius Baschung

tiefgreifender Wandel im Denken über die Grenzen der Freiheit in der Nutzung des Bodens hat stattfinden können. Wir dürfen heute feststellen, dass niemand mehr, der ernstgenommen werden will, im Bereich der Bodennutzung von der Selbstregulierung der Interessen redet.

— Mit dem RPG und den nunmehr angepassten kantonalen Erlassen ist der soeben besungene Wandel im Denken über die Grenzen der Nutzung von Grund und Boden besiegelt worden. Das RPG ist ein Erlass, der in den ersten Jahren der Anwendung sicher mehr Freunde gewonnen als verloren hat. Kreise, die dieses Gesetz zunächst als «gerupftes Huhn» bezeichneten, wehren sich heute gegen eine Revision, meist mit dem Hinweis, es sei ein ausgezeichnetes Gesetz.

— Dem Lob über den Gesinnungswandel in den vergangenen zwei Jahrzehnten und über das Bundesgesetz wird nicht Abbruch getan, auch wenn in der Praxis noch lange nicht alles so läuft, wie es sich der Gesetzgeber und alle, die sich besonders für die Raumplanung engagieren, vorgestellt haben und heute noch vorstellen. Wer aus Sorge um den Boden und die Entwicklung unseres Landes an der Tauglichkeit der geschaffenen Ordnung oder an der Vollzugsbereitschaft der zuständigen Personen zweifelt, darf folgendes nicht übersehen: Raumplanung ist eine Aufgabe, die in der Durchführung in vielen Bereichen einen mehr oder weniger grossen Ermessensspielraum offen lässt. Dazu kommt, dass nach dem Willen des Gesetzgebers die Nutzungsordnung auf demokratischem Wege, auf jeden Fall unter der Mitwirkung der Bevölkerung zustandekommen soll. Was das heisst, kann nur ermessen, wer selber am Geschehen bei Ortsplanungen in der Gemeinde teilnimmt. Dass es Zeit braucht, dass enorm viel Information und Überzeugungsarbeit notwendig sind, und dass schliesslich oft Geduld und Nachsicht am Anfang weiterhelfen als Sanktionen, sollte eigentlich nicht lange beredet werden müssen.

1 Die rechtliche Ordnung zur Erfüllung der Raumplanungsaufgabe

1.1 Die Aufgabenteilung

Den Auftrag der Bundesverfassung zur zweckmässigen Nutzung des Bodens und zur geordneten Besiedlung des Landes (Art. 22quater Abs. I BV) umschreibt das Bundesgesetz über die Raumplanung vom 22. Juni 1979 in Art. 1 Abs. 1 wie folgt:

«Bund, Kantone und Gemeinden sorgen dafür, dass der Boden haushälterisch genutzt wird. Sie stimmen ihre raumwirksamen Tätigkeiten aufeinander ab und verwirklichen eine auf die erwünschte Entwicklung des Landes ausgerichtete Ordnung der Besiedlung. Sie achten dabei auf die natürlichen Gegebenheiten sowie auf die Bedürfnisse von Bevölkerung und Wirtschaft.»

Nach Art. 2 RPG erarbeiten Bund, Kantone und Gemeinden die für ihre raumwirksamen Aufgaben nötigen Planungen und stimmen sie aufeinander ab (Abs. 1). Sie berücksichtigen die räumlichen Auswirkungen ihrer übrigen Tätigkeit (Abs. 2). Bei der Erarbeitung der Entscheidungsgrundlagen für die eigenen Aufgaben müssen sie andere Aufgaben in Betracht ziehen, Interessen abwägen und Konflikte lösen.

Der Bund prüft und genehmigt die kantonalen Richtpläne (Art. 11 RPG). Er erarbeitet Grundlagen, um seine raumwirksamen Aufgaben erfüllen zu können. Er erstellt die nötigen Konzepte und Sachpläne, stimmt sie aufeinander ab und gibt sie und alle Bauvorhaben den Kantonen rechtzeitig bekannt (Art. 13 RPG). Die Kantone sind mit der Richt- (d.h. Koordinations-) und der Nutzungsplanung betraut; letztere überlassen sie weitgehend den Gemeinden. Dazu kommt das Baubewilligungsverfahren, das teils auf der Ebene des Kantons, namentlich bei

Ausnahmen ausserhalb der Bauzonen, teils bei den Gemeinden durchgeführt wird.

1.2 Der kantonale Richtplan

Als Instrument der Koordination raumwirksamer Tätigkeiten zwischen Bund, Kanton und Gemeinden dient der kantonale Richtplan (Art. 6–12 RPG). Er stützt sich auf die bestehenden Planungen im Kanton, zum Beispiel auf kantonale Leitbilder, Konzepte, Sachpläne oder kommunale Zonenpläne.

Die Richtplanung berücksichtigt die Konzepte und Sachpläne des Bundes, die Richtpläne der Nachbarkantone sowie regionale Entwicklungskonzepte und Pläne (Art. 6 Abs. 4 RPG). Da der aus der Richtplanung entstehende Richtplan für die Behörden aller Stufen verbindlich ist (Art. 9 Abs. 12 RPG), muss er in enger Zusammenarbeit mit den Behörden des Bundes und der Nachbarkantone erstellt werden (Art. 7 Abs. I RPG). Gibt es dabei Schwierigkeiten, indem zum Beispiel ein Kanton einen Sachplan des Bundes – als Beispiel aus der Praxis das Projekt für die Erweiterung eines Militärflugplatzes – nicht in den Richtplan aufnehmen will, so kann beim Bundesrat die Durchführung einer Einigungsverhandlung im Sinne von Art. 12 RPG verlangt werden. Dieser ordnet nach Anhören der Beteiligten die Verhandlung an und verfügt, dass nichts unternommen wird, was ihren Ausgang nachteilig beeinflussen könnte (z B. Bausperre). Kommt keine Einigung zustande, so entscheidet der Bundesrat, spätestens drei Jahre nachdem er die Einigungsverhandlung angeordnet hat.

Der Richtplan ist nicht ein Planungswerk, das alles neu aufrollt. Er erfasst nur raumwirksame Tätigkeiten, das heisst solche, die auf die Erhaltung oder Veränderung der Raumnutzung abzielen wie die Planung und Ausführung von Bauten und Anlagen der Ausstattung, des Verkehrs, der Versorgung, die Erhaltung von Landwirtschafts- und Erholungsgebieten oder die Ordnung der Bodennutzung mit den üblichen Zonenplänen in den Gemeinden. Der Richtplan beschränkt sich ferner auf solche Tätigkeiten, die im Blick auf die weitere Entwicklung aufeinander abgestimmt werden müssen.

1.3 Die Nutzungspläne

Was die Nutzungspläne (Art. 14–20 RPG) betrifft, beschränkt sich das Gesetz auf die Umschreibung der Bau-, der Landwirtschafts- und Schutzzonen. Es überlässt es den Kantonen, diese zu differenzieren oder weitere Nutzungszonen vorzusehen. Verständlicherweise stehen diese für jedermann verbindlichen Pläne im Brennpunkt der Interessen. Die Zonenpläne als die bedeutungsvollste Art der Nutzungspläne sollen den haushälterischen Umgang mit dem Boden gewährleisten.

Nutzungspläne legen Zweck, Ort und Mass der Bodennutzung allgemeinverbindlich fest. Neben den Zonenplänen mit den dazugehörigen Baureglementen legen auch Erschliessungs-, Baulinien-, Quartier-, Überbauungs- oder Gestaltungspläne die zulässigen Nutzungen fest. Massgebend für die Nutzungsplanung sind die allgemeinen Bestimmungen der Einleitung (Art. 1–3 RPG) und die kantonale Planung (Art. 6, 8 und 26 RPG). Ein Hauptanliegen der Nutzungsplanung ist die Trennung von Siedlungs- und Nichtsiedlungsgebiet.

1.4 Die Sachpläne des Bundes

Für die gesamte räumliche Ordnung sind in erster Linie die Kantone und ihre Gemeinden zuständig. Sie erlassen die Koordination der raumwirksamen Tätigkeiten von Bund, Kanton und Gemeinden und die der ausgewogenen Zuweisung des Bodens für die verschiedenen Nutzungsarten dienenden Richt- bzw. Nutzungspläne. Der Bund selber ist nur auf wenigen, bodenpolitisch allerdings bedeutsamen Sachgebieten zuständig: vorab in den Bereichen Verkehr, allgemeine Bundesbauten und Militär. Eidgenössische Raumpläne, d.h. flächendeckende eidgenössische Richt- oder Nutzungspläne gibt es nicht.

Dem Planungsauftrag in solchen oder andern Bereichen kommt der Bund mit der Erstellung von Sachplänen nach. In der Regel handelt es sich um Bereiche, in denen er von der Zielsetzung bis zur Ausführung und Finanzierung bestimmend ist (z.B. SBB). Es gibt aber auch Sachpläne (z.B. Nationalstrassen), bei denen sich von einem gewissen Planungsstand an die Bundeskompetenz mit der kantonalen verbindet.

Der Inhalt der Sachpläne des Bundes, die Zuständigkeiten und das Verfahren sind in den entsprechenden Bundesgesetzen, andern Erlassen oder Beschlüssen geordnet.

2. Erreichtes und Nichterreichtes

2.1 Die Raumplanungsgesetzgebung in den Kantonen

Der Auftrag von Art. 22quater Abs. 1 BV zur «Grundsatzgesetzgebung» besagt, dass der Bund allgemeine verbindliche Richtlinien aufzustellen hat, um so in den wesentlichen Punkten eine gewisse Einheitlichkeit des Rechts und eine interkantonale Koordination zu erreichen oder bestimmte materielle Mindestanforderungen bundesweit festzulegen. Dabei können solche Grundsätze auch durchgehend massgebend sein; sie regeln gegebenenfalls einen bestimmten Vorgang vollständig und nicht nur in den Grundzügen. Immer aber ist zu beachten, dass der Bundesgesetzgeber das Sachgebiet Raumplanung nicht erschöpfend ordnen darf. Die Kantone haben ihre eigene Zuständigkeit.

Die Kantone gingen bei der Erfüllung des Gesetzgebungsauftrages unterschiedlich vor:

- Die meisten Kantonsregierungen machten von der Möglichkeit Gebrauch, nach Art. 36 Abs. 2 RPG vorläufige Regelungen zu treffen. Sie erliessen Verordnungen, in denen sie Zuständigkeiten und Verfahren ordneten, insbesondere für die Erarbeitung der Richtpläne, für Ausnahmebewilligungen, für den Erlass von Planungszonen sowie für den Rechtsschutz.
- Die Arbeiten der Kantone für die Anpassung ihrer Gesetzgebung an die Erfordernisse des Bundesrechts sind immer noch im Fluss. Verschiedene Kantone haben heute ein neues oder revidiertes Gesetz, das auf die Erfordernisse des RPG ausgerichtet ist. Mehrere Kantone stehen vor dem Abschluss der Arbeiten, und in einigen liegen Entwürfe vor.

Die meisten Kantone überprüfen bei den Anpassungsarbeiten das gesamte Bau- und Planungsrecht und gestalten es den Erfordernissen der Zeit entsprechend. Festzustellen ist dabei das Bestreben, die Nutzungsvielfalt mit einer nachhaltig geforderten Verpflichtung zur Interessenabwägung zu sichern und damit die Bevorzugung bestimmter Nutzungen gegenüber andern – so etwa im Verhältnis der Bauzone zur Landwirtschaftszone – abzubauen. Vereinzelt finden sich auch Regelungen, die noch vor wenigen Jahren undenkbar waren, wie etwa die Bauflicht. Das Hauptanliegen des RPG, der haushälterische Umgang mit dem Boden, scheint indessen die Gesetzgebungsarbeiten in den Kantonen noch nicht besonders zu bestimmen. Es bestehen starke Hemmungen, Vorschriften zu lockern oder gar aufzuheben, die den Bodenverbrauch eher fördern als hemmen. Nur zögernd wird darauf hingewirkt, dass der Boden mehr seiner Eignung entsprechend genutzt wird. Gesichtspunkte der möglichst ökonomischen Erschliessung haben immer noch mehr Gewicht als zum Beispiel die Absicht, besonders geeignetes Kulturland zu schützen.

Zwei wichtige Anliegen des RPG bereiten in der kantonalen Ausführungsgesetzgebung besonders Mühe: Nach Art. 5 Abs. 1 RPG soll das kantonale Recht einen angemessenen Ausgleich für erhebliche Vor- und Nachteile, die durch Planungen entstehen, regeln. Abgesehen von einzelnen Ansätzen liegt die Verwirklichung dieses «Grundsatzes der Gerechtigkeit» noch in weiter Ferne. Mehr Gefolgschaft hat der Bundesgesetzgeber in den kantonalen Ausführungsbestimmungen zu Art. 24 Abs. 2 RPG gefunden. Nach dieser Bestimmung kann das kantonale Recht als Ausnahme ausserhalb der Bauzonen gestatten, Bauten und Anlagen zu erneuern, teilweise zu ändern oder wieder aufzubauen, wenn dies mit wichtigen Anliegen der Raumplanung vereinbar ist. Die kantonalen Bestimmungen dazu sind recht unterschiedlich. Das ist insoweit verständlich, als es von Gegend zu Gegend Unterschiede gibt, die Art. 24 Abs. 2 RPG berücksichtigen wollte. Fraglich ist, ob alle kantonalen Regelungen den bundesgesetzlichen Rahmen erfüllen. Angesichts dieser Situation kann es nicht verwundern, dass die Praxis ein vielfältiges Bild ergibt und relativ viele Baubewilligungen nicht RPG-konform sind.

Die Ordnung des RPG über die Richtpläne als Mittel der Koordination war für viele Kantone etwas völlig Neues. Sie hatten bisher zur Hauptsache über die Orts- oder Regionalplanung legiferiert und kantonale Planungen nur soweit umschrieben, als es um die Sicherung kantonaler Aufgaben oder überregionaler Interessen ging. Der Richtplan, wo es ihn als kantonalen Plan gab, hatte den Charakter eines Vornutzungsplans. Daraus wird verständlich, dass in vielen Kantonen die Anpassung des bestehenden Planungssystems an die bundesrechtlichen Vorschriften Mühe bereitete.

2.2 Der Stand der kantonalen Richtplanung

Nach Art. 35 RPG hätten die Richtpläne Ende 1984 vorliegen müssen. Zu diesem Zeitpunkt waren jedoch erst drei Richtpläne erstellt, die nur mit Vorbehalten genehmigt werden konnten.

Am 17. Dezember 1984 erstreckte der Bundesrat gestützt auf Art. 35 Abs. 2 RPG für 21 Kantone die Frist bis längstens Ende 1986. Nur zwei Kantone erhielten eine Fristverlängerung über 1986 hinaus, nämlich bis Mitte 1987, jedoch unter der Auflage, die notwendigen vorsorglichen Massnahmen zu treffen. Ende 1986 musste festgestellt werden, dass 13 Kantone auch die verlängerte Frist nicht einhalten konnten.

Bis Ende 1988 wurden 18 Richtpläne genehmigt (zum Teil unter Vorbehalt wichtiger Ergänzungen). 3 Richtpläne liegen zur Genehmigung vor. Es verbleiben somit 5 Richtpläne, die noch nicht genehmigungsreif sind. Diese Pläne befinden sich in einer fortgeschrittenen Phase.

Die Ursachen für die Verzögerungen sind von Kanton zu Kanton verschieden. In den ersten Jahren nach Inkrafttreten des RPG war die Unsicherheit über die anfallenden Arbeiten recht gross. Die neuen Auffassungen der Richtplanung setzten sich nur langsam durch. Auch Planungsfachleute hatten anfänglich Mühe, sich von den herkömmlichen Vorstellungen des ersten Raumplanungsgesetzes zu trennen. Der Umfang der zu leistenden Arbeit war, entsprechend dem Planungsstand und dem gewählten Vorgehen, sehr unterschiedlich. Vereinzelt mangelte es auch am politischen Willen. Zudem wurde in manchen Kantonen zunächst – zum Teil parallel zu den Richtplanarbeiten – die Gesetzgebung revidiert und dem neuen RPG angepasst, was viel Zeit und Arbeitskapazitäten beanspruchte. Der sachliche und politische Aufwand für die Erstellung des Richtplanes wurde allgemein unterschätzt. Das liegt nicht etwa am Planungsinstrument, sondern an der Vielfalt der Probleme in unserer hochentwickelten Gesellschaft. Die Erfüllung des Koordinationsauftrages in unseren feinmaschigen, stark vernetzten Strukturen ist nicht einfach. Je knapper der Boden und je härter der Verteilungskampf, desto zeitraubender die Auseinandersetzungen. So dauerte nicht nur die Aufbereitung der Grundlagen länger als erwartet, sondern auch der Zeitbedarf für die Information und Mitwirkung der Bevölkerung (Art. 4 RPG) war höher als veranschlagt. Schliesslich durchläuft der Richtplan in ungefähr zwei Dritteln aller Kantone in irgendeiner Form eine parlamentarische Beratung, die ebenfalls verhältnismässig viel Zeit beansprucht.

2.3 Der Stand der Nutzungsplanung

Die frühere Nutzungsplanung befasst sich fast ausschliesslich nur mit Bauzonen. Bis weit in die siebziger Jahre schieden die Gemeinden, die unter Entwicklungsdruck standen oder sich entwickeln wollten, grosszügig Bauzonen aus, stets zu Lasten des sogenannten «übrigen Gemeindegebietes». Erst der Bundesbeschluss über dringliche Massnahmen auf dem Gebiet der Raumplanung (BMR) und in der Folge das RPG stellten neue und strengere Anforderungen an die Nutzungsplanung. Nachdem 1973 – meist vorsorglich – Schutzgebiete verschiedenster Art bezeichnet worden waren, verlangt die Bundesgesetzgebung heute, dass neben Bauzonen nun auch die Landwirtschafts- und Schutzzonen ausgeschieden werden. Weitere Nutzungszonen können durch die kantonale Gesetzgebung vorgesehen werden. Es muss also das ganze Gemeindegebiet in die Nutzungsplanung einbezogen werden.

Es lässt sich schwer abschätzen, wie lange es noch geht, bis alle Ortsplanungen vervollständigt und bundesgesetzkonform sein werden. In manchen Kantonen musste zunächst die Gesetzgebung angepasst werden. Schliesslich ist festzuhalten, dass die kantonale Planung – Grundlagen der Richtplanung und Richtpläne – die Ortsplanungen entscheidend beeinflussten. Somit wirken sich die Verspätungen der Richtpläne auch auf die Nutzungspläne aus. Deshalb wurde Art. 35 Abs. 1 Buchstabe b des RPG mit seiner Frist (Ende 1987) in sehr vielen Fällen nicht eingehalten. Nur etwa 40 Prozent der Gemeinden verfügten zu diesem Zeitpunkt über eine «echte» Landwirtschaftszone im Sinne des RPG.

3. Schwerpunkte der zukünftigen Tätigkeit

3.1 Abschluss der Nutzungsplanungen

Recht unterschiedlich vorangekommen ist die Ausscheidung der Landwirtschaftszonen (Art. 16 RPG). Es gibt einige Kantone, die in ihrer Gesetzgebung formell die eigentliche Landwirtschaftszone noch nicht kennen, materiell jedoch das landwirtschaftlich genutzte Gebiet ausserhalb der Bauzone ebenfalls wirkungsvoll sichern können.

Unbestritten ist bei den Kantonen die Notwendigkeit der Schutzzonen; deren Ausgestaltung hängt indessen stark von den jeweiligen Gegebenheiten und Gesetzesgrundlagen ab. Art. 17 Abs. 2 RPG lässt zu, dass das kantonale Recht auch andere geeignete Massnahmen vorsehen kann, zum Beispiel Verordnungen, Dekrete und Einzelverfügungen oder Verträge.

Am meisten Mühe macht die Festlegung der Bauzonen im Sinne von Art. 15 RPG. Die Entwicklungseuphorie der sechziger oder frühen siebziger Jahre beeinflusste die Formulierung von Art. 15 RPG massgeblich. Ausgangspunkt war ein mehr oder weniger stetiges Wachstum von Bevölkerung und Siedlungsfläche, das mit der Ortsplanung in geordnete Bahnen gelenkt werden sollte.

In den letzten Jahren hat sich die Erkenntnis praktisch überall durchgesetzt, dass die Schweiz mit 8 bis 10 Millionen Einwohnern kaum je Tatsache würde. Zwar wurde das Denkschema des ersten Raumplanungsgesetzes, das für die Bemessung des Siedlungsgebietes auf der Richtplanstufe Dispositionen für einen

Zeitraum von 20 bis 25 Jahren vorschrieb, im neuen RPG nicht mehr aufgenommen. Es verbleibt aber die Bestimmung, dass in der Nutzungsplanung die Bauzone jenes Land umfassen muss, das weitgehend überbaut ist oder voraussichtlich innert 15 Jahren benötigt und erschlossen wird. Die Entwicklung der Bevölkerungszahlen und der Wirtschaft in den letzten 10 Jahren zeigt aber unmissverständlich, dass in einem grossen Teil der Schweiz wesentlich weniger Bauland benötigt wird, als in geltenden Nutzungsplänen festgelegt ist.

Die aus der Zeit der Hochkonjunktur stammenden, in der Regel zu grossen Bauzonen der ersten Generation widersprechen einem der wichtigsten Ziele der Raumplanung, der haushälterischen Nutzung des Bodens. Auch wenn man berücksichtigt, dass die Einwohnerzahlen in Zukunft leicht ansteigen und die Bedürfnisse der Wirtschaft zusätzliche Kulturlandflächen beanspruchen, und wenn man in Rechnung stellt, dass der Wohnflächenbedarf pro Einwohner ständig steigt und die durchschnittliche Haushaltgrösse immer noch abnimmt, sind die Bauzonenreserven in etwa zwei Dritteln aller Gemeinden immer noch zu gross. Die Furcht vieler Gemeinden vor Entschädigungsforderungen vereitelt häufig eine gesetzeskonforme Nutzungsordnung. Meistens sind jedoch die Forderungen unbegründet, weil die Voraussetzungen für die materielle Enteignung nicht vorliegen.

3.2 Mobilisierung des Baulandes

Das RPG verlangt die zeitgerechte Erschliessung der Bauzonen (Art. 19). Viele Gemeinden kommen dieser Pflicht nur ungenügend nach. Oft mangelt es auch am kantonalen Recht. Nur sehr wenige Kantone sehen ausreichende Massnahmen vor, um die zeitgerechte Erschliessung der Bauzonen zu gewährleisten oder angemessen zu fördern und viele scheuten bisher davor zurück, die Gemeinden zu verpflichten, von den Grundeigentümern sofort nach vollendeter Erschliessung Beiträge zu erheben. Und selbst dort, wo die gesetzlichen Grundlagen bestehen, sind die Gemeinden je länger je häufiger an der Erschliessung nicht mehr so sehr interessiert, namentlich dort, wo die Bautätigkeit bisher allzu hektisch war.

Angesichts dieser Schwierigkeiten wird zur Zeit geprüft, ob Art. 19 RPG revidiert werden soll, um die geforderte zeitgerechte Erschliessung sicherzustellen.

Bei der Landumlegung schrecken die Gemeinden vor der Anwendung zurück. Eine Vereinfachung der Verfahren und die Straffung des Rechtsschutzes können zur rascheren Abwicklung führen. Gezielte, verständliche Informationen und Wegleitungen würden helfen, die Schwellenangst vor der Landumlegung abzubauen.

Erschwert wird eine den Grundsätzen des RPG entsprechende Nutzung durch die Tatsache, dass unverhältnismässig viel erschlossenes Bauland baulich nicht genutzt wird. Die Hortung von baureifem Land wird vom heutigen Abgaberecht eher noch begünstigt; eine bessere Koordination wäre begrüssenswert. Es gibt Kantone, die auch neue Wege zur Baulandbeschaffung eingeschlagen haben, zum Beispiel mit einer öffentlich-rechtlichen Verpflichtung zur Erschliessung und Überbauung, bei deren Missachtung das betroffene Areal ohne Entschädigungsfolgen von Gesetzes wegen aus der Bauzone ausscheidet. Das Ergebnis dieser und anderer Massnahmen der Kantone wird von grossem Interesse sein.

3.3 Regelung der Bautätigkeit ausserhalb der Bauzone

Die Trennung von Siedlungs- und Nichtsiedlungsgebiet ist ein Hauptanliegen der Nutzungsplanung. Das Ziel kann jedoch nur erreicht werden, wenn diese Grundordnung des Zonenplans nicht laufend durchlöchert wird. Deshalb bilden Bestimmungen, welche die Voraussetzungen für die Baubewilligung (Art. 22 RPG) sowie die Ausnahmen ausserhalb der Bauzone (Art. 24 RPG) regeln, einen wichtigen Teil zur Erfüllung des Verfassungsauftrages. Die bisherige Praxis zeigt, dass nicht wenige der Bewilligungen für Bauten und Anlagen ausserhalb der Bauzone offensichtlich nicht dem Gesetz entsprechen, was immer wieder zu Diskussionen Anlass gibt. Die Meinungen stimmen weitgehend überein, dass für Neubauten die Bewilligungspraxis streng zu sein hat. Probleme stellen sich bei Veränderungen bestehender Bauten (Erneuerung, teilweise Änderung, Wiederaufbau und Umnutzung). Insbesondere in traditionellen Streusiedlungsgebieten sind Gebäude, die aufgrund neuer Formen der Land- und Alpwirtschaft nicht mehr genutzt werden, relativ häufig. Diese Gebiete sind von der Ausnahmeregelung härter betroffen als Gegenden, in denen die Siedlungen als geschlossene, kompakte Dörfer organisiert sind. Eine differenzierte Regelung zu finden, die den besonderen Gegebenheiten der jeweiligen Kulturlandschaften Rechnung trägt, ist sehr schwierig. Die Gefahr, dass zahlreiche Bauten für andere Zwecke genutzt würden, denen Probleme der Erschliessung, des Gewässerschutzes, des Landschaftsschutzes entgegenstehen, darf nicht ausser acht gelassen werden.

3.4 Die Durchsetzung einer sinnvollen Nutzungsordnung

Die Ausnahmebewilligungen ausserhalb der Bauzone sowie die Entscheide wegen materieller Enteignung sind für die Verwirklichung einer sinnvollen Nutzungsordnung von tragender Bedeutung. Deshalb kann der Bund gegen letztinstanzliche kantonale Entscheide über Entschädigungen als Folge von Eigentumsbeschränkungen (Art. 5 RPG) und über Ausnahmebewilligungen ausserhalb der Bauzonen (Art. 24 RPG) beim Bundesgericht Verwaltungsgerichtsbeschwerde erheben. Die zuständigen kantonalen Instanzen sind ihrerseits verpflichtet, nach Art. 103 des Organisationsgesetzes ihre letztinstanzlichen Entscheide dem Bundesamt für Raumplanung zu melden. Ein Teil der Kantone erfüllt diese Meldepflicht nicht. Ebenfalls noch nicht alle Kantone sind der Publikationspflicht von Ausnahmebewilligungen von Bauten ausserhalb der Bauzonen nach Art. 16 Abs. 2 der Raumplanungsverordnung nachgekommen.

4. Zusammenfassende Beurteilung des Vollzugs der Raumplanung in den Kantonen

Die Richtplanung ist gesamthaft gesehen auf gutem Wege, auch wenn noch nicht alles im Sinne des RPG vollzogen wird und vieles noch in den Anfängen steckt. Es gibt zur Zeit wahrscheinlich keinen anderen Aufgabenkreis, wo Planung und Abstimmung verschiedener Anliegen derart systematisch, konsequent und öffent-

Marius Baschung

lich vorangetrieben werden, wenn auch nicht überall mit der gleichen Entschiedenheit. Das Instrument des Richtplans ist jetzt überall eingeführt. Es steht damit ein ausbaufähiges und teilweise auch ausbaubedürftiges Verfahren zur Verfügung, das es den Behörden in vermehrtem Masse erlaubt, ihre raumwirksamen Aufgaben in einen grösseren Zusammenhang zu stellen und ihre Beschlüsse in Kenntnis der räumlichen Konsequenzen zu fassen. Es wäre aber vermessen, vom Richtplan die baldige Lösung aller anstehenden Probleme zu erwarten; die Raumplanung trägt schwer an der Bürde der Langfristigkeit. Ebenso falsch wäre es, die Aufgabe der Koordination mit der Genehmigung der Richtpläne als erledigt zu betrachten. Raumplanung ist ein dynamischer Prozess. Mit den erarbeiteten Richtplänen ist ein Etappenziel erreicht; vieles wird mit ihnen erst in Gang gesetzt.

Im Bereich der Nutzungsplanung sind die Ziele des Raumplanungsgesetzes noch nicht erreicht. Ein Grossteil der Nutzungspläne lag innert der verlangten Frist – Ende 1987 – nicht bundesrechtskonform vor. Besondere Probleme bieten die zu grossen Bauzonen, die Erschliessung und die Baulandhortung sowie die unterschiedliche Ausnahmebewilligungspraxis für Bauten und Anlagen ausserhalb der Bauzone.

Eine umfassende Übersicht über die für den Bundesrat massgeblichen Ziele und die zu deren Erreichung einzusetzenden Mittel und nötigen Tätigkeiten zeigt der Raumplanungsbericht 1987 des Bundesrates. Auch aus diesem Bericht geht aber hervor, dass Raumplanung mit ihren Instrumenten allein den Verfassungsauftrag zur zweckmässigen Nutzung des Bodens und geordneten Besiedlung des Landes nicht erfüllen kann. Sie braucht die Unterstützung durch Massnahmen anderer Aufgabenbereiche des Gemeinwesens.

Carl Fingerhuth

Städtebau und Postmoderne

Zur Einleitung

Beide sind Professoren für Architektur an einer Eidgenössischen Technischen Hochschule, der eine in Zürich, der andere in Lausanne. Beide sind wortgewaltige Verfechter der Moderne. Ab und zu treffe ich sie bei einem Nachtessen oder darf mit ihnen in einem Preisgericht arbeiten. Wenn ich dann als Schalterbeamter für Architektur und Städtebau schüchtern Zweifel an der Angemessenheit der Theorie des Städtebaus der Moderne für unsere heutige kulturelle Situation anmelde, stehe ich auf verlorenem Posten. Der eine empfiehlt mir, die Schriften Le Corbusier's richtig zu lesen, der andere belehrt mich, dass, wenn Le Corbusier nur die Chance gehabt hätte, Paris abzubrechen, man sehen würde, wie recht er

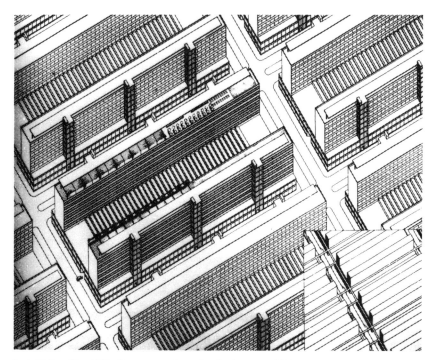

Projekt für «Une Ville Contemporaine», Le Corbusier, 1922

Carl Fingerhuth

Projekt für eine «Hochhausstadt», L. Hilberseimer, 1924

gehabt habe. Ich benütze deshalb die Gelegenheit, in dieser Festschrift ungestört von Spuren zu berichten, die mir von einem modernen zu einem postmodernen Städtebau zu führen scheinen, gewissermassen als heimliches Training für den nächsten Diskurs.

Ich habe versucht, eine Collage von Gedanken zu machen, die ich beim Querfeldeinlesen in letzter Zeit gefunden habe. Es geht um Gedanken, welche von philosophischen Fragen ausgehen, die mir aber von eminenter Bedeutung für die Art und Weise zu sein scheinen, wie wir unsere Städte heute gestalten wollen.

Meine Ausführungen beschränken sich auf grundsätzliche Aspekte, da ich erst kürzlich in einer anderen Publikation des ORL-Institutes[1] versucht habe zu zeigen, welches die Merkmale eines postmodernen Städtebaus in der Praxis sein könnten.

Drei Spuren der Postmoderne

– Vom Umgang mit der Zeit

Diese Spur hat mich über Fritjof Capra[2] zu Ken Wilber[3] und von dort zu Jean Gebser[4] geführt. Capra fasst in seinem ersten Werk «Tao der Physik» viele Erkenntnisse der postmodernen Wissenschaft, im speziellen in bezug auf Raum

Plan für die Bucht von Tokio, Kenzo Tange, 1960

und Zeit, zusammen. Diese sind eng verknüpft mit den Fragen nach dem menschlichen Bewusstsein. Einer der wichtigen Forscher auf diesem Gebiet ist Ken Wilber. In seinem Hauptwerk «Halbzeit der Evolution» verwendet er als Grundlage die Arbeiten von Jean Gebser, des 1973 in Burgdorf bei Bern verstorbenen Kulturphilosophen. Hauptthema ist die Entwicklung des menschlichen Bewusstseins. Aus dem Archaischen, über das Magische, dann das Mythische ist der Mensch zum Mentalen Bewusstsein aufgestiegen. Nach Gebser hat die Periode des Mentalen Bewusstseins um 500 vor Christus in Griechenland begonnen und wird nun in unserem Jahrhundert durch ein neues Bewusstsein abgelöst, das er das Integrale nennt.

Das «Mentale Bewusstsein» entspricht dem, was wir als das Zeitalter des modernen Menschen bezeichnen. Dem «Integralen Bewusstsein» ist der Begriff der Postmoderne zugeordnet. Das Mentale Bewusstsein charakterisierte sich durch eine extreme Förderung des rationalen Denkens. Erst mit dem Mentalen Bewusstsein ist sich der Mensch des Raumes als dreidimensionale Realität bewusst geworden. Die Erforschung des Raumes, so wie ihn der Mensch mit seinen Sinnen erfassen kann, war eines der Hauptthemen der Moderne. Mit einem gewaltigen intellektuellen Einsatz wurde der Raum bis in seine letzten Ecken ausgeleuchtet. Es begann bei den griechischen Vasenmalereien und führt über die Erfindung der Perspektive in der Renaissance bis zum Computer Aided Design unserer Zeit.

Amphora des Malers Enthymides, Ende des 6. Jahrhunderts vor Christus

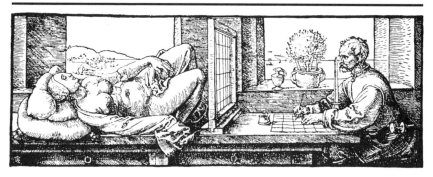

Albert Dürer, Zeichner mit dem liegenden Weib, um 1526

Zeichner an einem CAD-Arbeitsplatz

Gebser weist nun darauf hin[5], wie seit dem Anfang dieses Jahrhunderts alle vier Hauptpfeiler des Mentalen Denkens in bezug auf den Raum in ihrer absoluten Gültigkeit in Frage gestellt worden sind:

- die euklidische Geometrie
- die aristotelische Logik
- die demokritische Atomlehre und
- die Heliozentrik.

Eines der wesentlichen Elemente einer neuen Ära des Denkens und des Suchens nach einem erweiterten Bewusstsein scheint der Einbezug einer vierten Dimension in der Form der Zeit zu werden.

«Während jahrzehntelang kaum ein Buch zum Thema Zeit zu finden war, sind nun in den letzten fünf Jahren eine ganze Reihe von Einzelstudien und Sammelbänden zu diesem faszinierenden Phänomen herausgekommen»[6].

So fordert die Gesellschaft für Zukunftsforschung die Gründung einer Gesellschaft für Zeitforschung. Vielleicht musste sie sich aber einfach umtaufen, um «zeitgerecht» zu sein.

Die Erweiterung des dreidimensionalen zu einem aperspektivischen Zeitalter hat in der Malerei bereits sehr viel früher eingesetzt. Die Architektur und der Städtebau blieben in der Moderne ausgesprochen dreidimensional. Dies gilt speziell für die letzte Periode der Moderne, die Periode von 1850 bis 1970. Der Faktor Zeit wurde im doppelten Sinn ausgeschlossen. Es wurde mit der modernen Architektur die definitiv und abschliessend richtige Architektursprache erfunden. Jeder Rückgriff auf Bilder der vorindustriellen Zeit wurde zur Häresie erklärt oder als Folklore abgestempelt. Zweitens wurden Bauten und Städte entworfen, die in sich abgeschlossen waren. Die Bauten waren nicht mehr erweiterbar, die Stadtentwürfe basierten auf idealen Grössen. Veränderung, resp. Einbezug der Zeit, war nicht Bestandteil des Entwurfes. Sie waren deshalb tendenziell auch Bauten oder Stadtteile, die sich vom Rest der Stadt distanzierten.

Seit den 70er Jahren entstand nun in Form der sogenannten Postmodernen Architektur eine Bewegung, die plötzlich «Zeit» zum Inhalt ihres Entwurfes

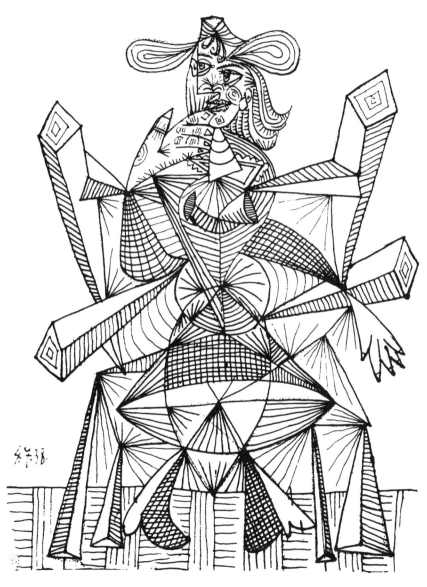

Pablo Picasso, Frau in einem Sessel, 1938

Carl Fingerhuth

Eckdetail der Alumni Memorial Hall, Chicago, Ludwig Mies Van der Rohe, 1945/46

machte. Es ist spannend festzustellen, dass diese von den «Modernen» als Mode und Verwirrung verschrieene Tendenz von den Philosophen, welche die Postmoderne als allgemeines kulturelles Problem behandeln, als eines der wichtigsten «Beweisstücke» ihrer Theorie verwendet wird.

Villa Savoie, Poissy, Le Corbusier und Pierre Jeanneret, 1929

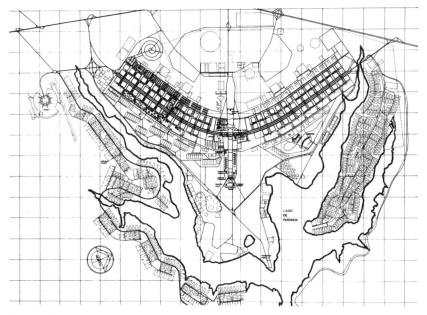

Plan für Brasilia, Lucio Costa, 1957

Im modernen Städtebau war «Gestern» vorbei, «Heute» unwichtig, hingegen das «Morgen» der Brennpunkt aller Energien. Im postmodernen Städtebau werden «Gestern», «Heute» und «Morgen» wieder stärker eine Einheit bilden. Jean Gebser schreibt dazu:

Carl Fingerhuth

Neue Staatsgalerie, Stuttgart James Stirling, 1980-83

«Zeit ist nicht nur eine Abfolge von Vergangenheit, Gegenwart und Zukunft, also geteilte Zeit, sondern ein Ineinanderspielen der drei Teile als Inbegriff des vorgegebenen Ganzen. Der Ausdruck ‹vorgegeben› enthält jedoch, ..., weder ein deterministisches noch ein fatalistisches Element, im Gegenteil: Er soll ein potentielles Element zum Ausdruck bringen, nämlich die Forderung und die Möglichkeit des Einzelnen, der vorgegebenen Struktur gemäss handeln zu können, jener Struktur, die er als ihm vorgegebenen Lebensentwurf zu realisieren hat»[6].

– **Vom Umgang mit der Rationalität**

Meine zweite Lesespur verbindet den Philosophen Wolfgang Welsch mit dem Psychologen C.G. Jung. Das gemeinsame Thema ist der Umgang des Menschen mit seiner Rationalität. Die mentale Periode der Menschheit war die Erforschung der intellektuellen und rationalen Möglichkeiten des Menschen. Um sich voll dieser Aufgabe widmen zu können, mussten andere Bereiche des Menschen zurückgedrängt oder sogar diskriminiert werden. Das Gefühl wurde zur Sentimentalität, die Mystik zum Hokuspokus, das weibliche Prinzip zum minderwertigen Teil des Menschen. Mit der Aufklärung gelang der vorläufige Sieg der Rationalität, des männlichen Prinzips über den ganzen Menschen. Es ist damit auch der Sieg von «Jerusalem» über «Babylon». Die Komplexität und die Widersprüchlichkeit der vorhandenen Stadt wurden als Störung empfunden. Sie

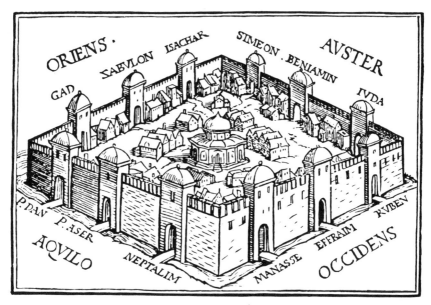

Jerusalem, wie es Hebekiel den Juden verkündet nach Hans Holbein, aus Hans Bernoullis Schrift «Die Stadt und ihr Boden», 1949

Carl Fingerhuth

Gustave Doré, Armenviertel von London, 1872

wurde zur Hure Babylon, während die reine Stadt Gottes, im Bild von Jerusalem, zum Symbol der modernen Stadt erhoben wurde. Welsch zeigt in einem Abschnitt über Descartes, wie tief der moderne Städtebau in diesem mentalen Denken verankert ist:

«Descartes drückt das in einem aufschlussreichen Vergleich aus: In den alten Städten, die ohne Gesamtplan einfach historisch gewachsen sind, passen die Häuser nicht zusammen. Es mag zwar sein, dass einzelne dieser Häuser sehr schön sind, aber insgesamt ist alles unkoordiniertes Winkelwerk. Demgegenüber preist Descartes die Neuschöpfung eines Ingenieurs, der auf freier Fläche nach einheitlichem Entwurf alles völlig neu und regelmässig errichtet. Man kann das Alte nicht verbessern, man muss es abreissen, und neu bauen – so die Moral des Vergleiches. Oder – in Descartes taktisch zurückhaltenderen Worten: «Man wird wohl einsehen, dass es schwierig ist, etwas wirklich Vollkommenes zu schaffen, wenn man nur an fremden Werken herumarbeitet»[7].

Max Bill, Kontinuität, 1947

«Etwas wirklich Vollkommenes zu schaffen» wurde zum Leitmotiv des modernen Städtebaus. Während nun aber in der Philosophie und in der Kunst das wirklich Vollkommene gedacht und gestaltet werden kann, ist dies im Städtebau viel schwieriger. Das Gewicht des Vorhandenen, die Menge der Beteiligten, die Trägheit der Materie oder die Unvollkommenheit des Ortes störten immer wieder die reinen Ideen. Thomas Morus konnte «Utopia» nur auf dem Papier entwerfen, den französischen und englischen Utopisten wie Ledoux, Fourier oder Owen gelang es nur isolierte Beispiele zu realisieren, die alle keinen Bestand hatten. Mein philosophisches, anscheinend schon postmodern unterwandertes Wörterbuch schreibt zum Stichwort «Utopie»: «Voraussetzung zur Hingabe an Utopien und Ideologien ist Realitätsunreife, mangelndes kritisches Denken und die Neigung zum Negieren des Bestehenden»[8]. Erst mit der gewaltigen Energie, welche die Industrialisierung auslöste, schien die Stunde der «vollkommenen» Stadt gekommen zu sein. Alle waren von der Idee überzeugt; die Kapitalisten, welche in der Tradition von Haussmann, darin eine sinnvolle Verbindung von Politik und Wirtschaft sahen; die Sozialisten, welche überzeugt waren, mit der Gartenstadt alle ihre idealistischen Ziele realisieren zu können; die Marxisten, für welche auf diesem Weg ihre Vision der Verschmelzung von Stadt und Land erreichbar schien[9]. Alle Ideologien hatten eines gemeinsam: Die vorhandene Stadt wurde, in der Tradition von Descartes, als unbrauchbar abgelehnt. Sie war asozial,

Carl Fingerhuth

«Utopiae Insulae Figura» gezeichnet von Holbein aus Utopia von Thomas Morus, 1515

THE CRISIS,

OR THE CHANGE FROM ERROR AND MISERY, TO TRUTH AND HAPPINESS

1832.

IF WE CANNOT YET		RECONCILE ALL OPINIONS,
LET US ENDEAVOUR		TO UNITE ALL HEARTS.

IT IS OF ALL TRUTHS THE MOST IMPORTANT, THAT THE CHARACTER OF MAN IS FORMED FOR—NOT BY HIMSELF.

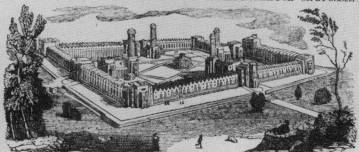

Design of a Community of 2,000 Persons, founded upon a principle, commended by Plato, Lord Bacon, Sir T. More, & R. Owen

EDITED BY
ROBERT OWEN AND ROBERT DALE OWEN.

London:
PRINTED AND PUBLISHED BY J. EAMONSON, 15, CHICHESTER PLACE, GRAY'S INN ROAD.
STRANGE, PATERNOSTER ROW. PURKISS, OLD COMPTON STREET, AND MAY BE HAD OF ALL BOOKSELLERS.

Titelblatt der Zeitschrift «The Crisis» von Robert Owen mit dem Plan für die ideale Stadt für 2000 Personen, London 1832

Carl Fingerhuth

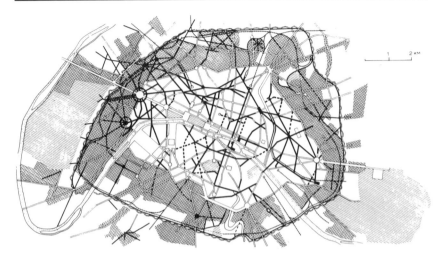

Die neuen Strassen Haussmanns in Paris

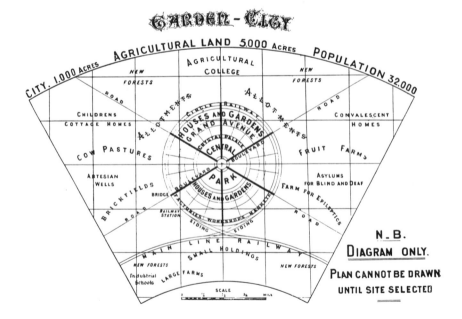

Theoretisches Schema der Gartenstadt aus «Tomorrow» von Ebenezer Howard, 1898

Kolchose bei Leningrad, 1978

unwirtschaftlich und funktionierte nicht. Die vollkommene Stadt war hin bis zum alternativen Projekt für die Landesausstellung 1964 von Max Frisch, Markus Kutter und Lucius Burckhardt eine «neue Stadt». Gleichzeitig war diese vollkommene Stadt, um die erste Spur aufzunehmen, auch zeitlos. Sie kannte weder Vergangenheit noch Zukunft. Zur Geschichte der Kultur Europas waren alle Wurzeln gekappt. Die von der Moderne erfundene Sprache war ihr Zeuge und ihre Rechtfertigung. Aber auch zur Zukunft gab es keine Verbindung. Indem die ideale Grösse der neuen Städte festgelegt wurde, verband die Moderne Vollkommenheit mit Zeitlosigkeit.

Beim Lesen von C.G. Jung's Buch «Antwort auf Hiob»[10] fiel mir dazu das folgende Zitat auf:

«Die Vollkommenheit ist ein männliches Desideratum, während die Frau von Natur aus zur Vollständigkeit neigt... Denn wie die Vollständigkeit stets unvollkommen, so ist die Vollkommenheit stets unvollständig und stellt darum einen Endzustand dar, der hoffnungslos steril ist. ‹Ex perfecto nihil fit› (aus Vollkommenem wird nichts), sagen die alten Meister, während dagegen ‹das

Carl Fingerhuth

«Bauen als Umweltzerstörung», Rolf Keller, 1973

Imperfectum> (Unvollkommene) die Keime zukünftiger Verbesserung in sich trägt. Der Perfektionismus endet immer in einer Sackgasse, während die Vollständigkeit allein der selektiven Werte ermangelt.»

Anfang der 70er Jahre wurde in der Architektur und im Städtebau zum Aufstand gegen die Moderne geblasen. «Bauen als Umweltzerstörung» war eines der Schlagworte. Jede Veränderung würde nur zu einer Verschlechterung der Qualität der Stadt führen. Wenn schon gebaut werden sollte, dann versteckt hinter der historischen Fassade. Anstelle der Utopie der vollkommenen Stadt trat die Fiktion der vollständigen Stadt, welche aber, wie C.G. Jung zeigt, allein «der selektiven Werte ermangelt.»!

Eines der Ziele eines postmodernen Städtebaus muss es deshalb sein, Formen

Die vollkommene Stadt und ...

... Die vollständige Stadt, je durch Pieter Bruegel d.Ae. dargestellt.

und Strukturen zu finden, die zu einer Synthese führen zwischen dem männlichen Prinzip in uns, vertreten durch das Streben nach Vollkommenheit, und dem weiblichen Prinzip in uns, vertreten durch das Streben nach Vollständigkeit.

– **Vom Umgang mit der Natur**

Die dritte Lesespur ist die trivialste, vielleicht aber in der Umsetzung in die Realität die schwierigste. Sie kreist um die Frage des Verhältnisses von Stadt und Landschaft, respektive von Mensch und Natur und ihre Bedeutung für einen heutigen Städtebau. Über diese Fragen ist schon viel publiziert worden. Ich beschränke mich deshalb auf wenige Stichworte. Bei drei Autoren habe ich Spuren gefunden, die zum Städtebau führen:

Alan Watts war Religionsphilosoph und versuchte Brücken zwischen der modernen westlichen Welt und der östlichen Philosophie zu schlagen. In unserem Zusammenhang sind mir seine Bemerkungen über den ausgesprochen urbanen Charakter des Christentums in seinem Buch «Im Einklang mit der Natur»[11] aufgefallen. Nach ihm hat dieses seine Prägung durch den jahrhundertelangen Kampf gegen die Naturreligionen erhalten. Das Christentum ist an die Stadt gebunden. Die Kirche ist ein Haus, der Gottesdienst findet in einem geschlossenen Raum statt, Licht darf nur durch bemalte Glasfenster in das Heiligtum dringen. Die Natur ist draussen, ist fremd und bedrohlich. Bauen sei immer Aufstand gegen die Natur, hat mir ein anderer Architekturprofessor kürzlich gesagt. So hat auch die Moderne die Unterjochung der Natur als eines ihrer wichtigsten Ziele gesehen. Sie hat sie klassifiziert, demontiert und «erklärt». In der Postmoderne behaupten die Wissenschaftler nun plötzlich, dass «die Natur nicht entdeckt, sondern erfunden» sei, dass diese «Strukturen nicht determinativ, sondern deskriptiv» seien[12]. Wir werden mit der Frage konfrontiert, ob es nicht besser sei, uns der Natur anzupassen, als danach zu trachten, dass sich die Natur uns anpasst. Hans Jonas hat dazu das entscheidende Stichwort formuliert: Vom (modernen) Prinzip Hoffnung, zum (postmodernen) Prinzip Verantwortung. «Die Stadt der Menschen, einstmals eine Enklave in der nichtmenschlichen Welt, breitet sich über das Ganze der irdischen Natur aus und usurpiert ihren Platz. Der Unterschied zwischen dem Künstlichen und dem Natürlichen ist verschwunden, das Natürliche ist von der Sphäre des Künstlichen verschlungen worden; und gleichzeitig erzeugt das totale Artefakt, die zur Welt gewordenen Werke des Menschen, die auf ihn und durch ihn wirken, eine neue Art von ‹Natur›, d.h. eine eigene dynamische Notwendigkeit, mit der die menschliche Freiheit in einem gänzlich neuen Sinn konfrontiert ist»[13].

C.F. von Weizsäcker nimmt dies auf und führt uns zur entscheidenden Grundfrage: Unsere wichtigsten humanistischen Zielsetzungen, wie Gerechtigkeit und Freiheit, sind in Frage gestellt, wenn es uns nicht gelingt, die Schöpfung zu bewahren. Postmoderner Städtebau muss deshalb unausweichlich zum Handeln mit der Natur und nicht gegen die Natur werden[14].

Wo treffen sich die Pfade?

Der postmoderne Mensch sucht ein anderes Verhältnis zur Bedeutung der Zeit, der Rationalität und der Natur. Alle drei Elemente verändern sich im Übergang von der modernen zur postmodernen Situation in gleicher Weise: Sie werden komplexer, anspruchsvoller; sie dürfen nicht mehr isoliert behandelt werden. Alle drei Elemente führen weg von einem Ich-orientierten, sich isolierenden, sich gegen den anderen und die Natur abgrenzenden Menschen. Sie würden damit auch wegführen von einem sich bedroht fühlenden Menschen, hin zu einem von Angst freien Menschen, frei von Angst vor der Zukunft oder der Vergangenheit, frei von Angst vor seiner Emotionalität und frei von Angst vor der Natur. Sie würden hinführen zu einem am «Wir» orientierten Menschen, wobei dieses «Wir» die Vergangenheit und die Zukunft, seine männliche und seine weibliche Seite und die Natur umfassen würde. Ich versuche anzudeuten, was diese Tendenzen für einen postmodernen Städtebau bedeuten könnten.

Elemente des modernen Städtebaus

- Main street is almost right

Wir, das sind auch unsere vorhandenen Städte. Wir können sie nicht hinter uns zurücklassen und nach neuen utopischen, vollkommenen Orten suchen.

Wir dürfen sie aber auch nicht zu heilen, vollständigen Orten deklarieren. Wir müssen anerkennen, dass unsere Städte immer unvollkommen und immer unvollständig sein werden. «Die Hauptstrasse ist fast ganz in Ordnung», wie Venturi gesagt hat, wird zu einer Chance für unser Handeln in der Stadt. Wir entscheiden uns grundsätzlich für die vorhandene Stadt, aber mit dem Bewusstsein, dass sie einer ständigen verantwortungsvollen Aufmerksamkeit bedarf. Die erbarmungslose Aggressivität der Moderne muss in der Postmoderne durch liebevolle Kreativität ersetzt werden. Kreativität und Aufmerksamkeit sind nötig, weil die «Zeit» jeden Moment anders ist. Jede Stunde hat ihre Qualität, und Lösungen müssen entsprechend der Qualität der Stunde gefunden werden. Ich habe in diesem Zusammenhang vorher Jean Gebser zitiert, er sprach von der «Möglichkeit, ... der vorgegebenen Struktur gemäss handeln zu können.»

- Die neue Chance des «kleinen Städtebaus»

Die Architektur der Moderne war extrem Ich-haft. «Ich baue, darum bin ich», der moderne Architekt und Bauherr, öffentliche oder private, hatte ein «Recht» darauf, sich zu verwirklichen. Denn der moderne Mensch sicherte sich so sein ewiges Leben: er machte eine Erfindung, er gewann einen Krieg, er schrieb ein Buch, er zeugte einen Sohn oder er baute ein Haus. Er konnte dies auch weitgehend ohne Rücksicht auf die vorhandene Stadt tun, da diese, unvollkommen wie sie war, früher oder später ja doch durch eine neue, vollkommene Stadt ersetzt werden würde. Die moderne Stadtplanung versprach diese vollkommene Stadt. Sie gab auch jedem «Ich» recht: Dem Auto-Ich, dem Velo-Ich, dem Fussgänger-Ich, dem Hunde-Ich.

Wenn Bauen in der Stadt aber wieder «Wir»-haft werden soll, darf es sich weder an der Ich-Haftigkeit noch an der Utopie des einzelnen orientieren. Die Chance liegt dann möglicherweise beim Urban Design oder «kleinen Städtebau», ein Begriff, den ich kürzlich von Karljoseph Schattner gelernt habe.

Die Stadtplanung könnte dann reduziert werden auf ein Offenhalten von Möglichkeiten, ein Aufmerksammachen auf Werte und einen Schutz von Lebensgrundlagen. Die Architektur würde zurückgenommen auf ein Umsetzen von städtebaulichen Konzepten in gebaute Form. Das heisst nicht, dass nur im Rahmen von städtebaulichen Konzepten gebaut werden dürfte, aber die Kontrolle über die Angemessenheit eines Entwurfes müsste dort erfolgen. Die Architektur müsste tendenziell im grösseren, die Stadtplanung im kleineren Raum denken und handeln. Postmoderner Städtebau würde so zum zentralen Bereich des Bauens in der Stadt.

Hier müssten immer wieder die Konflikte zwischen den verschiedenen Ansprüchen an die Stadt ausdiskutiert und gelöst werden. Es würde mehr Freiheit im Kleinen und mehr Kontinuität im Grossen geben. Die schon erwähnte immanente Komplexität und Widersprüchlichkeit der Stadt würde zu einer Chance und nicht zu einer Bedrohung der Stadt.

- Die Moderne als Teil der Postmoderne

In dieser Haltung ist dann auch die Moderne keine Gefahr mehr, gegen die mit einem Zurückgehen auf eine Vormoderne angekämpft werden muss. Ihre Relikte sind Teil der vorhandenen unvollkommenen und unvollständigen Stadt, an deren Gestaltung zu arbeiten es Aufgabe und Herausforderung unserer Gesellschaft ist. So wird die Postmoderne nicht zu einer Gegenreformation, sondern zu einer Renaissance auf neuen breiteren Fundamenten des menschlichen Bewusstseins. Sie arbeitet nicht gegen die Moderne, sondern setzt sie fort. In dem schon erwähnten Buch «unsere postmoderne Moderne» zitiert Wolfgang Welsch dazu A. Wellner[15]:

«Die Zurückweisung eines einseitig technokratisch ausformulierten Modernismus durch die postmoderne Architektur muss ersichtlich nicht als Abkehr von der

Carl Fingerhuth

Rosshof, Petersgraben, Basel, Architekten Naef, Studer Studer, Zürich

Hofgestaltung, Hannes Vogel, Basel

Spalenvorstadt 11, Basel Architekten Marbach und Rüegg, Zürich

Moderne, von der Tradition der Aufklärung verstanden werden, sie kann auch im Sinne einer immanenten Kritik an einer hinter ihren eigenen Begriff zurückgefallenen Moderne verstanden werden: die Wiederentdeckung der sprachlichen Dimension der Architektur, der Kontextualismus, partizipatorische Planungsmodelle, die Betonung des Stadt-Gewebes, anstelle des kontextlosen Baudenkmals, selbst Historismus und Eklektizismus, wenn man sie versteht im Sinne einer Wiederentdeckung der geschichtlich-sozialen Dimension der Architektur sowie der kulturellen Tradition als eines Reservoirs ... Potentiale – kurz, vieles von dem, was die sogenannte postmoderne Architektur von den technokratisch-utopischen Zügen der klassischen Moderne sich abheben lässt, lässt sich als Fortschritt im architektonischen Bewusstsein und als ein Korrektiv innerhalb der modernen Tradition verstehen.»

Wolfgang Welsch fasst dies später so zusammen, dass er von den «Potentialen der Lebenswelt» spricht, welche die Postmoderne wieder zur Geltung bringt.

Entscheidend aber sei, dass dann diese «Potentiale der Lebenswelt zusammen mit denen des Systems wirksam werden»[16].

Doch zurück zu meinen zwei Architekturprofessoren. Irgendwo habe ich kürzlich eine Bemerkung zur Art des Unterrichts an Hochschulen gelesen:

- Bei den Geisteswissenschaften ist es selbstverständlich, dass man bei der geschichtlichen Entwicklung beginnt, bevor man zur Gegenwart kommt. Ein Jus-Studium ohne römisches Recht, ein Philosophie-Studium ohne Plato und Kant sind undenkbar.
- Bei den Naturwissenschaften beginnt und bleibt man beim Heute. Wissenschaftsgeschichte ist reine Folklore.

Charakteristisch für den Städtebau ist seine doppelte Bindung an die Kultur und die Technik. Die moderne Architektur und der Städtebau haben es sich sehr schwer gemacht mit ihrer kulturellen Aufgabe. Sie haben ihren Kulturbegriff eingeengt auf eine technische, soziale und ästhetische Verpflichtung. Diese Bindung war zu schmal. «...die kulturelle Bewältigung des technischen Fortschritts stellt, so scheint es, die politische und philosophisch-künstlerische Gestaltungsaufgabe der 80er und 90er Jahre dar»[17].

Für unsere Städte ist es die Suche nach einem postmodernen Städtebau.

Anmerkungen

[1] Carl Fingerhuth, Stadtgestaltung in der Postmoderne, Disp 98, ORL-Institut Zürich, 1989
[2] Fritjof Capra, Das Tao der Physik, Scherz, Bern 1986
[3] Ken Wilber, Halbzeit der Evolution, Scherz, Bern, 1984
[4] Jean Gebser, Ursprung und Gegenwart, dt, München, 1988
[5] Zukunftsforschung, Nr. 1/1989
[6] Jean Gebser, Ausgewählte Texte, Goldmann, München 1987, Seite 117
[7] Wolfgang Welsch, Unsere postmoderne Moderne, VCH, Acta Humaniora, 1988, Seite 71
[8] Philosophisches Wörterbuch, Körner, Stuttgart, 1982

[9] K. Marx und F. Engels, Ausgewählte Werke, Progress, Moskau, 1987, Seite 47
[10] C.G. Jung, Grundwerk, Band 4, Walter, Olten, 1987, Seite 234f
[11] Alan Watts, Im Einklang mit der Natur, Kösel, München, 1981
[12] ebd. Seite 73
[13] Hans Jonas, Das Prinzip Verantwortung, Suhrkamp, Frankfurt, 1984
[14] Carl Friedrich von Weizsäcker, Die Zeit drängt, Hanser, München, 1988
[15] ebd. Seite 108
[16] ebd. Seite 110
[17] Peter Koslowski, Die postmoderne Kultur, Beck, München, 1987, Seite 1

Ernst Heer

Was hat der EG-Binnenmarkt mit der schweizerischen Raumplanung zu tun?

Der EG Binnenmarkt 1992 wirft seine Schatten voraus. Zahlreiche Folgen, ob erhofft, befürchtet oder beides zugleich, sind ungewiss, für Spekulationen bestens geeignet. Weite Kreise aus Politik, Wirtschaft und Wissenschaft haben sich trotzdem längst darauf eingestellt oder sind dabei, es zu tun. Aus der Sicht der Raumplanung sind nicht so sehr neue Probleme und neuartige Auswirkungen zu erwarten, sondern vielmehr eine neue Aktualität, vielleicht Brisanz, längst bekannter Probleme. Was hier interessiert, ist deren räumliche Bedeutung. Die Raumplanung zögert. Räumliche Auswirkungen des EG Binnenmarktes oder ganz generell der europäischen Integration, sind für die breite Öffentlichkeit kein Thema — noch kein Thema. Offen ist auch, wie weit sich die Richtplanung schon damit beschäftigt. Der Grund liegt nahe. Die raumwirksamen Folgen sind noch viel schwieriger abzuschätzen als die wirtschaftlichen.

Dabei fehlt es weder an frühen Stimmen, Analysen, Ideen, noch an neueren Überlegungen zu allfälligen Wirkungen der europäischen Integration auf die räumliche Entwicklung der Schweiz[1]. Starke Impulse gehen neuerdings vom Bundesamt für Raumplanung bzw. seinen Vertretern Dr. H. Flückiger und Dr. F. Wegelin aus[2]. Die nachstehenden Ausführungen zu einigen ausgewählten Bereichen gründen teilweise auf ihren Überlegungen.

Die Zeit drängt. EG 92 hat eine Hektik ausgelöst, vieles in Bewegung gebracht. Die Raumplanung muss früh genug die räumlichen Auswirkungen erfassen, den Bedarf an Abstimmung klären und ihre Instrumente einsetzen, will sie nicht das Nachsehen haben. Das Ganze ist ein Vortasten mit vielen offenen Fragen.

Der vorliegende Beitrag zeugt davon. Er geht von Annahmen aus, spiegelt Fragmente aktuellen Wissens in einigen ausgewählten Bereichen und kann die Zusammenhänge dazwischen kaum mit der notwendigen Klarheit zeigen.

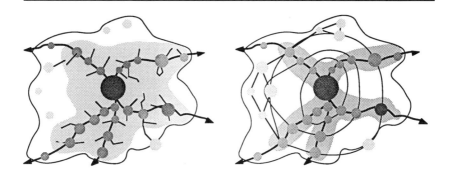

Siedlung – Konzentration oder Konzepte?

Annahmen

Wirtschaftliche Faktoren spielen nicht nur eine tragende Rolle in den Beziehungen Schweiz - EG, sie beeinflussen auch die schweizerische Siedlungsentwicklung in Richtung einer zunehmenden Konzentration. Der Zustrom in- und ausländischer Fachkräfte in die Zentren und weitere Gebiete von hoher Lebensqualität nimmt zu. Verstärkter Siedlungsdruck lässt die Bodenpreise steigen, führt zur Verdrängung der Wohnnutzung durch kapitalkräftige Dienstleistungsfirmen und Zweitwohnungen, Siedlungsflächen dehnen sich aus und erfordern einen zusätzlichen Ausbau der Infrastruktur. Steigende Umweltbelastungen begleiten dieses Wachstum. Da konkrete Vorstellungen über die erwünschte räumliche Entwicklung fehlen, unterbleiben stützende oder abwehrende Massnahmen

Verdrängen wirtschaftliche Interessen unter dem Einfluss des EG Binnenmarktes andere, gleichwertige Ziele wie die Bedürfnisse der Bevölkerung oder den Erhalt der natürlichen Gegebenheiten[3], so beginnen oder verstärken sich räumliche

Entwicklungen die raumplanerisch nicht «erwünscht» sind.

Eine «auf die erwünschte Entwicklung des Landes ausgerichtete Ordnung der Besiedlung»[4] darzustellen, bereitet der schweizerischen Raumplanung Mühe. Siedlungskonzepte sind kantonale Domänen, doch zeigen nur wenige Kantone deutlich, wie sich ihr Gebiet künftig entwickeln soll. Auch der Raumplanungsbericht des Bundesrates [5] legt ausschliesslich abstrakt fest, nach welcher Siedlungsordnung Bund, Kantone und Gemeinden ihre raumwirksamen Tätigkeiten abstimmen bzw. Sachplanungen ausrichten sollen. Keine Karte zeigt, was das für die Zukunft bedeutet. Der letzte derartige Versuch stammt aus der Leitbildära der frühen 70er Jahre. Die «konzentrierte Dezentralisation»[6] war schon damals einer der Leitgedanken[7].

Vieles spricht dafür, dass der EG Binnenmarkt den Wachstumsschub im 3. Wirtschaftssektor noch verstärkt. Er würde sich vorwiegend auf jene Räume konzentrieren, die sich gemäss Raumplanungsbericht nicht weiter ausdehnen sollten. Der Bund bedauert, dass «ein raumordnungspolitischer Rahmen auf Bundesebene fehlt»[8]. Er hat Schritte eingeleitet, diesen Mangel zu beheben.

Mehr Klarheit in dieser Frage erfordern auch die möglichen Änderungen im Wanderungsverhalten. Eine selektivere schweizerische Fremdarbeiterpolitik würde – auch ohne freizügigen Personenverkehr und trotz der gleichfalls starken EG-internen Nachfrage nach qualifizierten Fachleuten – zu einem umfangreichen Austausch weniger- durch höherqualifizierte Arbeitskräfte führen[9]. Zu den Ursachen gehören die Standortfaktoren für das Wohnen.

Nach Maurer[10] hängt die künftige Entwicklung der bedeutenderen EG-Regionen «in sehr grossem Mass davon ab, ob es ihnen gelingen wird, viele hochqualifizierte Personen zu halten und zu gewinnen, die bereit, willens und fähig sind, Spitzenaktivitäten unterschiedlichster Art zu ermöglichen». Die Standortgunst für diese Gruppe von Personen «wird zur Hauptsache bestimmt werden durch Umweltqualität, hervorragende Wohnverhältnisse, Freizeitwert, anregendes gesellschaftliches Leben, Aus- und Fortbildung, zahlreiche interessante berufliche Möglichkeiten». Diese Erkenntnis gilt auch für die Schweiz und ist für die Arbeit an einem schweizerischen Siedlungskonzept von zentraler Bedeutung.

Bahn 2000:
Neu- und Ausbauten am Streckennetz SBB

Verkehr – Gütertransit und Schnellbahnen

Annahmen

Zwischenlösungen zur Förderung des Huckepack- und des kombinierten Verkehrs werden mit hoher Dringlichkeit verwirklicht. Dies, sowie ein erhöhtes Umweltbewusstsein seitens der EG vermindert – vielleicht vorübergehend – den Druck des Strassengüterverkehrs bezüglich Gewichtslimiten. Diskriminierende Massnahmen und erschwerte Verhandlungspositionen auf anderen Gebieten sind nicht völlig auszuschliessen. Beim Gütertransit auf der Schiene geht es unter anderem um Standorte von Umladeeinrichtungen. Der NEAT-Entscheid begünstigt den Anschluss an das europäische Schnellbahnnetz, wirft aber – im Zusammenhang mit den Zufahrtsstrecken

**und der Bahn 2000 – Fragen der Koordination
mit der künftigen Siedlungsentwicklung auf.**

Die Entwicklung im Spannungsfeld Binnenmarkt und Verkehr wird in mancherlei Hinsicht mit Interesse verfolgt. Höchstens noch in der Landwirtschaft sind die Diskussionen so emotionsgeladen, gehören Druckmittel und Retorsion zum gängigen Vokabular, geht es um dermassen viel Geld und grosse Flächen, stehen Umwelt und Lebensqualität auf dem Spiel. Die Frage des Gütertransits belastet die Beziehungen zwischen der Schweiz und der EG bis zu ihrer Lösung erheblich. Vieles hängt davon ab, ob der lange Zeitraum bis zur Fertigstellung der neuen Transitachsen durch eine kurzfristig realisierbare Zwischenlösung überbrückt werden kann. Weitere räumlich relevante Problemkreise wie jene der Zufahrtslinien, der Umladeeinrichtungen, der Rolle der Grenze, aber auch des internationalen Personenverkehrs, der Koordination mit der Bahn 2000, mit dem Strassenverkehr u.a.m. hängen eng damit zusammen. So wird etwa die «zurückhaltende Position der Schweiz in der Frage der europäischen Schienen-Schnellverbindungen» kritisiert, welche die touristischen Regionen benachteiligt: «Schnelle Verbindungen nach den Grossstädten nördlich der Alpen eignen sich nicht bloss als späterer ‹Trostpreis› für unterlegene Regionen im Bereich der neuen Nord-Süd-Transversale. Sie bilden die einzig taugliche Antwort auf die zunehmenden Schwierigkeiten im europäischen Luftverkehr»[11].

Einzugsbereiche von Arbeits-, Freizeit-, Einkaufs-, Vergnügungsstätten usw. verändern sich mit dem Ausbau des Schienen- und Strassennetzes erheblich. Potentielle Wohnstandorte verschieben sich – nicht bloss aus Preisgründen – von den Ballungszentren weg in Gebiete von (heute noch) hoher Lebensqualität. Der Bodenseeraum ist nur eine der Regionen, in welcher sich derartige Erscheinungen bereits abzeichnen.[12]

In der Transitfrage stellt sich nicht nur das Problem des Güterverkehrs und der Hauptdurchfahrtslinien. Flächenwirksam und raumrelevant sind Güter- und Personenverkehr auf Schiene, Strasse und in der Luft mit allen zugehörigen Anlagen wie Zoll, Abstellplätze, Umladeplätze und -bahnhöfe, Flug- und Frachthäfen usw. Das (fehlende) schweizerische Siedlungskonzept wird überlagert von einer auf schweizerische Bedürfnisse zugeschnittenen Bahn 2000 und einem gesamteuropäischen Güter- und Personenverkehrsnetz, der Berufsverkehr in Randgebieten vom grenzüberschreitenden Touristenverkehr usw. Neue Entwicklungen zeigen sich im Güterfernverkehr im Zusammenhang mit neuartigen Produktionsarten (just-in-time-production), dem Angebot umfassender Transportleistungen, der Verkehrsorganisation und -koordination (Abbau von Leerfahrten) im Schnellbahnnetz und der Wiederbelebung der Hotelzüge.

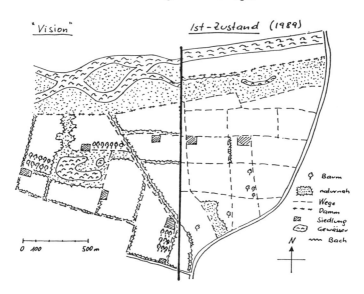

Landwirtschaft – Produktion oder Umweltschutz?

Annahmen

Umweltschutz und die Bestrebungen, ein importfreundliches Klima gegenüber schweizerischen

Exporten von Gütern, Dienstleistungen und Kapital zu erhalten, bilden gemeinsam Front gegen eine Maximierung der landwirtschaftlichen Produktion. Beide fordern eine Neuorientierung der Landwirtschaftspolitik. Erhebliche Veränderungen sind damit verbunden, so etwa Betriebszusammenlegungen und -aufgaben, eine teilweise Intensivierung in den geeignetsten Gebieten (Fruchtfolgeflächen), ökologische Landwirtschaft, eine Zunahme der Brachflächen, mehr Landschaftspflege, mehr Direktzahlungen usw. Dabei ist mit Problemen in den Bereichen Soziales, Versorgung in Krisenzeiten, Landschaftserhaltung im Berggebiet, Siedlungsstruktur, Tourismus, Umweltschutz, Ausdehnung der Siedlungsflächen usw. zu rechnen.

Gesamtwirtschaftliche und ökologische Überlegungen sowie EG- und weltpolitische Umstände und Entwicklungen (GATT) bewirken ein Umdenken in der Landwirtschaft. Die neusten Volksinitiativen belegen das deutlich. Nutzungsart, -intensität und im Extremfall auch Nutzungsumfang sind betroffen. Heute sind die flächenwirksamen Veränderungen in der Landwirtschaft vorwiegend auf Betriebsaufgaben an ungünstigen Standorten und Veräusserungen für private und öffentliche Ansprüche wie Besiedlung bzw. Kiesabbau, Deponien, militärische Anlagen usw. zurückzuführen. Flächenstillegungen zwecks Vermeidung von Überschussproduktion sind bei einem Versorgungsgrad von rund zwei Dritteln weniger aktuell. Ihr Wert ist übrigens auch in der EG umstritten, da er nicht nur «am falschen Ort, sondern beim falschen Produktionsfaktor ansetzt und, entgegen allen regionalplanerischen Zielsetzungen, die soziale Erosion dieser Gebiete noch beschleunigt»[13].

Diese Veränderungen wirken sich räumlich aus und bedürfen der Abstimmung. Sie wird dort notwendig sein, wo interne Lösungen (Zupacht, landwirtschaftliche Umnutzungen, Extensivierungen, industrielle Landwirtschaft) nicht möglich oder nicht erwünscht sind und nichtlandwirtschaftliche Nutzungen in Betracht gezogen werden.

Namhafte Fachleute und Politiker durchleuchten diese Seite der Landwirtschaft seit längerem intensiv[14], und in neueren Artikeln wird etwa von erheblichen Umstrukturierungen, d.h. Betriebsaufgaben und -zusammenlegungen[15], von der Notwendigkeit einer «(welt)marktnäheren Landwirtschaft»[16] oder gar von einem nötigen Schock für eine Neuorientierung der Landwirtschaftspolitik[17] geschrieben. Die flächen- bzw. raumbezogenen Konsequenzen einer derartigen Entwicklung kommen dabei zu kurz. In der Diskussion um die Ziele der Volksinitiativen werden Fragen wie Landschafts- und Umweltschutz, Rekonstruktion von Landschaften, Biotopenverbund, ländliche Dorferneuerung u.a.m. sowie wohl – ganz gegen den heutigen Trend – eine Ausweitung extensiver Siedlungsformen zu behandeln sein[18].

Wirtschaft – Standortfaktoren und Zielkonflikte

Annahmen

Standortfragen spielen eine immer wichtigere Rolle. Bei vergleichbaren wirtschaftlichen Voraussetzungen hängt die Wettbewerbsfähigkeit von den Standortfaktoren ab. Der Einfluss der Raumplanung liegt vorwiegend bei den räumlichen regionalen und lokalen und weniger bei den nationalen Standortfaktoren. Gemessen an den Auswirkungen des Arbeitsmarktes ist er eher von zweitrangiger Bedeutung, und wird

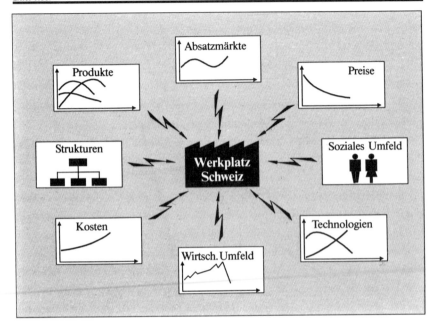

zudem von Zielkonflikten überschattet. Von der Telearbeit sind keine nennenswerten räumlichen Auswirkungen zu erwarten. Die Beschaffungspolitik der öffentlichen Hand wird, soweit sie dem Abbau regionaler Disparitäten diente, durch Massnahmen in Anlehnung an die Kohäsionsprogramme der EG ersetzt. Im Wettstreit der Bedürfnisse von Wirtschaft, Bevölkerung und dem Erhalt der natürlichen Lebensgrundlagen wirkt die Raumplanung ausgleichend.

«Es genügt nicht, dass wir in der Schweiz keine schlechteren Rahmenbedingungen haben als im Ausland, ... Wir brauchen vielmehr bessere Rahmenbedingungen, um unsere naturbedingten Standortnachteile auszugleichen», meint Kurt Moser, Direktor des Vororts des Schweizerischen Handels- und Industrievereins[19]. Mit Rahmenbedingungen bezeichnet er nationale Standortfaktoren wie Infrastruktur (reale, finanzielle administrative Einrichtungen), industrielle Effizienz

(Lohnkosten, Produktivität usw.), Humankapital (Arbeitsmarktstruktur, Ausbildungsniveau, Motivation, Reglementierung), staatliche Interventionstätigkeit (Staatsquote, Steuerlast, Umverteilungsintensität), politische und gesellschaftliche Stabilität.[20]

Diese Rahmenbedingungen interessieren die Raumplanung insofern, als Standortentscheide von Unternehmen für oder gegen den Standort Schweiz zwar raumrelevant, aber raumplanerisch nur indirekt beeinflussbar sind. So etwa durch den Beitrag der Raumplanung zu einem attraktiven Standort Schweiz. Auf regionaler und lokaler Ebene hingegen kann die Raumplanung zur Ausgestaltung von Standortfaktoren wie Ausmass, Verfügbarkeit und Reserven an erschlossenem Bauland, Erschliessung, Arbeits- und Wohnumfeld u.a.m. beitragen. Hier zeichnet sich jedoch ein Zielkonflikt ab.

Massnahmen der Raumplanung sind gemäss RPG Art. 1 dazu da, die räumlichen Voraussetzungen für die Wirtschaft zu schaffen und zu erhalten, aber nicht ausschliesslich und nicht vorrangig. Das Ziel steht gleichwertig neben dem Schutz der natürlichen Lebensgrundlagen, dem Schaffen und Erhalten wohnlicher Siedlungen, der Förderung des sozialen, wirtschaftlichen und kulturellen Lebens in den einzelnen Landesteilen und dem Hinwirken auf eine angemessene Dezentralisation der Besiedlung und der Wirtschaft, usw.

Ballungsräume verschaffen der expandierenden Wirtschaft des dritten Sektors eher Standortvorteile als schwächer besiedelte Gebiete. Die wirtschaftliche Konzentration zwecks Ausnützung dieser Vorteile läuft den raumplanerischen Zielen einer angemessenen Dezentralisation (Art. 1c) bzw. einer Berücksichtigung regionaler Bedürfnisse und einem Abbau störender Ungleichheiten (Art. 3, Abs. 4a) zuwider. Zumindest erfordert sie, wie dies Dr.H. Flückiger vom BRP [21] betont, eine Klarstellung dessen, was unter «angemessener Dezentralisation» zu verstehen sei. Entsprechende Studien des BRP sind in Arbeit.

Die Einflussmöglichkeiten der Raumplanung auf Standortentscheide von Unternehmungen sind gering. Neugründungen, Erweiterungen, Verlagerungen von Produktionszweigen oder Betriebsschliessungen erfolgen in der Regel ohne Rücksicht auf raumplanerische Vorstellungen über die erwünschte räumliche

Entwicklung. Anderseits fordert die Wirtschaft vom Staat erste Priorität beim Schaffen optimaler Rahmenbedingungen.[22]

Schliesslich führt europafähiges, d.h. wettbewerbsgerechtes Verhalten bei der Auftragsvergebungs- bzw. Beschaffungspolitik der öffentlichen Hand aller Ebenen zu einer Verstärkung der regionalen Disparitäten. Dies umso eher, wenn bei der Auswahl der Auftragsnehmer zuvor raumplanerische Überlegungen ausschlaggebend gewesen waren.[23]

Die Wirtschaft müsste ihre noch sehr pauschal formulierten Bedürfnisse konkretisieren. Nur so wären sie für die Arbeiten an einem schweizerischen Siedlungskonzept verwendbar. Der raumplanerische Beitrag zu ihrer Befriedigung wird dann Gegenstand von Abstimmungen im Rahmen der Richtplanung sein. Bei allen Bemühungen um gute Bedingungen kommt dem Bewahren einer überdurchschnittlichen Wohnlichkeit grösste Bedeutung zu, wie das bereits im Abschnitt Siedlung ausgeführt wurde. H. Ringli legte kürzlich dar, dass sich diese Wohnlichkeit durchaus als grösster schweizerischer Standortvorteil erweisen könnte.[24]

So sehr die Wirtschaft darauf ausgeht, von der öffentlichen Hand günstige Rahmenbedingungen zu erhalten, so sehr müsste die Raumplanung darauf bedacht sein, besondere Leistungen der öffentlichen Hand durch Gegenleistungen zugunsten der Öffentlichkeit (z.B. Beteiligung an Erschliessungen oder anderen öffentlichen Aufgaben) zu erreichen. Wie das Beispiel Glattal[25] zeigt, gelingt dies besonders dann, wenn die Wirtschaft selbst d.h. die betreffenden Betriebe bzw. deren Angestellte wieder zu Nutzniessern derartiger Leistungen werden.

Moser bemerkt dazu: «Im Zuge der Binnenmarktintegration steigt das Risiko, dass kostenmässig relevante Faktoren die Standortwahl negativ beeinflussen. Die industrielle Produktion und die Dienstleistungen wandern tendenziell dorthin, wo sie günstigere Bedingungen finden und rentabler als bei uns zu sein versprechen. Statt wie bisher würden dann statt Produkte Arbeitsplätze exportiert. Damit dies nicht geschieht, muss die Integrationsstrategie des Bundesrates ergänzt werden durch ein eigenständiges Programm zur Stärkung der staatlichen Rahmenbedingungen»[26]. Die Raumplanung ist aufgefordert, dazu ihren Beitrag zu leisten.

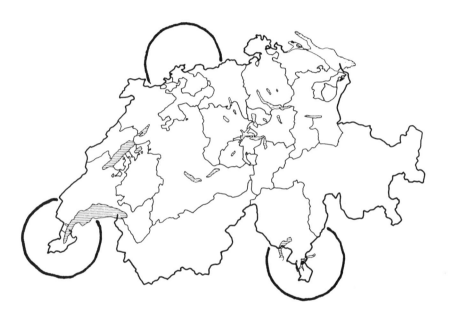

Grenzgebiete – Belastungen und Chancen

Annahmen

Verstärkte EG-Aussengrenzen überschatten die engen grenzüberschreitenden Beziehungen, wie sie in den dicht besiedelten Grenzregionen Basel, Genf und Südtessin seit Jahren bestehen und zur Entwicklung der Agglomerationen beigetragen haben. Die grenzüberschreitende Zusammenarbeit, in welche die bilateralen raumplanerischen

Fragen eingebettet sind, ist dadurch betroffen. Schweizerische Agglomerationen in Grenznähe wachsen über die Landesgrenzen hinweg. Einvernehmliche Lösungen damit zusammenhängender Fragen gereichen beiden Seiten zum Vorteil. An den Ein- und Ausgangspforten der internationalen Transitachsen ergeben sich Probleme im Zusammenhang mit dem Gütertransit. Anderseits nutzen die Grenzgebiete Chancen, welche ihre Randlagen bieten.

Die schweizerischen Grenzgebiete, insbesondere jene mit regen Austauschbeziehungen nach innen und aussen wie die Regionen Basel, Genf und Südtessin, sind von den Auswirkungen des EG Binnenmarktes stärker betroffen als die übrige Schweiz. So wachsen beispielsweise die Agglomerationen Genf und Basel infolge Bodenknappheit und hoher Bodenpreise ins benachbarte Ausland hinein. Besonders drastisch ist das im Raum Genf, wo «fast alle Probleme der französischen Umgebung Genfs darauf zurückzuführen sind, dass die Stadt ein Überangebot an Arbeits- und Konsummöglichkeiten und ein Unterangebot an Wohnraum aufweist»[27]. Das führt zu einem Ausweichen in übermässig genutzte «Zweitwohnungen» im französischen Grenzgebiet. Der auffällige Pendlerstrom geht jedoch in die andere Richtung. Aus Frankreich überqueren täglich rund 29 000 Grenzgänger (ohne Personal der internationalen Organisationen) die Grenze; (im Kanton Tessin sind es ca. 40 000, im Raum Basel ca. 25 000).

Im Südtessin wirkt sich besonders der Kapitalzufluss im Grundstückhandel und eine ständig steigende Nachfrage nach Zweitwohnungen aus. In Genf, Basel und im Südtessin hängen verschiedene ausländische Gemeinden in Grenznähe in hohem Mass von der Entwicklung der schweizerischen Pendlerzentren ab. Die EG-induzierte Entwicklung dürfte in den Dienstleistungszentren von Genf, Lugano und Chiasso ausgeprägter sein als im traditionellen Industriestandort Basel. Anderseits profitieren die schweizerischen Grenzorte innerhalb eines 30-km-Radius insbesondere bei Arbeitskräftemangel von ihrer Lage, da die Grenzgänger den Fremdarbeiterregelungen nicht unterstehen. Sowohl in Basel, Genf als auch im Südtessin sind die Austauschbeziehungen durchaus von gegenseitigem Nutzen. Dennoch könnte der EG Binnenmarkt Betriebsauslagerungen zur Folge haben und damit — je nach Ausmass — eine Umkehr der traditionellen Pendlerströme einleiten.

Von erheblicher räumlicher Relevanz im Grenzgebiet ist die Frage, ob und wo Umladeeinrichtungen erstellt werden müssen. Grösste Anstrengungen werden nötig sein, die Sender- und Empfängerländer dazu zu veranlassen, den Umlad von der Strasse auf die Schiene so nahe am Produktionsort wie möglich vorzunehmen.

Beachtenswert ist auch die Entwicklung im Zusammenhang mit dem europäischen Schnellbahnnetz, welches verschiedene EG-Zentren viel näher an die Grenzgebiete heranbringt und eventuell zu einem verstärkten Siedlungsdruck in deren bevorzugten Wohnlagen führen könnte. Dazu müssten allerdings die Reisezeiten von heute 3 Std. zwischen Basel und Stuttgart, 2 Std. zwischen Genf und Lyon und 1 Std. 20 Min. zwischen Lugano und Mailand noch erheblich reduziert werden.

Eine Studie der Basler Handelskammer[28] fordert u.a.:

- die Ausgestaltung der Bahninfrastrukturen in der Weise, dass die Nahtstellen mit den künftigen Terminals und die Zufahrtsstrecken zur NEAT nicht a priori zu Flaschenhälsen werden.
- Erleichterung der Freizügigkeit der Selbständigen, der Arbeitnehmer, Schüler, Studenten mit dem Ziel, den Grenzregionen einen ungeschmälerten Zugang zu ihrem natürlichen Einzugsgebiet im nahen Ausland zu garantieren bzw. — soweit es die Studenten betrifft — eine Beteiligung an Austausch- und Weiterbildungsmöglichkeiten der EG sicherzustellen.
- die Ausnützung der Randlage, beispielsweise zur Errichtung sektorieller Freizonen mit punktuellen Deregulierungen bezüglich arbeitsrechtlicher Zu-

lassungsbeschränkungen für ausländische Forscher und Spezialisten.
— eine räumliche Konzentration der zu erwartenden Entwicklung auf wenige, aussichtsreiche Orte.

Spezielle Probleme bestehen in Regionen, die abseits der grossen Transitachsen Beziehungen zum benachbarten Ausland pflegen wie beispielsweise die Kantone Jura, Neuenburg, Waadt oder einzelne Täler des Kantons Graubünden. Mit diesen Fragen hat sich u.a. Denis Maillat beschäftigt.[29]

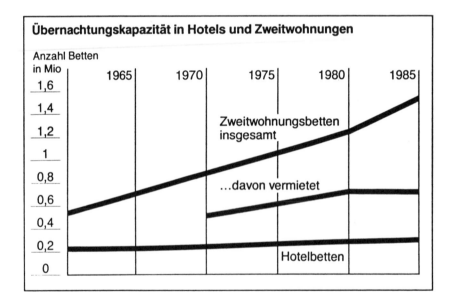

Tourismus – Werbung und Abwehr

Annahmen

Im Rahmen eines sich allmählich bemerkbar machenden EG Nationalismus, der Europa mit

EG gleichsetzt, kommt es auf schleichendem Weg zur Marginalisierung der europäischen Nicht-EG-Länder. Sie führt dazu, dass diese schliesslich mit der Zeit bei den potentiellen Gästen vergessen werden.[30] Überwuchernde Zweitwohnungen haben dem Tourismus den Ruf als «Landschaftsfresser und grösste Gefahr seiner Umwelt»[31] eingebracht. Ändert er diesen nicht, so gibt er die Mittel aus der Hand, dieses Vergessen aufzuhalten. Im Lichte zunehmender Überlastungen der Küstenregionen gewinnen ökologische Faktoren des Tourismus an Gewicht.

Der Direktor der schweizerischen Verkehrszentrale, Walter Leu, rührt die Werbetrommel, wenn er Behinderungen beim Grenzübertritt abbauen, den Mangel an Arbeitskräften im Gastgewerbe bekämpfen und die räumlich besonders relevante touristische Infrastruktur verbessern will: «Sorgen muss sich die Schweiz bezüglich der nun beginnenden dezidierten Investitionspolitik der Gemeinschaft in die Erweiterung und Verbesserung touristischer Infrastrukturen. Falls die Schweiz im Bereich der unteren und mittleren Hotelklassen nicht nachzieht, dürfte ihre Wettbewerbsfähigkeit längerfristig zurückgehen. Es geht dabei nicht um Kapazitätserweiterung, sondern um qualitative Verbesserung von Bestehendem»[32].

Leu sieht zudem für «unsere zwar von allen Seiten arg bedrängte, jedoch weitgehend noch intakte, schöne Landschaft und Umwelt eine Oasen- und Erholungsfunktion für das Europa der EG, wo erst wenige Länder die Bedeutung des Umweltschutzes voll erkannt haben». Als Kontrast verweist er auf die Entwicklung im Mittelmeerraum, «wo der bis zum Jahr 2025 prognostizierte Touristenstrom an seinem eigenen Wachstum zu ersticken droht».

Wie heikel die Balance zwischen touristischer Werbung, der Abwehr unerwünschter touristischer Entwicklungen und allfälligen Konsequenzen für die Beziehungen zur EG ist, zeigt Claude Kaspar, wenn er ein «nachfragegerechtes Angebot» fordert und damit «in erster Linie die Erhaltung einer möglichst intakten Umwelt» meint. «Diese Aufgabe», so Kaspar, «fällt dem Tourismus insofern schwer, als er selbst zur grössten Gefahr seiner Umwelt» — J. Krippendorf [33] nennt ihn pointiert Landschaftsfresser — geworden ist. «Nur eine konsequente Raumplanung in Form zweckmässiger Orts- und Regionalplanungen, strenge Konzessionsvorschriften für Luftseilbahnen, wirksame Anforderungen an die Entsorgung, die Luftreinhaltung und die Lärmemissionen sowie die rigorose Einhaltung der Bestimmungen gegen Grundstückverkäufe an Ausländer vermögen die weitere Entwicklung in Grenzen zu halten». Nun tragen die Folgen einer starken Zunahme des Zweitwohnungsbaus zweifellos zum negativen Ruf des Tourismus bei und verschiedene wirtschaftliche und siedlungsmässige Entwicklungen (Zunahme hochqualifizierter Arbeitskräfte) dürften die Nachfrage eher noch erhöhen. Bei einer allzu restriktiven Handhabung der entsprechenden Gesetzesvorschriften (Lex Furgler usw.) läuft die Schweiz jedoch Gefahr, durch Reziprozität eine Erschwerung der wirtschaftlich bedingten Investitionen im Ausland in Kauf nehmen zu müssen. Diese Reziprozität dürfte allerdings auch ihre Grenzen haben, wenn man bedenkt, dass nach dem Erwerb von 100 m2 EG-Land durch alle 6.5 Mio Schweizer 0.03% des EG-Territoriums in Schweizer Hand wäre, während — reziprok — die 320 Mio Einwohner der EG über drei Viertel des schweizerischen Territoriums besitzen würden.

Einige Teile der von Leu vorgeschlagenen Strategie enthalten Hinweise auf Massnahmen, welche durch die Raumplanung unterstützt werden könnten. So insbesondere seine Forderung nach

- einem qualitativen Wachstumsschub, verbunden mit der Abkehr von der Strukturerhaltung à tout prix, welche wertvolle Arbeitskräfte am falschen Platz bindet,
- der Entwicklung neuer Angebotsformen, z.B. Ausbau des Ferienlandes Schweiz als Ausbildungsplatz,

- einer auch touristisch richtigen Nutzung der Alpentransversale,
- einer Beseitigung von Resten des falschen Denkens, wonach ökologisches Bewusstsein und entsprechende Handlungsweise Barrieren für die (tourismus-)wirtschaftliche Entwicklung darstellen. Es stellt im Gegenteil die unbedingt erforderliche Leitplanke für eine menschen- und letztlich auch wirtschaftsfreundliche Entwicklung dar. Umweltschutzmassnahmen haben übrigens jede Chance, zu einer echten technologischen und ökonomischen Wachstumsbranche zu werden. Ein innovativer und geschäftstüchtiger Tourismus müsste gerade diesen Standortvorteil nach Kräften pflegen.

Mit seiner abschliessenden Bemerkung greift Walter Leu weit über seinen Bereich hinaus: «Im Interesse einer objektiven Abwägung sollte man sich nicht nur mit Schaden- und Opferszenarien befassen, sondern auch überlegen, was uns durch ein Abseitsstehen auch erspart bleibt. Die EG-92-Diskussion hat uns bisher immerhin einen Aktivposten mit Sicherheit beschert: sie hat die Funktion eines Weckers übernommen.»

Anmerkungen

[1] vgl. z.B. Lendi M., Werdende europäische Raumordnungspolitik; sowie Lendi M., Leibundgut H., Rossi A. und BÄchtold H.-Ch., Zur Bedeutung der Europäischen Gemeinschaft für die schweizerische Raumordnung; DISP Nr. 68, ORL-Inst. ETH Zürich 1982,. Ferner Elsasser H., Auswirkungen des EG-Binnenmarkts auf die Raumordnung und Siedlungsstruktur der Schweiz, Ref. gehalten am Symposium "Österreich und die Europäische Gemeinschaft – Auswirkungen auf die Umwelt", anfangs 1989 in Laxenburg, auch in «EG-Binnenmarkt und Raumordnung der Schweiz», NZZ Nr. 31 vom 7.2.1989

[2] Insbesondere durch Wegelin F., u.a. im Rahmen der Groupe de réflexion Europe, Gruppe Umweltfragen, des EDA/EVD und Flückiger H. z.B. u.a. anlässlich seines Referats vom Juni 1989 am ORL-Inst. über den Einfluss der Europäischen Raumordnung auf die Schweiz.

[3] vgl. Bundesgesetz über die Raumplanung (RPG) vom 22. Juni 1979, Art. 1/1

[4] vgl. RPG, Art. 1/2

[5] Schweizerischer Bundesrat, Bericht über den Stand und die Entwicklung der Bodennutzung und Besiedlung in der Schweiz (Raumplanungsbericht 1987), Bern 1987
[6] Raumplanungsbericht 1987, S. 114
[7] vgl. Rotach M., Raumplanung Schweiz, Raumplanerisches Leitbild der Schweiz CK-73, EJPD Bern 1973
[8] Raumplanungsbericht 1987, S. 71
[9] So hielt es Prof. Dr. H. Hauser von der Hochschule St. Gallen anlässlich eines Referats in Bern vom Dezember 1988 für wünschbar «die regionalen Konsequenzen und damit Raumansprüche einer Verlagerung von 100 000 bis 200 000 ausländischen Arbeitskräften von bisher niedrigqualifizierten Berufen zu hochqualifizierten Tätigkeiten zu untersuchen».
[10] Maurer J., Zur Entwicklung der Region «Rhône-Alpes», Vortrag gehalten im März 1988 in Lyon
[11] vgl. Chancen im europäischen Schienenschnellverkehr, bd. in der NZZ vom 26.8.88
[12] Ringli H., Raumplanerische Koordinationsaufgaben zwischen Verkehr und Siedlung im Grossraum Bodensee, DISP Nr. 91, Zürich Okt. 1987
[13] Weiger H., Neue Agrarpolitik – Hoffnung für den ländlichen Raum? in Agrarische Rundschau Wien, Nr. I, März 1989
[14] Rieder P., Grundlagen der Agrarmarktpolitik, vdf Zürich 1983; ferner Rieder P., Widersprüche und Perspektiven der Agrarpolitik in den Industrieländern, in Schweiz. Vereinigung für Zukunftsforschung (Hrsg.), Perspektiven unserer Landwirtschaft: Umdenken und Umlenken im Agrarsektor, SVZ Horgen 1987; Biel Walter, Mehr Ökonomie statt Ideologie in der Landwirtschaftspolitik, in Walter Wittmann (Hrsg.), Innovative Schweiz, Verlag NZZ, Zürich 1988, Willy Zeller, Zur Europafähigkeit der Landwirtschaft, in Willy Zeller (Hrsg.), Europa 92 und die Schweiz, Verlag NZZ, Zürich 1988
[15] Zur «Europafähigkeit» der Landwirtschaft, Zr. in NZZ Nr. 132 vom 9.6.1988
[16] Saxer M., Agrarpolitische Flutschäden, NZZ Nr. 16 vom 20.1.1989
[17] Engeler U.P., Die Europäer, schlimmer noch als Hagel und Sturm, Weltwoche Nr. 24 vom 16.6.1988
[18] Arbter, Biber, Christen, Krauer, Samojluk, Planung im ländlichen Raum am Beispiel des Kantons Thurgau, Gruppenarbeit im Rahmen des NDS in Raumplanung 87/89 an der ETH Zürich, 1989
[19] Moser K., Europa 1992, Integrationspolitik aus der Sicht der Wirtschaft, NZZ Nr. 44 vom 22.2.89
[20] Moser K., a.a.O.
[21] anlässlich eines Referats im Nachdiplomstudium in Raumplanung, ETH Zürich vom Juni 1989
[22] vgl. Arbeitsgruppe des Vororts des Schweizerischen Handels- und Industrievereins, Die Schweiz und die Europäische Gemeinschaft, Lage und Ausblick, Juni 1987
[23] vgl. Anforderungen an eine wettbewerbsgerechte Beschaffungspolitik der öffentlichen Hand, Empfehlungen der Kartellkommission zum Submissionswesen, NZZ Nr. 202 vom 31.8.1988 und PA-Cambridge Economic Consultants, The Regional Impact of Policies Implemented in the Context of Completing the Community's Internal Market by 1992, Cambridge 1988
[24] vgl. die Ausführungen zu diesem Thema in Ringli H., Raumplanerische Koordinationsaufgaben zwischen Verkehr und Siedlung im Grossraum Bodensee, DISP Nr. 91, Zürich Okt. 1987
[25] vgl. den Beitrag von Martin Steiger in der vorliegenden Festschrift

[26] Moser K., a.a.O.
[27] Genf: die paradoxe Kapitale, fre. in NZZ Nr. 211 vom 10./11.9.1988
[28] Basler Handelskammer, Region Basel und EG-Binnenmarkt, in NZZ Nr. 28 vom 3.2.1989
[29] Maillat D., Régions transfrontalières et marché européen unique: Le cas de la région Franche-Comte/Suisse Romande
[30] Leu W., Das Ferienland Schweiz im Banne von EG 92, in NZZ Nr. 39 vom 16.2.1989
[31] Kaspar C., Tourismus: Fremdenverkehr lebt von Innovationen, in Wittmann W. (Hrsg.), Innovative Schweiz, Verlag NZZ, Zürich 1987
[32] Leu W., Das Ferienland Schweiz im Banne von EG 92, in NZZ Nr. 39 vom 16.2.1989
[33] Kaspar C., a.a.O.

Quellen der Abbildungen:
zu Siedlung:
internes Arbeitspapier ORL-Institut ETH Zürich, 1988
zu Verkehr:
aus Schweizer Journal, 3-4/89, S. 51
zu Landwirtschaft:
aus Arbter R. u.a., Planung im ländlichen Raum am Beispiel des Kantons Thurgau, Gruppenarbeit im Rahmen des NDS, in: Raumplanung an der ETH Zürich, 1989
zu Wirtschaft:
aus THEMA, Forschung und Wissenschaft an Schweizer Hochschulen, Nr. 7/1989
zu Grenzgebiete:
aus Richtplan Kt. Basel
zu Tourismus:
aus Lebensraum Schweiz wohin? EJPD, Bern 1988

Hellmut Ringli

Auf dem Weg zu Grundzügen für die räumliche Entwicklung der Schweiz

1. Aufgabenstellung und Ausgangslage

Im Raumplanungsbericht 1987 stellt der Schweizerische Bundesrat fest, dass vorläufig auf Bundesebene «ein orientierender raumordnungspolitischer Rahmen» fehle. Zugleich stellt er sich die Aufgabe, «Grundzüge der angestrebten räumlichen Entwicklung Schweiz» zu erarbeiten[1].

Nach vielen Jahren der Konzeptmüdigkeit soll also in der Schweiz endlich wieder ein Anlauf zur Erarbeitung gesamträumlicher Entwicklungsvorstellungen genommen werden. Offenbar hat sich die Ansicht durchgesetzt, dass die räumliche Koordination, die bekanntlich mit der Richtplanung gemäss Bundesgesetz über die Raumplanung (RPG)[2] einen hohen Stellenwert erhalten hat, ohne einigermassen präzise Leitvorstellungen Stückwerk bleibt.

Dieser Gang der Entwicklung bildet einen Anreiz, sich wieder einmal Gedanken über die Notwendigkeit von Vorstellungen über die angestrebte räumliche Entwicklung in der Schweiz zu machen und darüber nachzudenken, wie diese erarbeitet werden könnten. Dabei sind die Erfahrungen aus den in den vergangenen Jahren geleisteten Planungsarbeiten zu berücksichtigen und einzubeziehen.

Bestehende Erfahrungen

Es gibt eine Reihe von Planungsarbeiten, auf die man für die gestellte Aufgabe abstützen kann. Als erstes gilt es wieder einmal, kurz auf die Leitbilder der frühen 70er Jahre zurückzublenden. 1971 hat das ORL-Institut die im Auftrag des Schweizerischen Bundesrats erarbeiteten «Landesplanerischen Leitbilder der Schweiz» veröffentlicht[3]. In diesen Leitbildern sind unterschiedliche künftige räumliche Entwicklungsmöglichkeiten für die Schweiz dargestellt, eine Trendentwicklung und neun Varianten, die mit Vor- und Nachteilen beschrieben sind (vgl. Abb. 1). Diese Leitbilder erregten in der Öffentlichkeit grosses Aufsehen und weckten umfassende Diskussionen über die räumliche Entwicklung in unserem Lande. Als erste Anregung von akademischer Seite haben sie sich als durchaus brauchbar erwiesen.

Das Spektrum der Leitbildvarianten

Schema-Skizzen der Siedlungsdispositive und
Kurzbeschrieb der Gesamtkonzepte

TREND

Ungelenkte Besiedlung – produktionsorientierte Landwirtschaft – traditionelle und neue Fremdenverkehrsgebiete

V 1  V 2  V 3

Besiedlung in zwei Ballungsräumen – Schwergewicht auf Landschaftspflege im Komplementärraum – traditionelle Fremdenverkehrsgebiete

Konzentrierte Trendbesiedlung – produktionsorientierte Landwirtschaft – neue Fremdenverkehrsgebiete

Viele Grossstädte – Schwergewicht auf Landschaftspflege im Komplementärraum – neue Fremdenverkehrsgebiete

V 4  V 5  V 6

Neue Grossstädte/Mittelstädte in Entwicklungsachsen – Schwergewicht auf Landschaftspflege im Komplementärraum – neue Fremdenverkehrsgebiete

Neue Grossstädte/Mittelstädte dispers – produktionsorientierte Landwirtschaft – traditionelle Fremdenverkehrsgebiete

Mittelstädte in Entwicklungsachsen – Schwergewicht auf Landschaftspflege im Komplementärraum – neue Fremdenverkehrsgebiete

V 7  V 8  V 9

Mittelstädte dispers – produktionsorientierte Landwirtschaft – traditionelle und neue Fremdenverkehrsgebiete

Kleinstädte in Entwicklungsachsen – produktionsorientierte Landwirtschaft – traditionelle Fremdenverkehrsgebiete

Kleinstädte dispers – produktionsorientierte Landwirtschaft – traditionelle und neue Fremdenverkehrsgebiete

Abb. 1: Landesplanerische Leitbilder der Schweiz, Quelle[3]

Diese ORL-Leitbilder dienten als Basis für das «Leitbild CK-73», das 1973 aufgrund der Präferenzen der Chefbeamtenkonferenz des Bundes ausgearbeitet worden ist (Abb. 2). Gemäss diesem Leitbild hätte die Siedlungsentwicklung sich hauptsächlich auf Schwerpunkte und Entwicklungsachsen konzentrieren sollen, nach dem Konzept «Dezentralisation in Schwerpunkten»[4]. Das Leitbild sollte als

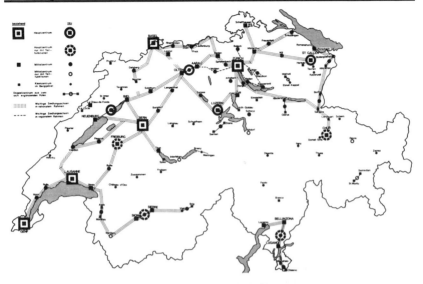

Abb. 2: Das Leitbild CK-73 der Bundes, Quelle[4]

räumliche Koordinationsbasis innerhalb der Bundesverwaltung und als Diskussionsgrundlage für die Gespräche zwischen Bund und Kantonen dienen.

All diese Leitbilder waren von einem starken Glauben an die Machbarkeit der Zukunft geprägt. Sie waren zielorientiert und ohne Mitwirkung von Fachstellen der Verwaltung und politischen Gremien erarbeitet worden. Als Folge davon waren sowohl die Kantone als auch die Verwaltungsstellen im Bund als Diskussionspartner überfordert. Sie hatten sich zu wenig mit den Problemen und Lösungsideen im grossräumigen Zusammenhang befasst. So stiessen die Leitbilder weitgehend auf Unverständnis. Sie wurden als zu kühn in der Vorausschau und als zu unrealistisch in den Lösungsvorschlägen empfunden.

Mitte der 70er Jahre entstand in der Schweiz – als Folge der weltweiten Erdölkrise – eine völlig unerwartete wirtschaftliche Rezession. Damit waren das Vertrauen in die Prognosen und der Glaube an die Machbarkeit der Zukunft bei den Politikern und einer breiten Öffentlichkeit erschüttert. Prognosen und Leitbilder verschwanden auch bei der Verwaltung in der Versenkung. Die Raumplanung beschränkte sich mehr oder weniger auf das Bewältigen von aktuell anstehenden Problemen.

Der zielorientierte Ansatz hatte also versagt. Somit sollte wenigstens inbezug auf den problemorientierten Ansatz einigermassen systematisch vorgegangen werden. Dazu leisteten die Planungsbehörden des Kantons Zürich seit Ende der 70er Jahre Schrittmacherdienste. Die Zürcher Kantonsregierung ist nämlich gemäss dem kantonalen Planungs- und Baugesetz zu einer periodischen Berichterstattung über die Raumplanung an das Parlament verpflichtet[5]. Zu diesem Zweck führte sie für das gesamte Kantonsgebiet eine systematische Raumbeobachtung mit den Schwerpunkten Siedlungsstruktur, Landschaft und soziale Durchmischung ein. Daraus entstanden interessante und brauchbare Dokumentationen zum räumlichen Geschehen[6]. Was jedoch – mit Ausnahme einer regionalisierten Bevölkerungsprognose[7] – noch fehlt, ist der Blick in die Zukunft. Zudem ist das System wenig dynamisch und die anfallenden Ergebnisse werden zu sehr wissenschaftlich und zu wenig politisch ausgewertet und interpretiert.

Eine weitere Entwicklungsetappe leistete kürzlich der Bund. Auch auf Bundesebene wurde zu Beginn der 80er Jahre eine Raumbeobachtung ins Leben gerufen. Zwar mit weniger Aufwand, dafür aber pragmatischer. Der bedeutsame Schritt vorwärts liegt bei der Berichterstattung, die ein politisches Dokument ist. Der «Raumplanungsbericht 1987» des Bundesrats[8] ist eine mutige Lagebeurteilung, wenn sie auch sorgfältig und zurückhaltend formuliert ist. Sie enthält zudem eine gehörige Portion Eigenkritik für die Bundesverwaltung. Der Bundesrat lässt es nicht bei einer Lagebeurteilung bewenden, sondern er formuliert auch Leitsätze, an die sich der Bundesrat selbst und die Bundesverwaltung beim künftigen Handeln halten müssen.

Die jüngsten Erfahrungen schliesslich stammen aus den «Richtplanungen» der Kantone, die anfangs 80er Jahre angelaufen und jetzt in vollem Gang sind[9]. In diesen Richtplanungen werden die wichtigen raumwirksamen Entscheide und Handlungen der öffentlichen Hand behördenverbindlich koordiniert und auf die angestrebte räumliche Entwicklung abgestimmt. Diese Art von Richtplanung ist neu, aber sie ist vielversprechend angelaufen. Die meisten kantonalen Richtpläne liegen vor. Hingegen befinden sich die im RPG ebenfalls geforderten «Grundzüge der erwünschten räumlichen Entwicklung»[10] noch auf sehr unterschiedlichem

Hellmut Ringli

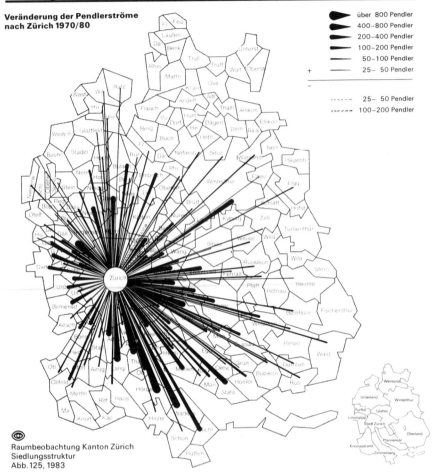

Abb. 3: Beispiel aus der Raumbeobachtung Kanton Zürich, Quelle[6]

Stand. Daher ist es nicht einfach, sich anhand der kantonalen Grundlagen eine Vorstellung über die angestrebte räumliche Entwicklung in der Schweiz zu machen.

2. Notwendigkeit einer gesamtschweizerischen Vorstellung zur angestrebten räumlichen Entwicklung

Verbale Planungsgrundsätze und Leitideen sind zwar sehr hilfreich als Handlungsanweisungen bei raumwirksamen Tätigkeiten und Entscheiden; aber für die Organisation des Raumes genügen sie nicht. Dort kommt man um räumliche Präzisierungen nicht herum.

Gegenwärtig stossen sich nämlich die Interessen mehr denn je im Raum. Im Vordergrund stehen für die Raumplanung die Flächenprobleme: Nutzungskonflikte, zu wenig sparsame Nutzung des Bodens, zu wenig eignungsgerechte Nutzung usw. Derartige Probleme lassen sich, mit entsprechenden Anweisungen, meist auf lokaler Ebene lösen.

Nicht lokal und auch nicht mit verbalen Handlungsanweisungen lösbar sind hingegen die *Probleme der Organisation des Raumes*. In unserem Land wird es immer schwieriger, für bestimmte Anlagen, die von öffentlichem Interesse sind, einen Standort zu finden, beispielsweise für Kraftwerke, für Abfallbeseitigungsanlagen – von den Sortierwerken über die Umladestellen und Verbrennungsöfen bis zu den Deponien – für militärische Übungsplätze, für regionale Schiessstände usw. Zwar sind die meisten Bewohner von der Notwendigkeit solcher Anlagen überzeugt. Kaum jemand ist jedoch bereit, dafür ein Opfer zu bringen, indem ein Standort in der eigenen Gemeinde toleriert wird. Dieses Problem zeigt sich neuerdings auch bei Anlagen der Privatwirtschaft, beispielsweise bei Lagerhäusern, die viel Fläche brauchen, viel Verkehr aber wenig attraktive Arbeitsplätze nach sich ziehen und wenig Steuereinnahmen bringen.

Daraus wird klar, dass wir in der Schweiz nicht nur Flächenprobleme haben, die man in Quadratmetern messen kann, sondern raumstrukturelle Standortprobleme, die darauf beruhen, dass unser Land – als Folge der veränderten Besiedlung und Verkehrserschliessung – zu eng geworden ist. Die erforderlichen Abstände fehlen, die vor den als negativ empfundenen Belästigungen schützen könnten. Dieser Zustand wird laufend verschlimmert, da sich das Wohnen tendenzmässig immer disperser auf die Schweiz verteilt. Die gute Verkehrserschliessung erlaubt das erforderliche Pendeln über grosse Distanzen.

Bei derartigen Engpass-Situationen können nur Gesamtvorstellungen, die räumlich präzisiert und differenziert sind, zu einem Durchbruch verhelfen. Von allfällig Betroffenen kann nämlich dann eine Opferbereitschaft erwartet werden, wenn sie in der vorgeschlagenen Lösung eine gewisse Opfer- und Nutzensymmetrie erkennen können. Dazu ist eine Gesamtübersicht nötig. Nur diese kann zeigen, wer wo profitiert und wer wo einen Anteil am Unangenehmen aber Notwendigen trägt. Die Übersicht muss darüber Aufschluss geben, welche Regionen durch welche Anlagen und Einrichtungen profitieren (von Bildungseinrichtungen bis zu Schnellzugshalten) und welche Regionen Standortopfer bringen (von lärmigen Verkehrslinien bis zu Deponien).

Transparenz ist also gefordert. Das Aushandeln hinter den Kulissen mit anschliessender Präsentation von vollendeten Tatsachen ist vorbei, sei es bei einem Rangierbahnhof, einer Sendeanlage oder einem militärischen Übungsplatz. Raumplanung nach dem RPG ist öffentlich geworden.

Aber auch Ideen sind gefordert, wie und wo man zu einem sinnvollen Nutzen- und Lastenausgleich kommen könnte. Dazu sind vielfältige Kombinationsmöglichkeiten denkbar. Ideenspielräume ergeben sich zwischen den beiden Polen der grossräumigen funktionalen Aufgabenteilung einerseits und der kleinräumigen Autarkie, wo jeder Teilraum seine Probleme nach dem Verursacherprinzip selbst lösen muss, anderseits. Wie üblich dürfte die Lösung irgendwo in der Mitte liegen, aber in einer Mitte, die in Kenntnis der Gesamtzusammenhänge ausgehandelt wird.

3. Sachlich umfassende Lagebeurteilung

Ein sachliches Aushandeln ist nur anhand einer objektiven Lagebeurteilung möglich. Dazu kann die Raumbeobachtung wertvolle Dienste leisten, falls sie tatsächlich umfassende und für den Raumplaner brauchbare Informationen liefert und nicht einseitig detaillierte Daten aus zufällig vorhandenen Statistiken.

Verdeutlichen lässt sich diese Forderung am Bereich Verkehr. Reisezeiten beziehungsweise Erreichbarkeiten sind eine der wichtigsten grossräumigen Informationen für den Raumplaner. Nach Reisezeiten werden Wohnorte und Betriebsstandorte gewählt. Änderungen in den Reisezeiten verändern den Siedlungsdruck in den einzelnen Teilräumen. Dennoch finden sich kaum einfach verwendbare und aktuell nachgeführte oder gar in die Zukunft projizierte Übersichten über Reisezeiten. Dies trotz all der vielen aufwendigen Verkehrsstudien. Ähnliche Feststellungen gelten für die Verkehrsarten. Über den Pendlerverkehr findet man viele detaillierte Unterlagen, weit weniger aber über den Geschäfts-, Einkaufs- und Erholungsverkehr.

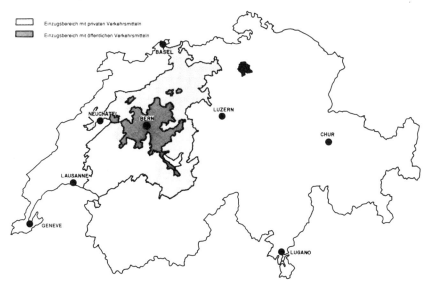

Abb. 4: Beispiel aus der Raumbeobachtung Schweiz, Quelle[1]

Wie soll denn ohne derartige Angaben überhaupt eine vernünftige Abstimmung zwischen Siedlungsentwicklung und Verkehrsausbauten stattfinden? Geschäftsverkehr im Dienstleistungsbereich bedeutet doch immer häufiger Reisen mit einer Aktentasche. Also ist doch entscheidend, dass Büro- und Besprechungsräume an den Stationen von Nahverkehrsmitteln liegen, falls der öffentliche

Verkehr gefördert werden soll. Weiter ist es ein Unterschied, ob im Quartierzentrum Läden vorhanden sind oder nur in einem Einkaufszentrum am Autobahnknoten, und ob der Tennisplatz in Fussgängerdistanz hinter dem Wohnquartier liegt oder in einer abgelegenen Industriezone.

Andere Beispiele aus der kantonalen Ebene sind die Stadtprobleme und die Probleme des Umlands. Diese lassen sich nur wirksam bekämpfen, wenn sie in ihren räumlichen und funktionalen Zusammenhängen erfasst werden, weil sie miteinander verflochten sind. So liegen die Ursachen der überbordenden Überbauungen im Umland nicht zuletzt darin, dass viele Bewohner der Stadt den Rücken kehren und einen Wohnsitz im attraktiveren Umland suchen. Umgekehrt aber leidet die Wohnqualität in den Städten nicht zuletzt darunter, dass im Umland zu viele Neubauquartiere entstehen, die völlig ungenügend mit dem öffentlichen Verkehr erschlossen sind. So fahren deren Bewohner zwangsläufig mit dem Auto in die Stadt und belästigen die Stadtbewohner.

Solche Überlegungen zeigen, dass die Raumplanung wieder zu Lagebeurteilungen kommen muss, die räumlich und sachlich einen umfassenden Überblick zeigen, notfalls auch mit Näherungswerten und Schätzungen. Aus Mangel an Daten sollen keine willkürlichen Systemabgrenzungen vorgenommen werden. Vernetztes Denken, das den tatsächlichen Verflechtungen Rechnung trägt, muss möglich sein. Nur so lässt sich zu neuen Lösungen vorstossen, weil bei weiten Systemabgrenzungen auch der Manövrierraum grösser wird. Dabei zeigt sich, dass die räumliche Entwicklung oft weit stärker beeinflussbar ist, als es die – sich gerne hinter Sachzwängen verschanzenden – Gegner von Veränderungen wahrhaben möchten.

4. Mut zur Vorausschau

Gegenwärtig herrscht in der Schweiz eine unverständliche Scheu vor Prognosen. Wohl werden vielerorts plausible Lagebeurteilungen vorgenommen und Entwicklungstrends ermittelt; all dies aber rein deskriptiv.

Die Raumplaner müssen es wieder wagen, abzuschätzen, ob sich die aus der

Vergangenheit feststellbaren Trends künftig fortsetzen, verstärken, abschwächen oder gar in der Richtung ändern dürften. Je besser die Wirkungszusammenhänge in der räumlichen Entwicklung verstanden werden, desto einfacher lassen sich plausible Schätzungen durchführen. Weiss man Genaueres zu entscheidenden Komponenten, welche die Entwicklung beeinflussen, lässt sich meist auf die Gesamtentwicklung schliessen.

Auf diese Art lassen sich sogar Trendbrüche voraussagen. Ein Beispiel dafür ist die Voraussage, dass der Bevölkerungsrückgang in der Stadt Zürich zu einem Stillstand kommen dürfte[11]. Ursache für die vergangene Entvölkerung der Stadt waren nämlich sowohl ein quantitativer als auch ein qualitativer Verdrängungsprozess. Beide Prozesse dürften in Kürze zu einem Stillstand kommen. Die Ausgangslage dafür ist günstig.

Die im quantitativen Bereich wichtigste Ursache, die Umstrukturierung der Haushalte, ist mehr oder weniger abgeschlossen. Bereits jetzt liegt die durchschnittliche Haushaltgrösse in der Stadt Zürich bei 1.95 Personen. Viel kleiner dürfte sie kaum mehr werden. Gegen die massiv erfolgte Zweckentfremdung von Wohnraum beginnt der Wohnanteilplan allmählich zu wirken. Gleichzeitig wird der Druck auf die Wohnquartiere durch neue, verdichtete Dienstleistungsschwerpunkte an den S-Bahn-Stationen abgesogen. Zudem bewirkt die gegenwärtige Überalterung der Stadtbevölkerung, dass jährlich zahlreiche Hochbetagte ihre bisher untergenutzen Wohnungen freigeben. Aus all diesen Komponenten heraus darf geschlossen werden, dass trotz steigender Flächen- und Komfortansprüche der bestehende und noch neu gebaute Wohnraum genügen dürfte, um die Zahl der Einwohner in der Stadt Zürich ungefähr gleich zu halten.

Analog lässt sich im qualitativen Bereich argumentieren. Auch dort werden die Zürcher S-Bahn, der Entscheid des Zürcher Stadtrats, die Wohnlichkeit in den Quartieren mit Verkehrsberuhigung, Verbesserung des Wohnumfeldes usw. zu fördern, und ein niedrigerer Steuerfuss dazu beitragen, dass das Wohnen in der Stadt wieder für breite Bevölkerungskreise erstrebenswert erscheint. Der Teufelskreis der qualitativen Bevölkerungsverdrängung dürfte also durchbrochen werden.

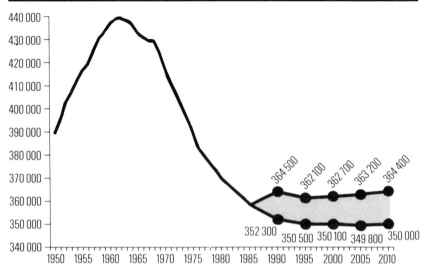

Abb. 5: Beispiel aus den Prognosearbeiten des Kantons Zürich, Quelle[7]
Bevölkerungsentwicklung in der Stadt Zürich: Prognose 1990-2010 in Bandbreiten, im Vergleich mit der Entwicklung 1950-1985

In diesem Sinn stützt sich jede Voraussage auf ganz bestimmte Annahmen, beispielweise dieser, dass die Politik des Zürcher Stadtrats zur Förderung der Wohnlichkeit fortgesetzt werde. Sobald diese Annahmen nicht mehr stimmen, muss auch das Prognoseergebnis überprüft werden. Prognosen sind also meist kurzlebig und müssen laufend angepasst werden.

In der Raumplanung muss die Scheu vor Prognosen wieder abgebaut werden, ohne dass man in die alte Prognosegläubigkeit zurückfällt. Prognosen sind vielmehr in ihrem richtigen Stellenwert zu verwenden als Wenn-dann-Aussagen, die nach jedem wichtigen Entscheid auf allfällige Auswirkungen zu überprüfen sind. Auf diese Art nehmen die Politiker zur Kenntnis, dass die Zukunft nicht einfach schicksalsbedingt kommt, sondern dass sie selbst – mit ihren laufenden Entscheiden – die Zukunft beeinflussen. Mit einer derartig unverkrampften Optik für die Zukunft wird auch die konzeptionelle Arbeit erleichtert.

5. Mut zu neuen und umfassenden Lösungen

Heute bestehen auf vielen Gebieten Polarisierungen von Meinungen. Auf den ersten Blick scheint das für den Raumplaner Schwierigkeiten zu schaffen, fehlen doch so die klaren politischen Richtungen. In dieser Situation liegen aber auch viele Chancen. Die politischen Polarisierungen erleichtern neue Lösungen abseits von ausgetretenen Pfaden. Gerade im Hinblick auf weitreichende Zukunftsgedanken ist dies von grosser Bedeutung.

Beispiele aus den Leitbildarbeiten des ORL-Instituts belegen das. Damals wurde die Forderung, die Hochleistungsstrassen um die grossen Städte herum zu führen, rundwegs abgelehnt. Oder die Idee, die Landwirte mit Direktzahlungen für ihren Beitrag zur Landschaftspflege zu entschädigen, wurde in grosser Einigkeit zurückgewiesen. In einem Klima der Meinungsvielfalt hätten sich solche Ideen vermutlich rascher durchgesetzt.

Überdies müssen gegensätzliche Meinungen nicht unüberbrückbar bleiben. Oft sind die Gegensätze aus einer zu stark eingeengten Optik heraus entstanden. Mit umfassenden Lösungsansätzen lassen sich manche Gräben überbrücken. Die Untersuchungen zur künftigen Siedlungsentwicklung im Kanton Zürich zeigen, dass oft für beide Standpunkte Raum wäre, wenn man gemeinsam nach Lösungen suchen würde, statt sich hinter den eigenen Standpunkten zu verschanzen.

Dies gilt beispielsweise für das Zusammenwirken zwischen öffentlichem und privatem Verkehr. Viele Konflikte zwischen den Anhängern der beiden Verkehrsarten entstehen, weil gar nie gemeinsam nach Lösungen gesucht wird, sondern weil jede Trägerschaft für ihren Bereich Teiloptimierungen ohne Rücksicht auf den andern Bereich sucht. So müssen die Förderung des öffentlichen Verkehrs und die Verkehrsberuhigung für den Privatverkehr nicht Autofeindlichkeit bedeuten. Sie verlangen hingegen ein sinnvolles Abstimmen zwischen öffentlichen Verkehrsmitteln, dem privaten Motorfahrzeugverkehr und der Siedlungsentwicklung.

Analoges gilt für den Konflikt zwischen den Befürwortern einer «Wohnstadt» Zürich und den Verfechtern einer «Arbeitsstadt» Zürich. Ein Nebeneinander wäre durchaus möglich, wenn von beiden Seiten Konzessionen gemacht würden. Wohnliche und verkehrsberuhigte Quartiere könnten neben ausgewählten Arbeitsplatzschwerpunkten bestehen, wo Dienstleistungsarbeitsplätze in unmittelbarer Nähe zu den S-Bahn-Stationen konzentriert wären. Zudem wäre vermutlich ein Wohnanteil in den Dienstleistungsschwerpunkten im Interesse der Bewohner und der Wirtschaft. Kaum jemand ist an Dienstleistungsschwerpunkten interessiert, die am Abend und an den Wochenenden ohne Leben sind.

So geht es darum, eine neue Urbanität zu finden, die ein Miteinander von Wohnen, Büros, Läden und Gewerbe ermöglicht, statt ein abgeschottetes Nebeneinander. Der öffentliche Verkehr ermöglicht die dazu erforderlichen baulichen Verdichtungen unter Schonung der Umwelt. Funktionale Durchmischungen dürfen nicht durch reines Profitdenken der Bodenbesitzer verhindert werden, nur weil sich durch reine Dienstleistungsnutzungen höhere Renditen erzielen lassen. Im Lichte solcher Überlegungen ist das gegenwärtige Feilschen in der Stadt Zürich um die Art und das Ausmass der Umwandlung von Industriezonen in Zonen für Dienstleistungen von einiger Brisanz.

6. Zusammenarbeit mit Betroffenen und Interessierten

Dass das Leitbild CK-73 von den Kantonen so schlecht aufgenommen worden ist, dürfte nicht zuletzt darauf zurückzuführen sein, dass dieses Leitbild ohne Mitwirken der Kantone entstanden ist. Die Kantonsbehörden sind lediglich mit dem Schlussergebnis konfrontiert worden. So ist es nicht erstaunlich, dass sie aus zeitlichen und sachlichen Gründen überfordert waren, mit fundierten Stellungnahmen auf die Vorgaben des Bundes zu reagieren.

Eine Lehre daraus dürfte sein, dass zwischen Bund und Kantonen Schritt für Schritt zusammenzuarbeiten ist. Im Laufe des Vorgehens wächst nämlich auf beiden Seiten das Verständnis für die anstehenden Problemstellungen und für die gewählten Lösungen. Wohl ist dieses Vorgehen schwerfällig und beansprucht viel Zeit; aber es dürfte weit eher zu tragfähigen Lösungen führen.

Konkret könnte zum gegenwärtigen Zeitpunkt der Bund den ersten Schritt machen und die umfassenden konzeptionellen Arbeiten auf gesamtschweizerischer Ebene neuerdings in Gang setzen. Vorerst könnte das Bundesamt für Raumplanung sämtliche konzeptionellen, raumbezogenen Vorgaben der Kantone aus deren Richtplanung zu einem vergleichbaren Überblick zusammenstellen. Analoges liesse sich mit den Entwicklungsvorstellungen machen, auf denen die raumwirksamen Sachplanungen der verschiedenen Bundesämter – bewusst oder unbewusst – basieren.

Bestimmt führt ein derartiges Zusammentragen noch nicht zu einer tragfähigen gesamtschweizerischen räumlichen Entwicklungsidee, aber zu einem Diskussionsgerüst. Im Gespräch mit Kantonsvertretern und Beamten aus den betroffenen Bundesämtern könnten diejenigen Elemente der räumlichen Entwicklung herausgezogen werden, auf denen sich aufbauen liesse (z.B. wichtige Achsen und strategische Standorte). Gleichzeitig könnten auch die Lücken erkannt

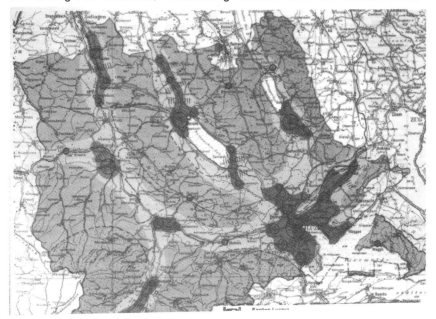

Abb. 6: Ausschnitt aus dem Strukturkonzept Kanton Luzern, Quelle[16]

werden, wo Ergänzungen zu erarbeiten wären (z.B. Beurteilungskriterien für bestimmte Standortvergleiche).

Auf diese Art liesse sich rasch ermitteln, wer in welchen Bereichen Beiträge zu liefern hätte. Statt eines einzigen brillianten Wurfs aus dem Bundesamt für Raumplanung oder aus einem Hochschulinstitut entstände in relativ mühsamer Kleinarbeit ein Konglomerat aus Teilbeiträgen, das laufend zu filtern und zu strukturieren wäre. Dieser aufwendige Weg dürfte allmählich zu einem brauchbaren Ergebnis führen.

Wichtig ist dabei, dass für den gesamten Arbeitsprozess eine leistungsfähige Federführung besteht, sinnvollerweise durch das Bundesamt für Raumplanung, eventuell unterstützt durch eine Stabsstelle, etwa ein Hochschulinstitut oder ein privates Planungsbüro.

7. Ausblick

Mit dem RPG hat die Raumplanung in der Schweiz neuen Elan erhalten und einen wesentlichen Schritt vorwärts getan. Die Erkenntnis setzt sich allmählich durch, dass überall dort, wo Entscheide und Handlungen anstehen, die sich — direkt oder indirekt — massgeblich auf die räumliche Entwicklung auswirken könnten, diese Handlungen und Entscheide auf die angestrebte räumliche Entwicklung abgestimmt werden sollten. Das Instrument dazu ist mit der Richtplanung und den behördenverbindlichen kantonalen Richtplänen vorhanden.

Was noch fehlt, sind konkrete räumliche Zielvorstellungen, auf die sich die räumlichen Koordinationsbestrebungen ausrichten lassen. Die Raumplanung muss sich gegenüber den Sachinteressen mit konkreten Vorstellungen bemerkbar machen können. Diese Lücke gilt es jetzt rasch zu schliessen. Politisch scheint die Zeit dafür reif zu sein. Fachliche und methodische Vorarbeiten, auf denen sich aufbauen lässt, liegen vor. Im Bereich Raumbeobachtung sind es vor allem die Arbeiten im Kanton Zürich[12] und beim Bundesamt für Raumplanung[13]. Im Bereich Prospektivstudien bestehen Vorarbeiten in den Kantonen Basel-Stadt/Basel-Land[14] und im Kanton Zürich[15]. Schliesslich gibt es auch Vorarbeiten im konzeptionellen Bereich, etwa in den Kantonen Luzern[16], Waadt[17] oder Tessin[18]. Der Bundesrat hat mit dem Raumplanungsbericht 87 einen neuen Startschuss gegeben. Es wäre zu hoffen, dass dieser einiges in Bewegung setzt. Die räumliche Ordnung in unserem Lande braucht eine zielgerichtete Entwicklung, soll die Schweiz auch im nächsten Jahrtausend attraktiv und wohnlich sein.

Anmerkungen

[1] Schweizerischer Bundesrat: Bericht über den Stand und die Entwicklung der Bodennutzung in der Schweiz (Raumplanungsbericht 1987), Bern 1987, S. 71, 85, 111

[2] Bundesgesetz über die Raumplanung (RPG) vom 22. Juni 1979

[3] ORL-Institut ETHZ: Landesplanerische Leitbilder der Schweiz, Schlussbericht, 3 Bände und Plankassette, ORL-Schriftenreihe Nr. 10, Zürich 1971; Kurzfassung, ORL-Schriftenreihe Nr. 13, Zürich 1973

[4] Delegierter für Raumplanung, EJPD: Raumplanerisches Leitbild der Schweiz CK-73, Bern 1973

[5] Planungs- und Baugesetz des Kantons Zürich (PBG) vom 7. Sept. 1975, 10

[6] Amt für Raumplanung im Kanton Zürich: Raumbeobachtung Kanton Zürich, Siedlungsstruktur, Heft Nr. 15 Raumplanung im Kanton Zürich, Zürich 1983; Landschaft, Heft Nr. 17 Raumplanung im Kanton Zürich, Zürich 1988

[7] Amt für Raumplanung Kanton Zürich: Bevölkerungsprognose 1990-2010, Heft Nr. 16 Raumplanung im Kanton Zürich, Zürich 1986

[8] Vgl. Anmerkung 1

[9] Ringli Hellmut, Gatti-Sauter Susanne, Graser Bernhard: Kantonale Richtplanung in der Schweiz – Praxisbeispiele und planungsmethodische Erkenntnisse, ORL-Bericht Nr. 63, Zürich 1988

[10] Vgl. Anmerkung 2, Artikel 6 Absatz 1

[11] Vgl. Anmerkung 7

[12] Vgl. Anmerkung 6

[13] Bundesamt für Raumplanung, EJPD: Raumbeobachtung CH – ein Rahmenkonzept, Materialien zur Raumplanung, Bern 1983

[14] Bundesamt für Wohnungswesen / Regionalplanung beider Basel: Perspektiven des Wohnungsbedarfs 1995 in der Region Basel, Bern 1988

[15] Vgl. Anmerkung 7

[16] Raumplanungskommission / Raumplanungsamt Kanton Luzern: Richtplan 1986, gemäss Bundesgesetz über die Raumplanung, Luzern 1986

[17] Canton de Vaud, Service de l'aménagement du territoire, Plan directeur cantonal, document adopté par le conseil d'état, Lausanne 1983

[18] Repubblica e Cantone del Ticino, Piano direttore cantonale – Documenti di informazione e di consultazione, Bellinzona 1986

Karl Otto Schmid

Zürich zwischen Planungszielen und Realität

Seit zwanzig Jahren bemüht sich die Stadtplanung von Zürich, einzelne Hauptentwicklungstendenzen gezielt zu beeinflussen. Die politischen Zielvorgaben kreisen um Begriffe wie «Wohnlichkeit», «Stabilisierung», «Verbesserung der Lebensqualität». Verschiedene Merkmale der vorangegangenen Entwicklung hatten zuvor erhebliche Diskussionen über gestörte Gleichgewichte ausgelöst. Der anhaltende Bevölkerungsrückgang bei gleichzeitiger Veränderung der Bevölkerungsstruktur war eines der Symptome, die schon um 1970 zu einer politischen Beunruhigung führten. Ebenso waren die bestehenden und die noch zu erwartenden Verkehrsprobleme ein Dauerthema, wobei die unablässige Zunahme der Berufspendler als eine offenkundige Ursache der Verkehrszunahme schon früh erkannt wurde. Der Rhythmus der Veränderungen im Stadtbild, in der Arbeitswelt, im Konsum- und Freizeitverhalten, war vielfach einschneidend. Auch die offensichtliche Beeinträchtigung unserer Bewegungsfreiheit als Fussgänger im Aussenraum bewegte die Gemüter.

Obwohl diese Erscheinungen in umfassenden und weiträumigen Programmen von Analysen und Raumbeobachtungen angegangen wurden, fällt auf, dass der eigentliche Handlungsspielraum räumlich und sachlich eng war. Trotzdem wurde der Versuch unternommen, durch lokale Eingriffe eine Stabilisierung der Kräfte zu bewirken. Das vom Stadtparlament 1976 verabschiedete «Entwicklungsprogramm der Stadt Zürich bis 1985» stützte sich auf die zuversichtliche Bewertung eines Gutachtens über die «Möglichkeiten zur Stabilisierung der Zürcher Stadtentwicklung». Die Vorlage des Stadtrates wurde im zentralen Anliegen der Wiederbevölkerung auf ca. 400 000 Einwohner gar noch verstärkt: Der Gemeinderat setzte das Ziel auf 410 000 Einwohner fest. Ein Jahrzehnt verstrich, während dem sich die Realität immer weiter vom vorgegebenen Ziel entfernte, ohne dass eine Zielkorrektur erfolgte. Erst im nunmehr vorliegenden Entwurf zur Bau- und Zonenordnung wurde die ominöse quantitative Zielvorstellung stillschweigend ersetzt durch eine eher qualitative: «möglichst viele Einwohner bei möglichst hoher Wohnqualität». Rückblickend drängt sich gebieterisch die Frage auf, wie eine solche Diskrepanz entstehen und wie das Fehlurteil so lange bestehenbleiben konnte.

Die im Agglomerationsraum wirksamen Kräfte waren falsch eingeschätzt worden. Die in der Stadt Zürich selbst vermuteten Kausalzusammenhänge erwiesen sich als wenig stichhaltig. Schlagworte wie «Geschäftsstadt bedrängt Wohnstadt», «Stadtflucht», «Überalterung», boten vorerst einfache Angriffe auf die beobachteten Strukturänderungen.

Allein schon die Siedlungsstruktur ist aber offensichtlich das Ergebnis wesentlich komplexerer Mechanismen.

Vordergründige Faktoren dafür sind:

1. Steigende Raumansprüche (im Wohnungswesen wie im Arbeitsbereich)
2. Steigende Mobilität der Agglomerationsbevölkerung
3. Baulandverknappung und Bodenpreise, bzw. Verfügbarkeit von Bauland
4. Verkehrsinfrastruktur, veränderte Erreichbarkeit
5. Steigende Realeinkommen (generell)
6. Entwicklungsdruck für Geschäfts-, Gewerbe- und Industriebauten
7. Anlagebedarf der Versicherungen, Pensionskassen usw.
8. Steuerfussgefälle
9. Baubewilligungsverfahren
   Schwierigkeiten im verdichteten Raum
10. Nachfrage nach Einfamilienhäusern und Zweitwohnungen
11. Zusammensetzung der Haushalte, Familiengrösse
12. Wohnumfeldqualitäten, Lärm, Luft, Durchgrünung ...

Hinter diesen in der Regel *erfassbaren Merkmalen* und deren Auswirkungen verbergen sich zahllose Verhaltensaspekte der zugehörigen Bevölkerung und der Entscheidungsträger der Wirtschaft. Menschliches Verhalten ist sehr schwer zu ergründen, insbesondere in seinen Motiven.

Zwar wurden beispielsweise die Motive für Wohnungswechsel oder Aspekte des Verkehrsverhaltens mehrfach erforscht und in den Grundzügen erkannt. Auch unternehmerische Entscheide sind im nachhinein zumeist nachvollziehbar. Was aber vermutlich immer wieder unterschätzt wird, ist die geringe Beeinflussbarkeit menschlichen Verhaltens.

Karl Otto Schmid

Jeder Stadtbewohner hat seine Gewohnheiten im Alltag, seine Vorlieben und seine «Trampelpfade». Solche Verhaltensmuster im täglichen oder wöchentlichen Ablauf, ja selbst die aperiodischen Gepflogenheiten in Freizeit, Kultur und im sozialen Umfeld sind tief in Routinen verankert. An diesen Grundmustern wird hartnäckig festgehalten. Erfolgreiche Routinen werden umso festgefügter, je komplexer Lebensstil und Arbeitsstil sind. Sie sparen Zeit und Energie. Sie sind ein unumgänglicher Rückhalt für den Umgang mit der gesamten Umwelt, auch der Stadtumwelt, einem «Geländer» vergleichbar, das im Unterbewussten Halt bietet gegenüber allen möglichen, aber schwer abwägbaren oder gar unbekannten Alternativen.

Allein schon von daher erscheint die Beeinflussung solcher Verhaltensmuster und Routinen schwierig. Was die Stadtplanung interessiert, beschränkt sich keineswegs auf die Arbeitswege, den Schulgang oder den Weg zum Einkauf, zur Post und zur chemischen Reinigung. Zur Routine des Wegs und der Fortbewegungsart gesellt sich auch die Gewohnheit des zeitlichen Ablaufes. Auch die Einstellung zum Zeit- und Kostenaufwand ist bedeutsam. Wir sollten längst nicht mehr erstaunt sein, wenn die Mehrzahl der Stadtbewohner weniger die Kostenfolgen ihres Verhaltens gering halten, als dass sie vielmehr die Zeitfolgen und die Flexibilität optimieren.

Wie reagieren nun der einzelne, Gruppen oder gar Unternehmungen, wenn Verhaltensänderungen verlangt werden? In der Stadtplanung wird erstaunlich häufig die Annahme getroffen, solche Verhaltensänderungen seien erforderlich und durchsetzbar. Zu dieser Annahme mögen beispielsweise bau- und verkehrspolizeiliche Gesetzesgrundlagen Anlass geben. Das Angebot neuer Einrichtungen, zum Beispiel der Verkehrsinfrastruktur, wird ja in der Tat immer bald einmal ausgelastet. Hier wäre jedoch zu unterscheiden zwischen echten Verhaltensänderungen einerseits und der Erweiterung vorhandener Verhaltensnormen andererseits.

Es ist immer wieder eine Art Betriebsblindheit zu beobachten, wenn normative Ansätze zur Regelung räumlicher oder verkehrlicher Ordnung entwickelt werden, verknüpft mit dem Glauben, der Rest sei eine Frage der Durchsetzung. Im

Einzelfall, wenn sich mit zeitlichem Verzug die erwünschte Ordnung teilweise einstellt, muss erstaunt registriert werden, dass sie verbunden mit unzähligen Ausweichmanövern erkauft wurde. Der Verkehrsdruck, der Siedlungsdruck, die raumgreifenden neuen Freizeitbeschäftigungen haben andernorts ihr Ausweichventil gefunden. Was als stabiles Gefüge konzipiert war, erweist sich als dauernd veränderungsanfällig. Der Stadtmensch ist nicht mehr sesshaft. Er zügelt mehrheitlich in kurzen Zeitintervallen. Nach dem Zügeln werden jeweils tatsächlich neue Routinen etabliert, während die Alteingesessenen verbissen an den ihren festhalten. Auch Betriebe sind keineswegs so sesshaft wie häufig angenommen wird.

Hier soll nun beileibe nicht der Eindruck erweckt werden, der Raumplanung werde mit diesen Erkenntnissen der Boden entzogen. Hingegen kann daraus ein Plädoyer für eine massvollere Einschätzung der Erfolgschancen oder der Tragweite planerischer Konzepte abgeleitet werden.

Ein anderer wichtiger Gradmesser des Realitätsbezuges ergibt sich aus der Aufgabe, die regionalen Strukturveränderungen richtig einzuschätzen. Die Entwicklungspolitik der Stadt Zürich war lange Zeit geprägt durch eine Abwehrhaltung gegenüber der Region als Quellort der wachsenden Pendlerzahlen und wachsender Belastungen von zentralen Einrichtungen. Die Menge der Pendler, deren Haupttransportmittel und deren gemeindeweise Herkunft wurden aus den eidgenössischen Volkszählungen objektiv erfassbar, ebenso die demographische Entwicklung sowie die Arbeitsstättenentwicklung. Weniger objektiv waren hingegen die geläufigen Folgerungen aus diesen Kenntnissen. Die Pendler wurden zeitweilen gebrandmarkt, besonders die Zupendler mit dem Privatfahrzeug. Mit Argusaugen wurde auch die steigende Arbeitsplatzzahl in der Stadt Zürich verfolgt und selbstverständlich die rückläufige Bevölkerungszahl. In vielen Kreisen wurden die daraus resultierenden Verkehrsströme der Wirtschaft angelastet. Selbst die offiziellen Ziele der Stadtentwicklung liessen diese Lesart der kausalen Zusammenhänge zu. Nach Bekanntwerden der Betriebszählungsergebnisse von 1985 wurde überdies eine «massive» Erhöhung der Arbeitsplätze in der Stadt Zürich herausinterpretiert, was die Pendlerzahlen erneut heftig hätte ansteigen lassen. Die zweifellos gute Beschäftigungslage der letzten Jahre geriet so ins Zwielicht.

Diese Werturteile bedürfen einer mehrfachen Korrektur. Die erste ist rein statistischer Art. Wenn nämlich «Statistiken lügen», ist häufig widersprüchliches Material die Ursache. Hier ist es ganz einfach Fehlinterpretation:

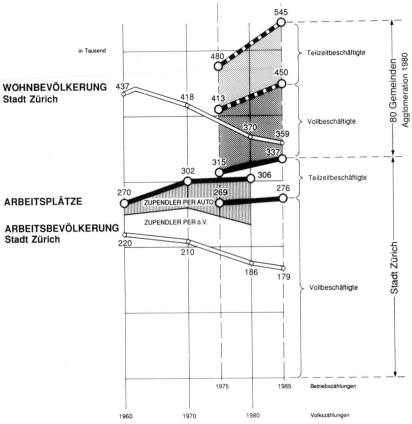

Abb. 1:
Arbeitsplatzentwicklung in Stadt und Agglomeration Zürich

Das Diagramm «Arbeitsplatzentwicklung in Stadt und Agglomeration Zürich» zeigt eine deutliche Verlagerung des Arbeitsflächenwachstums 1975/85 aus der Stadt Zürich in die umliegenden Agglomerationsgemeinden. In derselben Zeitspanne haben innerhalb der Stadt Zürich vor allem die Teilzeitbeschäftigten noch um 15 000 zugenommen. Angesichts des sehr starken Anstieges der Gesamtbeschäftigungslage in der Agglomeration um 65 000 Arbeitsplätze, bei gleichzeitig nur sehr schwacher Zunahme der Bevölkerung ist der Trend zur Verlagerung aus der Zentralstadt ins Umland unverkennbar. Es geht daher nicht an, die «Pendlerschere» immer noch zu einer Hauptverursacherin der Verkehrszunahme in der Stadt Zürich abzustempeln.

Die Pendlerschere, d. h. das zunehmende Auseinanderklaffen der ortsansässigen Arbeitsbevölkerung und der Anzahl Arbeitsplätze in der Stadt Zürich, war zweifellos eine graphisch anschauliche Erklärung für die Zunahme des Verkehrs, besonders des Strassenverkehrs von 1960 bis 1980. Ein damit verknüpftes Feindbild gegenüber dem Zupendler ist jedoch unhaltbar. (Es wurde auch mit grosser Verspätung etwas korrigiert.) Der Lebensstil der Stadtbewohner unterscheidet sich wenig von jenem der Agglomerationsbevölkerung. Auch der Stadtbewohner pendelt zwischen Wohnsitz und Arbeitsplatz.

Wesentlich gewichtiger ist jedoch der Umstand, dass die eindrückliche Zuwachsrate der Beschäftigung im Umland zu einer diffuseren Verteilung der Arbeitsplätze in der Agglomeration führt. Die Agglomeration Zürich, definiert als Arbeitsmarkt, weitet sich zudem ständig aus. Ihre Bevölkerungszahl dürfte die Millionengrenze erreicht haben. Im Agglomerationsperimeter der Volkszählung 1980 betrug sie noch 840 000. Bei insgesamt sehr schwachem demographischem Wachstum verteilen sich Bevölkerung und Arbeitsplätze also allmählich gleichförmiger auf das Siedlungsgebiet. Die Bevölkerungsdichte im engeren Agglomerationskern der Stadt Zürich und ihren angrenzenden Nachbargemeinden nimmt ab. Während die Bevölkerungsverlagerung schon in den 60er Jahren einsetzte, zeichnet sich ein markantes Wachstum der Arbeitsplätze in der Agglomeration erst seit ca. 1970 ab.

Dieser Trend dürfte mit allen raumplanerischen Eingriffen nur schwer zu

Karl Otto Schmid

Luftbild
Stadt Zürich (Ausschnitt) mit Flughafen (Photoswissair)

beeinflussen sein. Die hervorragende Verkehrsinfrastruktur von heute, die Verfügbarkeit von Landreserven zur Neuansiedlung wie schliesslich auch die nahezu unerschöpfliche Möglichkeit zur Umnutzung schon vorhandener Nutzflächen, lassen einen weiteren markanten Strukturwandel im Siedlungsbild erwarten. Dazu gesellen sich ab 1990 völlig neue Möglichkeiten, wenn die S-Bahn eröffnet wird. Der Quantensprung in der Leistungsfähigkeit des öffentlichen Verkehrs um ca. einen Drittel in der Agglomeration Zürich wird die Grenzen des Arbeitsmarktes und des Wirtschaftsraumes Zürich geographisch nochmals stark ausweiten. Deren gemeinsames Potential wird damit den Zielkonflikt zu den nationalen Vorstellungen über eine ausgewogenere Besiedlung der Schweiz noch verstärken.

Aber auch die Ziele des Umweltschutzes unterliegen einer bislang noch kaum genügend erfassten Bewährungsprobe. Es scheint nachgerade unausweichlich, dass das Entstehen neuer Arbeitsflächen in peripheren Lagen zu höherer Mobilität mittels Privatverkehr führt. Das S-Bahn-Netz ist nämlich durch eine spinnenartige Struktur gekennzeichnet. Dieses beschleunigt zwar die Beziehungen auf den Durchmesserlinien. Aber die Tangentialverbindungen können vielerorts effizienter mit dem Privatfahrzeug bewältigt werden. Überdies wird die polyzentrale Siedlungsstruktur, deren Entstehen schon während zwei Jahrzehnten beobachtet werden konnte, auch durch die S-Bahn zunehmend unterstützt. Und schliesslich fehlt der Besiedlung im Agglomerationsrandbereich vielerorts die nötige Dichte, um den erforderlichen Ausbau des öffentlichen Verkehrs voll zu rechtfertigen. Die aggregierte Umweltbelastung dürfte daher zunehmen, selbst wenn sie örtlich in vielen Fällen abgebaut werden kann.

Angesichts dieser Lage wird das Selbstverständnis der Stadt- und Regionalplanung schwer geprüft. Die Strukturveränderungen verlaufen anders als vorgegeben. Die festgefügten Verfahren der Richt- und Nutzungsplanung mit ihren langfristigen Zeithorizonten und grossen Revisionsintervallen erweisen sich als unflexibel. Die Richtplanung lässt nur eine einzige Form der Besiedlung, Art der Nutzung und der Versorgung mittels Infrastruktur zu. Diese Einschränkung ist riskant, solange damit viele komplexe Zielvorstellungen in einer überdefinierten

Form verknüpft sind, die aller Erfahrung nach nur kurze Zeit überdauern. Ständige Zielkorrekturen rütteln an der Glaubhaftigkeit des Richtplanverfahrens, das nur die eine, einzige Zukunft zulässt. Zielkorrekturen sind umso mehr zu erwarten, als die politische Ausmarchung über die Inhalte der Planung von vielen Dogmenkämpfen begleitet war, bis eines der Dogmen jeweils eher zufällig die Oberhand gewann. Solche Planung läuft Gefahr, in einem Denkschema steckenzubleiben. Ein ansehnlicher institutioneller Apparat von Behörden und Verwaltungen wird genötigt, wider besseres Wissen überholte «verwaltungsverbindliche Festlegungen» aufrechtzuerhalten und zu vertreten. Ein gewisses Mass «geistiger Korruption» ist gar unvermeidlich, wenn ganze Beamtenscharen ihrem Auftrag nachleben und beobachten müssen, wie man sie hinter vorgehaltener Hand als uneinsichtig und verkrustet abstempelt.

Dieses Planungsklima verlangt dringlich nach mehr Gedankengymnastik über viele *mögliche Formen der Zukunft*. Eine bekannte Methode hiefür ist die «Eingabelung» der erwünschten Entwicklung innerhalb von Bandbreiten massgeblicher Indikatoren. Verläuft die Entwicklung innerhalb definierter Bereiche, darf diese mit einiger Gelassenheit hingenommen werden. Politisches Handeln ist erst dann wieder erforderlich, wenn die Bandbreite kritischer Merkmale empfindlich überschritten wird, oder wo gesetzliche Grenzwerte erreicht werden.

Als Vorstufe zur Fixierung von möglichen und erwünschten Bandbreiten wird sich vermutlich die Diskussion über «Szenarien» am besten eignen. Solchen unterschiedlichen Szenarienvorstellungen können sowohl mehrere künftige Zustände wie auch verschiedene Methoden des Vorgehens zugeordnet werden. Szenarien eignen sich vorzüglich zur Meinungsbildung in einem dogmenarmen, breiten Feld. Die Wahrscheinlichkeit, dass Probleme rechtzeitig erkannt werden — ein Urinteresse jeglicher Planung — wird wesentlich erhöht, wenn die Diskussion vorerst in einem weiten Gedankenraum stattfindet, bevor sie auf die möglichen «Lösungen» der Probleme eingeengt wird. Der *Spielraum politischen Handelns* kann klarer umrissen werden. Aber auch *dessen Nebenwirkungen* treten beim Vergleich verschiedener Szenarien eher zutage. Forschungsdefizite werden in einem Umfeld erkannt und können zielgerichteter angegangen werden. Das Arbeiten mit Szenarien wird gegenwärtig mancherorts getestet. Es wird sich dabei allerdings herausstellen, dass die Vorwegnahme der Zukunft, und damit auch die Stadt- und Regionalplanung, eine äusserst anspruchsvolle Aufgabe ist. Diese Erkenntnis ist umso wichtiger, als die Planung mancherorts infolge mangelnder Treffsicherheit in Verruf geriet. Zürich braucht neue Planungsziele. Seine Position im nationalen und internationalen Umfeld ist klarer zu umreissen. Dem Feindbild der übrigen Schweiz ist in geeigneter Form zu begegnen, ohne in nutzlose Schamgefühle zu verfallen. Es ist unumgänglich, dass auch regionale Entwicklungskräfte wieder mehr Beachtung finden. Hier besteht der grösste Handlungsspielraum. So sehr planungsrechtliche Massnahmen der Stadt Zürich auf ihr Hoheitsgebiet beschränkt sein müssen, darf daraus doch keine insulare Politik abgeleitet werden. Es gilt im Gegenteil, dem realen und unbestreitbaren Gewicht der Stadt Zürich die nötige Nachachtung zu verschaffen. Ohne Arroganz, aber mit dem der grössten Stadt in der Schweiz angemessenen Selbstbewusstsein. Die Zukunft Zürichs wird in hohem Ausmass von der Entwicklung der gesamten Agglomeration abhängen. Die regionalen Kontakte bedürfen aber sorgfältiger Pflege. Die Erfolge bei der Regionalverkehrspolitik sind wohl eindrücklich, aber die Konsensfähigkeit ist auch betreffend Siedlungspolitik zu entwickeln. Die Stadtforschung ist zu verstärken. Die Realität sollte in vielen Belangen von der Planung eingeholt, und nicht umgekehrt die Planung von der Realität überholt werden.

Thomas Sieverts

Stadtregion Rhein-Main: Eine Städtelandschaft an der Schwelle zur Metropole?

1. Eine Stadtregion vor den Herausforderungen eines vereinten Europa

«In Europa werden die nationalen Grenzen dünn und die Macht der nationalen Regierungen wird kleiner. Was mit einer Europäischen Stadt geschehen wird, hängt, noch mehr als bisher, erheblich davon ab, was sie selbst unternimmt. Doch mehr Eigenständigkeit, mehr selbständige Initiativen, mehr Mut zur eigenen Stadt und ihrer Zukunft, das alles entspricht nicht dem Trend der Stadtpolitik. Den Wettstreit anzunehmen, erfordert, den Trend zum nur Kleinen, zur Bewahrung um jeden Preis, zum Partikularismus, zur Angst vor Neuem und zur Ablehnung von Experimenten zu brechen. Die Stadtpolitik ist herausgefordert. Das bedeutet keineswegs, dass davon nur die Stadtregierungen und die wichtigen Politiker betroffen seien. In einer Demokratie können Politiker nie dauernd gegen die Einstellung und Stimmung der Mehrheit der Bürger handeln. Stadtpolitik zu stärken, heisst also vor allem, die Bürger zu bewegen, dem, was kommt, selbstbewusst, offen und aktiv entgegenzutreten und sich nicht in scheinbare Sicherheit versprechende Schneckenhäuser zurückzuziehen.»

Dieses Zitat von Jakob Maurer aus seinem Beitrag «Stadt, Ideen und Politik von morgen», in dem von ihm mitherausgegebenen Buch «Mut zur Stadt», ein Titel, der auch die Persönlichkeit Jakob Maurers treffend kennzeichnet, erinnert mich an die zahlreichen Gespräche, die Jakob und ich in den letzten eineinhalb Jahrzehnten miteinander geführt haben und in denen es immer wieder um das Schicksal der Europäischen Städte in einem vereinigten Europa ging. Diese Gespräche mit Jakob haben mich dazu angeregt, meine eigene Lebenswelt in einer erweiterten Perspektive zu sehen.

Die Universität, an der ich lehre – die Technische Hochschule Darmstadt – liegt in einer der Stadtlandschaften, in der die Dynamik, die durch einen gemeinsamen Europäischen Markt ausgelöst werden wird, schon heute spürbar ist, und die deswegen – bei aller noch vorhandenen Unverwechselbarkeit – doch in mancher Hinsicht modellhaft ist: Nicht von ungefähr sagt man von der

Rhein-Main-Region, sie trüge von allen Agglomerationen Europas die stärksten amerikanischen Züge! Dieses Städtedreieck, bestehend aus den Eckpunkten der Doppelstädte Frankfurt/Offenbach mit ca. 700 000 Einwohnern, Mainz/Wiesbaden mit ca. 450 000 Einwohnern und Darmstadt mit ca. 140 000 Einwohnern und dazwischen noch einmal ca. 1,5 Millionen Einwohnern in zahlreichen kleineren Städten und Gemeinden war bis Anfang der fünfziger Jahre eine polyzentrische, industrialisierte und mehr oder weniger ausgewogene Agglomeration mit Frankfurt als Schwerpunkt, aber nicht als Übermacht.

Mit dem Aufschwung Frankfurts als Dienstleistungszentrum begann die Bedeutung dieser Stadt alle anderen Zentren zu überstrahlen und jetzt steht diese Städtelandschaft – das ist meine These – vor einer nicht nur quantitativen, sondern mehr noch qualitativen Schwelle, die beherzte Entscheidungen erfordert, wenn die Stadtregion nicht unreparierbaren Schaden erleiden soll.

2. Die drei weltumspannenden Stadtentwicklungskräfte und die von ihnen verursachten strukturellen Verwerfungen

Die Ursachen für diese tiefgreifenden qualitativen Veränderungen liegen in der Entwicklung bestimmter Sektoren der Frankfurter Wirtschaft zu Bestandteilen weltumspannender Dienstleistungen mit Schlüsselfunktionen. Diese Dienstleistungen haben begonnen, den Charakter der Stadt tiefgreifend zu ändern: Das Ergebnis dieses Wandlungsprozesses könnte erschreckend sein, wenn diese starken Veränderungskräfte nicht positiv politisch genutzt werden.

An erster Stelle ist die Finanzwirtschaft zu nennen: Frankfurt hat sich zu dem Zentrum entwickelt, in dem der wachsende Reichtum der Bundesrepublik angelegt wird, in dem die aus der Bundesrepublik stammenden Kapitalströme in eine zusammenwachsende Europäische Wirtschaft gelenkt werden; Kapitalströme, die in der Bundesrepublik selber gar nicht mehr angelegt werden können. Hier fallen die Entscheidungen für Firmenaufkäufe, Zusammenlegungen und Neugründungen. Mit der wachsenden wirtschaftlichen Integration werden diese Aufgaben noch zunehmen.

An zweiter Stelle steht die Frankfurter Messe, die sich dank der zentralen Position und dank des — noch gesondert zu nennenden — Rhein-Main-Flughafens zu einer Wirtschafts-Drehscheibe entwickelt. Dabei geht der Trend zu kleineren Spezialmessen mit grossem Informationsangebot: Der Informations-Umschlag tritt gleichberechtigt neben den Warenumschlag, und gerade diese Funktion wird noch gewaltig wachsen!

Und, last but not least, steht der Rhein-Main-Flughafen, der sich von einem abhängigen Dienstleistungsbetrieb zu einem Wirtschaftszentrum aus eigener Kraft entwickelt und mit 45 000 Beschäftigten zum grössten Arbeitgeber der Region geworden ist. Um diesen Flughafen entsteht zur Zeit ein eigenständiges Büro- und Geschäftszentrum, dessen Wachstum nur durch die planungsrechtlich eingeschränkte Flächenausweisung behindert wird.

Alle drei Wirtschaftsmächte sprengen die engen Stadtgrenzen Frankfurts mit ca. 620 000 Einwohnern und 550 000 Arbeitsplätzen und führen zu erheblichen Verwerfungen im räumlichen und sozio-ökonomischen Gleichgewicht der Region.

In der Stadt Frankfurt selbst herrscht eine bedrückende Flächenknappheit. Es kommt zu kaum noch auflösbaren Engpässen in der Müllbeseitigung. Der Pendlerverkehr in das Arbeitsstätten-Zentrum Frankfurt führt zu schweren Beeinträchtigungen in der städtischen Umweltqualität. Die grossen Überbauungen und die Hochhäuser beeinträchtigen das Stadtklima. Das Trinkwassr muss aus immer grösseren Entfernungen herangeschafft werden, weil die örtlichen Brunnenanlagen den Bedarf schon lange nicht mehr decken.

Trotz der abnehmenden Lebensqualität führt die enorm kaufkräftige Nachfrage der Beschäftigten der Wachstumssektoren zu einem so drastischen Mietpreisanstieg bei Wohnungen, dass nicht nur die wenig verdienenden und gering qualifizierten Bevölkerungsgruppen, sondern auch schon die Mittelschichten aus Frankfurt verdrängt werden in das Umland.

Das starke Wachstum der weltumspannenden Dienstleistungen verlangt einerseits besonders qualifizierte Arbeitskräfte mit neuen Fähigkeiten und Kenntnissen, entwertet jedoch andererseits herkömmliche Berufe und schafft ein Heer von gering qualifizierten Dienstleistungsbeschäftigten in den Gebieten Gastronomie, Reinigung, Handel, Transport usw., die für das Funktionieren der drei genannten Schlüsselfunktionen notwendig sind und in dem Ausländer einen überdurchschnittlichen Anteil haben, der heute schon 20 % der Frankfurter Bevölkerung ausmacht.

Die Veränderungen und Aufspaltung des Arbeitsmarktes führen zum starken Anstieg der kommunalen Soziallasten und zu einer tiefgehenden Spaltung der städtischen Gesellschaft.

Die Wachstumsdynamik und die Engpässe stellen eine komplexe Herausforderung an den gesamten, funktional verflochtenen Raum mit ca. 3 Millionen Einwohnern und ca. 1,5 Millionen Beschäftigten dar. Wenn keine grundlegenden Änderungen im Bewusstsein der Akteure und in der tatsächlichen Entwicklung auftreten, wird der ungebremste und ungesteuerte Trend die schweren ökologischen und sozialen Schäden noch verstärken, von denen einige oben skizziert worden sind.

3. Gemeinde – Egoismen und Abkapselungstendenzen der führenden Wirtschaftszweige als Entwicklungshemmnisse

Bis jetzt weisen die Bewohner der Stadtlandschaft Rhein-Main kein eigenständiges Regionalbewusstsein auf. Alle Versuche, der Region eine politische, die Gemeindegrenzen übergreifende Eigenständigkeit zu geben, sind gescheitert, mit Ausnahme des «Umlandverbandes Frankfurt», der sich jedoch auf die Funktion der Flächennutzungsplanung beschränkt hat und weitere, ihm rechtlich zustehende Kompetenzen wegen mangelnder politischer Durchsetzbarkeit nicht ausübt.

Bisher wurde, im Gegenteil, der Wachstums-Überschuss Frankfurts von den umliegenden Gemeinden genutzt, um sich in heftiger Konkurrenz untereinander von typischen Vororten zu möglichst unabhängigen «ganzen Städtchen» zu mausern:

So ist eine Region von durchaus selbstbewussten, dynamischen «Vaterstädten» im Entstehen, die dank der Selbstverwaltungsgarantie des Grundgesetzes einen erheblichen politischen Handlungsspielraum haben.

Bei dieser Art der Entwicklung ist unmittelbar einleuchtend, dass nur die positiven, Prestige, Steuern und Kaufkraft bringenden Wachstumskräfte aufgenommen werden. Die negativen Folgeentwicklungen im Verkehr, im Abfall und in der Abspaltung neuer sozialer Randgruppen werden nach dem St.-Florians-Prinzip verdrängt, nach Möglichkeit an den Rand des prosperierenden Wirtschaftsraumes.

Es ist eine neue Polarisierung zwischen wohlhabendem Kernbereich und einer ärmeren, die Lasten tragenden Peripherie zu befürchten; eine Polarisierung, die in Ansätzen zwischen dem reichen Taunusrand und dem armen Rodgau ebenso zu erkennen ist, wie innerhalb Frankfurts zwischen dem reichen Nordend und dem armen Gutleutviertel.

Aber nicht nur die offensichtlichen, negativen Nebenfolgen sind ein unbewältigtes Problem, sondern auch in der Natur der dynamischen Wachstumsbereiche selbst können erhebliche Gefahren für eine gedeihliche, ausgewogene Stadtentwicklung verborgen sein, wenn ihnen nicht begegnet wird.

Die «Hohe Finanzwirtschaft» selbst ist aufgrund ihrer weltweiten Abhängigkeiten und ihrer brüchigen Strukturen (Börsenstruktur, Verschuldung der Dritten Welt usw.) kein in sich stabiler Wirtschaftsfaktor. Sie kann ihren Standort und ihre Struktur viel schneller verändern als die warenproduzierende, stoff- und energieabhängige Industrie. Es scheint unverantwortlich, die Stadtentwicklung schwerpunktmässig fast ausschliesslich auf diese abzustützen, wie es erklärtes Ziel des vorigen Frankfurter Planungsdezernenten war. Schon die Wahl von Paris als Standort für die neue Euro-Bank kann zum Beispiel das Gewicht Frankfurts als Finanzplatz erheblich schmälern. Auch die Schwerpunkte der Messe können sich – bei der vorhandenen starken Konkurrenz der zentraleuropäischen Standorte und einer ausgewogeneren europäischen Erreichbarkeitsstruktur – schnell verlagern. Und der Rhein-Main-Flughafen steht vor kaum überwindbaren Engpässen seiner Expansion, solange die Amerikaner dort ihren Militärflugplatz betreiben.

Der inneren Struktur nach neigen die genannten Wachstumskräfte – Finanzwirtschaft, Messe, Flughafen – zur «Abkapselung», zur Bildung von geschlossenen «Lagern» in der Stadt, von «Zitadellen». Die Flughafen-City ist ein offensichtliches und anschauliches Beispiel für eine «Zitadellenbildung», die mit der Stadt nichts zu tun hat, ihr – im Gegenteil – urbanes Leben entzieht. Vergleichbares gilt für die Messe, die einen nur gegen Eintritt sich öffnenden Fremdkörper in der Stadt mit einem riesigen Informationsangebot darstellt, und auch die Grosshochhäuser der neuesten Generation stellen provozierende isolierte Zitadellen im Stadtgefüge dar.

Aber nicht nur so offensichtliche, äusserlich erkennbare Phänomene verweisen auf die Abkapslung, auf den Entzug von urbanen Qualitäten: Die beste Gastronomie und die reichhaltigsten Kunstsammlungen sind in Frankfurt in den Grossbanken – unzugänglich für die Öffentlichkeit – zu finden. Im Taunus oder an der Bergstrasse im Grünen isoliert liegende Fortbildungsakademien der Finanzwirtschaft und der Lufthansa machen den öffentlichen Hochschulen Konkurrenz. Ebenso wie die Forschungseinrichtungen des Staates und der Industrie, die sich – völlig isoliert – nur auf den Flughafen bezogen, in der Region ansiedeln.

Die Leichtigkeit internationaler Verlagerungen von Finanzschwerpunkten und die skizzierten Abkapselungstendenzen sind zwei Seiten einer Medaille und verweisen beide auf die mangelnde Verwurzelung der zur Zeit wesentlichsten Stadtentwicklungskräfte im sie beherbergenden Stadtstandort.

Wir können feststellen, dass die gegenwärtig zu beobachtenden Kräfte zu einem Zerfall des Wesens dieser alten Europäischen Stadt beitragen werden, wenn nicht gegengesteuert wird.

4. Ein treffendes Zitat von Jakob Maurer, das die Situation verallgemeinert

«Die Europäische Stadt ist ihrem Wesen nach ein vielgestaltiger Komplex unterschiedlichster Vorgänge und Verflechtungen. Kultur, Wirtschaft, Wissenschaft, Technik und Politik mischen sich ständig, auch räumlich. Die Geschichte, die Gegenwart und Ahnungen über die Zukunft sind äusserlich wie im Fühlen und Denken der Menschen ständig präsent. Im Kern der Städte überschneidet sich das alles. Europäische Städte waren Brennpunkte und sind es noch.

Das kann sich radikal ändern, z.B.: die inneren, meist geschützten Teile der Städte werden zu einer Art Museum, das von Touristen so durchstreift wird wie ein Vergnügungspark; die dicht besiedelten Randgebiete werden von den starken Bevölkerungsschichten verlassen, verslumen und verfallen schliesslich; wichtige Aktivitäten siedeln sich weiterum an, die Zersiedlung schreitet voran. Damit einher geht die Auflösung der städtischen Gesellschaften in multinationale Teilgesellschaften. Ein Beispiel dafür sind jene multinationalen Unternehmen, die für ihre Angestellten zur neuen Heimat werden oder werden sollen, unabhängig davon, wo sie in Europa oder sogar der Welt arbeiten. Voneinander weitgehend unabhängige Teilgesellschaften können innerhalb einer physisch noch vorhandenen Stadt in vielen weiteren Bereichen auftreten, sei dies z.B. in den Künsten, der Wissenschaft und Technik, dem Funktionärskreis internationaler Vereinigungen. Die Stadt wird zuerst zu einem sozialen und später auch zu einem baulichen Agglomerat, also zu einer ungeordneten Anhäufung von Personengruppen und Werken. Solche Veränderungen sind in manchen Städten Europas und vielen Städten Nord-Amerikas deutlich zu erkennen.

Stadt als Brennpunkt oder Agglomerat, das ist keineswegs nur eine Frage der allgemeinen Stadtentwicklung, sondern betrifft direkt wichtige soziale Probleme. Stadt im modernen Europa, d.h. noch Offenheit der Gesellschaft, geringe Differenzen zwischen den sozialen Schichten, vertikale soziale Mobilität und damit ständige Gefährdung der jeweils Mächtigen durch die aus tieferen Schichten Aufsteigenden, breite Bildung grosser Teile der Bevölkerung und Mitwirkung der Bürger am Geschehen in der Stadt in vielen Funktionen und

Rollen. Aufsplitterung, Teilgesellschaften und die Stadt als Agglomerat bedeuten zunehmende Unterschiede der Bevölkerungsschichten, geringere Offenheit, Schwächung der Stadtpolitik und Verlust der Identität der Einwohner mit der Stadt. Aus Stadtbürgern werden gleichsam Hotelbewohner, die ausziehen, wenn es ihnen nicht mehr passt. (. . .)

Werden Städte zu je speziellen Teilchen eines Grossraumes, die innerhalb ihrer Gemarkung den Einwohnern und den Besuchern nur Bruchstücke von Möglichkeiten anbieten, verlieren sie ihre Anziehungskraft als Brennpunkte und werden zu Agglomerationen, weitet sich die Mobilität aus auf alle Lebensbereiche, lösen sich die Menschen von der Eigenart ihrer Städte und Orte, wird der Trend zur Vereinheitlichung, ja Gleichmacherei, noch mächtiger, als er schon ist, verschwindet die faszinierende Vielfältigkeit der Kulturen Europas, dann gibt es im System Europas auch keine besondere Aufgabe der Städte mehr. Es braucht keine vielfältigen Möglichkeiten innerhalb der Städte. Jeder sucht sich das, was ihm zusagt, wo er es irgendwo findet. Man lebt auch so.»
(aus dem schon eingangs genannten Beitrag)

Die Stadtlandschaft Rhein-Main ist gegenwärtig ohne Zweifel auf diesem traurigen Wege, daran können auch die spektakulären Kulturbauten Frankfurts und die herausgeputzten alten Ortskerne nichts Grundlegendes ändern, im Gegenteil, sie verstellen als Kulissen nur die Sicht auf die hässliche Peripherie.

5. Die Notwendigkeit von Metropolen und ihre Merkmale

Was wäre zu tun? Eine Verwaltungsreform «von oben» würde wahrscheinlich gar nichts Wesentliches bewirken können, denn es handelt sich – wie Jakob Maurer in dem eingangs genannten Zitat sagt – um eine Frage des Bewusstseins der Bewohner dieser Stadtregion, die ihren Lebensraum trotz Verkehrsverbund im öffentlichen Nahverkehr und ersten Anzeichen einer regionsweiten Publizistik immer noch nicht als kulturelle Einheit verinnerlicht haben.

Thomas Sieverts

Der Vergleich von Gross-Berlin mit den Städtelandschaften «Rhein-Main», «Köln-Bonn», und des «Ruhrgebietes» zeigt zwar ganz unterschiedliche Siedlungsstrukturen, aber vergleichbare Entfernungen zwischen den Teilstädten.

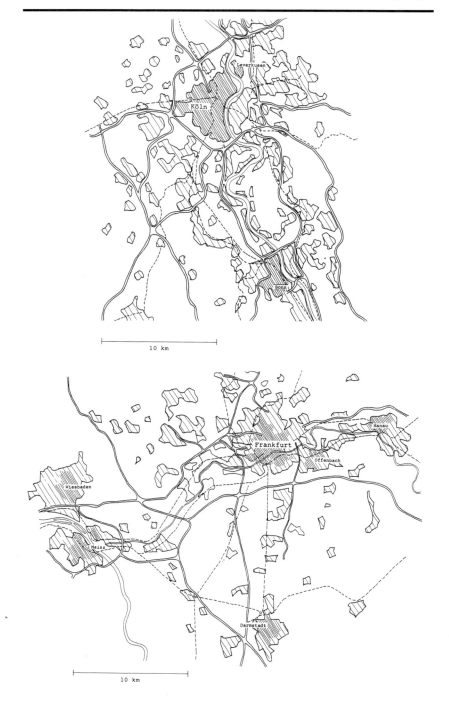

Die entscheidende Frage ist, ob es gelingt, die entfesselte Dynamik der noch schmalen und zur Abkapslung neigenden metropolitanen Wachstumskräfte in eine breitere Entwicklung einzubinden, die aus dieser Stadtlandschaft mehr macht als nur eine Ansammlung eifersüchtig sich abgrenzender Vaterstädte und die die unentbehrlichen Führungskräfte emotional einbindet in eine starke und lebendige Metropolenkultur.

Nun könnte man natürlich fragen, ob der Weg in eine andere, metropolitane Qualität überhaupt erforderlich, gar wünschenswert ist? Ist nicht gerade die dezentrale Siedlungsstruktur mit mehreren «kleinen Grossstädten» als Kerne und Bezugspunkt für zahlreiche Kleinstädte und Gemeinden ein besonderer Vorteil, um den uns Nachbarländer mit dem Wasserkopf einer «Capitale» beneiden? Lassen sich nicht ökologische Probleme in einer dezentralen Struktur mit dem politisch eingebauten Zwang der Gleichverteilung und letztlich drastischen Wachstumsbeschränkung viel besser lösen?

Ganz abgesehen davon, dass keine der herrschenden politischen Strömungen zu Wachstumsbeschränkungen bereit ist, bin ich der Überzeugung, dass ein in die Weltwirtschaft so eng verflochtenes Exportland wie die Bundesrepublik der «weltunmittelbaren Stützpunkte» des weltumspannenden Austauschs, wie sie die Metropolen darstellen, bedarf, wenn ihre Wirtschaft, aber auch ihre Kultur nicht in eine abhängige Provinzialität zurückfallen soll. Die neue Generation europäischer Metropolen muss freilich ganz anders aussehen als ihre historischen Vorbilder – wie, das lässt sich erst umrisshaft erahnen.

Es gibt einige gemeinsame «Persönlichkeitsmerkmale», die alle Metropolen – unabhängig von ihrer Form und Geschichte – miteinander teilen:
– Das Bewusstsein ihrer Bewohner, «Bürger» einer Weltstadt zu sein. Zu diesem Bewusstsein gehört ein gegenüber den «Normalstädtern» subjektiv erweitertes Entfernungsbewusstsein, mit der Folge eines im Alltag erheblich erweiterten Aktionsradius: Die abendliche Fahrt in Berlin beispielsweise von Tegel zum Kurfürstendamm, um ins Kino zu gehen, ist selbstverständlich; die Fahrt von Darmstadt nach Frankfurt zum gleichen Zweck ist eine grössere Unternehmung!

- Eine spannungsreiche, aber trotzdem selbstverständliche Akzeptanz anderer Kulturen, die sich – bei aller wirtschaftlichen Integration – räumlich, sprachlich und gestalterisch eigenständig, mit eigenen Bereichen und Kulturzentren, ausdrücken dürfen, und die nicht als Bedrohung, sondern als Bereicherung empfunden werden.
- Das Vorhandensein und die Forderung nach einmaligen Spitzenqualitäten in zahlreichen kulturellen und wirtschaftlichen Gebieten, die über das Leistungsvermögen einer Stadt hinausgehen – z.B. in der Kunst, in der Gastronomie, in der Forschung – und die sich, ihrer einmaligen Natur entsprechend, in spezifischen Bereichen der Metropole konzentrieren müssen.
- Das Vorhandensein von metropolitanen «Mythen» und Symbolen, die ein den einzelnen «Heimatkie» übergreifendes Regionsbewusstsein jenseits der alltäglichen Funktionalität stiften und stärken, und die z.B. dazu veranlassen, sich in der Fremde nicht als «Darmstädter», sondern als «Frankfurter» im erweiterten Sinne zu betrachten.

Die Auflistung dieser metropolitanen Eigenschaften macht zugleich drastisch klar, dass die Metamorphose zur Metropole eine Aufgabe darstellt, die in ihrem besonderen Wesen noch gar nicht so recht begriffen worden ist und deswegen eine besonders reizvolle Herausforderung an Theorie und Praxis der Raumplanung darstellt: Bedeutet doch der Weg zur Metropole in der Städtelandschaft Rhein-Main die Überlagerung einer Region von unentbehrlichen, leistungsfähigen und selbstbewussten Vaterstädten mit einem besonderen metropolitanen Bewusstsein des Aufeinanderangewiesenseins und der Zusammengehörigkeit.

Dieser Weg setzt die Überwindung des «St. Florian-Prinzips» der Problemverdrängung voraus und die Initiative zu einer die gesunde Städtekonkurrenz ergänzenden Kooperation zwischen den Städten, mit dem Ziel, durch ortstypische leistungssteigernde Spezialisierung unter Entwicklung des unterschiedlichen örtlichen Genius Loci eine insgesamt höhere Qualität zu erzielen. Nur bei dieser positiven Zielsetzung würden auch die belastenden Folgen durch ortsspezifische Lastenverteilung gemeinsam bewältigt werden können.

6. Eine Regionalakademie als geistige Plattform der regionalen Kooperation

Wie könnte eine solche Kooperation in Gang gesetzt werden? Hier ist politische, kulturelle und organisatorische Phantasie gefragt, denn es fehlt an Vorbildern, die man übernehmen könnte.

Die wichtigste Voraussetzung, ohne die der Weg gar nicht erst begangen wird, ist das Wachsen eines Regionalbewusstseins, das Bewusstsein einer die Heimatstadt übergreifenden, kulturellen und politischen Gemeinsamkeit. Ein solches Bewusstsein kann nicht verordnet werden, es könnte jedoch systematisch gefördert werden.

Verantwortlich hierfür sollten sich die Institutionen fühlen, die schon heute regional operieren: z.B. die führenden Unternehmen und Verbände der Wirtschaft, die Hochschulen und Forschungsinstitute, der Sport und der Naturschutz – um nur einige wichtige zu nennen.

Ich könnte mir vorstellen, dass diese Institutionen – zusammen mit den führenden Städten der Region und den Regionalplanungsverbänden – eine «Regional-Akademie» gründen, die langfristig das Ziel verfolgt, das Gemeinsame und Verbindende stärker in das öffentliche Bewusstsein zu bringen, als das Trennende, die Eifersucht und Neid der Gemeinden untereinander vermindert, und die vor allem die brachliegenden, oder sogar der Gefahr der Zerstörung ausgesetzten Synergieeffekte einer funktional verflochtenen Region von fast 3 Millionen Einwohnern und 1,5 Millionen Arbeitsplätzen zu stärken versteht. Die Regionalakademie könnte sich neben den bewährten Instrumenten von Seminaren, Diskussionen und Symposien für den Erfahrungsaustausch, beispielsweise auch eines eigenen Regionalsenders bedienen und eine eigene Zeitung herausgeben, mit der ein professionelles «Regions-Marketing» betrieben werden könnte. Ausserdem könnte sie als Träger übergreifender kultureller und sportlicher Veranstaltungen auftreten. Die Pläne für die Olympischen Spiele könnten hierfür ein sehr gutes Beispiel sein, wenn sie nicht von der Stadt Frankfurt so einseitig auf die eigene Identität ausgerichtet würden!

Wesentliche Projekte von regionaler Bedeutung könnten durch die Regionalakademie angeregt werden, auch wenn die Trägerschaft anderswo liegen müsste. Derartige Projekte könnten sich zum Beispiel beziehen auf die Organisation von Kulturzentren, Schulen und unter Umständen auch Wohnquartieren für bestimmte Gruppen von Ausländern, um damit eine positive Einstellung zu einer multikulturellen Stadtgesellschaft zu fördern.

Eine besonders wichtige und volkstümliche Aufgabe besteht auch in der Verbesserung und Erhaltung des ökologischen Gleichgewichts der Region. Hier könnte die Akademie Anregungen für neue, naturnahe Wohnformen entwickeln.

Die Regionalakademie könnte auch anregen, in bestimmten Bereichen Schwerpunkte von Spitzenqualität zu entwickeln, die nur durch Spezialisierungen im Regionsmassstab und durch regionsweite Zusammenarbeit zustande kommen könnten, z.B. die Bildung von interdisziplinären Instituten zwischen den Universitäten Frankfurt, Mainz und Darmstadt – etwa eines Instituts für Stadtforschung – oder durch Arbeitsteilung zwischen den Theatern, um die dumpfe Mittelmässigkeit der vielen Stadttheater zu überwinden. Zu solchen, das Regionsbewusstsein stärkenden Einrichtungen könnte auch ein grosser Park gehören mit Sport- und Vergnügungseinrichtungen und einem regionalen zoologischen und botanischen Garten neuer Art, ein Park, der beispielsweise durch einen interkommunalen Zweckverband getragen werden könnte.

Bei Verfolgung derartiger positiver und volkstümlicher Regionsaktivitäten müsste es auch besser gelingen, die negativen Folgeerscheinungen durch regionsweite Kooperation zu bewältigen – etwa auch durch die Ausweisung interkommunaler Gewerbegebiete.

Zur Verwirklichung einer solchen regionalen Kooperation müssten die «Eckstädte» Darmstadt und besonders Mainz/Wiesbaden eine selbstbewusste und führende Rolle übernehmen, um ein Gegengewicht zu Frankfurt zu bilden – wobei Mainz/Wiesbaden verkehrsgeographisch sogar eine noch bessere Ausgangsposition besitzt als Frankfurt. Die Kooperation würde wegen des wohlverstandenen Interesses der Einzelstädte im Geben und Nehmen von Nutzen und Lasten zu einer gleichmässigeren Entwicklung der Stadtregion und damit zu einer Entzerrung und Entspannung der Frankfurter Probleme führen.

7. Eine Metropole «Gross-Frankfurt» als kleines Abbild eines vereinten Europas

Eine Metropole «Rhein-Main» oder «Gross-Frankfurt» würde sich grundlegend von den traditionellen Typen der historischen Metropolen unterscheiden. Sie würde nur funktionieren, wenn die Vitalität und Eigenart der Teilstädte und das insgesamt gerade noch ausgeglichene ökologische Gleichgewicht erhalten blieben. Diese Vielfalt im einzelnen würde sich überlagern mit einer neuen, metropolitanen Struktur von Parks, hochwertigen Zentren der Kultur, der Wissenschaft und des Sports sowie mit einer Spezialisierung einzelner Stadtteile in bezug auf Gastronomie, Gewerbe, Handel und Dienstleistungen. Getragen und belebt würde diese Metropole von einem Bewusstsein und einer inneren Orientierungsstruktur, die den lebendigen Gebrauch der gesamten Region gleichzeitig widerspiegelt und fördert.

Die räumlichen Voraussetzungen für eine solche Entwicklung sind noch nicht vollständig verbaut – es liesse sich eine eigenartige und unverwechselbar charakteristische «dreieckige» Bandstadt entwickeln, in der die Vorteile linearer Massenverkehrsmittel mit den Vorzügen landschaftsverbundenen Wohnens kombiniert werden könnten.

Eine solche metropolitane Städtelandschaft könnte im Kleinen so etwas wie ein Spiegelbild eines vereinten Europas darstellen. Der in die Breite gewachsene Bildungsstand der Bevölkerung, der tendenziell dazu befähigt, sich grösserer Räume zu bedienen, die Qualifizierungs- und Spezialisierungsangebote einer zusammenhängend verflochtenen Region von ca. 3 Millionen Einwohnern bieten bei entsprechender politischer, unternehmerischer und planerischer Unterstützung durchaus die Chance, die örtliche, kommunale Bindung der Bewohner einzufügen in ein Regionalbewusstsein, das der Stadtregion den Weg zu einer neuen Qualität öffnen könnte und das dann letztlich auch zu neuen politischen und verwaltungsorganisatorischen Strukturen führen müsste.

Die Chance müsste aber bald und beherzt ergriffen werden, sonst ginge sie verloren: Die Dynamik der drei metropolitanen Wachstumsmotoren ist durch die

Konkurrenz der etablierten europäischen Metropolen gefährdet, die Tendenz zur Zersplitterung der Kräfte und zur Vernachlässigung der ökologischen Engpässe ist gross und im Vergleich mit den bestehenden grossen europäischen Metropolen ist das Potential insgesamt nicht bedeutend. Letztlich könnten sich auch die sozialen Konflikte bei weiterer Polarisierung zwischen «Zitadelle» und Peripherie so verhärten, dass sie mit friedlichen Mitteln nicht mehr lösbar sind!

Jakob Maurer hat auf die Gefährdung des Wesens der Europäischen Stadt immer wieder warnend hingewiesen, und auch darauf, dass das zukünftige Schicksal der Europäischen Städte stärker als je zuvor an die Vitalität ihrer Kultur und die Energie und Innovationsbereitschaft ihrer Bevölkerung gebunden ist. Anlässlich der Veröffentlichung der Wiener «Charta über die Europäischen Städte» hat Jakob Maurer einen Vortrag gehalten mit dem Titel «Wir müssen unsere Städte wollen»!

Als ich Anfang des Jahres 1989 diesen Beitrag schrieb, konnte ich ein solches Wollen in bezug auf einen «Qualitätssprung» zur Metropole noch nicht erkennen. Im März jedoch waren in Hessen Kommunalwahlen, die in den Stadt- und Gemeinderäten der Rhein-Main-Region zum Teil drastische Verschiebungen unter den politischen Kräften gebracht haben. Es scheint etwas in Bewegung zu geraten, und es könnte spannend werden, zu beobachten, wie die dynamischen Herausforderungen der Stadtregion von der neuen Generation der Stadtpolitiker aufgegriffen werden.

Anmerkung:

Wesentliche Anregungen verdanke ich Gesprächen mit Dr. Lorenz Rautenstrauch, Umlandverband Frankfurt, Dr. Wolf Schriever, Stadtplanungsamt Frankfurt und Dipl. Ing. Peter Lieser, Stadtforscher und Publizist, Frankfurt.

Max van den Berg

Cities Without Bounds

Cities and their fabric

Cities and man-made landscapes are human creations. They are manifestations of the multifarious aspects of society. Social renewal, and urban and landscape renewal, are linked to clashes of interest.

The external appearance of our environment is pluriform and is born of the shifting consequences of political, social and cultural processes.

Urban areas and man-made landscapes are also the products of time, their appearance mirroring the life styles of previous ages. It is here that past glories, corrected injustices and heroic deeds are commemorated. At the same time, we are shaping a future that is to emerge with varying success. Each culture and period leaves its own mark on the fabric of our cities.

The new City Hall and Opera House in downtown Amsterdam.

Urban societies are in flux and are grappling with a new and in certain senses renewed role and position in the social and political system.

It would sometimes appear that cities are adrift, under the influence of external forces which are autonomous and not capable of being controlled by either politics or planning. It would also appear that cities are disoriented, unable to make a choice from within the field of forces acting on them, internally as well as externally. This field has been insufficiently charted, developments have not been thoroughly analysed and categorised, and administrations are thus unable to make selections, set priorities or separate the chaff from the wheat. Traditional methods of analysis cannot fathom the new reality. New observations and even new basic theories are required to grasp the dynamics of the new reality and bring the governing forces under control.

City and society

From its inception, the city has attracted people hoping to earn a living. It has sheltered adventurers, artists, inventors and youngsters in search of a purpose.

The city was once a refuge, where its citizens were exempt from the whims of the local lord. For political refugees escaping the whims of a tyrannical system, it can still be a refuge. Laws, self-rule and free enterprise are neither easily won nor without a price. Differentiation, specialisation and innovation were the keys to the new products and services put on the market in the city and elsewhere. In the city, groups and associations form linkages. In the middle ages, citizens were divided in social stratifications and trade guilds. Industrialisation in the 19th century strengthened the class system, dividing society into workers, factory-owners and land-owners, with the middle classes preserved. Today we recognize to an increasing degree networks of relatives and friends, neighbourhood groups, colleagues and cultural groups. A city can be socially viewed as a network of networks.

Inter-urban relationships

The city is dependent upon food from outside its borders. Either individually or via an intermediary, the farmer puts his products on the market. The wealth and growth of cities attract people from the surrounding countryside and from other less prosperous cities. Cities trade with one another, goods being transported from one market to the other according to supply, demand and price.

Prospering cities disseminate their branches, agencies and diplomats over wider regions, just as they themselves contain trading houses from elsewhere.

As a result of incidental or structural factors, certain cities have a strong common interest and join such alliances as the medieval Hanseatic League. All across the globe, cities maintain multifarious relations with each other. The greater the diversity of functions among the cities, the more intensive these relations are. Nowadays there are also special links between cities with special functions, wether ports, capitals or cultural centres. To a greater or lesser extent, cities agglomerate in clusters of networks. Three themes very likely to determine the spatial planning and design of cities in the coming decades will be elaborated upon in this paper.

1. International links between cities
2. Merging of town and country
3. Differentiation and division of the population.

1. International links between cities

- **Internationalisation of commerce**

The production, consumption and distribution of goods and services are becoming increasingly international. Since labour is cheaper there, traditional products are now made abroad, and ever more exotic luxury items reach the pampared consumers at home. Thanks to the very latest production processes and added logistic value, Dutch products are exported all over to the world.

International links between Cities Amsterdam Airport (photo by N.V. Airport Schiphol).

Multinational commercial firms and successful agricultural corporations have been largely responsible for these trends. Industrial and complementary processes are spreading throughout the globe and seem to have become "dislocated", but are in fact more integrated than ever thanks to the advanced techniques of telecommunication.

Know-how and culture are also becoming significant factors of production. Innovation and modernisation reduce dependence on the physical environment. Geographical ties decrease, extra-regional links increase. It is certain that European economic unity, although delayed, will accelerate the process of enlargement scale in politics and culture. The relatively young state of the Netherlands will become less important in comparison with supranational organisations. Cities and metropolitan regions are granted new significance as components of international urban networks. Economic and cultural production and consumption are more global, and a new hierarchy of cities and urban networks emerging. At its peak are such supercities as New York, Tokyo, London and Paris. It is important for each city to determine its place in the hierarchy.

Communication is not solely a technical matter. For varying periods of time, firm headquarters have come to send highly-trained members of their staffs to

Max van den Berg

Teleport.

Amsterdam Concertgebouw Orchestra.

their branches abroad. In this way, not only firms are internationalised but cities as well. Depending on the duration of their stay, foreign guests take part in the urban social life. The transport of people and goods is on the increase, and activities related to transport and distribution are growing. Top and middle executives have become well-paid, ambitious nomads, whether on the regional or international level. They establish trade, professional and cultural contacts in the temporary local networks as well as in the international networks.

- **Cultural rivalry between cities**

The hierarchic network of towns is growing, and it is not a static entity. One might speak of a ranking of cities and of symptoms of rivalry. Especially in the field of culture, cities do their utmost to climb a step higher on the ladder of international prestige.

Imagination and reality tend to merge as each town tries, through its concert halls, theatres, festivals and prestigious events, to pull in tourists and to present itself to the others and to the world. With a great deal of capital, effort and lobbying, they try to capture the Olympic Games, a "cultural capital" status or

Max van den Berg

Large-scale farming.

a world or European championship for themselves, all on the assumption that it is good for investments, for the attraction of head offices and for their political significance. The struggle for improved communications also plays a role. An airport and important rail connections have become matters of prestige. Being included in international infrastructure networks is proof of recognition and entitles a city to a place in the hierarchy of urban networks.

2. Merging of town and country

- Country and town

This century, agriculture has continually adapted itself to economic developments. Increased production, product development and differentiation have led to a high level of exports. Scale enlargement and concentration of production are taking place at a rapid rate. The development of the central flower auction at Aalsmeer unequivocally illustrates this point.

The Flower auction in Aalsmeer (photo by VBA Aalsmeer).

Geographisches Institut
der Universität Kiel

Max van den Berg

It also shows that geographical ties are lessening. Yet agriculture is not without its problems. The European and world markets impose product and scale changes, from arable to market gardening, from pastureland to bulb and flower growing. In spite of the enormous increase in production, a one-quarter reduction in agricultural land is expected. The most striking aspect of Dutch farming is the great added value in the fields of product development, trade, distribution and acquisition.

The added logistic value can only be achieved by intensive integration with urban society and culture. Advanced machines, computers, modern means of transport, advertising, teaching and many other services have become indispensable. Many support services are located in urban areas. The city, formerly simply the area with the markets, now functions as the vital supplier of these services. The integration of town and country has intensified.

- **Town and country**

Since the beginning of this century, when a small group of pioneers, nature-lovers and conservationists sang the praises of the countryside, a great deal has taken place. As a result of more leisure time, higher incomes and changes in cultural patterns, the interest in the natural environments, the appreciation of the man-made landscape and relaxing in the open air have all become normal pastimes. All the segments of the population like to go to the woods, the beach, recreation areas and nature reserves, or just to take a drive in the country. Items in newspapers and the other media are followed with interest and transformed into recreational intentions. The weekend after a television item, there are always crowds at the village or town in question. The city-dweller has definitely discovered the countryside and makes use of the increasing number of facilities in growing numbers. In designating and laying out national parks, man-made landscapes and scenic recreation areas, the desires and needs originating in the urban areas are taken into account.

Golf course.

Urbanisation of the countryside.

Car dump.

From the point of view of the city, there is therefore an increased merging of interests. The city-country contrast would thus seem to have been totally eleminated.

- **Environment**

Urban and rural areas are both threatened by the pollution of the environment. In the city there are the noise, the ground and surface water pollution and the deterioration of the public domain. The emission of pollutants into the air and the water supplies, the accumulation of domestic refuse and other rubbish not only detract from the quality of daily life, they also pose a threat to the continued existence of humans, animals and plants. In the rural areas, overfertilisation, the increasing acidity of the soil and plants and silting of the groundwater also pose a direct threat to mankind and nature. Only through intensive efforts can drinking water supplies be purified and the prospect is bleak.

Depots for polluted soil are beginning to characterise the urban fringe and threaten to smother our towns and cities.

3. **Differentiation and division of the population**

- **Changing life styles**

The city functions as a breeding ground and transit station for many people. Social mobility in the cities promotes new ideas, new expressions of art and culture, new attractions and fashions. New ways of living and relating to other people are given a chance. In this turbulent world, many individuals fall by the wayside. Loneliness, poverty, unemployment, crime and addiction are the other side of the coin in a society of social mobility and emancipation. The urban population structure is rapidly changing: fewer young and more elderly people, more ethnic groups with completely different cultures are changing the social face of our cities.

Not only does long-term unemployment put certain groups into an economically difficult situation, it puts them into a situation where social checks and group solidarity are virtually non-existent.

Changes in household composition, leading to a high percentage of one and two person families, seem to promote divisions. The socially, economically and geographically mobile have total access to our abundant society, whereas the immobile are confined to their place of residence and the facilities available there.

Spatial quality

The revised policy, formulated in the 4th national report on physical planning (1988), aims to improve the quality of our physical environment and is therefore of inestimable importance. If society is not capable of providing sufficient employment for all, then at least the quality of the built-up environment should be up to par. The number of people on low incomes, confined to social security and a low level of social and spatial mobility is comparatively high. Facilities such as shops, health care, social centres, care for the elderly, cultural spots, parks and safe, accessible, attractive public transport are indispensable and are among the basic values of any self-respecting society.

Influence of the media

Social behaviour, identity and position are strongly influenced by the mass media, especially television, and the information which is broadcasted. People in "high" social networks simply have difficulty in selecting the right information sources. Other groups have difficulty in gaining access to sufficient information to allow them to enter the social network. On the neighbourhood level, the authorities can distribute information and make it more accessible. Public libraries and community and neighbourhood centres can be expanded and equipped to fulfill this role.

The end of the 19th century – in the days of the written and printed word – was a period of "secrets" and privacy. Social stratification and position were clearly set. Everyone knew their place, be it social or geographical. At the end of the 20th century, we are fascinated by "exposure": the demystification of parent-child, husband-wife, lord-lackey, monarch-subject relationships. We are baffled by the constantly changing positions in the various networks we have to operate in. Our perception of "home" is changing, as are our concepts of "private" and "public".

The romantic notion of our very own spot on a park bench can be written off as a thing of the past. The city is changing from familiar surroundings into a rat race of information flows and varied life styles. The multitude of impressions and experiences allows us very few opportunities to relax. The daily living environment ought to be arranged in such a way that people can identify with it and their privacy is not invaded.

Spatial consequences

Internationalisation, the integration of town and country, changing life styles and the accompanying cultural innovations necessitate the renovation of our cities.

Commercial and cultural organisations need renovated buildings and accomodations at locations which are easily accessible by public transport. Changing life styles and the anticipated rise in incomes will mean a drastic increase in the demand for homes and for more space within them. In general, we can expect continuing spatial consumption. A large part of the present-day housing stock will need to be renewed, improved and renovated. A general desire for the improvement of the spatial quality, for a drastic face-lift of the public environment and parks, and the need for facilities and meeting places will have to be satisfied. Cultural buildings, communication, sports, permanent education and information centres will become the new urban social focal points. They will also represent the image and cultural identity of the city. The growing demand for a clean and civilised environment is likely to force us to opt for public transport. Increasing commuter mobility and the diversification of the use of space will heighten demands for conurbation and regional public transport, with a growing number of trips and increasing average trip lengths. The extent and differentiation of rural locations to be designated for use by city-dwellers are likely to multiply at the expense of farmland. Land use designation, acquisition and the separation of agriculture, nature reserves and open air recreation will all take place.

The man-made landscape will, to a certain extent, undergo scale enlargement, which may even lead to the development of inhumanly proportioned field patterns for grazing and market gardening. Conservation and the expansion of nature reserves and of the number of recreation areas and parks will be given high priority. The image of the city, the cultural value of our urban heritage and the man-made landscape will always figure on policy agendas. Rivalry between towns and differentiation will increase, as will the networks between certain cities.

As an extension of the cultural heritage, contemporary contributions to the urban fabric will revise the city's image.

Drastic changes in the urban structure will take place where industrial estates and sports complexes have become outdated. New public transport lines will

Max van den Berg

Construction of international headquarters.

Office buildings on the outside of Amsterdam.

mean the displacement of commercial centres. Stations and the vicinities around them will become meeting places where the city's unique function is immediately recognisable. The urban structure and pattern will sometimes be characterised by intensification at focal points, and at times by dilution and a reduction in social and spatial density. The contrasts between centres and sub-centres and residential and employment areas will increase.

Differentiation, integration and hierarchies will be characteristic of renewed urban structures.

The effects on physical planning

Conceptual thinking

We now find ourselves in a transitional period of dynamic proportions. Technological innovation is directed towards energy-efficient, labour-efficient and environmentally protective production processes. Production, trade and distribution are taking place on a global level. Developments in information and

Max van den Berg

Reinforcing the harbours functions.

telecommunications have far-reaching consequences for employment structures and decision-making.

Planning policies will have to broaden their involvement to include not only the question of general spatial distribution but also more direct matters such as the location of new businesses, homes and services which are spatially demanding and have to be adjusted to the new living and working patterns.

It is characteristic of our time that experts are not able to predict future developments or to render them quantifiable.

Power relations have ceased to balance the scale and differing interests are tipping it in new ways. Government confines itself to regulating and is less involved in directing. The role of industry and of institutional investors in planning is growing. Within the government sector, differentiation and restructuring is taking place.

Large towns and cities are not only being given better opportunities. At the expense of their smaller neighbours, they are also adopting a more important role. Larger authorities concentrate on plans extending over their boundaries in order to deal with the demands of spatial consumption, traffic and transport.

Provincial governments are, to an increasing extent, concerned with the planning of the countryside and more frequently work in conjunction with towns to guarantee the coordination of programmes among the towns themselves and between town and country. The national government is more concerned with developments on an international level and is forced, through lack of means, to leave other matters to the lower levels of government. Readymade plans are less applicable in these turbulent times. Interim plans, ideas and conceptual sketches are essential if the process of consultation and negotiation is to be set in motion. In a time of transition and uncertainty, consultation enriches our ideas and increases our range of options, enabling us to continue to anticipate future spatial requirements.

Instrumental thinking

By means of consultation and negotiations, concepts develop into plans, strategies and long-term agreements. This does not take place without intensive analyses and the constant updating of planning instruments. Due to cuts in the national budget for special purposes, such as housing and the environment, other financial sources must be sought. Today's great expectations pertain to industry's growing investment potential and the quickly growing funds of institutional investors.

Even the municipal financial systems are coming under debate. The municipal estate management systems will have to be developed into an important instrument to deal in an organised manner with the maintenance, management and renewal of the built-up environment. Small municipalities will be forced to set up cooperative arrangements for the purposes of developing better instruments. It can be in the form of corporations, groups or companies, which will undoubtedly achieve quicker results than merging municipalities into one.

Concepts and instruments, amended by consultations and negotiation, also influence one another to a great extent. By developing strategic policies, the parties involved attempt to bring the various influences under control.

Scale

Physical planning is always a matter of coordination, adjustment and integration. Fragmentary thinking is a mistake; integration is to be preferred. Important factors for physical planning are geographical scale and time. The traditional threesome of 1. scale, 2. national, provincial and local authorities and 3. their appropriate plans and programmes, regional plans, structure plans, local plans and layout and management plans, is still evident in our physical planning system. Differentiation between cities, and the accompanying adjustments and realignments, tend to favour cross-boundary areas, where territorial and functional similarities are now a topic of research.

The urban regions are, in my opinion, the most important scale on which to formulate physical planning policies. The formal boundaries do not correspond to these units. Inter-authority and provincial consultation and negotiations provide the interim solution. The desirable and necessary democratic check, by means of an elected body, will eventually require a local government reorganisation.

Conclusion

We live in an age of change and transition so dynamic that, for the time being, we can only proceed by means of compromise and agreement. On top of all this, we are in a hurry. That means we must enlarge our know-how, constantly checking theory against practice and, at the same time, doing our job in a responsible manner.

Aufgabenverluste und Aufgabenveränderungen der Raumplanung in der Bundesrepublik Deutschland in den neunziger Jahren

Einleitung

Raumordnung, Landes- und Regionallanung in der Bundesrepublik Deutschland haben im letzten Jahrzehnt herbe, wenn in den einzelnen Ebenen auch unterschiedlich ausgeprägte, Einbussen in ihrer politischen Bedeutung sowie in ihrem Ansehen gegenüber der Bevölkerung hinnehmen müssen, die durch veränderte Prioritäten in den allgemeinen Werthaltungen, damit einhergehend Umgewichtungen von Aufgabenbündeln und Aufgabenverschiebungen ebenso verursacht waren, wie sie ihrerseits auch Anlass zu weiteren – für die Raumordnung meist negativen – Veränderungen in der administrativen Aufgabenverteilung wurden.

Etwas verallgemeinernd ausgedrückt, handelt es sich dabei um ein Auseinanderdriften zwischen einer in jahrzehntelangen Richtungskämpfen verfestigten staatlich-öffentlichen Aufgabe und den – zuletzt in besonders schnellem und grundsätzlichem Wandel begriffenen – gesellschaftlichen Prioritäten einer pluralistischen Gesellschaft, deren sozio-ökonomisches Grundmuster unter dem Einfluss höchst unterschiedlicher Kräfte in vielfältige Bewegung geraten ist.

In den folgenden Ausführungen soll daher versucht werden, die wesentlichen Ursachen dieses äusserst komplexen Phänomens aufzuzeigen und daraus – wenn möglich – Schlüsse für eine notwendige Anpassung der räumlichen Planung an die sich noch weiter verändernden gesellschaftlichen Rahmenbedingungen zu ziehen.

1. Kategorien des Wandels

1.1 Abschluss der Aufbauphase der zerstörten Siedlungsstruktur:

Etwa dreissig Jahre nach Kriegsende konnten der Wiederaufbau der kriegszerstörten Siedlungsstruktur und die Anpassung des verbliebenen Raumes der Bundesrepublik an die Bedürfnisse einer stark angewachsenen Bevölkerung und deren sozio-ökonomische Funktionen als abgeschlossen gelten.

Im Zuge eines zeitweise schmerzlichen Konsolidierungs- und Anpassungsprozesses hatten sich die grossen Verdichtungsräume herausgebildet, war ihr lange unaufhaltbares Wachstum unter den Bedingungen der früh einsetzenden demographischen Stagnation bei weiter anhaltender ökonomischer Prosperität deutlich abgeschwächt worden und hatten sich starke Rückkopplungseffekte ergeben, durch die auch weniger verdichtete Räume in den allgemeinen wirtschaftlichen Aufschwung eingebunden wurden.

Dazu gehörte der forcierte Ausbau so gut wie aller Infrastruktursysteme sowohl innerhalb der Verdichtungsräume, wie auch in den weniger verdichteten und in den ländlichen Räumen, sodass die Verkehrs-, Erschliessungs-, Ver- und Entsorgungssysteme, die Bildungs-, Gesundheits- und Erholungseinrichtungen ohne grössere zeitliche Phasenverschiebung mit überwiegend hohen Erfüllungsgraden erstellt werden konnten.

Ähnliches traf für die Wohnversorgung zu (bei der sich noch Anfang der achtziger Jahre Anzeichen regional unterschiedlicher Überversorgungen abzeichneten) und bei der Einführung und Ausbildung der Zentrale-Orte-Systeme in den ländlichen Räumen, wenn hierbei auch – was sich wenig später zeigen sollte – in einigen Bundesländern allzu formalistisch und manchmal etwas realitätsfern vorgegangen worden ist.

Damit konnte aber das Oberziel der bisherigen Raumordnungspolitik, die «Gewährleistung gleichwertiger Lebensverhältnisse in allen Teilen des Bundesgebietes» in einem – im Vergleich zu anderen Ländern – bemerkenswert hohen Masse erreicht werden, mit der unmittelbaren Folge, dass der politische Handlungsbedarf, der bis dahin die Raumordnung aller Ebenen in der Bundesrepublik motiviert hatte, wenn nicht völlig fortfiel, so doch wesentlich vermindert wurde. So kann der hohe Grad an Zielerfüllung als einer der Gründe für den Rückgang des bundes- und länderpolitischen Interesses an Raumordnung und Landesplanung definiert werden; andere kamen dazu.

1.2 Umweltschutz als (partielle) Ablösung traditioneller Raumordnung:

Etwa gleichzeitig mit dem Abschluss der Aufbauphase begannen auch all jene Negativfaktoren in Erscheinung zu treten, die in Form von Luft-, Untergrund- und Wasserbelastungen die gerade wiederhergestellte Umwelt nachhaltig zu beeinträchtigen begannen. Die meisten dieser Belastungen waren — sehr im Unterschied zu den eher abstrakt-theoretischen Motiven der traditionellen Raumordnung — für jedermann spürbar. Sie addierten sich zudem in relativ kurzer Zeit zu Störungspotentialen, die bald zu entsprechenden Protestpotentialen in immer mehr Gruppen der Bevölkerung führten.

Damit entstand aber innerhalb kurzer Zeit auch ein nicht mehr übersehbarer politischer Handlungsbedarf zum Schutz der Umwelt — etwa gegen das Waldsterben und die sonstigen Verseuchungen von Luft, Wasser und Untergrund —, der zumindest kurz- und mittelfristig auch als weitaus aktuellere politische Aufgabe angesehen werden konnte, als die — politisch zur Ruhe gekommene, weil (wie es schien) weitgehend erfüllte — bisherige Querschnittaufgabe der Raumordnung.

Für diese bedeutete eine derartige Einschätzung eine weitere Rückstufung, gegen die sich die mit Raumordnung befassten Ressorts zwar zur Wehr setzten, ohne doch verhindern zu können, dass mehr und mehr raumplanerische Kategorien unter ökologischen Gesichtspunkten umgewichtet wurden. Solche Umgewichtungen betrafen sowohl die Bedeutung technischer Infrastrukturen — wie etwa den Ausbau des übergeordneten Strassennetzes, der weitgehend zum Stillstand kam —, als auch die Bewertung ländlicher Räume mit bislang agrarbetrieblichen Vorrängen, die durch ökologische Prioritäten (z.B. Extensivierung von Intensivkulturen oder Wechsel der bisherigen Kulturformen aus ökologischen Gründen) abgelöst wurden.

1.3 Technologisch-ökonomische Strukturveränderungen:

Schon einige Jahre bevor sich der Umweltschutz in der Bundesrepublik Deutschland allgemein durchzusetzen begann, hatten sich Veränderungen anderer Art angekündigt, die ihre Ursache in weltweit zu beobachtenden technologischen Innovationen (Elektronik, Computerisierung, Roboterisierung usw.) mitsamt der dadurch ausgelösten ökonomisch-organisatorischen Umstellungen hatten. In der Rückschau berührt es eigenartig, dass die — vorab negativen — Auswirkungen dieser dritten (elektronischen) wirtschaftlichen Revolution etwa auf die Montanregionen, aber auch auf die «alten» Ballungsräume Norddeutschlands sich schon unmittelbar nach dem Abschluss des Wiederaufbaus bemerkbar machten, sodass die gerade erst neu erstellten Werke kurz nach ihrer Inbetriebnahme schon wieder veraltet waren. Jedenfalls bewirkte das Vordringen dieser technologischen Innovationen, dass zunächst die Montangebiete, aber bald auch die altindustrialisierten Verdichtungsräume Nord- und Nordwestdeutschlands unter Schrumpfungserscheinungen zu leiden begannen, die in vielen Fällen zum Verschwinden ganzer Industriesparten (Schwerindustrien, Schiffbau, Bergbau, aber auch Textilindustrien) führten. Nach Überwindung anfänglicher Schockerscheinungen konnten sich einige dieser bedrohten Sparten (z.B. Fahrzeugbau, Stahlerzeugung, Textilindustrien) durch Rationalisierungen und Roboterisierung der Betriebsabläufe wieder fangen.

In allen diesen Fällen ging aber das ökonomische Wiedererstarken auf Kosten der Arbeitsplätze (die gleiche Menge Stahl wird heute von nur noch 1 % der Arbeitskräfte erzeugt, die noch 1970 dafür erforderlich waren; zur Produktion eines PKW sind nur noch 10 % der 1970 dafür benötigten Arbeitskräfte erforderlich), sodass eine überdurchschnittlich hohe Arbeitslosigkeit seitdem zu den Kennzeichen so gut wie aller «alten» industrialisierten Räume gehört. Für die Raumordnung wurde damit von grundsätzlicher Bedeutung, dass diese Verdichtungsräume zwar nach wie vor «Orte» der massierten Wertschöpfung blieben, aber ihre Funktion als Massierung von Arbeitsplätzen einbüssten.

Das wirtschaftliche Wachstum konzentrierte sich indessen auf erst später industrialisierte Regionen bzw. auf die süd- und südwestdeutschen Verdichtungsräume ohne «Altlasten» durch die Relikte alter Industrien und mit hoher Standortgunst für Hoch-Technologien und sonstige Wachstumsindustrien (niedrige Energiepreise durch Kernkraftwerke einerseits, Pipelines mit angeschlossenen Raffinerien andererseits; räumliche Nähe zu Hochschulen, Forschungseinrichtungen und zuarbeitenden «intelligenten» Klein- und Mittelbetrieben).

Diese immer deutlicher werdenden Ungleichgewichte in der ökonomischen Entwicklung der gegenüber den prosperierenden Verdichtungsräumen Süd- und Südwestdeutschlands weiterhin zurückfallenden Regionen Norddeutschlands bewirken ein deutliches Wohlstandsgefälle zwischen Nord- und Nordwestdeutschland einerseits und Süd- und Südwestdeutschland andererseits, das sich in (vor allem qualitativ bedeutsamen) Nord-Süd-Wanderungsbewegungen niederschlägt, sich aber auch in unterschiedlichen Marginalkosten (Boden, Mieten, Zinsen usw.) zu erkennen gibt. Ähnlichkeiten zu den seit langem registrierten Nord-Süd-Wanderungen in Grossbritannien sind dabei unübersehbar.

Ein zusätzliches Moment des Wandels und der Umgewichtung von Standortfaktoren ergibt sich aus der Entwicklung bzw. der sukzessiven Einführung des Hochgeschwindigkeitssystems ICE der Deutschen Bundesbahn, weil dadurch die Standortgunst der damit bedienten Schwerpunkte ebenso deutlich zunimmt, wie die der nicht bedienten Räume reduziert wird. Unter dem Strich wird die Einführung des ICE-Systems zu einer zusätzlichen Hierarchisierung zwischen bedienten und nicht bedienten Räumen (Regionen) führen, wobei vor allem hoch- und höchstrangige Dienstleistungen (Verwaltungen) sich bei ihrer Standortwahl auf Zentren mit ICE-Anschluss beschränken werden.

Durch diese zusätzliche Hierarchisierung in der Zugänglichkeit (Erreichbarkeit), oder anders ausgedrückt, die Verminderung der Reisezeit zwischen den betreffenden Zentren wird sich die weitere Ausbildung auch grossräumiger funktionaler Arbeitsteilungen zwischen den Zentren der grossen Verdichtungsräume erleichtern lassen. So wie es bereits heute zu «Orten» für einige nationale Schwerpunktfunktionen gekommen ist (z.B. Finanzzentrum Frankfurt, Medienzentrum Hamburg, Hoch-Technologiezentren München und Stuttgart), werden sich in Zukunft (ausschliesslich an den so bevorzugten Orten) weitere nationale und übernationale (EG) Standorte mit besonderen «Leitfunktionen» und entsprechenden Auswirkungen auf die bisherigen Konzepte der Raumordnung herausbilden.

1.4 Auswirkungen der EG-Politik:

Schliesslich wird die Raumordnung in der Bundesrepublik Deutschland auch mehr und mehr durch die Auswirkungen der EG-Politik, und hier in erster Linie der EG-Agrarpolitik beeinflusst. So muss davon ausgegangen werden, dass in den neunziger Jahren ca. 30 % der zur Zeit noch landwirtschaftlich genutzten Flächen aus der geregelten Landwirtschaft der Gemeinschaft ausscheiden, jedenfalls soweit es sich um die Erzeugung von pflanzlichen und tierischen Lebensmitteln handelt.

Als Konsequenz dieser politisch gewollten und ökonomisch dringend gewordenen Entwicklung werden die Bodennutzungen grosser Teile der bisher noch landwirtschaftlich genutzten Flächen entweder auf nachwachsende Rohstoffe (z.B. Öle oder Textilrohstoffe) umgestellt werden oder auf eine alternative, nicht mehr EG-Markt-gebundene Landwirtschaft oder eben auf eine nicht mehr erwerbsbestimmte Bodenkultur oder Bodenpflege im Auftrag und zu Lasten der betreffenden öffentlichen Körperschaften.

Damit wird sich auch die Sozialstruktur (und mittelbar auch die Siedlungsstruktur) der ländlichen Räume – je nach dem Grad ihrer Betroffenheit – entscheidend ändern. Soweit dies bereits heute zu übersehen ist, werden der Umstrukturierung überwiegend die – gesellschaftspolitisch erwünschten – mittelständischen bäuerlichen Betriebe zum Opfer fallen, während die grösseren Betriebe eher erhalten bzw. abgerundet werden können. Zudem werden ländliche Räume mit Grenzertragsböden von den Umstrukturierungsprozessen auf Dauer stärker betroffen werden als Regionen mit guten und sehr guten Böden.

Eine grosse Zahl von bislang selbständigen Landwirten wird im Verlauf dieses Umstrukturierungsprozesses aus der marktbezogenen Erwerbslandwirtschaft ausscheiden müssen mit den beruflichen Alternativen eines vollständigen Berufswechsels oder eines Übergangs zu alternativem (EG-Markt unabhängigem) Landbau, oder schliesslich der Umwandlung zu angestellten «Bodenpflegern» (Landpflegern) bzw. Pächtern im Auftrag der Gemeinden, der Länder oder von besonderen Landgesellschaften (etwa nach dem Vorbild des britischen «National Trust»).

Die Raum- und wie gesagt auch die Siedlungsstruktur der betroffenen ländlichen Gebiete (ca. 85 % der Fläche der Bundesrepublik!), die bislang immer noch als besonders stabil galten, werden durch diese tiefen strukturellen Veränderungen zunächst einmal destabilisiert, da der Prozess der EG-weit geregelten Zurücknahme der Landwirtschaft sich in der Bundesrepublik bislang noch in Form von ungeregelten Landabgaben auf individueller und freiwilliger Basis abspielt und das heisst ohne jede regionale, bodenstrukturelle oder landeskulturelle Rahmensetzung oder Zielvorgabe (etwa nach Bodengüte, Betriebsstruktur oder Landschaftsarten).

Die ganz überwiegend dörflich geprägte Siedlungsstruktur der meisten betroffenen ländlichen Räume wird mittelfristig von dem Verlust ihrer ökonomischen und sozialen Grundfunktionen bedroht, sodass diese Räume für unbestimmte Zeit in eine grundsätzliche Unsicherheit über ihre schliesslichen Funktionen in Raum und Gesellschaft versetzt werden und damit auch über die zu erwartenden Veränderungen ihrer bisherigen siedlungsstrukturellen und sozialen Grundmuster. Solange diese Unsicherheiten nicht durch entsprechende sozio-ökonomische und raumpolitische Leitlinien behoben werden können, muss daher schon in naher Zukunft mit vermehrten regionalen Ungleichgewichten und dem Auftreten zusätzlicher struktureller Verzerrungen in den Nutzungs- und Siedlungsmustern gerechnet werden.

1.5 Auswirkungen auf die Raumordnungspolitik:

Als Folge der dargelegten Wandlungserscheinungen in den bislang raumpolitisch wirksamen Kategorien hat sich auch das politische Interesse an der Raumordnung und Landesplanung entsprechend verlagert, und zwar einmal unter eher allgemeinen politischen Gesichtspunkten, zum anderen aber unter den sehr besonderen Interessenlagen, die sich erst nach und nach in bezug auf die einzelnen Komponenten des Wandels herausgebildet haben.

So werden die Auswirkungen des nach wie vor andauernden wirtschaftlichen Nord-Süd-Gefälles zwischen den nördlichen und den südlichen Bundesländern immer deutlicher nicht nur im sozialen Bereich (z.B. Arbeitslosigkeit im Süden 4–5 %, im Norden bis 14 %) spürbar, sondern auch in bezug auf die föderalistische Grundstruktur der Bundesrepublik, weil sich zwischen den nördlichen und den südlichen Bundesländern auch ein sich verstärkendes Wohlstandsgefälle zugunsten der südlichen Länder herausgebildet hat, durch das der Verfassungsgrundsatz der «Einheitlichkeit der Lebensverhältnisse» zwischen den Bundesländern (Art. 72 [2] Nr. 3 GG) bedroht zu werden beginnt.

Ähnlich werden die Konsequenzen der oben dargelegten Umstrukturierungen der ländlichen Räume – als Summierung von ökologisch gewollten Entwicklungen mit EG-agrarpolitischen Sachzwängen – sowohl auf das betroffene Wählerpotential durchschlagen als auch auf die Raum- und Sozialstruktur der in einen bislang unkontrollierten sozio-ökonomischen Veränderungsstrudel geratenen ländlichen Räume. Hier deuten sich zudem tiefgehende Konfliktpotentiale an, zu deren Lösung oder doch Abmilderung besondere gesellschafts- und raumpolitische Rahmenbedingungen mit sorgfältig abgestimmten Zielansätzen zu entwikkeln sein werden.

Schliesslich wirken sich auch die – erst relativ spät erkannten – wirtschaftlichen und sozialen Folgen der grossen technologischen Innovationsschübe nicht allein auf die Massenproduktionen (durch das völlige Umstülpen der Grundverhältnisse zwischen Wertschöpfung und dafür benötigten Arbeitsplätzen) strukturverändernd aus, sondern durch die allgemeine Einführung der Telekommunikationen in sämtliche privaten und öffentlichen Organisationsbereiche auch auf die Gesellschafts- und Wirtschaftsstruktur als solche und somit auch auf so gut wie alle Sparten der Raumordnungspolitik.

2. Auswirkungen auf die Raumordnungspolitik und ihr Instrumentarium

2.1 Veränderungen in den Zielen der Raumordnung und Landesplanung:

Unter diesen Umständen wurde es immer dringlicher, die bisher geltenden Grundsätze und Ziele der Raumordnung an die so veränderten gesellschaftlichen und ökonomischen Rahmenbedingungen anzupassen bzw. wenigstens Teile davon neu zu formulieren, soweit grundsätzlich neue Entwicklungen das erforderten.

Während sich dieser Anpassungsprozess bei den Bundesländern bereits seit Anfang der achtziger Jahre zu vollziehen begann – in Form von geänderten Rahmenrichtlinien und Zielveränderungen bei der Fortschreibung der Landes-Raumordnungsprogramme, aber auch in Form von vorgezogenen Novellierungen der Landes-Raumordnungsgesetze –, bedurfte es auf der Ebene des Bundes besonderer Anstösse und Sachzwänge, bis auch hier die gesetzlichen Grundlagen überarbeitet, ergänzt und in Teilen auch neu gefasst werden konnten.

Schliesslicher Ansatz für die Neufassung des Bundes-Raumordnungsgesetzes (ROG 65) war die Notwendigkeit, das von der EG beschlossene Instrument der «Umweltverträglichkeitsprüfung» (UVP) in die Raumordnungs-Gesetzgebung der Bundesrepublik einzufügen und dabei Verzerrungen oder Kollisionen mit vorhandenen Instrumenten der Raumordnung tunlichst zu vermeiden. Dazu bot sich eine Einbeziehung in das Instrument «Raumordnungsverfahren» an, zumal das Instrumentarium des ROG sowieso um dieses – bisher nur in den Raumordnungsgesetzen der Länder kodifizierte – Instrument erweitert werden sollte.

Da das ROG 65 wegen dieses verordneten Zugzwangs nun sowieso ergänzt werden musste, entschloss sich die Bundesregierung, bei dieser Gelegenheit auch die Grundsätze und Ziele der Raumordnung zu überprüfen und, soweit erforderlich, neu zu formulieren. Der Entwurf dieser Neufassung übernahm zwar den Grundaufbau des Gesetzes von 1965, veränderte aber die raumordnungspolitischen Schwerpunkte bei den Grundsätzen und Zielen der Raumordnung durch das Fortlassen überholter und die Aufnahme neuer Leitvorstellungen.

Raumordnungspolitische Leitvorstellungen des Gesetzes von 1989 sind nunmehr neben der «freien Entfaltung der Persönlichkeit in der Gemeinschaft» (die aus dem ROG 65 übernommen wurde)

- Schutz, Pflege und Entwicklung der natürlichen Lebensgrundlagen,
- langfristige Offenhaltung von Gestaltungsmöglichkeiten der Raumnutzung,

– gleichwertige Lebensbedingungen der Menschen in allen Teilräumen des Bundesgebietes.

Die geänderten Funktionen sowohl der verschiedenartig strukturierten und sich entsprechend unterschiedlich entwickelnden Verdichtungsräume als auch der in vollem strukturellem Wandel sich befindlichen ländlichen Räume werden besser als bisher definiert und in ihrer raumordnungspolitischen Bedeutung klarer angesprochen. Allerdings ist es (noch) nicht gelungen, Einwirkungsmöglichkeiten auf ablaufende raumverändernde Komplexe wie das Nord-Süd-Gefälle oder die Umstrukturierung der ländlichen Räume ebenfalls in Form von wertenden Zielvorstellungen im Gesetz zu verankern, wie auch kaum Ansätze für eine übernationale europäische Funktionsteilung zu erkennen sind.

2.2 Instrumentelle und methodische Anpassungen:

Der Abschluss der Aufbauphase, die Überwindung der nachfolgenden, vielfach überbordenden ökonomischen Expansionsperiode und der zu erlernende Umgang mit den dargelegten vielfältigen Wandlungsfaktoren gaben ständigen Anlass für die Überprüfung und Fortentwicklung der jeweils verfügbaren raumordnungspolitischen Methoden und Instrumente. Denn gerade nach den Jahren der Planungseuphorie erwies es sich immer von neuem, dass differenzierte, dazu unterschiedlich motivierte und zum Teil von aussen gesteuerte raumbedeutsame Entwicklungen nicht mehr mit generellen oder zu unelastischen, weil allzu stark «verrechtlichten» Methoden und Instrumenten zu steuern waren.

Vielmehr musste auf die Verschiebung und qualitative Veränderung raumplanerischer und raumordnungspolitischer Aufgabenstellungen auch mit der Entwicklung einerseits rahmensetzender wie andererseits griffigerer, regional- und aufgabenspezifischer Planungsmethoden und Instrumente reagiert werden, wenn die immer komplexer und unübersichtlicher werdende räumliche Entwicklung überhaupt noch beeinflussbar bleiben sollte.

So erwies es sich, dass gerade die landesplanerischen Rahmensetzungen der Bundesländer (weniger des Bundes selbst) zu starr formuliert und rechtlich – vor allem nach der Beschlussfassung über die Landes-Raumordnungsprogramme – vielfach zu stark verfestigt waren, sodass dringend werdende Veränderungen oder Fortschreibungen von sektoralen oder teilregionalen Zielaussagen kaum noch oder nur mit unerträglichen zeitlichen (verfahrensbedingten) Verzögerungen realisiert werden konnten.

Auch hatten viele Raumordnungsprogramme und Regionalpläne einen deutlich abschliessenden (finalen) oder doch auf Zielerfüllung hin angelegten Charakter, durch den die prozessuale, zeitlich offene Natur jeglicher Raumordnungsprogramme verkannt und insoweit behindert wurde. Es wurde daher ebenso erforderlich, alle Raumordnungsprogramme und die wesentlichen Regionalpläne zu «entfinalisieren», und das heisst, ihren Prozesscharakter – etwa durch periodisch begrenzte Geltungszeiträume mit entsprechend fixierter Automatik für die Fortschreibungsbeschlüsse – deutlich herauszuheben, wie auch auf spezifische, zum Beispiel teilregionale Entwicklungen, eher durch räumlich begrenzte «Insel-» oder Schwerpunktplanungen zu reagieren, als durch immer neue «Gesamtpläne».

Dazu gehörte auch eine gewisse «Entfeinerung» und «Entrechtlichung» der Regionalplanung; «Entfeinerung», weil sich gezeigt hatte, dass gerade die präzise definierten Festlegungen schon bald durch sachlich geringfügige Veränderungen entweder ihren Wert verloren oder sich als hemmend für eine nur leicht modifizierte Entwicklung erwiesen, und «Entrechtlichung», weil sich immer wieder erwies, dass eine – seinerzeit gewollte – starke rechtliche Verklammerung nur schwer zugunsten neuerer oder eben modifizierter – ebenfalls gewollter – Entwicklungen gelöst oder angepasst werden konnte.

3. Perspektiven der Raumordnung in den neunziger Jahren

3.1 Aufgabenveränderungen:

So gut wie alle Prognosen, die heute inbezug auf die Aufgaben der Raumordnung in den neunziger Jahren gestellt werden, haben von der weiteren Ausbil-

Heinz Weyl

dung und schliesslichen Vollendung des gemeinsamen europäischen Marktes auszugehen, und das heisst, zugleich von der dadurch bedingten Vergrösserung und Veränderung der raumbezogenen Massstäbe, der Einbindung des Standortes Bundesrepublik Deutschland in den sich stärker integrierenden Standort «Europäische Gemeinschaft» und in die sich weiter ausbildende raumfunktionale Arbeitsteilung zwischen den einzelnen Regionen und Standorten der EG.

Das beginnt mit EG-weit angelegten Neu- oder doch Umbewertungen der Standortgunst der einzelnen Verdichtungsräume der Bundesrepublik inbezug auf deren Lage zu den übrigen ökonomischen Zentren der EG und damit zugleich auf ihre Verkehrsgunst (Erreichbarkeit, Zugänglichkeit) im System der übergeordneten Strukturen des Luftverkehrs, des Schnellbahnnetzes (ICE) und der Anbindungen an das Autobahnnetz und inbezug auf ihre sonstige vorhandene Infrastruktur.

Es geht weiter in Form von Überlegungen über die Weiterentwicklung oder Veränderung bestehender oder gewollter grossräumiger funktionaler Arbeitsteilungen zwischen den hochspezialisierten Industrie- und Dienstleistungszentren des EG-Raums, wobei — ausgehend von derzeitigen Situationen — die Möglichkeiten weiterer Attraktivitäts- und Effizienzsteigerungen als Folge der Marktvergrösserung ebenso ins Auge zu fassen wären, wie die Einsicht in erforderliche Rücknahmen von beispielsweise nicht mehr wettbewerbsfähigen Produktionskapazitäten.

Im Verfolg solcher Untersuchungen könnte es unter anderem auch zu Umwertungen und Anreicherungen der derzeitigen Standortgunst spezieller Räume in der Bundesrepublik kommen — etwa der norddeutschen Verdichtungsräume in der Brückenfunktion zu Nord- und Nordwest-, später wohl auch zu Ost-Mitteleuropa, oder bestimmter ländlicher Erholungsgebiete mit zusätzlichen übergeordneten Erholungsfunktionen, etwa für den nördlichen EG-Raum. Gerade im letzteren Falle könnten aus den EG-bedingten Verlusten landwirtschaftlicher Funktionen in landschaftlich reizvollen ländlichen Räumen auch EG-bedingte zusätzliche Funktionen in der Fernerholung bzw. dem EG-weiten Tourismus entwickelt werden.

Überhaupt wird die Umbewertung solcher Teilräume mit bislang landwirtschaftlichen Prioritäten, die diese Funktionen ganz oder überwiegend auf Grund der restriktiven EG-Agrarpolitik verlieren, zu den zukünftigen Hauptaufgaben der Raumordnung vor allem der Bundesländer, aber auch der Regionen gehören. Hier wird es sich darum handeln müssen, zusätzliche Funktionen für derartige Räume ausfindig zu machen, wobei neben der Erholungsfunktion auch das «Wohnen auf dem Lande» aufgewertet werden sollte.

3.2 Veränderte Methoden und Instrumente:

Derartige Veränderungen in Massstab und Qualität kommender Aufgaben erfordern naturgemäss auch veränderte Methoden und Instrumente der Raumordnung, die sich nach rechtlichen und fachspezifischen Kriterien untergliedern lassen.

Allein das immer stärkere Hineinspielen von EG-Bestimmungen und EG-Recht in die Raumordnung der Bundesrepublik Deutschland wird bewirken, dass das innerdeutsche Recht sich ebenfalls stärker auf eine «partnerschaftliche» Einbindung in das EG-Recht einstellen wird, aber andererseits auch auf einen inneren Ausgleich etwa zwischen Bundes-, Landes- und kommunalen Kompetenzen, weil nur so die spezifisch deutschen Rechtssetzungen in der föderalistischen Gewaltenteilung auch im Rahmen der EG zu behaupten sein werden.

Es wird sich ergeben müssen, inwieweit unter diesen veränderten Verhältnissen nicht auch fachliche Verfahrensweisen modifiziert werden müssen. Auf jeden Fall wird die Koordinierungsfunktion der Raumordnung mit den einzelnen Fachplanungen innerhalb der Bundesrepublik sehr viel weiter ausgebaut werden müssen, zum Teil aus den gleichen Gründen, nämlich um deutsche Anliegen (und nicht nur solche bestimmter Regionen oder Fachverwaltungen) im Rahmen der EG mit stärkerem Nachdruck und höherer Überzeugungskraft vertreten zu können.

Daneben wird es zu einer sehr engen Kooperation beispielsweise zwischen den landwirtschaftlichen Gremien und der Raumordnung kommen müssen, um die für lange Zeit noch andauernden Umstrukturierungsprobleme in den ländlichen

Räumen in fachübergreifenden Programmen und Verfahren, und das heisst, auch in gesellschaftspolitischem Sinne möglichst befriedigend lösen zu können.

Wiederum in engem Zusammenhang mit der Erarbeitung solcher Lösungsansätze für die im strukturellen Wandel begriffenen ländlichen Gebiete muss auch die endliche Funktion des Umweltschutzes im Rahmen der Raumordnung möglichst umfassend definiert werden. Dabei sollte es nicht bei nur teilkoordinierten Verfahren zwischen Raumordnung und Umweltschutz bleiben, vielmehr müssten die beiden Querschnittaufgaben gemeinsame, gewissermassen integrierte Methoden und Instrumente zur Gewährleistung einer humanen Entwicklung unseres Raumes und unserer Umwelt zu erstellen versuchen.

Und schliesslich bleibt die ebenso prekäre wie gesellschaftspolitisch unabdingbare Aufgabe, die in Gang gekommene Veränderung unserer Gesellschafts- und Wirtschaftsstruktur unter räumlichen Gesichtspunkten derart zu begleiten, dass nicht allein der ökonomische Standort Bundesrepublik Deutschland, sondern auch dieser spezifische Lebensraum so gut wie möglich mit-verwandelt und insoweit unter denkbar guten Voraussetzungen in ein sich integrierendes neues Europa einbezogen werden kann.

Anhang

Prof. Dr. Jakob Maurer

Veröffentlichungen ab 1960

zusammengestellt von Edith Lehmann

Architektur und Wohnungsbau, in: WERK, NR.9/1959
Überlegungen zur Ausnützungsziffer, ein Diskussionsbeitrag, in: Schweiz. Bauzeitung vom 1.9.1960
Diskussion über die Zürcher Verkehrssanierung; eine Antwort an Prof. Dr. E. Walter, in: NZZ vom 26.4.1961
Siedlung und Verkehr I + II, in: NZZ vom 27. und 29.12.1961
Verkehr und Finanzen, in: NZZ vom 29.3.1962
Analysen der Bewegungsdichten; Beitrag zur Schrift Stadtverkehr und Stadtplanung, Verlag P. Keller, Winterthur, 1962
Flächenbedarf für Siedlungszwecke (Mitarbeit: W. Eugster), in: Plan, Nr.6/1963
Beitrag des Planers, in: Mitteilungsblatt der Schweiz. Gesellschaft für Soziologie, 1963
Ein Planungsprogramm für den Kanton Graubünden (zusammen mit Atteslander, Nydegger, Rotach); ORL-Institut, ETH, Zürich, 1963
Bauordnung und Zonenpläne: Die wegleitenden Ideen des praktischen Planers; Veröffentlichung des Institutes für schweizerische Verwaltungskurse an der Hochschule SG, 1964
Die planerische Sprache; Veröffentlichung der Schweiz. Vereinigung für Landesplanung (VLP) 1964
Statistische Vergleiche von 45 Städten (Mitarb.: J. Dobszay; J. Isella), in: Plan Nr. 1/1964
Les surfaces nécéssaires au développement des agglomérations, in: Habitat Nr. 3/1964
Inventar der bestehenden Bauzonen in der Region Zürich (Mitarbeit: W. Eugster, R. Heinze, Th. Blumenthal), in: Plan Nr. 3/1964
Suggestion pour un calcul de rentabilité en liaison avec les transports de personnes dans une agglomération urbaine; Schweizerischer Beitrag in der Veröffentlichung für den Congrès Mondial de la Route, Rom, 1964
Anregungen für eine Wirtschaftlichkeitsrechnung im Zusammenhang mit den Personentransporten innerhalb einer städtischen Agglomeration, in: Strasse und Verkehr Nr. 10, 1965
Regionalplanung und Bauforschung; Schriftenreihe der Gesellschaft für Koordination und Förderung der Bauforschung, Bd. 1, 1965
Stadtplanung und Stadtforschung; Verlag Paul Haupt, Bern 1966
Zweckmässigkeitsprüfung von Ortsplanungen; Richtlinien des Institutes für Orts-, Regional- und Landesplanung
511 501   Liste der zu prüfenden Punkte, unter Mitarb. von RZU Zürich 1966
511 502   Erläuterungen 1967
511 503   Allgemeines 1967
511 504   Prüfung des Subventionsgesuches 1967
511 506   Landschaftsplan 1967

511 507   Zonenplan 1967
511 509   Plan der öffentlichen Bauten und Anlagen 1967
511 510   Versorgungsplan 1967
511 511   Erlasse, im bes. Bau- und Zonenreglemente, unter Mitarbeit von Dr. R. Stüdeli, L. Nessi und C. Wasserfallen, 1967
Wohnen in der Region, arbeiten in der Stadt; Tages-Anzeiger, 9.5.1967
Regionalforschung und Planung, in: Bauwelt, Heft 51/52, 1967
Die Bedeutung der Regionalpolitik und die Wege zu ihrer Verwirklichung, in: Plan Nr. 4/1967
Regionalplanung in der Schweiz, gezeigt am Beispiel der Region Zürich, in: Schriftenreihe des Zentralinstitutes für Städtebau, Techn. Universität Berlin «Städtebau im Ausland», Heft 13, 1968
Zur Technik der Planung räumlicher Ordnungen, in: Schriftenreihe des Institutes Städtebau und Raumordnung Stuttgart, Bd. 3 «Neue Methoden in der Raumordnung», 1968
Wohnungsbau und Regionalplanung, in: Schweiz. Handelszeitung Nr. 6, 8.2.1968
Organisationsprobleme der Forschung in Hochschulen, gezeigt am Beispiel der Raumordnungsforschung der ETH, Zürich, in: Plan Nr. 3/1968
Entwurf und Realisierungsvorgänge in der Landesplanung, in: Plan Nr. 1/1968
Ausbildung in Landesplanung, in: ARCH, Studienhefte für architekturbezogene Umweltsforschung und -planung Nr. 3, 1968, Stuttgart, 1968
Zweckmässigkeitsprüfung von Regionalplanungen; Richtlinien des Institutes für Orts-, Regional- und Landesplanung
511 521   Liste der zu prüfenden Punkte, unter Mitarbeit (Verkehrsplan) von Prof. Rotach, K. Dietrich, C. Hidber, 1968
511 522   Erläuterungen zum Realisierungsplan, unter Mitarb. von J. v. d. Hoff, 1968
511 542   Berechnung der Siedlungsflächen, 1968
Öffentliche Bauten und Anlagen für flächenautarke Gebiete; Richtlinien des Institutes für Orts-, Regional- und Landesplanung
515 501   Flächenbedarf und Standortbedingungen von öffentlichen Bauten und Anlagen, unter Mitarbeit von W. Eugster, 1968
Landesplanung Fürstentum Liechtenstein (zusammen mit M. Rotach); ORL-Institut, ETH, Zürich, 1968
Probleme der Information in der Raumplanung (Mitarbeit: J. Lang); in: Stadtbauwelt Nr. 23, September 1969
Ausbildung von Chefbeamten, die am Vorhaben im Bereich der Landesplanung beteiligt sind, in: DISP Nr. 12, ORL-Institut, ETH, Zürich, Januar 1969
Veränderung der Wohnbevölkerung und der Arbeitsplätze in der Stadt Zürich; 4 Bände (zusammen mit J. Lang, M. Geiger); ORL-Institut, ETH, Zürich, 1969
Transit Progress in Europe: Zürich; Official Proceedings der 4. International Conference on Urban Transportation, Pittsburgh Urban Transit Council, 1969
Planung Kemptthal, Gutachten (zusammen mit A. Faivre, E. P. Nigg u.a.); ORL-Institut, ETH, Zürich, 1969
Städtebau und Stadtplanung in der Schweiz, in: Handwörterbuch der Raumforschung und Raumord-

Prof. Dr. Jakob Maurer

nung, S. 2864, Gebr. Jänecke Verlag, Hannover, 1970
Widerstand gegen die Planung, in: Jahrbuch 1970 der Neuen Helvetischen Gesellschaft, 1970
Eine Meinung zum beruflichen Selbstverständnis des Planers, in: Stadtbauwelt Nr. 28, 28.12.1970
Nachdiplomstudium in Raumplanung an der ETHZ, 1967–1969, eine erste fragmentarische Bilanz, in: DISP NR. 16, ORL-Institut, ETH, Zürich, Januar 1970
Innovation in Urban Management; Bericht der Study Group on Innovation in urban management, OECD, Paris. Mitwirkung als Vorsitzender der Gruppe, 1970
Siedlungstechnische und allgemeintechnische Ursachen der Umweltsveränderungen, in: Schutz unseres Lebensraumes. Symposium an der Eidg. Techn. Hochschule, Zürich, 10.–12.11.1970, Hrsg.: Prof. Dr. H. Leibundgut, ETH. Verl.: Huber, Frauenfeld, 1970
Alternative zur Streubauweise; Regionalplanung Olten-Gösgen-Gäu, 1970
Begriff und Funktion der Gesamt- und Teilrichtpläne gemäss dem Entwurf für ein Bundesgesetz über die Raumplanung; Wirtschaft und Recht, Sonderheft Wirtschaftliche und rechtliche Probleme der Raumplanung in der Schweiz, Heft 2/3, 1971
Zur Trennung von Wohnen, Arbeiten und Erholen, in: Schriftenreihe Nr. 11 des ORL-Institutes, ETH, Zürich 1972
Verbesserung der städtischen Umwelt (Study Group on Innovation in Urban Management und Sector Group on the Urban Environment), OECD, Beispiele internationaler Zusammenarbeit, in: DISP Nr. 26, ORL-Institut, ETH, Zürich, 1972
Beispiel Schweiz; Beitrag für die Schrift «Die Zukunft der Alpenregionen», Carl Hauser-Verlag, München, 1972
Aspekte des «Urban Management», in: DISP Nr. 27, ORL-Institut, ETH, Zürich, 1973
Grundzüge einer Methodik der Raumplanung I; Schriftenreihe Nr. 14 des ORL-Institutes, ETH, Zürich 1973
Switzerland. Townplanning in Switzerland. (Raumplanung in der Schweiz), in: Encyclopedia of Urban Planning, S. 968, Mc Graw Hill, London, 1974
Überlegungen eines Dozenten, in: DISP Nr. 33, ORL-Institut, ETH, Zürich, 1974
Zu den Empfehlungen der Obergutachter (Beitrag zur Gesamtdarstellung des Verfahrens und der Ergebnisse des gutachterlichen Wettbewerbes für Hamburg-Billwerder-Allermöhe), in: Stadtbauwelt Nr. 42, 1974 (Bauwelt 24)
Literaturnotizen zur Raumplanung; Schriftenreihe Nr. 20 des ORL-Institutes, ETH, Zürich, 1974
Zur Methodik der Erarbeitung von Richtlinien der Raumplanung, in: DISP Nr. 34, ORL-Institut, ETH, Zürich, 1974
Verbesserung der städtischen Umwelt, in: Lebensqualität, Jahrbuch der Neuen Helvetischen Gesellschaft (NHG) 1975
Repetitorium für Raumplaner, Schriftenreihe Nr. 23 des ORL-Institutes, ETH, Zürich, 1975
Zur fachlichen Methodik des Bundesgesetzes über die Raumplanung, in: DISP Nr. 41, ORL-Institut, ETH, Zürich, 1976
Realisierung einer besseren städtischen Umwelt, in: POLY 3, «Lebensqualität», Schriftenreihe der ETH, Zürich, 1976

Zur Organisation interdisziplinärer Projekte, in: POLY 3, «Lebensqualität», Schriftenreihe der ETH, Zürich, 1976

Information, Informationsverlust, Informationsverdrängung, in: POLY 5, «Entscheidungsvorgänge», Schriftenreihe der ETH, Zürich, 1976

Notizen zu Denkmustern und Vorgehensweisen der nationalen Raumplanung, in: Stadtbauwelt 52, 67. Jg., Dez., 1976

Co-operative action programme. A case study. Urban Planning for Senior Planners and Administrators; Symposium on Training for Urban Management, Sept.1976, zusammen mit Dr. P. Gresch und T. Pearce, Veröffentlichung der OECD, Paris, 1976

Grundaufgaben eines Bundesgesetzes über die Raumplanung, in: NZZ Nr. 9, 12.1.1977

Verstädterung in der Schweiz, in: NZZ Nr. 123/124, 28.29./5. 1977

Mut zum Experiment. Planung Donaubereich Wien – ein Experiment in Organisation, in: Wien Aktuell, Heft 8/9, Aug./Sept. 1977, Jg. 82, Wien

Überörtliche Raumplanung und Ungewissheiten, in: DISP Nr. 48, ORL-Institut, Zürich, 1978

Forschung im Institut für Orts-, Regional- und Landesplanung der ETH Zürich, in: Wer forscht was für die räumliche Planung? Bundesforschungsanstalt für Landeskunde und Raumordnung, Bonn, Bad Godesberg, 1978

«Warum Raumplanung?», «Probleme der kantonalen Richtplanung», «Zur Methodik der Raumplanung», «Merkpunkte zur Prognostik», «Planungsgrundsätze», in: Raumplanung Städtebau, Lehrmittel für Orts-, Regional- und Landesplanung, ORL-Institut, ETH, Zürich, Okt. 1978

Cours de gestion urbaine á l'intention des planificateurs et des administrateurs de haut niveau, in: La formation á la gestion urbaine. OECD études sur la gestion urbaine, Paris, 1979

Donaubereich Wien. Entwicklung der an die Donau angrenzenden Quartiere. Schätzung von Daten für das Wohnungswesen und die Demographie mittels Bilanzmodellen (zusammen mit H. Jacobi, C. Lubicz, Dr. B. Schmid); ORL-Institut, ETH, Zürich, 1979

Stadtplanung und Sprache, in: Urbanisationsprobleme in der Ersten und Dritten Welt. Festschrift für Prof. Walter Custer, ETH, VdF, Zürich 1979

About Problems between Planning and Energy, in: Studienunterlagen zur Orts-, Regional- und Landesplanung Nr. 45 des ORL-Instituts «Planning and Energy» ETH, Zürich, April 1980

Richtplanung und Planungstheorien. Von der Unvollkommenheit der Planung, in: NZZ Nr. 164, 17.7.1980, Zürich

Energie und Städte; Council of Europe, Information Note. Strassbourg, 1980

Ausbildung in Raumplanung in der Schweiz; Der Raumplaner, seine Ausbildung und sein Beruf, Universität Dortmund 1981

Auswahl von Grundlagen für die Raumplanung in Bund und Kantonen, in: Informationshefte 1/81, BRP, Bern, 1981

Konflikte in der Raumplanung offen darlegen (Räumliche Konflikte), in: NZZ Nr. 184, 11.8.1982

Verbesserung der räumlichen Verhältnisse entlang der Westtangente; Gutachten an den Stadtrat von Zürich, 27.8.1982

In Memoriam Prof. Rolf Meyer-von Gonzenbach, in: Bulletin E/1982-2 IGSRP (Internationale Gesell-

Prof. Dr. Jakob Maurer

schaft der Stadt- und Regionalplaner), Rotterdam, Okt. 1982
Nutzungsplanung aus der Sicht der Methodik der Raumplanung, in: DISP Nr. 69/70, ORL-Institut, ETH, Zürich, 1983
Forschungsarbeiten im Bereiche der Methodik; Internes Arbeitspapier, ORL-Institut, ETH, Zürich, Febr. 1983
Kommentar zu Dr. S. Bieri «Kantonale Raumordnungspolitik – eine Chance für die Kantone», in: Schriftenreihe des ORL-Instituts Nr. 30, ETH, Zürich, 1983
The Swiss View of the Integration Issue; Separatdruck anl. Jahreskongress «American Society for Engineering Education», Rochester, Juni 1983
Studenten der Raumplanung und die Zukunft, in: NZZ Nr. 175, 29. Juli 1983
Organisation des Raumes und Energiewesen, in: DISP Nr. 73, ORL-Institut, ETH, Zürich, 1983
Die Integration der Geistes- und Sozialwissenschaften in die Aubildung von Ingenieuren, in: DISP Nr. 77, ORL-Institut, ETH, Zürich, 1984
Das Wiener Modell – Erfahrungen mit innovativer Stadtplanung (zusammen mit K. Freisitzer u.a.); Wien, Compress Verlag, 1985
Zur Fortschreibung des Stadtentwicklungsplans, in: Der Aufbau 5/6 85, Fachschrift der Stadtdbaudirektion Wien, 1985
Richtplanung – Methodische Überlegungen zur Richtplanung gemäss dem Schweizerischen Bundesgesetz über die Raumplanung vom 22.6.79; Schriftenreihe des ORL-*Instituts Nr. 35,* ETH, Zürich, 1985 *25 Jahre Institut für Orts-, Regional- und Landesplanung an der ETH Zürich; 20 Jahre Nachdiplomstudium in Raumplanung,* in: DISP Nr. 86, ORL-Institut, ETH, Zürich, 1986
Zu den Schwierigkeiten der Aufgabe, in: Projektorganisation Gürtel Süd- und Westeinfahrt; Empfehlung der Projektleitung, Magistrat der Stadt Wien, 1986
Plaidoyer final pour un remodelage délicat du paysage Suisse (Vom Gestaltverlust der Schweiz), in: Le Temps Stratégique, Genève, Nov. 1986
L'aménagement urbain comme «Aktionsplanung»? (Stadtplanung als Aktionsplanung), in: Revue de l'Université de Bruxelles, 1986/3-4, Bruxelles, 1987
Von den Schwierigkeiten zwischen Gestaltern und Planern, in: Gestalteter Lebensraum. Festschrift für Friedrich Moser. Picus-Verlag, Wien, 1987
Bahn 2000 und räumliche Veränderungen, in: Der Staatsbürger, Nr. 7, November 1987
Wir müssen unsere Städte wollen, in: Rathauskorrespondenz Nr.14, Wien, 1987
Methodik der Raumplanung: Die Basis der akademischen Lehre, in: DISP 89/90, Sondernummer «Didaktik des Raumplanungsunterrichts», ORL-Institut, ETH, Zürich, 1987
Wiener Charta über die Europäischen Städte, in: DISP Nr. 88, ORL-Institut, ETH, Zürich, 1987
Die Charta über die Europäischen Städte; Zürich und Wien, 1987 (verfasst im Auftrage der Stadt Wien), ebenfalls veröffentlicht in:
– Rathauskorrespondenz Nr. 14, Wien, 1987
– IS-Information 9-10, 1987 des Instituts für Stadtforschung, Wien.
– Schweizer Baublatt 90, 13. Nov. 1987
– Schweizer Bauzeitung SIA 25/88

- Schweizer Bauzeitung SIA 29/88
Von der 1. zur 2. Generation der Richtplanung; Schriftenreihe des ORL-Instituts Nr. 39, ETH, Zürich, 1988
Zum 60. Geburtstag von Professor Benedikt Huber, in: DISP Nr. 94, ORL-Institut, ETH, Zürich, 1988
Olympische Sommerspiele. Eine kritische Würdigung der Bewerbung der Stadt Frankfurt, in: Positionen: Frankfurt Olympia 2004. Sonderdruck zum Geschäftsbericht 1987 der FAAG Aufbau AG, Frankfurt a.M., 1988
Planerische Strategien für den Gürtel, Süd- und Westeinfahrt, in: Verkehrspolitik, Zeitschrift für Verkehr und Umwelt Nr. 4/88, Wien, 1988
Stadt, Ideen und Politik im Europa von morgen, in: Mut zur Stadt, Compress-Verlag Wien, 1988
Kurt Freisitzer, 60-jährig, in: Berichte zur Raumforschung und Raumplanung der Österreichischen Gesellschaft für Raumforschung und Raumplanung Wien, 1988
Entwicklungsprogramm. Neue Wege für Wien, Gürtel, Süd- und Westeinfahrt (als Vorsitzender der Projektleitung Gürtel Süd- und Westeinfahrt zusammen mit Mitgliedern der Projektleitung); Wiener Bundesstrassen AG, Wien, 1988
Quantitative Aspekte der schweizerischen Siedlungspolitik (Nur immer neue Flächen für neue Bedürfnisse?), in: NZZ Nr. 22, 27. Jan., 1989
Zur Entwicklung der Region Rhône-Alpes; Fortbildungskurs am ORL-Institut, ETH, Zürich, Januar 1989
Maximen für das ORL-Institut der ETH Zürich, in: Broschüre der Internationalen Gesellschaft der Stadt- und Regionalplaner (IGSRP) anlässlich Konress in Basel, 1989
Aspekte der Angebotsausweitung in Ballungsgebieten unter Einbeziehung von Erfahrungen in anderen europäischen Ländern, in: Symposium zum Wohnungsmarkt: Investitionen im Wohnungsbau haben Zukunft, anl. Jahrestagung des Deutschen Verbandes für Wohnungswesen Städtebau und Raumordnung e.v. in Köln, 19./20. Juni 1989
Siedlungsentwicklung und Energieverbrauch, in: NZZ Nr. 208, 9. Sept., 1989
Gedanken zur künftigen Richtplanung aus der Sicht der Hochschule, in: Zur künftigen Richtplanung in der Schweiz. ORL-Bericht Nr. 78, ORL-Institut ETH Zürich 1989

Liste der Autoren

Albers Gerd, em. Professor Dr.-Ing., Dr.-Ing.E.h.; Lehrstuhl für Städtebau und Regionalplanung der Technischen Universität München, Präsident der Deutschen Akademie für Städtebau und Landesplanung
Baschung Marius, Direktor des Bundesamtes für Raumplanung, Bern
Dobszay János, Dr.Chef-Stellvertreter des Statistischen Amtes der Stadt Zürich, Lehrbeauftragter für Planungsstatistik am Interkantonalen Technikum ITR, Rapperswil SG
Fingerhuth Carl, dipl.Arch.ETH; Kantonsbaumeister Basel-Stadt, Dozent an der ETH Zürich
Freisitzer Kurt, o.Univ.-Professor Dr.; Leiter der Abteilung für Allgemeine Soziologie und Sozialforschung am Institut für Soziologie an der Sozial- und Wirtschaftswissenschaftlichen Fakultät der Karl-Franzens-Universität Graz
Gresch Peter, PD Dr., Raumplaner ETH/NDS; Elektrowatt Ing. Unternehmung AG Zürich, Privatdozent an der ETH Zürich
Heer Ernst, dipl. Arch. ETH, Raumplaner ETH/NDS; wissensch. Adjunkt am Institut für Orts-, Regional- und Landesplanung, ETH Zürich
Hofmann Fritz, Ing.; Erster Präsident des Wiener Landtages
Huber Benedikt, Architekt BSA/SIA; Professor für Architektur und Städtebau, Mitglied der Leitung des Instituts für Orts-, Regional- und Landesplanung, ETH Zürich
Klotz Arnold, Univ. Dozent Dipl.-Ing. Dr.techn.; Senatsrat, Baudirektor-Stellvertreter, Stadtplanungsamt Innsbruck
Lambert Charles, Dr. Architecte et Urbaniste, Ph. D Soc.Sc.: Président de BABYLONE AVENUE architectes et urbanistes à Lyon et à Paris, Président d'Honneur du Conseil Européen des Urbanistes
Lendi Martin, Dr. jur.; Professor für Rechtswissenschaft, ETH Zürich
Moser Friedrich, o. Univ. Professor Dipl.Ing. Dr.; Leiter des Instituts für Örtliche Raumplanung, Rektor der Technischen Universität, Wien;
Nordqvist Stig, Professor; Nordic Institute for Studies in Urban and Regional Planning NORDPLAN, Stockholm (Direktor von 1968-75 und 1984-88)
Ringli Hellmut, dipl.Arch.ETH, Raumplaner BSP; Sektionschef am Institut für Orts-, Regional- und Landesplanung, ETH Zürich
Schmid Friedrich, Dipl.-Ing. Dr. techn.; Senatsrat der Stadt Wien, Vorstandsdirektor der Wiener Bundesstrassen AG
Schmid Karl Otto, dipl.Arch.ETH; Vizedirektor des Stadtplanungsamtes Zürich, Präsident der Internationalen Gesellschaft der Stadt- und Regionalplaner
Schmid Willy A., Dr. sc.techn.; Professor für Kulturtechnik, Prorektor für Fortbildung ETH Zürich, Mitglied der Leitung des Instituts für Orts-, Regional- und Landesplanung, ETH Zürich
Scholl Bernd, Dipl.-Ing. Raumplaner ETH/NDS; Mitarbeiter am Institut für Orts-, Regional- und Landesplanung, ETH Zürich, Mitinhaber von Scholl + Signer, Stadt- und Regionalplaner, Zürich
Sieverts Thomas, Professor; Fachbereich 15 Architektur, Fachgruppe Stadt, Technische Hochschule Darmstadt

Signer Rolf, dipl.Kultur-Ing. ETH, Raumplaner ETH/NDS
Lehrbeauftragter für das Nachdiplomstudium in Raumplanung an der ETH Zürich, Mitinhaber von Scholl + Signer, Stadt- und Regionalplaner, Zürich
Snizek Sepp, Dipl.-Ing. Dr. techn.; Zivilingenieur für Bauwesen, Wien
Speer Albert, Professor Dipl.-Ing.; Lehrstuhl für Raum- und Umweltplanung an der Universität Kaiserslautern, Mitinhaber des Büros Speer & Partner, Frankfurt
Steiger Martin, dipl.Arch.ETH/SIA, Planer BSP; Mitinhaber der Planpartner AG, Zürich, (M. Steiger und L. Huber)
van den Berg Max, Professor Dr.; Managing director of the provincial physical planning and green agency of North-Holland, professor in planning at the university of Utrecht
Weyl Heinz, Professor Dipl.Ing. Beig.a.D.; ehem. Lehrbereich Regional- und Landesplanung der Universität Hannover

107447